高等职业教育智能制造类新形态一体化教材

汽车机械基础

QICHE JIXIE JICHU

主　编　郁志纯

副主编　信　轲　朱燕燕　沈　宏

中国教育出版传媒集团

高等教育出版社·北京

内容提要

本教材以汽车机械基础为核心，包含汽车常用构件的受力与变形、汽车工程材料、汽车常用机构、汽车常用传动分析、汽车轴系零件及连接，以及汽车液压传动 6 大模块共 22 个单元。全书紧密结合汽车行业发展趋势与国家战略需求，以汽车典型零件与工程案例为载体，将课程思政元素融入各模块内容，强化专业教育与价值引领有机统一，培养学生解决汽车机械实际问题的综合能力。

本教材配套出版《汽车机械基础习题集》，包括填空题、判断题、选择题、简答题、计算题等多种题型，适合不同学习阶段的练习需求，旨在帮助学生掌握汽车机械基础的核心技能，提升综合应用能力，为后续专业课程学习打下基础。

本教材可作为高等职业院校汽车类、机械类专业及应用型本科相关专业的教学用书，并可作为培养“懂原理、精技术、能创新”的复合型汽车技术人才的系统化学习材料。

图书在版编目(CIP)数据

汽车机械基础 / 郁志纯主编. --北京：高等教育出版社，2025.8. -- ISBN 978-7-04-065106-5

Ⅰ. U463

中国国家版本馆 CIP 数据核字第 20253DY940 号

策划编辑 班天允　责任编辑 程福平 班天允　封面设计 张文豪　责任印制 高忠富

出版发行 高等教育出版社
社　　址 北京市西城区德外大街 4 号
邮政编码 100120
印　　刷 上海新艺印刷有限公司
开　　本 787mm×1092mm　1/16
印　　张 20.5
字　　数 468 千字
购书热线 010-58581118
咨询电话 400-810-0598

网　　址 http://www.hep.edu.cn
　　　　 http://www.hep.com.cn
网上订购 http://www.hepmall.com.cn
　　　　 http://www.hepmall.com
　　　　 http://www.hepmall.cn
版　　次 2025 年 8 月第 1 版
印　　次 2025 年 8 月第 1 次印刷
定　　价 59.00 元(含习题集)

物 料 号　65106-00

配套学习资源及教学服务指南

二维码链接资源

本书配套视频、动画、拓展阅读等学习资源，在书中以二维码链接形式呈现。使用手机扫描书中的二维码即可查看，随时随地获取学习内容，享受学习新体验。

教师教学资源索取

本书配有与课程相关的教学资源，例如，教学课件等。选用教材的教师，可扫描以下二维码，关注微信公众号“高职智能制造教学研究”，点击“教学服务”中的“资源下载”，或在电脑端访问地址（101.35.126.6），注册认证后下载相关资源。

★如您有任何问题，可加入工科类教学研究中心QQ群：240616551。

本书二维码资源列表

页码	类型	说明	页码	类型	说明
15	拓展阅读	赵州桥的力学密码	125	动画	槽轮机构工作原理
27	拓展阅读	工程人的责任与担当	126	动画	外槽轮机构
41	视频	拉伸试验	126	动画	内槽轮机构
44	视频	冲击试验	127	动画	外啮合不完全齿轮机构
56	视频	钢笔尖	127	动画	内啮合不完全齿轮机构
58	视频	不锈钢会生锈吗?	139	动画	带传动工作原理
77	拓展阅读	跨界新材料	147	动画	移动式定期张紧
86	视频	感应加热表面淬火	147	动画	自动张紧
94	动画	转动副	147	动画	张紧轮张紧
94	动画	移动副	167	动画	齿轮顶隙
95	动画	螺旋副	168	动画	齿轮啮合过程
100	动画	曲柄摇杆机构	169	动画	齿轮的正确啮合条件
100	动画	双曲柄机构	171	视频	盘形铣刀加工齿轮
100	动画	双摇杆机构	171	视频	指状铣刀加工齿轮
101	动画	雷达天线仰俯角调整机构	172	视频	插齿法加工齿轮
102	动画	车门开闭机构	172	视频	滚齿法加工齿轮
102	动画	鹤式起重机	186	动画	蜗杆传动
111	动画	内燃机的凸轮配气机构	197	动画	换向机构
112	动画	盘形凸轮	197	视频	差速器工作原理
112	动画	移动凸轮	239	动画	十字滑块联轴器
113	动画	圆柱凸轮	239	动画	齿式联轴器
113	动画	刀架进给凸轮机构	241	动画	蛇形弹簧联轴器
114	动画	直动式从动件	244	动画	离合器工作原理
114	动画	摆动式从动件	248	动画	键连接
122	动画	单动式棘轮机构	249	动画	导向平键
123	动画	勾头双动式棘轮机构	249	动画	双勾头滑键
123	动画	摆动变向式棘轮机构	258	动画	螺栓连接
123	动画	回转变向式棘轮机构	258	动画	螺柱连接
124	视频	棘轮扳手工作原理	258	动画	螺钉连接

续 表

页码	类型	说明	页码	类型	说明
259	动画	紧定螺钉连接	282	动画	单活塞杆式液压缸
268	动画	液压千斤顶的工作原理	284	动画	差动式液压缸
274	动画	液压泵的工作原理	285	动画	柱塞式液压缸
275	动画	外啮合齿轮泵	285	动画	增压缸
276	动画	内啮合齿轮泵	286	动画	伸缩缸
277	动画	单作用叶片泵	289	动画	普通单向阀
277	动画	双作用叶片泵	289	动画	液控单向阀
278	动画	单柱塞泵	290	动画	三位四通阀
279	视频	轴向柱塞泵	292	动画	直动式溢流阀
280	视频	径向柱塞泵	293	动画	直动式减压阀
281	动画	双活塞杆式液压缸	295	动画	普通节流阀

Foreword 前　言

汽车产业正以前所未有的速度蓬勃发展，已然成为国民经济的重要支柱产业之一。从新能源汽车的技术突破，到智能网联汽车的广泛应用，汽车行业的每一次变革都离不开机械技术的深度支撑。“汽车机械基础”作为汽车类专业的关键基础课程，肩负着为学习者开启汽车机械知识大门的重任，助力他们掌握汽车机械领域的核心知识与技能，为后续深入学习汽车专业课程以及投身汽车行业工作筑牢根基。

本教材紧紧围绕汽车行业对应用型人才的需求，严格秉持“以应用为导向，以实用、适度为原则”。在内容选取与编排上，紧密贴合汽车机械技术的发展脉络，精心整合了典型且实用的汽车机械理论知识以及前沿的行业技术。从汽车工程材料的特性与在汽车零部件中的应用，到汽车常用机构、传动系统的工作原理，再到汽车轴系零件、液压与气压传动在汽车中的实际运用，每个模块都经过了深入调研与精心设计，做到既全面覆盖汽车机械基础的关键知识，又突出重点内容。

在编写过程中，我们始终坚持将理论知识与汽车实际应用深度融合。教材中引入了大量来自汽车生产、维修一线的真实案例，帮助学习者透彻理解抽象的汽车机械概念。此外，教材的每个单元设置了知识拓展，延伸相关专业知识，拓宽知识面，培养探究精神，引领学习者在汽车机械领域不断前行，实现个人价值与职业理想。

本教材具有以下特色：

1. 思政融入自然巧妙。在汽车机械知识讲授中，自然融入思政元素，引导学习者关注行业发展对环境、社会的影响，培养他们的社会责任感与环保意识；同时强调精益求精的工匠精神，激励学习者追求卓越品质。

2. 知识讲解直观明了。在叙述方式上，力求通俗易懂，以大量图表、实例辅助讲解，紧扣汽车机械基础教学要求，强化汽车机械基础知识的巩固与基本技能的培养，让学习者轻松掌握复杂的汽车机械原理。

3. 配套资源丰富多元。教材严格遵循汽车行业相关的国家标准与技术规范，同时整合了丰富的线上线下学习资源，包括汽车机械原理动画演示、汽车维修实操视频等，为学习者提供全方位、沉浸式的学习体验，方便随时随地学习与巩固知识。同时，本教材配套出版《汽车机械基础习题集》，旨在帮助学习者掌握汽车机械基础的核心技能，为后续专业课程学习打下坚实基础。

4. 汽车行业针对性强。根据汽车生产企业、维修企业对汽车机械技术人才的技能要求，教材内容紧密围绕要求展开，确保学习者所学知识与技能能够直接应用于汽车行业的实际工作场景。

我们衷心期望这本教材能够成为一座桥梁，连接广大学习者与汽车机械世界，助力培养更多优秀的汽车专业技术人才，为我国汽车产业的高质量发展注入源源不断的活力与动力。

本书由江苏信息职业技术学院郁志纯担任主编，江苏信息职业技术学院信轲、朱燕燕、沈宏担任副主编，上汽大通汽车有限公司无锡分公司孙礼松参与了教材的编写，并为本书提供了企业案例和技术标准检索等内容，江苏信息职业技术学院蔡龙、吴英鹰参与了配套习题和思政案例的编写。本书在编写过程中参考了大量有价值的文献，在此对文献作者和资料提供者表示衷心的感谢。

由于编者水平有限，教材中难免存在不足之处，恳请广大读者提出宝贵意见和建议，以便我们不断改进和完善。

郁志纯

Contents　目　录

module 1 模块一 汽车常用构件的受力与变形

单元一　工程构件的静力分析

知识目标

(1) 掌握静力学的基本概念和力的基本性质；

(2) 掌握力矩、合力矩、力偶的概念，了解力偶的特性；

(3) 了解工程中常见的约束，掌握绘制受力图的一般步骤；

(4) 掌握摩擦的概念，了解自锁的条件。

能力目标

(1) 能绘制简单物体的受力图；

(2) 能对简单零件所受的力进行分析。

案例引入

汽车、机床及起重机等机械在工作时，均会受到复杂的外力作用，机械的设计、制造及使用大部分都是以力学理论为基础的。如图 1-1a 所示，货车的最大起吊质量如何确定？如图 1-1b 所示，桥梁为什么要设置限重标记？这些问题都可以利用工程力学的知识进行解答。

(a) 货车　　(b) 桥梁限重

图 1-1　工程实际中的力学问题

第一节　静力学基础

一、静力学的基本概念

工程中各种构件的受力问题以静力学为基础。静力学主要研究物体在力的作用下保持平衡时的各种规律。

1. 力的概念

力是物体与物体之间的相互机械作用。力的这种作用使物体的运动状态发生变化或使物体的形状发生变化。力使物体的运动状态发生变化，称为力的外效应(图 1-2)；力使物体的形状发生变化，称为力的内效应(图 1-3)。如运动员踢足球，足球瞬时产生局部变形，并向前快速滚动，这就是力作用的结果。

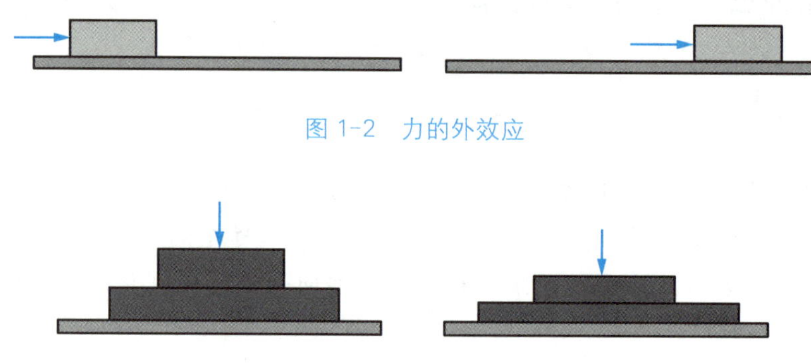

图 1-2　力的外效应

图 1-3　力的内效应

2. 平衡的概念

物体相对于惯性参考系(如地球)保持静止或做匀速直线运动的状态称为平衡。实际上，任何物体都处于不断运动之中，故运动是绝对的，平衡是相对的。

如图 1-4 所示，车载起重机在底盘上安装若干条支撑腿，就是保证起吊重物时车体保持静止时的平衡状态。

图 1-4　车载起重机

3. 刚体的概念

在力的作用下形状和尺寸都不发生改变的物体称为刚体。在工程实际中，刚体并不存在，所有物体在受力时都会发生一定的变形。因此，刚体是对物体进行抽象简化后的一种理想模型。在静力学中，若物体本身的变化不影响问题的研究，可将该物体简化为刚体来处理。

4. 力的三要素及表示方法

(1) 力的三要素

力对物体的作用效果取决于力的三要素，即力的大小、力的作用方向和力的作用点。如图 1-5 所示，人在拉车时，拉力的作用点在车前部，作用方向沿着绳子向上，大小为 100 N。改变三要素中任意一个要素，力的作用效果都会发生改变。

图 1-5　力的三要素　　图 1-6　力的表示方法

(2) 力的表示方法

力是有大小和方向的物理量，所以力是矢量。矢量一般由黑体字母表示，例如 **F** 表示力。力通常用具有一定长度的有向线段来表示，如图 1-6 所示，线段的长度表示力的大小，线段箭头的指向表示力的作用方向(图中虚线方向)，线段的端点或箭头顶点表示力的作用点(图中 *B* 点)。

5. 力系

作用于物体上的一组力称为力系。若物体在力系的作用下处于平衡状态，则这个力系称为平衡力系，力系平衡所满足的条件称为平衡条件。

二、静力学公理

1. 作用力与反作用力公理

一个物体对另一个物体有作用力时，另一个物体对此物体必有一个反作用力，这两个力大小相等、方向相反、作用在同一直线上，且分别作用在两个物体上。

这个公理概括了自然界物体间相互作用的关系，表明一切力都是成对出现的，如图 1-7 所示。

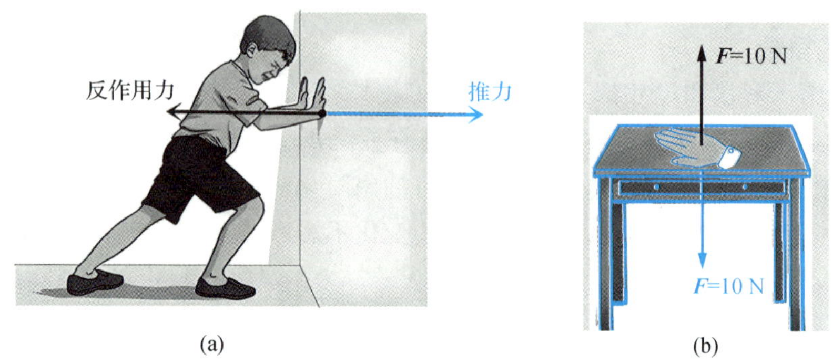

图 1-7　作用力与反作用力公理

2. 二力平衡公理

刚体在两个力的作用下处于平衡状态的充分必要条件是这两个力大小相等、方向相反、作用在同一条直线上，简称等值、反向、共线。

如图 1-8a 所示，刚体在 $\boldsymbol{F}_1$ 和 $\boldsymbol{F}_2$ 的作用下处于平衡状态，用公式表示为 $\boldsymbol{F}_1=-\boldsymbol{F}_2$。需要注意的是，二力平衡公理只适用于刚体，对于变形体此条件只是必要条件而不是充分条件。例如，对于绳子而言，在受到等值、反向、共线的一对拉力作用时，绳子处于平衡状态，如图 1-8b 所示；但当受到等值、反向、共线的一对压力作用时，绳子必将不能平衡。

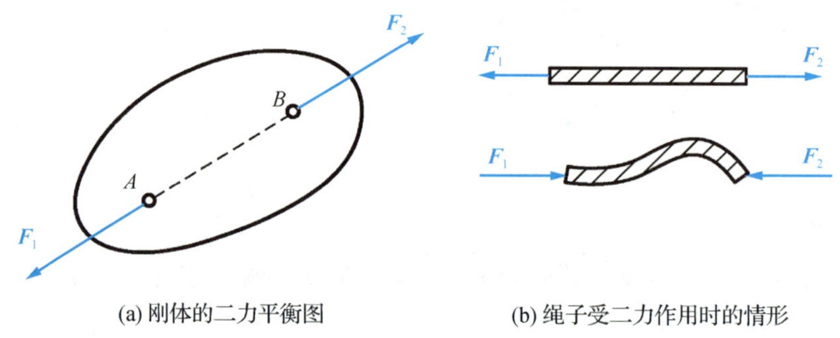

图 1-8　二力平衡公理

图 1-9　汽车悬架控制臂

只受二力作用而处于平衡状态的构件称为二力构件。工程中大部分二力构件都是杆件，因此又称为二力杆。二力杆的受力特点是两个力的作用线在两作用点的连线上。例如汽车悬架控制臂，受到车架和车轮传递的力，形成二力杆，如图 1-9 所示。

3. 加减平衡力系公理

加减平衡力系公理是指在受已知力系作用的刚体上，加上或减去任意一个平衡力系，不会改变原力系对刚体的作用效应。因此，力具有可传性。

如图 1-10 所示，某刚体在 A 点受力 $\boldsymbol{F}$ 作用，在 B 点加一对平衡力 $\boldsymbol{F}_1$、$\boldsymbol{F}_2$，且 $\boldsymbol{F}_1=\boldsymbol{F}$，则 $\boldsymbol{F}$ 与 $\boldsymbol{F}_1$ 组成一对平衡力，将它们减去后，刚体上只剩 $\boldsymbol{F}_2$，推论得证。

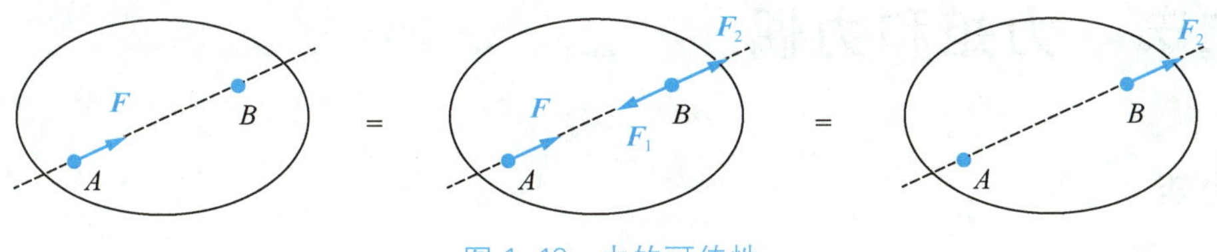

图 1-10　力的可传性

4. 力的平行四边形法则和三角形法则

作用于刚体上某点的两个力可以合成一个合力，合力的作用点仍在该点，合力的大小和方向可用这两个力所构成的平行四边形的对角线来表示。

如图 1-11a 所示，刚体上 A 点作用有力 $\boldsymbol{F}_1$ 和 $\boldsymbol{F}_2$，用 $\boldsymbol{F}_R$ 表示它们的合力，则 $\boldsymbol{F}_R$ 的矢量表达式为 $\boldsymbol{F}_R=\boldsymbol{F}_1+\boldsymbol{F}_2$。

在实际作图时，可直接将 $\boldsymbol{F}_1$ 平移到 $\boldsymbol{F}_2$ 的末端，通过△ABD 可求得合力 $\boldsymbol{F}_R$，如图 1-11b 所示，这种求二力汇交时合力的方法称为三角形法则。

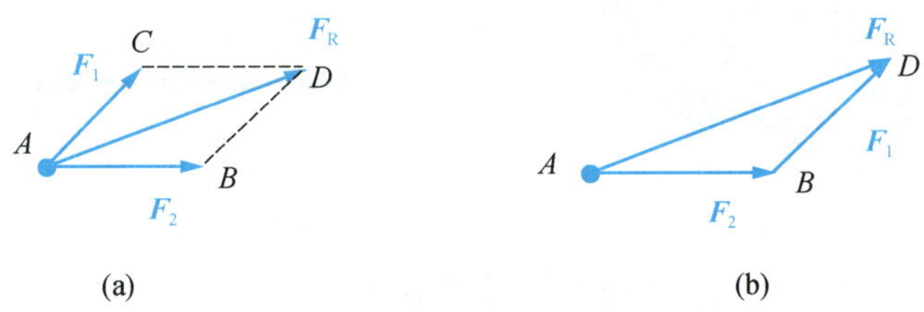

图 1-11　力的平行四边形法则和三角形法则

5. 三力平衡汇交定理

若刚体受到同平面内三个互不平行力的作用而平衡，则三个力的作用线必汇交于一点。

如图 1-12 所示，刚体在三个力 $\boldsymbol{F}_1$、$\boldsymbol{F}_2$、$\boldsymbol{F}_3$ 的作用下平衡，则它们作用线的延长线交于 A 点，$\boldsymbol{F}_1$、$\boldsymbol{F}_2$ 的合力 $\boldsymbol{F}$ 与 $\boldsymbol{F}_3$ 组成一对平衡力。

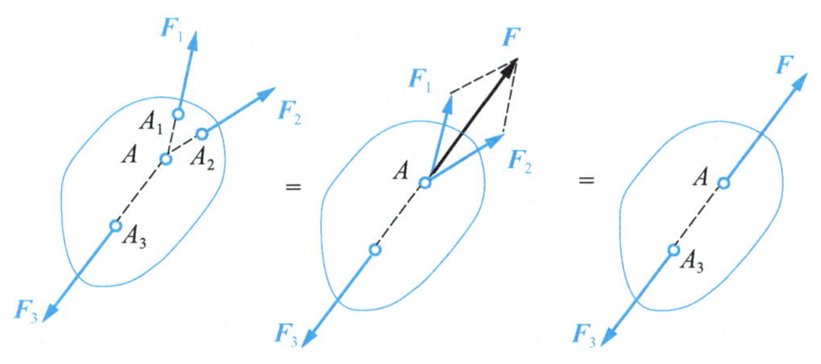

图 1-12　三力平衡汇交定理

6. 刚化公理

当变形体在已知力系作用下处于平衡时，如果把该物体变成刚体，则平衡状态保持不变。

第二节　力矩和力偶

一、力矩

1. 力矩的定义

如图 1-13 所示，根据经验，用扳手拧螺母时，影响螺母转动效果的因素有施力的大小、施力点与螺母圆心间的距离、力的转动方向。在力学中，把力的大小与力臂的乘积称为力矩，通常用 M 表示。

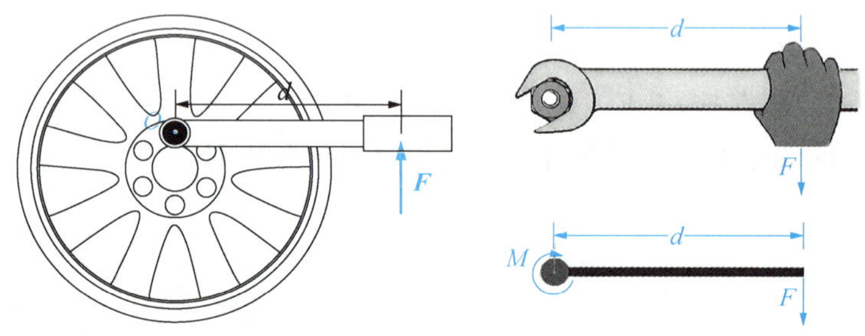

图 1-13　力矩

图 1-13 中用 $\boldsymbol{F}$ 拧螺母时，产生的力矩可表示为

$$\boldsymbol{M}_O(\boldsymbol{F}) = \pm Fd \tag{1-1}$$

式中　$\boldsymbol{M}_O(\boldsymbol{F})$——力 $\boldsymbol{F}$ 对力矩中心(矩心)O 的力矩，单位为 N·m；

$\boldsymbol{F}$——施加力的大小，单位为 N；

d——矩心到力的作用线的垂直距离，称为力臂，单位为 m。

通常情况下，力对物体上不同点产生的力矩是不相同的。因此，在求解和表示力矩时，必须指明矩心，当力通过矩心时，此力对该矩心的力矩等于零。

力对点的矩是一个代数量，用来表示力 $\boldsymbol{F}$ 使物体绕 O 点转动效果的大小，前面的正负号用来表示力矩的转动方向。通常规定，逆时针转向的力矩为正，顺时针转向的力矩为负。

2. 合力矩

平面力系中，合力对平面内任一点 O 的力矩等于各分力对 O 点力矩的代数和。用公式表示为

$$\boldsymbol{M}_O(\boldsymbol{F}) = \boldsymbol{M}_O(\boldsymbol{F}_1) + \boldsymbol{M}_O(\boldsymbol{F}_2) + \cdots + \boldsymbol{M}_O(\boldsymbol{F}_n) \tag{1-2}$$

由合力矩定理可知，在计算某力的力矩时，若力臂不易求出，可将该力分解为两个容易确定力臂的分力(通常是正交分解)，然后可应用合力矩定理计算力矩，如图 1-14 所示。

例 1-1 如图 1-14 所示，已知力的作用点，求力 $\boldsymbol{F}$ 对坐标原点 O 的矩。

解： 由于没有给定明确的力臂，直接应用力矩定义计算比较麻烦，而利用合力矩定理计算很方便，将力 $\boldsymbol{F}$ 沿坐标轴分解为两个分力 $\boldsymbol{F}_x$、$\boldsymbol{F}_y$，则有

$$\begin{aligned}\boldsymbol{M}_O(\boldsymbol{F})&=\boldsymbol{M}_O(\boldsymbol{F}_x)+\boldsymbol{M}_O(\boldsymbol{F}_y)\\&=-\boldsymbol{F}_x\cdot y+\boldsymbol{F}_y\cdot x\\&=-\boldsymbol{F}\cos\alpha\cdot y+\boldsymbol{F}\sin\alpha\cdot x\end{aligned}$$

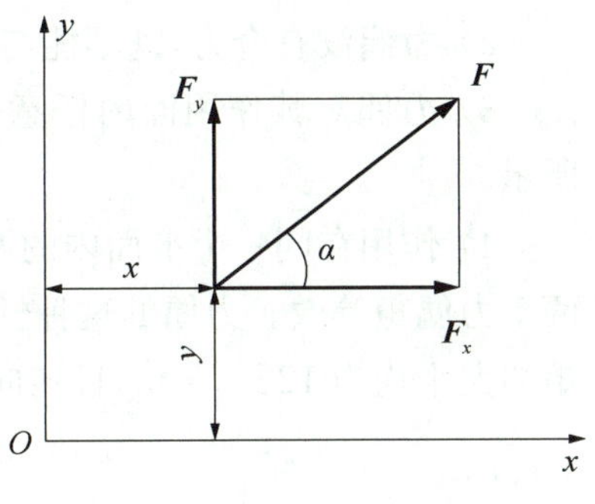

图 1-14 合力矩定理

二、力偶

1. 力偶的概念

在日常生活和生产实践中，经常会遇到两个大小相等、方向相反且不共线的平行力使物体发生转动的情形，如驾驶员用双手转动方向盘（图 1-15a），用双手转动丝锥进行攻丝（图 1-15b）等。

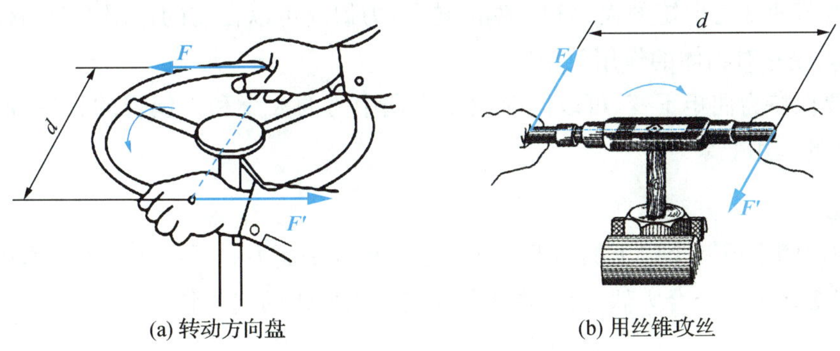

图 1-15 力偶的概念

这种由两个大小相等、方向相反且不共线的平行力 $\boldsymbol{F}$ 与 $\boldsymbol{F}'$ 组成的力系称为力偶，记作（$\boldsymbol{F}$、$\boldsymbol{F}'$）。力 $\boldsymbol{F}$ 与 $\boldsymbol{F}'$ 作用线之间的垂直距离 d 称为力偶臂，两个力的作用线所在的平面称为力偶作用面。

力偶对物体的转动效应主要取决于力偶的三要素：力偶矩的大小、力偶的转向、力偶作用面的方位。其中，力偶矩是力偶中 $\boldsymbol{F}$ 与力偶臂 d 的乘积，记作 $\pm \boldsymbol{F}d$ 或 $\boldsymbol{M}$，即

$$\boldsymbol{M}=\pm \boldsymbol{F}d \tag{1-3}$$

式中 $\boldsymbol{F}$——力偶中作用力的大小，单位为 N；

d——力偶臂，单位为 m。

式中的正负号表示力偶的转动方向。通常规定，力偶逆时针转动时取正号，顺时针转动时取负号。力偶矩的单位为 kN · m 或 N · m，两者的换算关系为 1 kN · m = 1 000 N · m。

2. 力偶的性质

1）力偶在任意坐标轴上的投影之和为零，如图 1-16a 所示。

2）力偶没有合力，既不能与一个力等效，也不能简化为一个力。

3）力偶对其作用面内任意一点的力矩恒等于力偶矩，与矩心的位置无关，如图 1-16b 所示。

4）作用在同一个平面内的两个力偶，只要二者的力偶矩大小相等、转动方向相同，则这两个力偶矩等效。力偶的这种性质称为平面力偶的等效定理。例如，图 1-16c 中三个力偶矩的大小均为 12 kN·m，且转向均为逆时针方向，故三者等效。

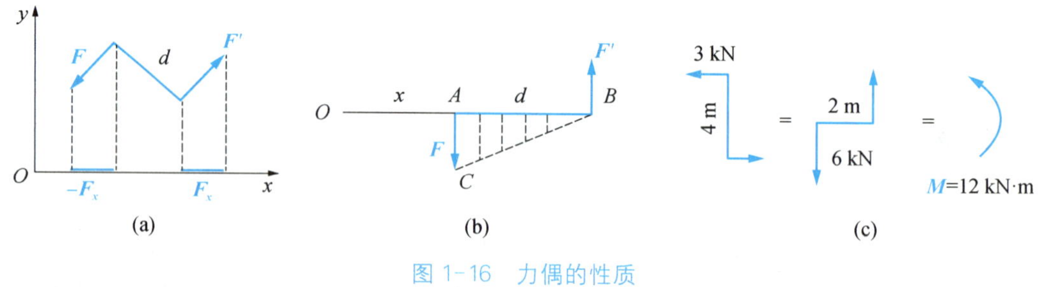

图 1-16　力偶的性质

由此可得出以下两个重要推论：

1）只要不改变力偶矩的大小和力偶的转向，力偶就可以在它的作用平面内任意移动或转动，而不改变它对物体的作用效果。

2）只要保持力偶矩不变，可以同时改变力偶中力的大小和力偶臂的长短，而不会改变力偶对物体的作用效果。

3. 平面力偶系的合成

平面内由两个或两个以上的力偶组成的系统称为平面力偶系。平面力偶系中各个力偶的作用可以等效为一个合力偶，合力偶矩等于各个力偶矩的代数和，即

$$\boldsymbol{M}=M_1+M_2+\cdots+M_n=\sum M_i \tag{1-4}$$

当合力偶矩等于零时，力偶系中各力偶对物体的转动效应相互抵消，物体处于平衡状态；反之，当合力偶矩不等于零时，物体处于转动而不平衡的状态。所以，平面力偶系平衡的充要条件是力偶系中各力偶矩的代数和等于零，即

$$\sum M=0 \tag{1-5}$$

式(1-5)也称为平面力偶系的平衡方程。

4. 力的平移定理

力的平移定理：作用在刚体上的力可以等效地平移到刚体上任意指定点，但必须在该力与指定点所决定的平面内附加一力偶，其力偶矩等于原力对新作用点之矩。

其推导过程如图 1-17a 所示，刚体上 A 点作用有力 $\boldsymbol{F}$，为了将 $\boldsymbol{F}$ 等效平移到其他任意一点（假设为 B 点），先在 B 点附加一对平衡力系 $\boldsymbol{F}$ 和 $\boldsymbol{F}'$，这对平衡力的作用线与 $\boldsymbol{F}$ 平行，如图 1-17b 所示。与作用在 A 点的 $\boldsymbol{F}$ 组成一个力偶($\boldsymbol{FF}'$)，称为附加力偶，且力偶矩大小为

$$\boldsymbol{M}=\boldsymbol{M}_B(\boldsymbol{F})=\boldsymbol{F}d \tag{1-6}$$

根据加减平衡力系公理，增加的平衡力系不会改变力 $\boldsymbol{F}$ 对刚体的作用效应，于是作用在 A 点的力 $\boldsymbol{F}$ 与作用在 B 点的 $\boldsymbol{F}'$ 及附加力偶 $\boldsymbol{M}$ 等效，如图 1-17c 所示。

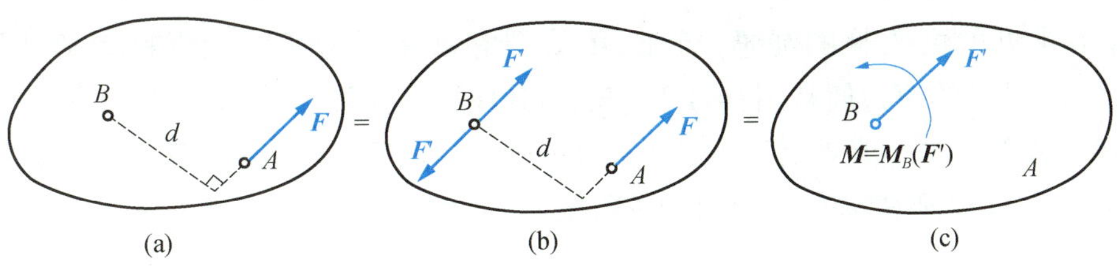

图 1-17　力的平移定理

第三节　约束与约束反力

一、约束和约束反力的概念

如果物体在空间沿任何方向的运动都不受限制，则该物体为自由体，如飞行的飞机和水中的鱼等。

在日常生活和工程中，有些物体通常以各种形式与周围的物体互相联系并受到周围物体的限制而不能做任意运动，这类物体为非自由体。如图 1-18a 所示，活塞受气缸体的限制只能沿气缸运动；如图 1-18b 所示，方向盘受转轴限制只能转动；如图 1-18c 所示，高铁受钢轨限制只能沿轨道运动。

(a) 活塞

(b) 方向盘

(c) 高铁

图 1-18　非自由体

一个物体受到周围物体的限制时，这种限制称为该物体的约束。约束对物体运动的限制是通过力来实现的，这些约束中限制物体运动的力称为约束反力，简称约束力。约束力是阻碍物体运动的力，因此属于被动力，其作用点在被约束物体与约束物体的接触处，其方向与其所限制物体的运动或运动趋势的方向相反。促使物体运动或产生运动趋势的力称为主动力，如重力、推力、拉力等。

二、工程中常见的约束类型

根据约束性质分析约束力是受力分析的重要内容，常见的约束类型及约束反力如下。

1. 柔性约束

工程上常见的由柔软的绳索、链条、传动带等物体所形成的约束称为柔性约束，如图 1-19 所示，柔性约束力通常用符号 $\boldsymbol{F}_{\mathrm{T}}$ 表示，其作用点在接触处，方向沿绳索中心线背离物体，只能承受拉力而不能承受压力。如图 1-20 所示，带传动通过皮带与主从动带轮之间的摩擦传递动力，过程中带轮受到两侧皮带的拉力作用，组成柔性约束。

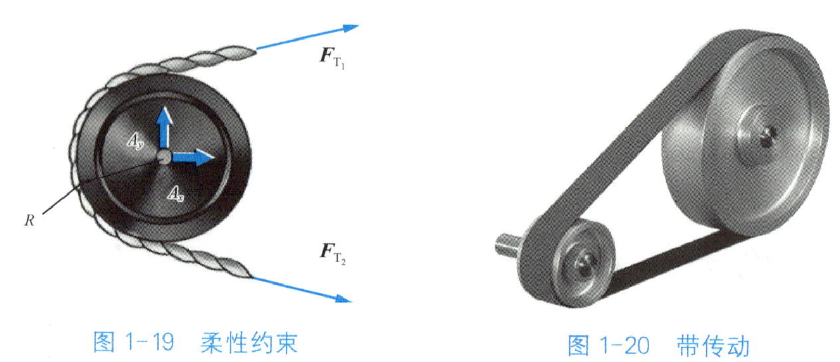

图 1-19　柔性约束　　图 1-20　带传动

2. 光滑接触面约束

若两个物体直接接触，且接触面的摩擦力很小可忽略不计，则这种光滑约束面所形成的约束称为光滑接触面约束，如图 1-21 所示。约束力通常用符号 $\boldsymbol{F}_{\mathrm{N}}$ 表示，其方向必沿接触面的公法线，且指向被约束的物体。

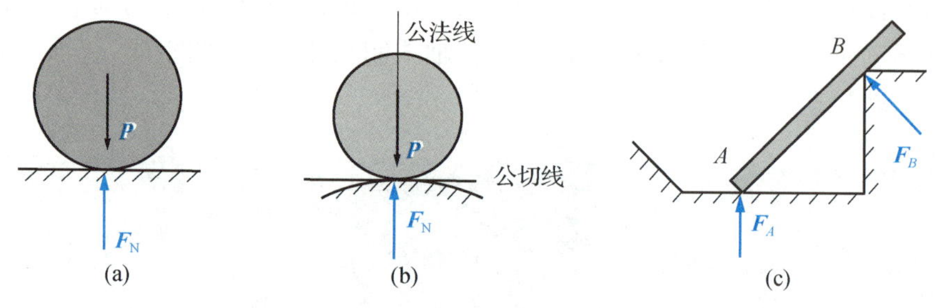

图 1-21　光滑接触面约束

3. 铰链约束

铰链又称为合页，是用来连接两个构件并允许二者相互转动的机械装置。如图 1-22a 所示，螺栓插入构件 1 和构件 2 的圆孔内构成一个铰链。铰链对两个构件形成铰链约束，使两构件间只能做相对转动，而不能做相对移动。铰链约束具有广泛的应用，例如，内燃机中曲柄与连杆、连杆与活塞运动时都存在铰链约束，如图 1-22b 所示。

(1) 固定铰链约束

铰链的两个构件之一固定在支承面上，称为固定铰链约束，如图 1-23 所示。这种固定铰链约束的特点是构件只能绕铰链轴线转动而不能发生移动，所以，固定铰链约束的约束反

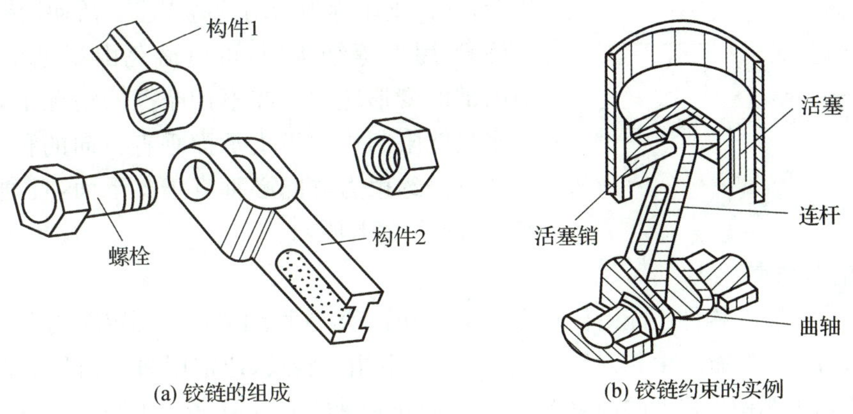

(a) 铰链的组成　　(b) 铰链约束的实例

图 1-22　铰链约束

力在垂直于圆柱销轴线的平面内，通常用两个相互垂直的分力 $\boldsymbol{F}_x$ 与 $\boldsymbol{F}_y$ 表示。

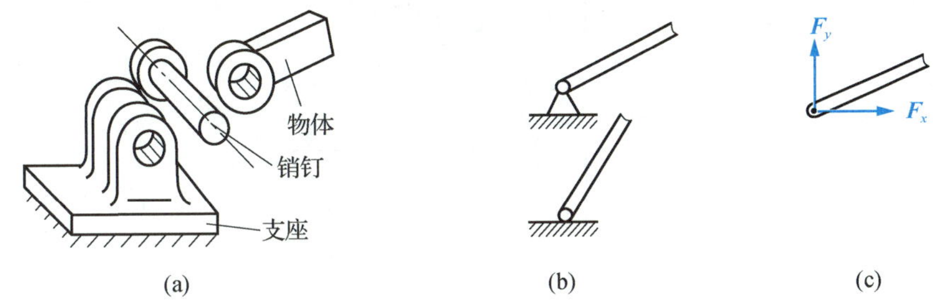

(a)　(b)　(c)

图 1-23　固定铰链约束

(2) 中间铰链约束

如图 1-24 所示，气缸中曲柄 AB 和连杆 BC 的这类约束称为中间铰链约束。如图 1-24a 所示，中间铰链约束的约束力应通过物体的圆孔中心，但接触点不确定，结构简图如图 1-24b 所示。中间铰链约束力的特点是作用线通过活塞销中心，垂直于活塞销轴线，方向不定，通常也可以用两个相互垂直的分力 $\boldsymbol{F}_x$ 和 $\boldsymbol{F}_y$ 表示，如图 1-24c 所示。

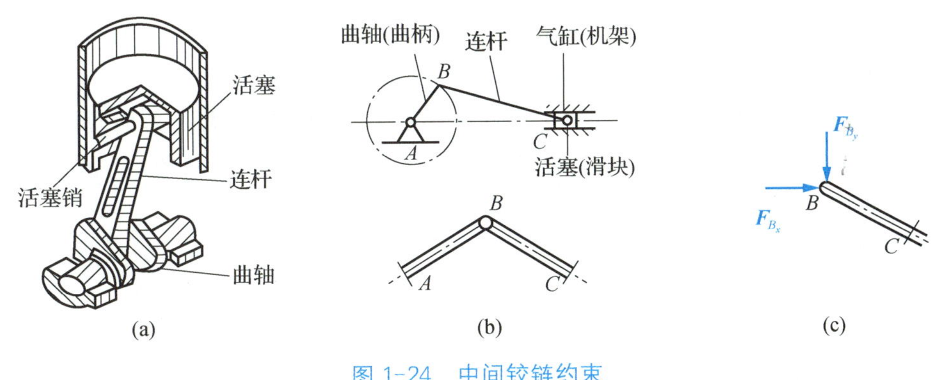

(a)　(b)　(c)

图 1-24　中间铰链约束

(3) 活动铰链约束

如图 1-25a 所示，如果在固定铰链支座的底部安装一排滚轮，支座就可以沿固定支承面

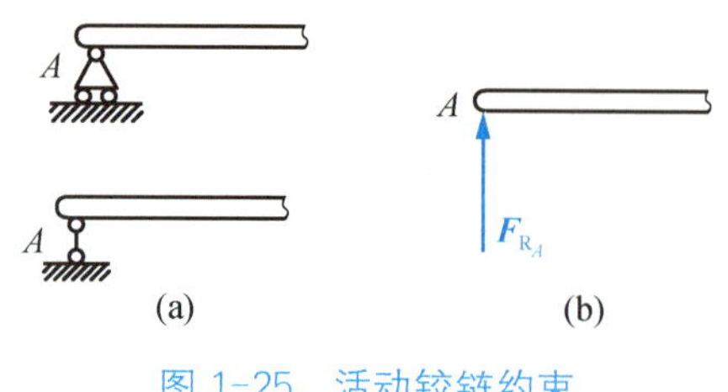

图 1-25　活动铰链约束

移动，这种支座称为活动铰链支座。活动铰链支座常用于桥梁、屋架等结构中，可以避免由温度变化引起结构内部的变形应力。在不计摩擦的情况下，活动铰链支座只能限制构件沿支承面垂直方向的移动。因此，活动铰链约束力方向必垂直于支承面，且通过铰链中心，如图 1-25b 所示。

4. 固定端约束

如图 1-26 所示，构件不能沿任意方向移动和转动，这种约束称为固定端约束。这种约束的特点是两物体既不能产生相对移动，也不能产生相对转动，通常用两个相互垂直约束分力 $\boldsymbol{F}_x$ 和 $\boldsymbol{F}_y$ 表示限制构件移动的约束作用，一个阻止转动的力矩 $\boldsymbol{M}$ 表示限制转动的约束作用。

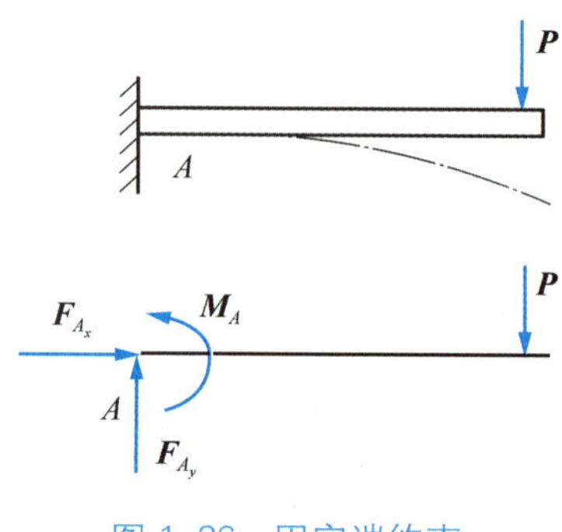

图 1-26　固定端约束

三、受力图

画受力图，对物体进行受力分析，是求解静力学问题的关键。

1. 受力分析

在工程实际中，需要根据已知力，应用平衡条件求解未知的约束反力。为此，首先要确定构件受到几个力，每个力的作用位置和力的作用方向，这个分析过程称为物体的受力分析。

2. 受力图

为了清晰地表示物体的受力情况，可以把需要研究的物体(称为受力体)从周围的物体(称为施力体)中分离出来，单独画出它的简图，这个步骤称为取研究对象或取分离体。画出分离体上所有作用力的图称为物体的受力图。

画受力图的一般步骤如下：

1）明确研究对象。

2）取隔离体(一般画简图)。

3）画出研究对象所受的全部主动力(主动力照抄下来)。

4）画出研究对象所受的全部约束反力(在存在约束的地方，按约束类型逐一画出约束反力，并解除全部约束)。

例 1-2　如图 1-27a 所示，(1)分析梁 AB 的受力情况；(2)并画出受力图。

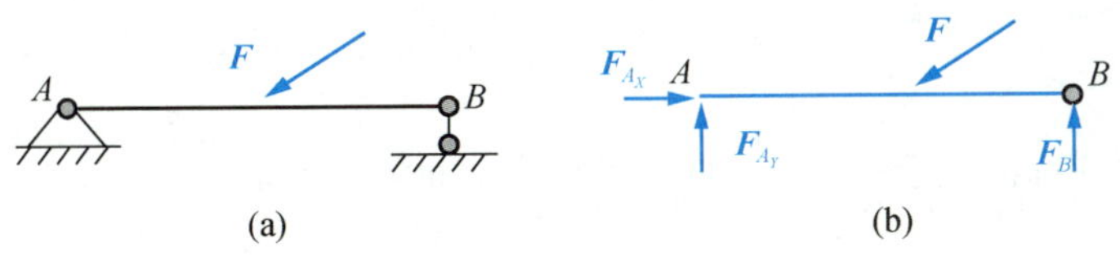

图 1-27　梁 AB 受力分析

解：(1) 取出隔离体 AB

(2) 画出受力图

因 A 点处为固定铰链连接，B 点处为活动铰链连接，故杆 AB 的受力图如图 1-27b 所示。

例 1-3　如图 1-28a 所示，杆 AB 受力 $\boldsymbol{F}$ 的作用，杆件自重均忽略不计，试画出杆 AB 和 BC 的受力图。

解：(1) 画杆 BC 的受力图

选取杆 BC 为研究对象，由于杆 BC 仅在 B、C 两处受铰链约束，故为二力杆。由于杆 BC 在 C 端受固定铰链的约束力 $\boldsymbol{F}_C$ 的作用，方向由 C 指向 B，根据二力杆的受力特点可知，杆件 BC 在 B 端受到的约束力为 $\boldsymbol{F}_B$，方向由 B 指向 C，如图 1-28b 所示。

(2) 画杆 AB 的受力图

选取杆 AB 为研究对象，杆 AB 受到外力 $\boldsymbol{F}$ 作用，且在 B 端受杆 BC 对它的约束力 $\boldsymbol{F}_B'$ 作用，在 A 端受到固定铰链的约束力 $\boldsymbol{F}_A$ 作用。由于 $\boldsymbol{F}_B'$ 与 $\boldsymbol{F}_B$ 互为反作用力，根据作用力与反作用力定律，确定 $\boldsymbol{F}_B'$ 与 $\boldsymbol{F}_B$ 等值、反向。利用三力平衡汇交定理来确定三个力的方向，从而画出杆 AB 的受力图，如图 1-28c 所示。

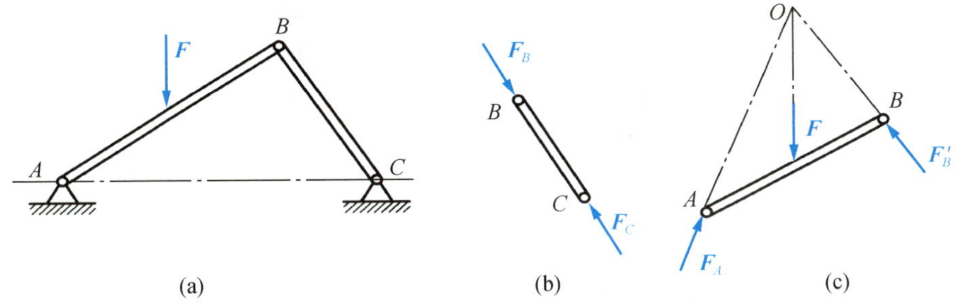

图 1-28　AB 和 BC 受力分析

第四节　平面力系

一、平面力系的分类

若力系中各力的作用线都在同一平面内，则该力系称为平面力系。

根据各力作用线的位置情况，平面力系可分为平面汇交力系、平面平行力系、平面力偶系和平面任意力系。

1. 平面汇交力系

所有力的作用线都汇交于一点的平面力系称为平面汇交力系，如图 1-29 所示吊钩的受力。

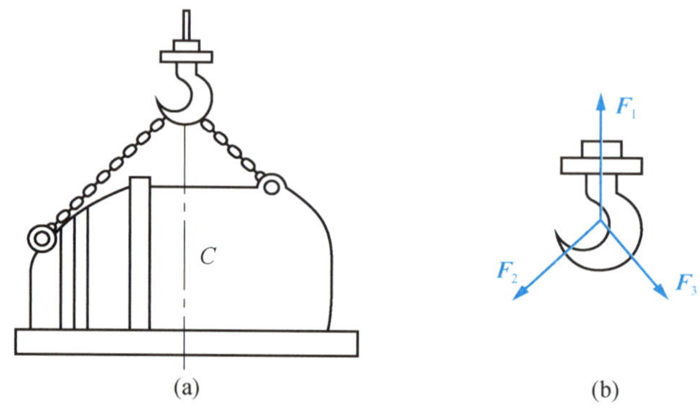

图 1-29　平面汇交力系

2. 平面平行力系

所有力的作用线均相互平行的平面力系称为平面平行力系，如图 1-30 所示火车车轮的受力。

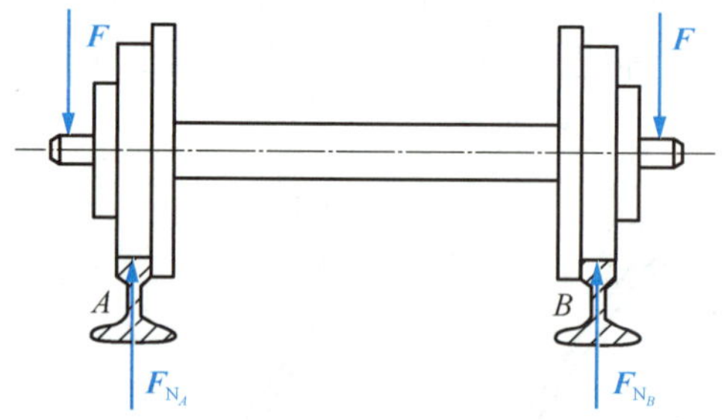

图 1-30　平面平行力系

3. 平面力偶系

由若干个力偶组成的平面力系称为平面力偶系，如图 1-31 所示联轴器的受力。

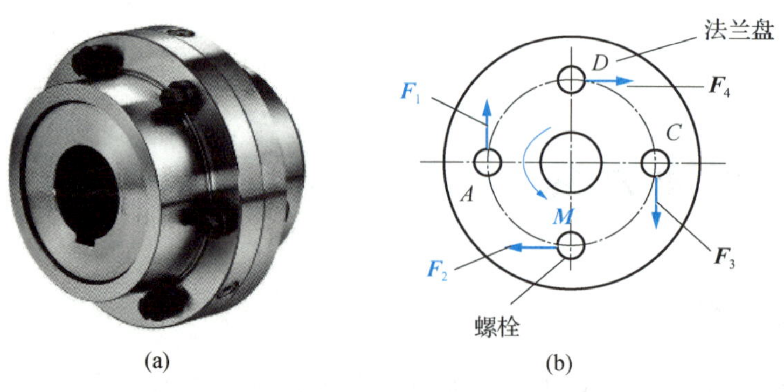

图 1-31　平面力偶系

4. 平面任意力系

若平面力系中各力的作用线既不完全平行，又不完全汇交于一点，则这类力系称为平面任意力系，如图 1-32 所示活塞连杆的受力。

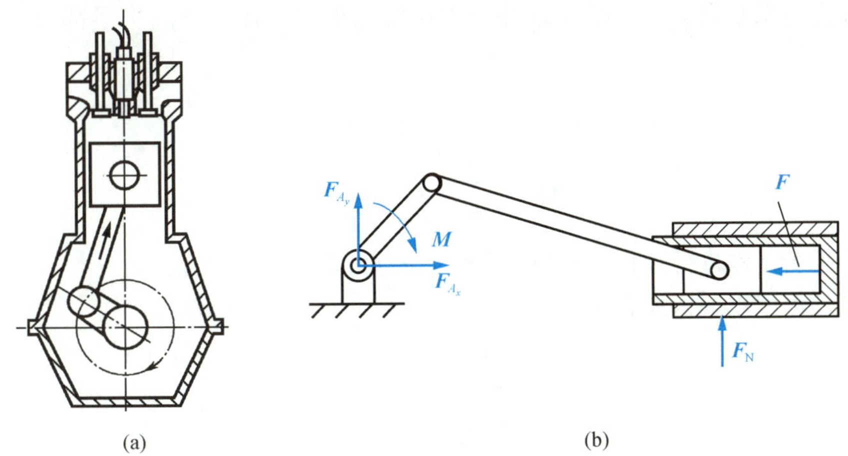

图 1-32　平面任意力系

二、平面任意力系的平衡方程

1. 平面任意力系的简化

如图 1-33a 所示，刚体受平面任意力系($\boldsymbol{F}_1,\boldsymbol{F}_2,\cdots,\boldsymbol{F}_n$)的作用。取任意点 O 作为简化中心，根据力的平移定理，将各力向 O 点平移，得到一个汇交于 O 点的平面汇交力系($\boldsymbol{F}_1',\boldsymbol{F}_2',\cdots,\boldsymbol{F}_n'$)，以及一组附加力偶系($\boldsymbol{M}_1,\boldsymbol{M}_2,\cdots,\boldsymbol{M}_n$)，如图 1-33b 所示。其中：

$$\boldsymbol{F}_1'=\boldsymbol{F}_1,\boldsymbol{F}_2'=\boldsymbol{F}_2,\cdots,\boldsymbol{F}_n'=\boldsymbol{F}_n;$$

$$\boldsymbol{M}_1=\boldsymbol{M}_O(\boldsymbol{F}_1),\boldsymbol{M}_2=\boldsymbol{M}_O(\boldsymbol{F}_2),\cdots,\boldsymbol{M}_n=\boldsymbol{M}_O(\boldsymbol{F}_n)。$$

如图 1-33c 所示，平面汇交力系($\boldsymbol{F}_1',\boldsymbol{F}_2',\cdots,\boldsymbol{F}_n'$)，可以合成为一个作用于 O 点的合矢量 $\boldsymbol{F}_R$，它等于原力系中各力的矢量和，称为原力系的主矢，有 $\boldsymbol{F}_R=\boldsymbol{F}_1+\boldsymbol{F}_2+\cdots+\boldsymbol{F}_n=\boldsymbol{F}_1'+\boldsymbol{F}_2'+\cdots+\boldsymbol{F}_n'=\sum\boldsymbol{F}_i$。

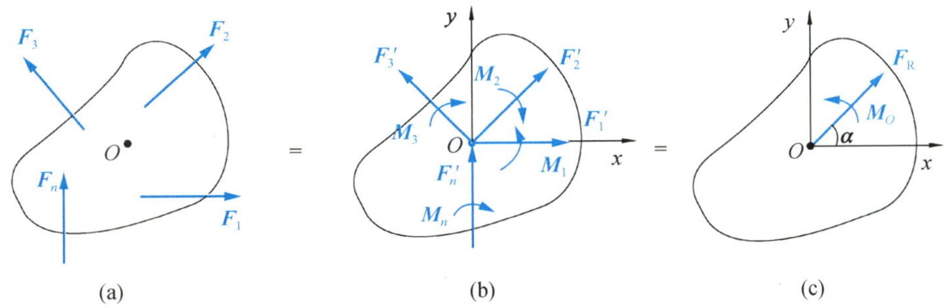

图 1-33　平面任意力学的简化

附加平面力偶系($\boldsymbol{M}_1,\boldsymbol{M}_2,\cdots,\boldsymbol{M}_n$)可以合成为一个力偶 $\boldsymbol{M}_O$，称为原力系对简化中心点

O 的主矩，它等于附加平面力偶系中各力偶的代数和，即 $\boldsymbol{M}_O=\boldsymbol{M}_1+\boldsymbol{M}_2+\cdots+\boldsymbol{M}_n=\boldsymbol{M}_O(\boldsymbol{F}_1)+\boldsymbol{M}_O(\boldsymbol{F}_2)+\cdots+\boldsymbol{M}_O(\boldsymbol{F}_n)=\sum\boldsymbol{M}_O(\boldsymbol{F}_i)$。

2. 平面任意力系的平衡方程及应用

平面任意力系平衡的充分必要条件为力系的主矢和对任意点的主矩都等于零，用公式表示为

$$\boldsymbol{F}_{\mathrm{R}}=\sum\boldsymbol{F}'_i=0 \tag{1-7}$$

$$\boldsymbol{M}_O=\sum\boldsymbol{M}_O(\boldsymbol{F}_i)=0 \tag{1-8}$$

将上述平衡条件进行转化，即可得到平面任意力系的平衡方程。

平衡条件可以用解析式表示为

$$\begin{cases}\sum\boldsymbol{F}_x=0\\ \sum\boldsymbol{F}_y=0\\ \sum\boldsymbol{M}_O(\boldsymbol{F}_i)=0\end{cases} \tag{1-9}$$

物体在平面任意力系的作用下处于平衡时，可利用平衡方程求解未知力，一般步骤如下：

1）根据题意选取研究对象，画出受力图。

2）建立适当的直角坐标系（使尽可能多的力与坐标轴处于特殊位置，力矩中心尽量选在未知力交点上）。

3）根据平衡条件列平衡方程并求解。

若解出结果为正，则表明该力的作用方向与假定的作用方向相同；若解出的结果为负，则表明该力的作用方向与假定的作用方向相反。

例 1-4　伸臂式起重机受力如图 1-34a 所示，忽略臂重，吊车 AB 吊起重物 $G=4\,000$ N。相关尺寸如下：$l=4.3$ m，$a=0.9$ m，$\alpha=25°$。试求铰链 A 处所受的约束力。

解： 取伸臂 AB 为研究对象，画出其受力图，如图 1-34b 所示。吊车所受的力包括 C 处重物重力 G，固定端 A 的约束力 $\boldsymbol{F}_{A_x}$ 和 $\boldsymbol{F}_{A_y}$。取坐标轴，根据平衡条件，列出平衡方程为

$$\begin{cases}\sum\boldsymbol{F}_x=0\\ \sum\boldsymbol{F}_y=0\\ \sum\boldsymbol{M}_O(\boldsymbol{F}_i)=0\end{cases}\quad\Rightarrow\quad\begin{array}{l}\boldsymbol{F}_{A_x}-\boldsymbol{F}\cos 25°=0\\ \boldsymbol{F}_{A_y}+\boldsymbol{F}\sin 25°-G=0\\ \boldsymbol{F}\sin 25°l-G(l-a)=0\end{array}$$

将 $G=4\,000$ N，$l=4.3$ m，$a=0.9$ m 代入方程，求得 $\boldsymbol{F}_{A_x}=29\,467$ N，$\boldsymbol{F}_{A_y}=-9\,600$ N 与图 1-34b 所示受力方向相反。

故铰链 A 处所受横向约束力为 29 467 N，方向水平向右；纵向约束力为 9 600 N，方向竖直向下。

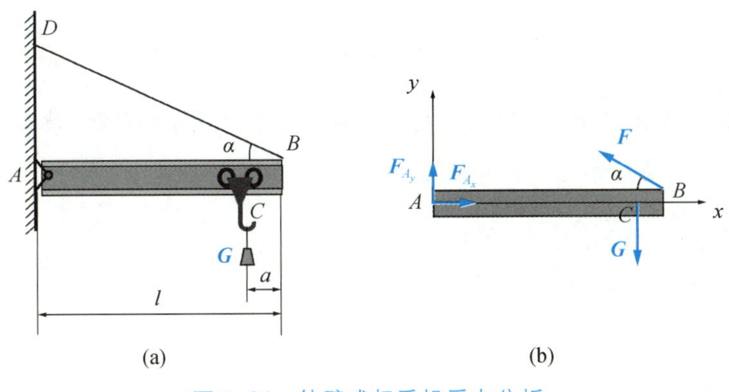

图 1-34　伸臂式起重机受力分析

第五节　摩擦与自锁

在前面分析物体受力时，都假定物体表面是绝对光滑的，忽略了物体间的摩擦。其实，完全光滑的表面并不存在。两物体的接触面之间一般都有摩擦，有时摩擦还起着决定性的作用。例如，汽车中的离合器与 V 带传动要依靠摩擦力才能工作，制动器依靠摩擦力来制动，螺钉利用摩擦力起紧固作用等。

一、摩擦力

当两个相互接触的物体具有相对滑动或相对滑动趋势时，彼此间产生的阻碍相对滑动趋势的力，称为摩擦力。摩擦力作用于相互接触处，其方向与相对滑动的趋势或相对滑动的方向相反，它的大小根据主动力作用的不同而不同。摩擦力可分为静摩擦力和动摩擦力等。

1. 静摩擦力

两个相互接触的物体有相对滑动趋势时，接触面间存在阻碍这种趋势的切向阻力，这种阻力称为静摩擦力，一般用符号 $\boldsymbol{F}_{\mathrm{f}}$ 表示。

如图 1-35 所示，水平桌面上有一重为 G 的滑块，现向右施加一个较小的拉力 $\boldsymbol{F}_{\mathrm{T}}$，滑块保持静止。根据平衡方程可知，滑块受到的静摩擦力 $\boldsymbol{F}_{\mathrm{f}}$ 水平向左，其大小与拉力 $\boldsymbol{F}_{\mathrm{T}}$ 相等。当拉力 $\boldsymbol{F}_{\mathrm{T}}$ 逐渐增大时，静摩擦力随之增大，可见静摩擦力与外力保持平衡。

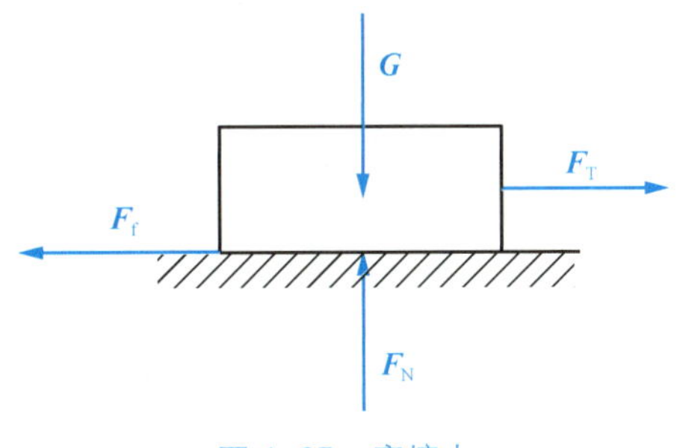

图 1-35　摩擦力

当拉力 $\boldsymbol{F}_{\mathrm{T}}$ 增大到一定值时，滑块即将开始滑动，此时的状态称为临界状态。临界状态下，滑块所受的静摩擦力达到最大值 $\boldsymbol{F}_{\mathrm{fmax}}$。此时，静摩擦力的

大小为

$$F_f = F_T \tag{1-10}$$

试验表明，最大摩擦力 F_{fmax} 的大小与物体接触面间的正压力成正比，即

$$F_{fmax} = \mu F_N \tag{1-11}$$

式中　F_N——接触面间的正压力，单位为 N；

μ——静摩擦系数，简称摩擦系数。

2. 动摩擦力

在上面的摩擦力试验中，当静摩擦力达到最大值时，若拉力 F_T 继续增大，则滑块将在桌面开始滑动，此时滑块所受的摩擦力称为动摩擦力，一般用 F_f'表示。大量试验表明，动摩擦力的大小也与物体接触面间的正压力成正比，即

$$F_f' = \mu' F_N \tag{1-12}$$

式中　μ'——动摩擦系数，略小于静摩擦系数，一般取 $\mu' = \mu$。

二、摩擦角与自锁现象

1. 摩擦角

如图 1-36a 所示，物体静止在地面上，当存在摩擦时，地面对物体的约束力包含法向反力 F_N 和切向摩擦力 F_f，它们的合力称为全约束反力，即 $F_R = F_N + F_f$。它与法线间的夹角 φ 将随主动力的变化而变化。当物体处于临界状态时，夹角 φ 达到最大值 φ_m。全约束力与法线间的夹角的最大值 φ_m 称为摩擦角。

根据图 1-36a 中的几何关系可知，摩擦角 φ_m 与静摩擦系数 μ 之间的关系为

$$\tan\varphi_m = \frac{F_{fmax}}{F_N} = \frac{\mu F_N}{F_N} = \mu \tag{1-13}$$

这也表明，摩擦角的正切值等于静摩擦系数，二者存在对应的关系，故摩擦角的大小同样只与物体的材料和接触面状况有关。

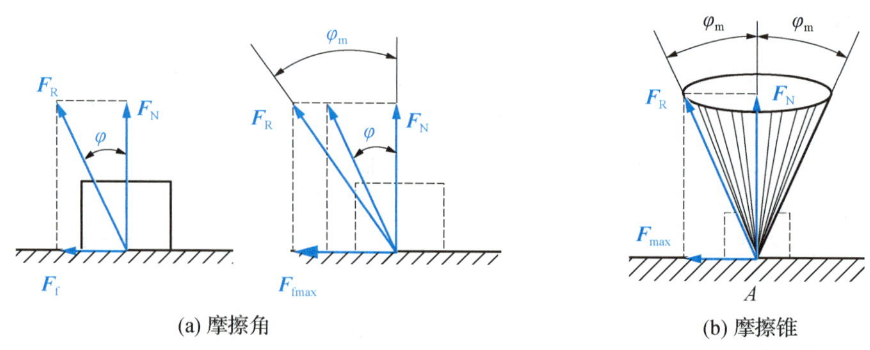

图 1-36　摩擦角和摩擦锥

当物体的滑动趋势方向改变时，全约束 $\boldsymbol{F}_R$ 作用线的方向也将随之改变，在临界状态下，$\boldsymbol{F}_R$ 达到最大值，其作用线将画出一个以接触点 A 为顶点的圆锥面，这个圆锥面称为摩擦锥，如图 1-36b 所示。

2. 自锁现象

由于静摩擦力的范围是 $0 \leqslant \boldsymbol{F}_f \leqslant \boldsymbol{F}_{fmax}$，全约束反力 $\boldsymbol{F}_R$ 作用线不会超出摩擦角以外。

若作用于物体上的全部主动力的合力 $\boldsymbol{F}_R$ 的作用线在摩擦锥之内，则无论主动力多大，物体必定保持静止，这种现象称为自锁现象。

(1) 斜面上的自锁

如图 1-37a 所示，当斜面倾角 α 小于摩擦角 φ_m 时，无论在斜面上放多重的物体，由于重力沿斜面的分力始终与静摩擦力平衡，并且小于最大静摩擦力，物体将静止不动，这种现象称为斜面的自锁现象。斜面的自锁条件是斜面的倾角小于或等于摩擦角。

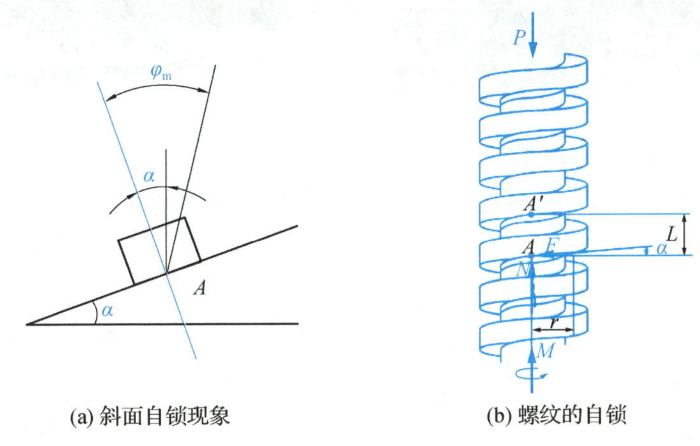

(a) 斜面自锁现象　　(b) 螺纹的自锁

图 1-37　自锁现象

(2) 螺纹的自锁

在实际工程应用中，为了计算方便，通常引入当量摩擦系数 f 和当量摩擦角的概念。

当量摩擦角：在斜面滑块模型中，斜面倾斜到一定角度时，滑块的摩擦力恰好等于重力沿着斜面的分量。此时刚好处于受力平衡状态，此状态下的斜面倾斜角称为当量摩擦角 φ_m'。

如图 1-37b 所示，螺纹可以看成是绕在一个圆柱体上的斜面，螺纹升角 α 相当于斜面的倾斜角。螺母相当于斜面上的滑块 A，施加在螺母上的轴向载荷 P 相当于滑块 A 的重力，要使螺纹自锁(无论轴向载荷 P 多大，螺母保持静止)，必须使螺纹的升角 α 小于或等于当量摩擦角 φ_m'。因此，螺纹的自锁条件是 $\alpha \leqslant \varphi_m'$。

自锁现象在工程上经常被用到，如螺旋千斤顶顶起重物后撤去外力，要满足自锁条件以免重物下落。而在一些机构中，则要求避免出现自锁，如汽车发动机中的凸轮机构，要求挺柱在任何位置均不发生自锁。

知识拓展　你知道汽车手摇千斤顶的工作原理吗?

汽车手摇千斤顶是一种简便的车辆举升工具,其工作原理基于螺纹自锁机制,如图 1-38 所示。千斤顶通过转动手柄旋转螺杆,螺杆上的螺纹与套筒内部的螺纹相配合,实现车辆的举升。螺纹自锁特性能保证千斤顶锁定在所需的高度位置上,防止车辆意外下降。

图 1-38　手摇千斤顶工作状态

图 1-39　手摇千斤顶折叠状态

手摇千斤顶设计紧凑、携带方便,广泛应用于更换轮胎或进行底盘检查时,如图 1-39 所示。螺杆上的螺纹不仅具有自锁功能,还能够减轻使用者施加的力矩,实现增力的作用,让使用者更加轻松地顶起车辆。

正确使用手摇千斤顶,可以确保维修工作的顺利进行,同时减少维修中的风险。在操作时,需要注意平稳施力,避免因用力过猛导致千斤顶损坏或失去平衡。手摇千斤顶是汽车维修过程中不可或缺的工具之一,其螺纹自锁设计不仅提升了使用安全性,也提高了工作效率。

单元二　工程构件的变形

知识目标

(1) 掌握轴拉伸与压缩的概念,了解轴向拉压杆的变形;
(2) 掌握轴剪切与挤压的概念;
(3) 掌握圆轴扭转的概念,了解扭矩的含义;
(4) 掌握平面弯曲的概念,了解弯曲的内力。

能力目标

(1) 能够分析一般工程构件的变形情况;
(2) 能够针对工程构件中简单的变形,绘制扭矩图、剪力图和弯矩图。

案例引入

任何构件在外力作用下,其形状和尺寸都会发生改变。当外力超过构件的承受范围时,构件将发生破坏,引起机械故障,甚至造成严重事故。例如连杆的折弯、碰撞测试后车身局部的断裂,如图 2-1 所示。

(a) 连杆的折弯

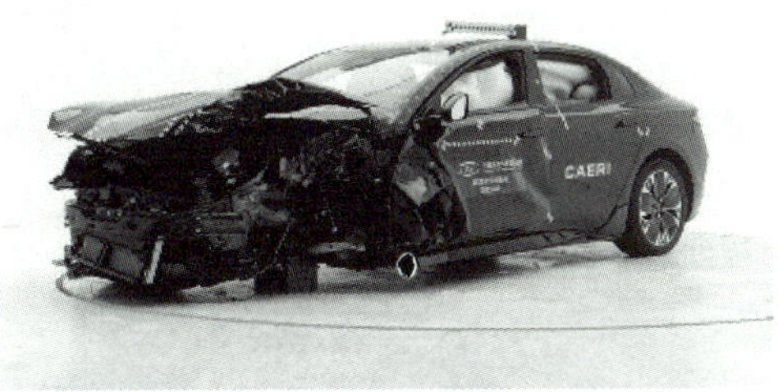

(b) 碰撞测试后车身局部的断裂

图 2-1　构件的破坏

第一节　拉伸与压缩

为了避免构件在使用中发生破坏，保证各种机械的正常工作，必须要求各个构件具有承受足够载荷的能力，简称承载能力。构件的承载能力包括强度、刚度及稳定性三个方面。

强度：构件在载荷作用下抵抗破坏的能力。

刚度：构件在载荷作用下抵抗变形的能力。

稳定性：细长杆件或薄壁构件在受压时维持原有直线平衡状态的能力。

工程构件的种类很多，大多数可以简化为杆件(即长度尺寸远远大于其他两个方向尺寸的构件)。杆件变形的基本形式如表 2-1 所示。

表 2-1　杆件变形的基本形式

杆件变形形式	工程案例	杆件受力简图	变形图示
轴向拉伸或压缩	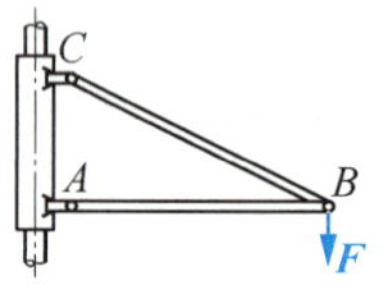	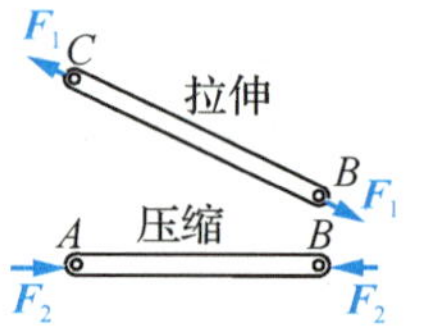	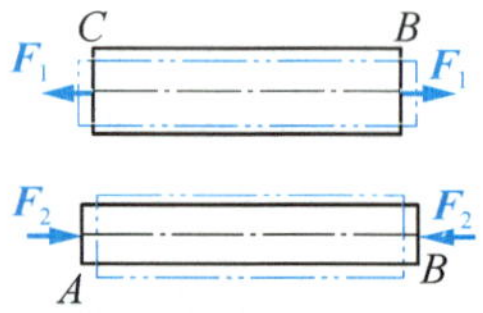
剪切与挤压	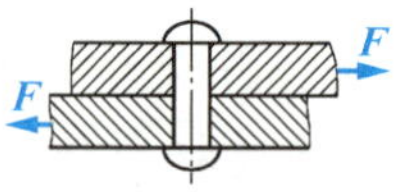	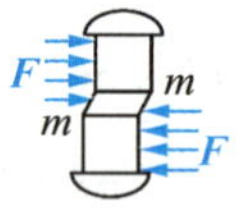	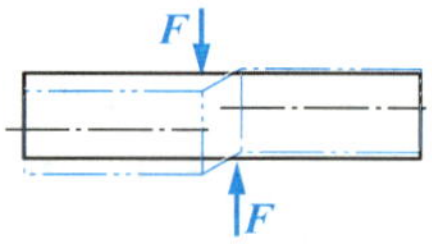
圆轴扭转	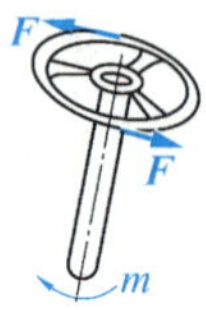	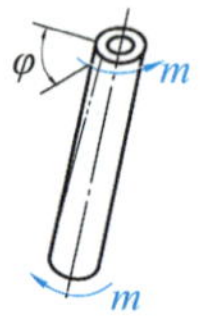	
平面弯曲	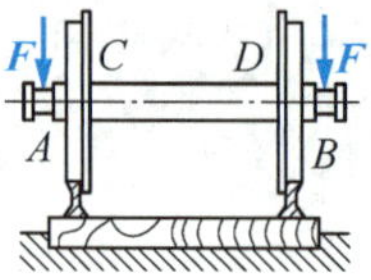	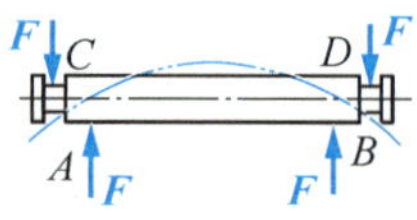	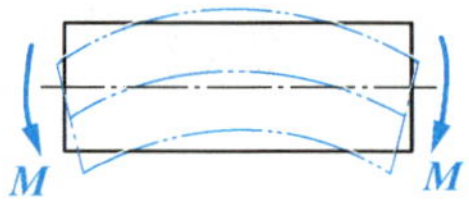

工程中有许多杆件在工作时主要承受拉力或压力的作用，如图 2-2 所示内燃机中的连杆、紧固曲轴轴承盖时使用的螺栓等，这类杆件的受力方式和变形都有相同的特点，受力方式都是受到沿轴线方向作用的两个大小相等、方向相反的拉力或压力，变形特点都是沿轴线伸长或缩短。

杆件在外力作用下，沿其轴向伸长，称为轴向拉伸；在外力作用下，沿其轴向发生缩短，则称为轴向压缩。如图 2-3a 所示构件的这种变形称为拉伸变形或压缩变形，如图 2-3b 所示为随车千斤顶，在其顶起车辆工作时，螺杆轴向拉伸；如图 2-3c 所示为汽车转向横拉杆，其一端连接转向器，一端连接转向节，汽车转向时，转向横拉杆轴向压缩。

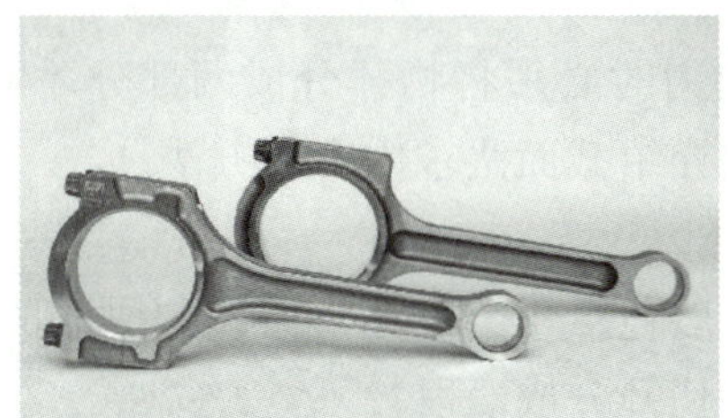
(a) 内燃机中的连杆

(b) 紧固曲轴轴承盖时使用的螺栓

图 2-2　受拉(压)力的杆件

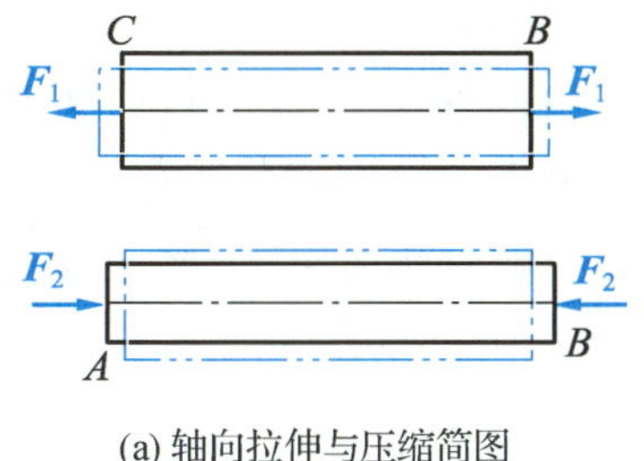

(a) 轴向拉伸与压缩简图

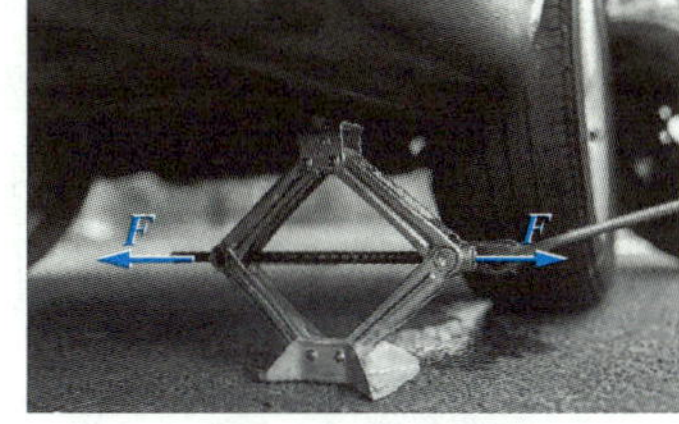

(b) 轴向拉伸的螺杆

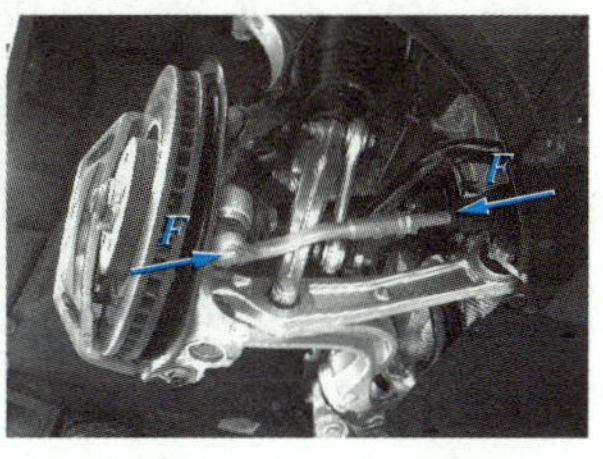

(c) 轴向压缩的转向横拉杆

图 2-3　轴向拉伸与压缩

产生轴向拉伸(或压缩)变形的杆，简称为拉(压)杆。

图 2-4a 所示为简易起重机，在载荷 $\boldsymbol{F}$ 的作用下，斜杆 AC 承受拉力发生拉伸变形，水平杆 BC 承受压力发生压缩变形。对发生拉伸或压缩变形杆件的形状和受力进行简化，即可得到如图 2-4b 所示的受力情况。

(a) 示意图

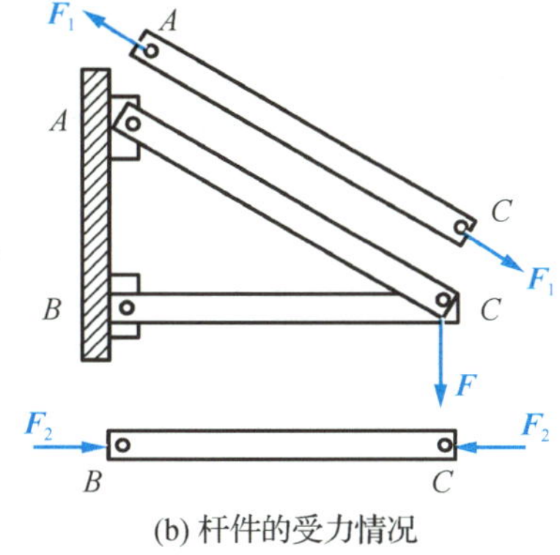

(b) 杆件的受力情况

图 2-4　简易起重机

一、杆件拉(压)时的轴力和轴力图

1. 轴力及其求法

(1) 内力的概念

研究杆件的承载能力时，需要先分析杆件所承受的作用力，包括外力和内力。作用于杆件上的载荷和约束反力统称为外力；杆件受外力作用时，物体内各部分之间产生的保持其形状和大小不变的反作用力称为内力。该反作用力随外力的作用而产生，随外力的消失而消失。

由于内力是物体内部的相互作用力，求内力时必须将物体分成两部分才能使内力体现出来。截面法是求杆件内力的基本方法，下面介绍截面法求内力的方法。

（2）截面法求内力

工程中通常采用截面法求杆件的内力，一般包括 4 个步骤，可归纳为切、取、代、求。

切：假想用某一截面从需求内力处将杆件切开分成两段。

取：取其中任意一段为研究对象，弃去另一段。

代：将抛掉部分对留下部分的作用由内力代替。

求：利用静力学中的平衡条件，列平衡方程并求解未知的内力。

如图 2-5a 所示为一受拉杆件，在外力 $\boldsymbol{F}$ 的作用下处于平衡状态。为了求截面 *1-1* 处的内力，假想沿截面 *1-1* 将杆件切开，取左段为研究对象。由于内力均匀分布在整个截面上，可以用 $\sum \boldsymbol{F}$ 表示左段截面上的合内力，则左段杆件的受力情况如图 2-5b 所示，根据平衡条件列出平衡方程

$$\sum \boldsymbol{F}=0 \Rightarrow \boldsymbol{F}_{\mathrm{N}}-\boldsymbol{F}=0 \tag{2-1}$$

解得

$$\boldsymbol{F}_{\mathrm{N}}=\boldsymbol{F} \tag{2-2}$$

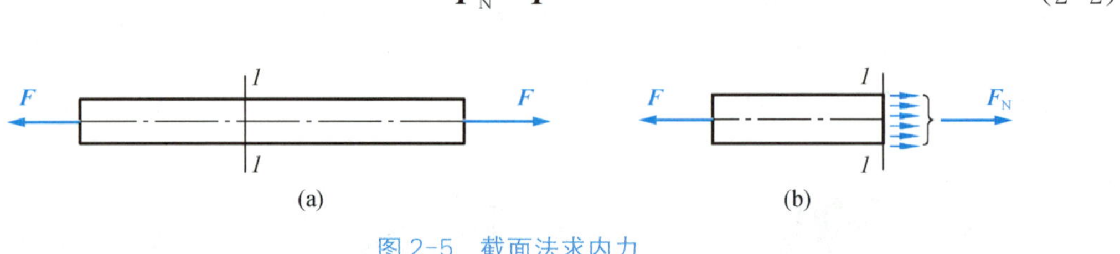

图 2-5　截面法求内力

（3）轴力

对于发生轴向拉伸或压缩变形的杆件，由于外力的作用线与杆件的轴线重合，由共线力系平衡条件可知，其任一截面内力的作用线必然也通过轴线，因此这种内力称为轴力，通常用符号 $\boldsymbol{F}_{\mathrm{N}}$ 表示。

为了区分杆件拉伸或压缩时的不同轴力，对轴力的正负号作如下规定：若轴力的方向背离所取截面，则杆件发生拉伸变形，轴力取正号，称为拉力；若轴力的方向指向所取截面，则杆件发生压缩变形，轴力取负号，称为压力。例如，在图 2-5 所示例子中，左段 *1-1* 截面上的轴力背离截面，则其取正号。

2. 轴力图

为了形象地表示轴力的分布情况，通常将轴力沿杆件方向变化的情况绘制成图形，称为轴力图。在绘制轴力图时，横截面的位置用横坐标 x 表示，轴力 $\boldsymbol{F}_{\mathrm{N}}$ 用纵坐标表示，轴力为

正值时画在 x 轴的上方，为负值时画在 x 轴的下方。因此，轴力图可以清楚地表示杆件不同位置轴力大小的分布规律及受拉或受压的情况。图 2-6 所示为拉(压)杆的轴力图。

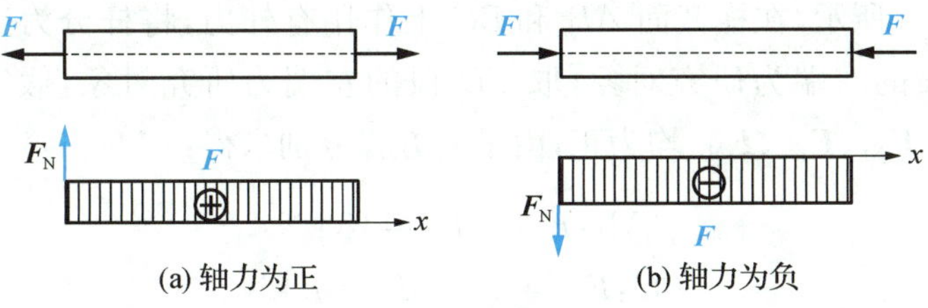

图 2-6　拉(压)杆的轴力图

注意：用截面法求内力的过程中，在截面“取”之前，作用于物体上的外力(载荷)不能任意移动或用静力等效的相当力系替代。

例 2-1　图 2-7 所示为汽车一阶梯轴受力图，假设被截面截开，已知 $F_1=18\ \text{kN}$，$F_2=10\ \text{kN}$，$F_3=20\ \text{kN}$，求指定各截面上的轴力并做出轴力图。

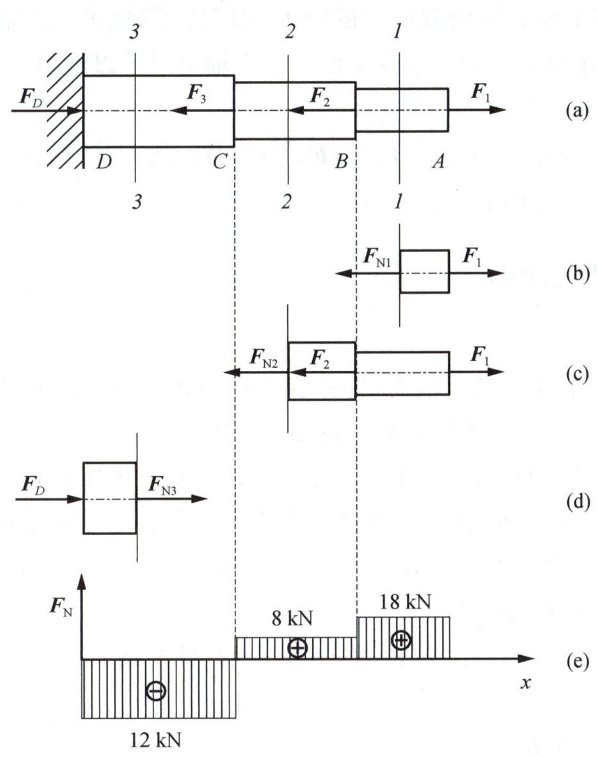

图 2-7　汽车阶梯轴截面内力图

解：(1) 计算 D 端支座反力

由图 2-7a 建立沿 x 轴方向的平衡方程

$$\sum \boldsymbol{F}=0$$

$$\boldsymbol{F}_D+\boldsymbol{F}_1-\boldsymbol{F}_2-\boldsymbol{F}_3=0$$

$$F_D = F_2 + F_3 - F_1 = (10 + 20 - 18)\text{kN} = 12\ \text{kN}$$

（2）分段计算轴力

如图 2-7b、c、d 所示，在横截面 AB 和 BC 上作用有外力，将杆分为三段。应用截面法取 AB 段和 BC 段的右端为研究对象，取 CD 段的左端为研究对象，假定所求截面 1-1、2-2、3-3 的轴力 $\boldsymbol{F}_{N1}$、$\boldsymbol{F}_{N2}$、$\boldsymbol{F}_{N3}$ 均为正，由平衡方程分别求得：

$$AB: F_{N1} = F_1 = 18\ \text{kN}$$

$$BC: F_{N2} = F_1 - F_2 = 8\ \text{kN}$$

$$CD: F_{N3} = -F_D = -12\ \text{kN}$$

式中，$\boldsymbol{F}_{N3}$ 为负值，表示在 3-3 横截面上轴力的实际方向与图中所假定的方向相反，CD 段的轴力为压力；AB 段和 BC 段的轴力为正，其轴力为拉力。

（3）画轴力图

根据所求得的轴力值，取与杆轴平行的坐标轴为 x 轴，选定比例尺寸，用 x 表示杆横截面的位置，用 $\boldsymbol{F}_N$ 为纵坐标表示横截面上的轴力，根据各横截面上的轴力大小和正负号（拉力为正，压力为负）画出轴力图，如图 2-7e 所示。由轴力图可以看出，$|\boldsymbol{F}_{Nmax}| = 18\ \text{kN}$，发生在 AB 段内。

从上面的例题可以看到，轴力（即内力）$\boldsymbol{F}_N$ 与横截面的直径（形状）、各段的长度无关，只与保留段上轴力的大小、方向有关。

二、轴向拉（压）杆的变形

1. 绝对变形

若外力除去后，变形就会随之消失，这种变形称为弹性变形；外力除去后不能恢复的变形称为塑性变形或残余变形。本任务只讨论弹性变形。

杆件在轴向拉伸或压缩时，除产生沿轴线方向的伸长或缩短外，其横向尺寸也相应地发生改变。沿轴线方向的伸长或缩短称为轴向变形，直径方向的伸长或缩短称为横向变形。轴向变形和横向变形统称为绝对变形。拉伸时杆件的轴向变形为正，横向变形为负；压缩时杆件的轴向变形为负，横向变形为正。

设一圆截面直杆，承受轴向拉力 $\boldsymbol{F}$ 后（图 2-8），杆件的轴向长度由 L 伸长到 L_1，横向尺寸由 D 变为 D_1。

则杆的轴向绝对变形量为

$$\Delta L = L_1 - L \tag{2-3}$$

横向绝对变形量为

$$\Delta D = D_1 - D \tag{2-4}$$

式中　L——等直杆的原长，单位为 m；

　　D——横向尺寸，单位为 m；

L_1——拉(压)后杆件的纵向长度,单位为 m;

D_1——拉(压)后杆件的横向尺寸,单位为 m。

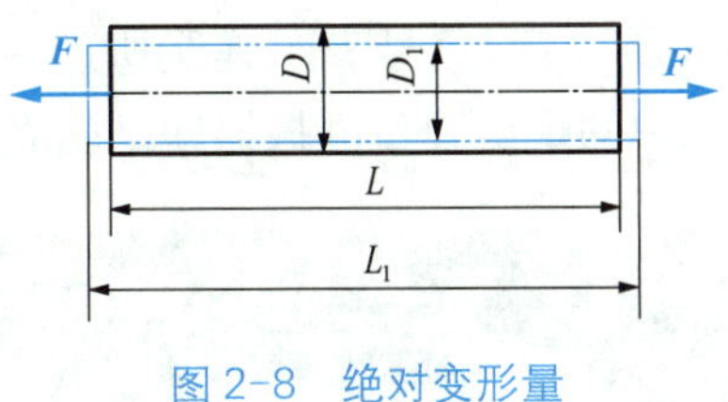

图 2-8　绝对变形量

拓展阅读

工程人的责任与担当

2. 相对变形

杆件的绝对变形量与杆件的原长有关,为了消除杆件原尺寸对变形大小的影响,用单位长度内杆的变形量,即线应变来衡量杆件的变形程度。单位长度的变形量公式为

$$\varepsilon=\frac{\Delta L}{L} \tag{2-5}$$

在轴向外力作用下,杆件沿轴向伸长(缩短)的同时,横向尺寸也将缩小(增大)。设横向尺寸由 D 变为 D_1(图 2-8),则相对横向线应变为

$$\varepsilon'=\frac{\Delta D}{D} \tag{2-6}$$

线应变表示的是杆件的相对变形,它是一个无量纲量。线应变的 ε 与 ε' 正负号分别与 ΔL 与 ΔD 的正负号相一致,即

拉伸时,纵向伸长,$\varepsilon>0$;横向缩短,$\varepsilon'<0$。

压缩时,纵向缩短,$\varepsilon<0$;横向增大,$\varepsilon'>0$。

试验表明:在线弹性范围内,同一种材料的横向线应变与纵向线应变之比的绝对值为一常数,即

$$\mu=\left|\frac{\varepsilon'}{\varepsilon}\right| \tag{2-7}$$

当杆件轴向伸长时横向缩小,而当轴向缩短时横向增大,即 ε' 与 ε 的符号总是相反的,即

$$\varepsilon'=-\mu\varepsilon \tag{2-8}$$

式中,μ 称为泊松比或横向变形系数,它也是材料的弹性常数,且是一个无量纲量,其值可通过试验测定。

3. 胡克定律

胡克定律是力学弹性理论中的一条基本定律,可表述为固体材料受力之后,材料中的应力与应变(单位变形量)之间成线性关系。

胡克定律的表达式为

$$\boldsymbol{F}=-kx$$

或

$$\Delta\boldsymbol{F}=-k\Delta x \tag{2-9}$$

式中，k 是弹性系数，由材料的性质决定，负号表示弹簧所产生的弹力与其伸长（或压缩）的方向相反。如图 2-9 所示，汽车中的螺旋弹簧减振器即是胡克定律的应用。

图 2-9　螺旋弹簧减振器

第二节　剪切与挤压

在工程实际中，为了将构件互相连接起来，通常要用到各种各样的连接。如图 2-10a 所示为桥梁结构中常用的钢板之间的铆钉连接；图 2-10b 所示为拖车挂钩的销轴连接；图 2-10c 所示为两块钢板间的搭接焊缝连接；图 2-10d 所示为传动轴与齿轮之间的键连接；图 2-10e 所示为两零件间的螺栓连接。这些起连接作用的铆钉、销轴、焊缝、键以及螺栓等统称为连接件。这些连接件的体积虽然比较小，但对于保证整个结构的牢固和安全却具有重要作用。

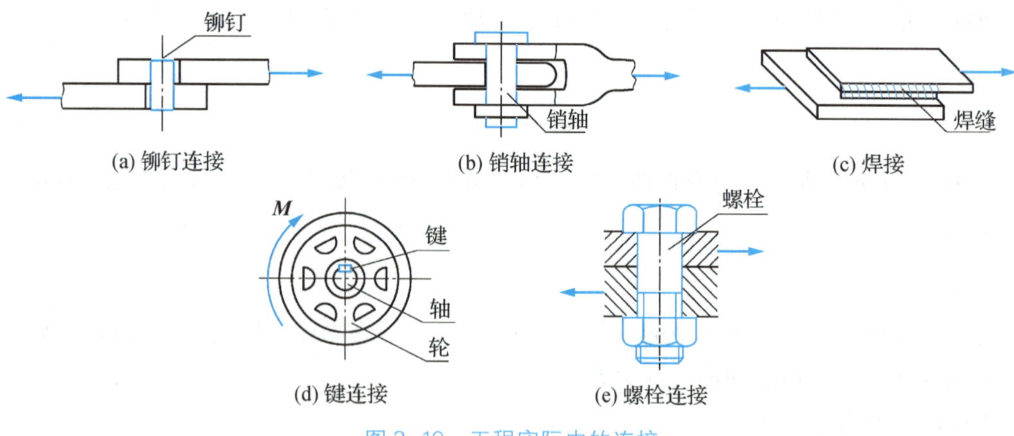

图 2-10　工程实际中的连接

一、剪切

1. 剪切变形

如图 2-11a 所示为铆钉连接示意图，一块钢板将所受的拉力 $\boldsymbol{F}$ 通过铆钉传递到另一块钢板上，此时铆钉的右上侧面和左下侧面受到压力作用，如图 2-11b 所示；铆钉上、下两部分在压力作用下沿两力之间的 $n-n$ 截面发生相对错动，如图 2-11c 所示。当钢板承受的拉力足够大时，超过了铆钉的许用力，铆钉将被剪断。

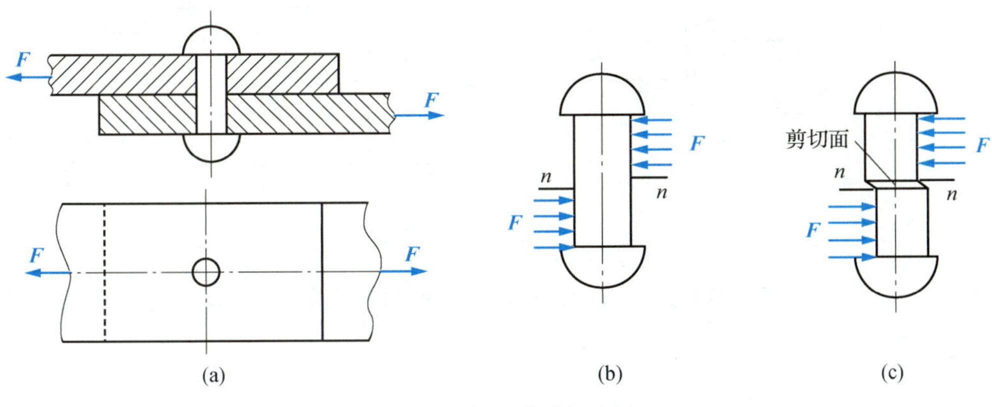

图 2-11　铆钉的剪切变形

因此，杆件发生剪切变形的受力特点是杆件两侧面上外力的合力大小相等、方向相反、作用线距离很近。变形特点是两合力作用线之间的截面发生相对错动。这种变形称为剪切变形，发生相对错动的截面称为剪切面。

2. 剪力

杆件发生剪切变形时，在剪切面内会产生沿截面分布的抵抗剪切变形的内力，称为剪力，一般用 $\boldsymbol{F}$ 表示。如图 2-12a 所示的销轴连接中，销轴受剪切作用，截面 $m-m$ 和截面$n-n$ 为切面，如图 2-12b 所示。现用截面法分析销轴中的内力和应力，假想沿截面$m-m$ 和截面 $n-n$ 将轴切开，取中间部分为研究对象，如图 2-12c 所示。根据平衡条件可知，剪切面 $m-m$ 和剪切面 $n-n$ 上的剪力与外力 $\boldsymbol{F}$ 平衡，可计算得到下式

$$\boldsymbol{F}_Q = \frac{1}{2}\boldsymbol{F} \tag{2-10}$$

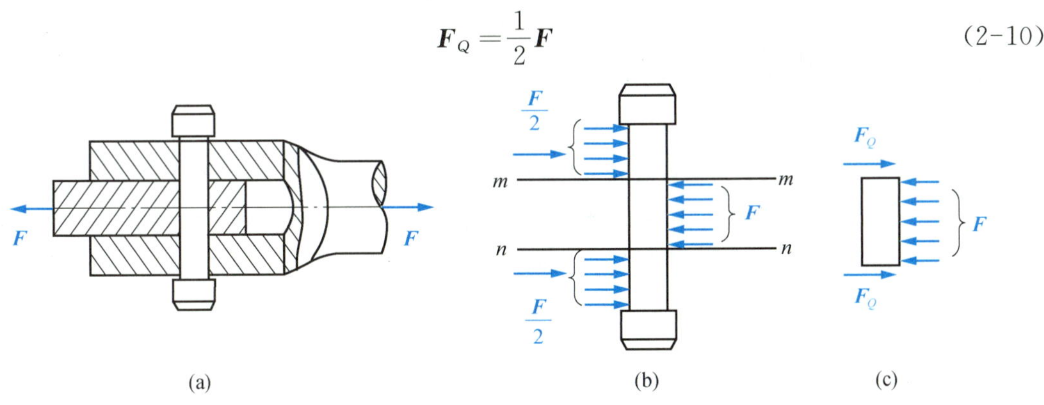

图 2-12　销轴连接

二、挤压

通常情况下，各种连接构件在发生剪切变形的同时，由于局部压力较大，两构件在传递力的接触面上会出现压陷、起皱等塑性变形的现象，这种现象称为挤压变形。发生挤压变形的接触面称为挤压面，如图 2-13 所示，铆钉连接中钢板内孔与铆钉的接触面。作用于接触面间的压力称为挤压力，常用 $\boldsymbol{F}_{bs}$ 表示。

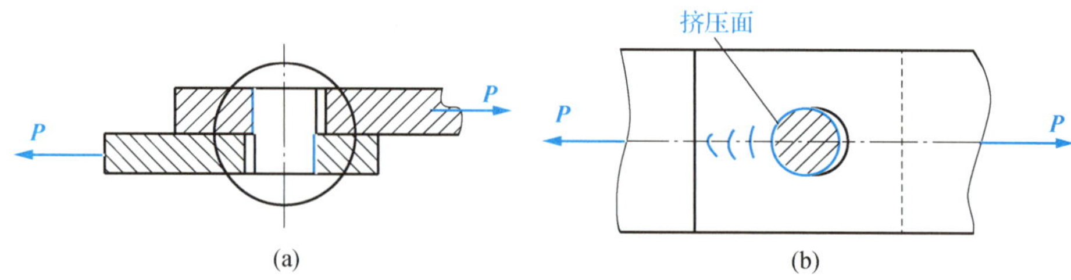

图 2-13　铆钉连接中的挤压变形

在汽车发动机的活塞连杆组中，曲轴通过连杆带动活塞做往复运动，连接活塞与连杆的活塞销会受到挤压力作用，如图 2-14 所示。

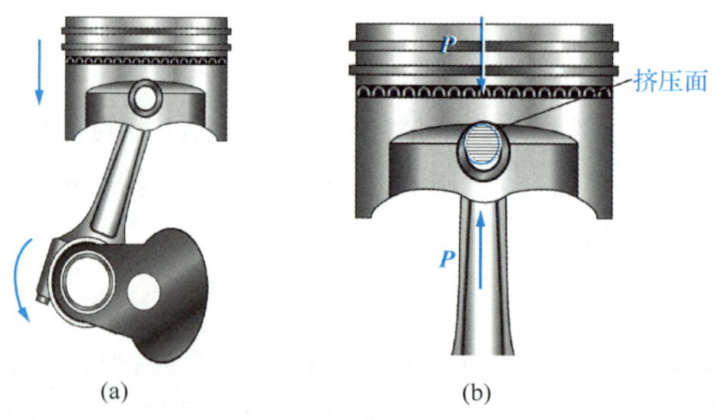

图 2-14　活塞销挤压变形

第三节　圆轴扭转

机械中的轴类零件主要用来传递旋转运动，需要承受扭矩的作用，并发生扭转变形。如图 2-15a 所示的汽车传动轴将发动机的动力传递给驱动系统，如图 2-15b 所示的转向轴将方向盘的扭矩传递给转向系统，如图 2-15c 所示的主减速器锥齿轮轴将扭矩传递给下级传动系统。除此之外，丝锥、钻头、螺钉等零部件在工作时均会受到扭矩的作用。

(a) 传动轴

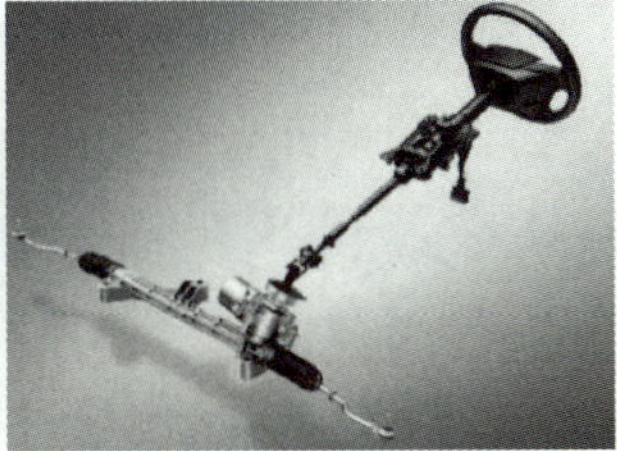

(b) 转向轴

(c) 齿轮轴

图 2-15　轴类零件的扭转

一、扭转的基本概念

从图 2-15 所示的实例可以看出，受扭转作用的杆件工作时具有相同的受力特点：在垂直于构件轴线的平面内作用有一对大小相等、方向相反的外力偶。在这对外力偶的作用下，杆件的横截面形状保持不变，但将绕其轴线产生相对转动，这样的变形称为扭转变形。通常把以发生扭转变形为主的杆件称为轴。在工程实际中，轴的横截面面积大多为圆形，故又称为圆轴。

如图 2-16a 所示的汽车半轴，一端连接差速器传递发动机的动力，一端连接车轮实现车辆行驶。工作过程中，在力偶 $\boldsymbol{M}$ 的作用下发生扭转变形，如图 2-16b 所示，其中任意两个截面之间相对转过的角度称为扭转角，用符号 φ 表示，圆柱面上的纵向直线 AB 转过一定角度 γ 变为螺旋线，γ 称为切应变。

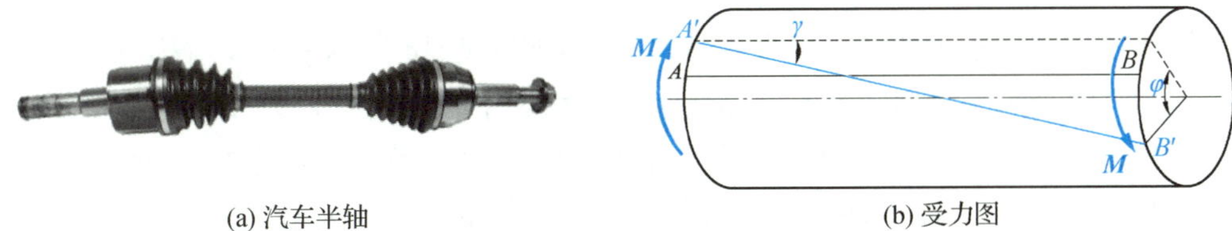

(a) 汽车半轴　　(b) 受力图

图 2-16　圆轴的扭转

二、扭矩

圆轴内部由于外力偶的作用而产生的抵抗扭转变形的内力称为扭矩，通常用 $\boldsymbol{T}$ 表示。扭矩的大小与外力偶矩有关。因此，在分析圆轴的扭矩时，需要先计算其所受的外力偶矩 $\boldsymbol{M}$。工程实际中，作用于轴上的外力偶矩往往是未知的，需要通过轴的转速和所传递的功率进行求解，计算公式为

$$\boldsymbol{M}=9\ 550\ \frac{P}{n} \tag{2-11}$$

式中　$\boldsymbol{M}$——外力偶矩，单位为 N·m；

P——轴所传递的功率，单位为 kW；

n——转速，单位为 r/min。

第四节　平面弯曲

工程中有许多杆件在工作时会发生弯曲变形。例如，汽车大梁由于承受整体车重而向下弯曲（图 2-17a），火车轮轮轴在两端承受重力而发生向上弯曲（图 2-17b）。

(a) 汽车大梁

(b) 火车轮轮轴

图 2-17　平面弯曲实例

一、平面弯曲的概念

汽车大梁、火车轮轮轴等杆件具有相同的受力特点：外力垂直于轴或在轴线所在平面内受到力偶的作用；具有相同的变形特点：构件轴线由直线变为曲线。这种变形称为弯曲变形。工程中，通常将以弯曲变形为主的直杆称为直梁，简称梁。

机械和工程结构中梁的截面大多具有对称轴，如图 2-18 所示。截面对称轴（y 轴）与梁的轴线（x 轴）构成的平面称为纵向对称面。当作用在梁上的所有外力或力偶都位于纵向对称面且所有力的作用线都与梁的轴线垂直时，梁发生的变形称为平面弯曲，如图 2-19 所示。梁生平面弯曲变形时，其轴线将在纵向对称面内由直线变为一条光滑曲线。

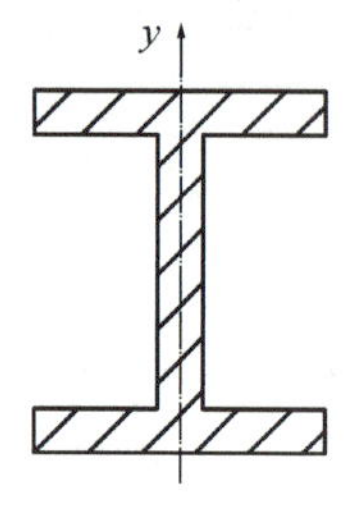

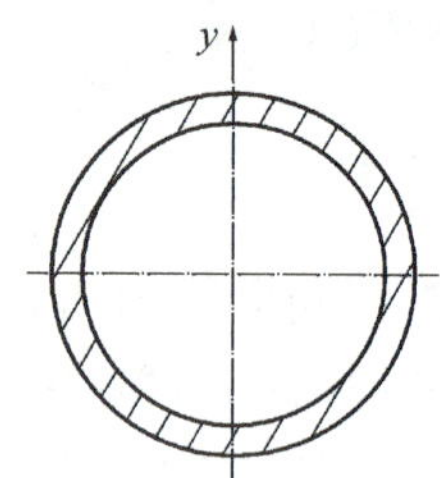

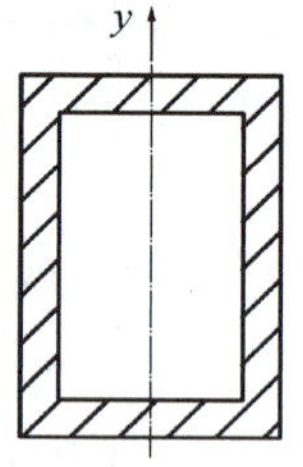

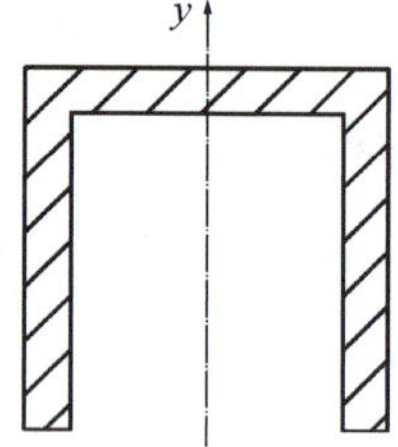

图 2-18　梁截面的对称轴

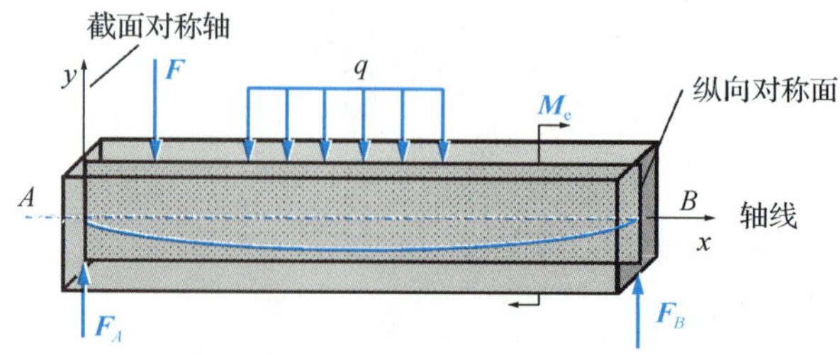

图 2-19　平面弯曲

二、梁的分类

梁的结构形式很多，根据梁支座的不同，梁可简化为简支梁、外伸梁和悬臂梁三种基本形式。

1. 简支梁

一端是固定铰链支座，另一端是活动铰链支座的梁称为简支梁。如图 2-20a 所示的铁路桥梁一般为简支梁结构，其受力分析如图 2-20b 所示。汽车悬架下摆臂，一端固定在车架上，一端随车轮上下跳动，起到支撑和传递力的作用，也表现出简支梁的受力特性，如图 2-20c 所示。

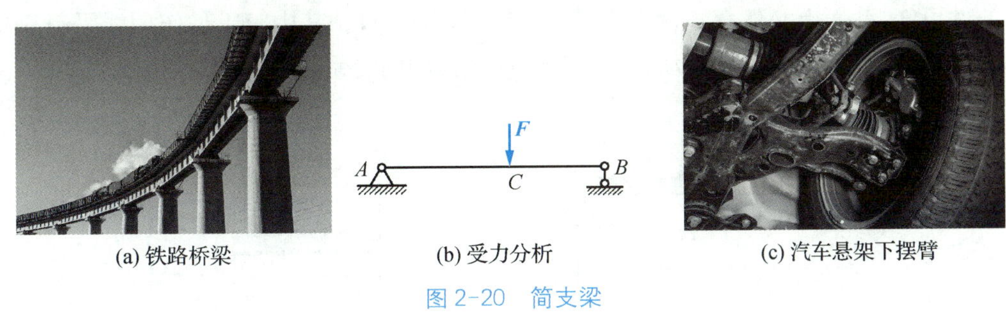

(a) 铁路桥梁　(b) 受力分析　(c) 汽车悬架下摆臂

图 2-20　简支梁

2. 外伸梁

支座与简支梁相同，一端或两端伸出在支座之外的梁称为外伸梁。如图 2-21a 所示的港口起重机即为外伸梁设计，其受力分析如图 2-21b 所示。我国建造的世界最长跨海大桥港珠澳跨海大桥，采用外伸梁结构，如图 2-21c 所示。

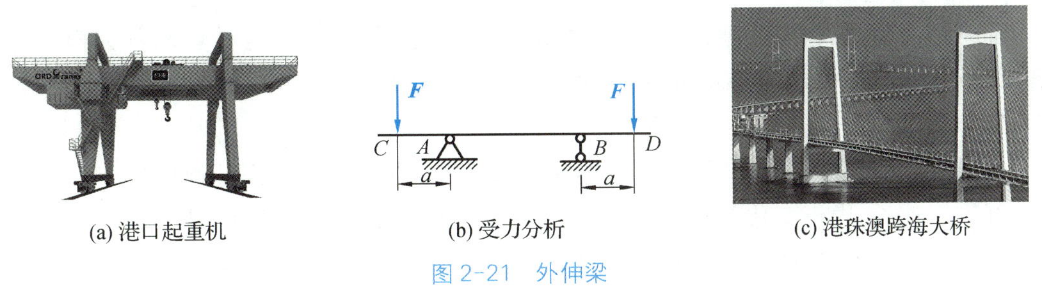

(a) 港口起重机　(b) 受力分析　(c) 港珠澳跨海大桥

图 2-21　外伸梁

3. 悬臂梁

一端自由而另一端固定的梁称为悬臂梁。如图 2-22a 所示的吊装货物的悬臂吊一端铰链连接，另一端悬置吊装货物，是一种悬臂梁结构，其受力分析如图 2-22b 所示。汽车后视镜架也为悬臂梁设计，如图 2-22c 所示。

三、平面弯曲的剪力和弯矩

梁在平面弯曲时所产生的内力可以采用截面法求解。如图 2-23a 所示，简支梁受外力 $\boldsymbol{F}$ 作用，A、B 端铰链分别对梁作用有约束力 $\boldsymbol{F}_A$、$\boldsymbol{F}_B$。假想沿距 A 端 x 处的截面 $n-n$ 将梁

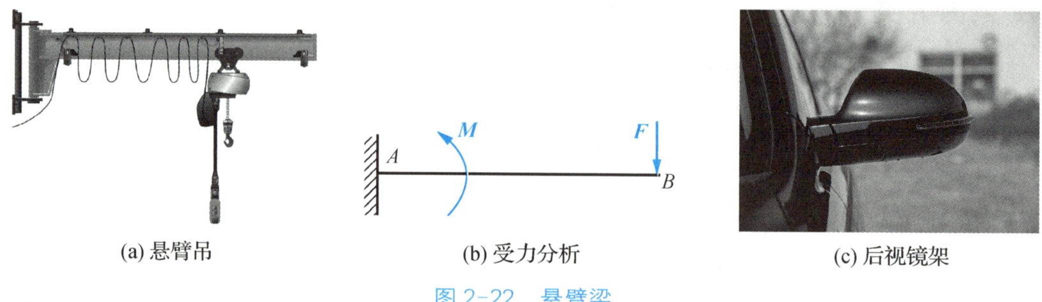

(a) 悬臂吊　　(b) 受力分析　　(c) 后视镜架

图 2-22　悬臂梁

切开，取左段为研究对象，如图 2-23b 所示，由于整个梁是平衡的，故左段也是平衡的，根据平衡条件可知，截面上必然存在两个分量：力 $\boldsymbol{F}_S$ 和力偶 $\boldsymbol{M}$。其中，$\boldsymbol{F}_S$ 是作用线平行于横截面的内力合力，称为剪力；$\boldsymbol{M}$ 是力偶面垂直于横截面的内力系的合力偶矩，称为弯矩。

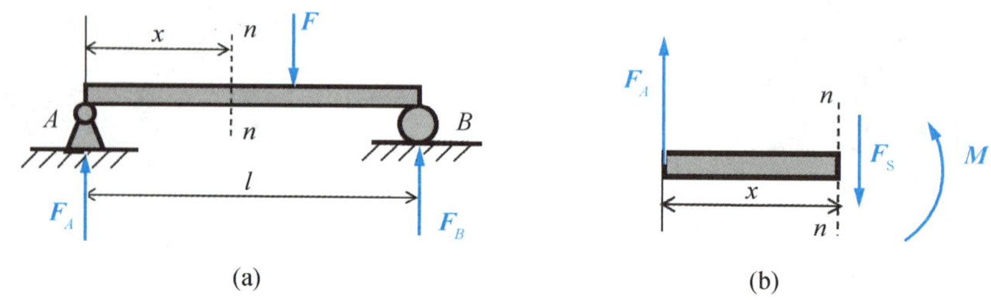

(a)　　(b)

图 2-23　简支梁的弯曲内力

四、纯弯曲

1. 纯弯曲的概念

通常情况下，梁在发生弯曲时，内力中剪力和弯矩同时存在，这种弯曲称为横力弯曲。若在梁的纵向对称面内，两端同时施加大小相等、方向相反的一对力偶，则梁的横截面上只有弯矩，剪力为零，这种变形称为纯弯曲。

假设梁是由无数层纵向纤维组成的，梁在发生纯弯曲时，横截面凹侧的纤维层缩短，凸侧的纤维层伸长，由于变化是连续的，故从缩短区过渡到伸长区必有一层既不伸长也不缩短，这个层面称为中性层(也称为中性面)，如图 2-24 所示，中性层与横截面的交线称为中性轴。简支梁发生纯弯曲时凹侧承受的是压应力，凸侧承受的是拉应力。

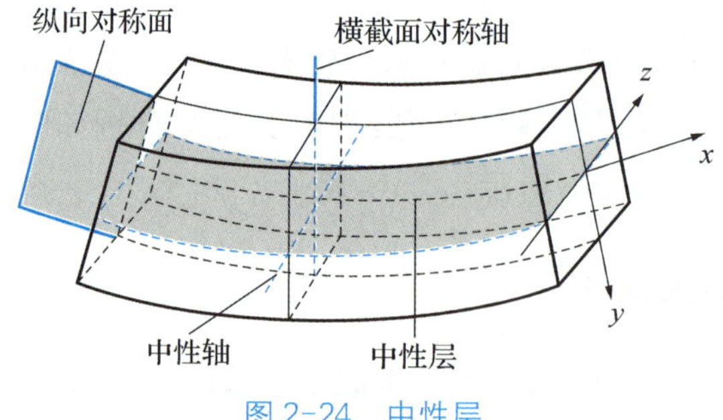

图 2-24　中性层

2. 纯弯曲的变形

工程结构及机械中所使用的梁，除了要求具有足够的强度外，还要求具有一定的刚度，即弯曲时的变形不能超过许可范围，否则梁的正常工作将受到影响。例如，车身在承载乘客时，车身弯曲过大会影响车身稳定，如图 2-25a 所示；但在一些场合，又往往需要利用弯曲变形达到某种目的，如车辆上使用的钢板弹簧（图 2-25b）正是利用弯曲变形较大的特点，以达到缓冲减振的作用。

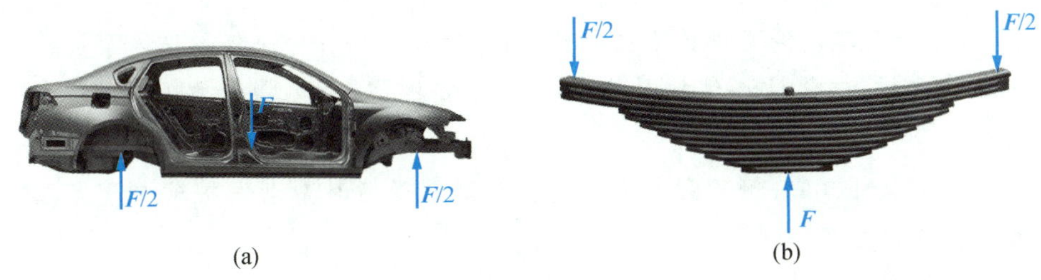

图 2-25　纯弯曲的变形

知识拓展　**汽车常见的碰撞测试会让车辆产生怎样的变形？**

汽车碰撞测试是评估车辆安全性的关键手段，通过模拟不同类型的碰撞，测试车辆在各种事故中的变形情况及乘员保护效果。

1. 偏置碰撞测试

偏置碰撞发生在车辆与静止或移动的物体相撞时，是碰撞测试中最常见的类型之一，如图 2-26 所示。偏置碰撞时，受影响的部件有以下几个：

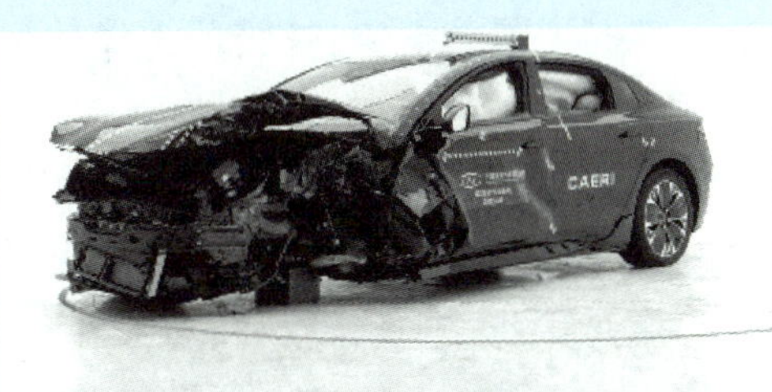

图 2-26　偏置碰撞测试

前保险杠：设计为吸能结构，减少碰撞时的冲击力。

发动机舱：发动机和散热器等部件在偏置碰撞中会受到较大压缩。

安全气囊与座椅：驾驶员和乘客的安全气囊和座椅可以减少碰撞产生的直接冲击力，保护乘员。

碰撞过程中车辆会产生的变形形式有以下几种：

压缩变形：车辆侧面车身结构会受到压缩，尤其是前保险杠、散热器支架和发动机舱部分。这些部件会因碰撞产生较大的压缩变形。

弯曲变形：车身结构可能发生弯曲，特别是前悬架和车架支撑部分，造成转向系统和悬架系统的损伤。

剪切变形：碰撞瞬间，前保险杠和车体的连接部分可能会受到剪切力，导致断裂或变形。

图 2-27　侧面碰撞测试

2. 侧面碰撞测试

侧面碰撞通常发生在车辆与其他车辆或固定物体相撞时。由于车辆侧面设计相对较薄,侧面碰撞会对车身造成较大的破坏。侧面碰撞测试如图 2-27 所示,受影响的部件有以下几个:

车门与车窗:车门通常设计为吸能部件,通过吸收碰撞力来保护车内乘员。

B 柱与 A 柱:这些柱形结构是车辆的主要支撑部分,侧撞时它们承受大部分冲击力。

侧气囊与头部气囊:侧气囊和头部气囊在侧面碰撞时帮助保护车内人员,避免与车窗或车体的接触。

碰撞过程中车辆会产生的变形形式有:

剪切变形与弯曲变形:车身侧面受到横向剪切力,车门、侧窗和侧围等部件可能会发生弯曲变形,导致车身结构损坏。

3. 后碰撞测试

后碰撞通常发生在车辆被后方另一辆车追尾时。虽然车辆后部的变形较小,但对座椅、脊柱和乘员的伤害较为显著。后碰撞测试如图 2-28 所示,受影响的部件有以下几个:

座椅与座椅背部:座椅的支撑结构和座椅背部在后碰撞中尤为重要,保护乘员脊柱免受伤害。

头枕:头枕在后碰撞中可以有效减少脖部伤害,特别是在撞击时缓冲头部的瞬间加速度。

车尾结构:车尾保险杠、车架和行李厢等部件设计用于吸收部分碰撞能量,减少伤害。

碰撞过程中车辆会产生的变形形式有:

弯曲变形:后部车身可能会发生弯曲变形,影响乘员舱的完整性。

4. 车顶强度测试

车顶强度测试主要考察车辆在翻车或车顶受到重压时的安全性,如图 2-29 所示。车辆在翻车时车顶常受到压缩力,因此车顶的强度至关重要,受影响的部件有以下几个:

车顶支撑结构:车顶加固部分,如加强筋和加强板,是防止车顶过度变形的关键部件。

图 2-28　后碰撞测试

车窗与车门框架：车窗和车门框架在车顶强度测试中起到了保持车顶稳定的作用，防止过度压缩。

碰撞过程中车辆会产生的变形形式有以下几种：

压缩变形：翻车或重物压顶时，车顶承受巨大的压缩力。车顶的强度和刚度直接影响乘员舱的完整性。

弯曲变形：车顶结构在重压下可能发生弯曲变形，影响车辆的稳定性和安全性。

图 2-29 车顶强度测试

汽车碰撞测试是评估车辆安全性的重要手段，偏置碰撞测试、侧面碰撞测试、后碰撞测试和车顶强度测试等，每一种碰撞类型都会产生不同的变形力。通过对各部件的分析，汽车制造商可以不断优化设计，提高汽车在碰撞中的安全性。现代汽车的安全设计更加注重全方位的保护，不仅加强了车身结构，还不断改进了安全气囊、座椅等重要部件，以提高乘员的生还率，减轻伤害。

module 2
模 块 二

汽车工程材料

单元三 金属材料的性能

知识目标

（1）了解汽车零件对材料和结构工艺性的要求；
（2）掌握金属材料的力学性能和工艺性能；
（3）了解金属材料的物理和化学性能。

能力目标

能利用材料的性能指标，合理评估和选用零件，培养初步的汽车故障分析能力。

案例引入

汽车是一个复杂的机械系统，它通常由上万个零部件组装而成，如图 3-1 所示。这些零部件是由种类繁多的材料加工而成的，所以了解汽车常用的材料对合理选材、降低汽车成本具有重要意义。材料的选择主要依据材料的力学性能，同时也要综合考虑材料的工艺性能以及物理性能和化学性能。

金属材料在汽车制造中应用最为广泛，为正确、合理地使用金属材料，必须了解金属材料的性能。以现代轿车为例，汽车上所用的材料主要以钢铁等金属材料为主，其次是非金属材料。钢铁材料具有强度高、成本低、加工难度小、生产工艺成熟、容易回收和再利用等优点，故成为汽车制造中最重要的材料。金属材料中的轻金属材料具有材质轻、导电性好等特点，在汽车制造采用的材料中占比呈上升趋势，如铝、镁、钛等材料可减轻汽车重量，是提高节能性和环保性的首选材料。

以现代轿车材料为例，汽车选用材料占汽车总质量的比例如图 3-2 所示，钢材占汽车自重的 55%～60%，铸铁占 5%～12%，有色金属占 6%～10%，塑料占 8%～12%，橡胶占 4%，玻璃

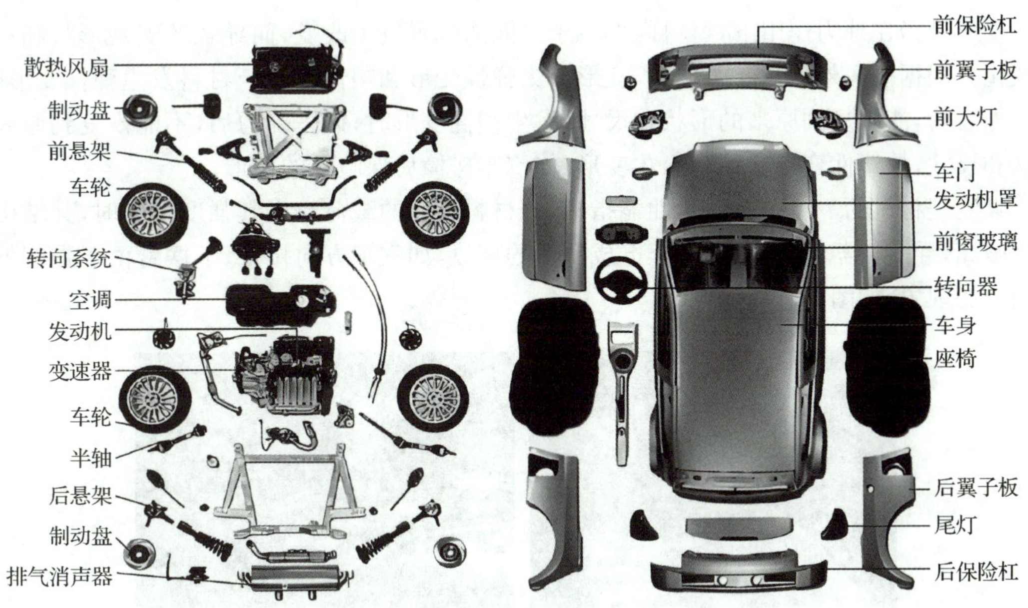

图 3-1　汽车零部件组成

占 3%，其他材料（油漆、各种液体等）占 6%～12%。

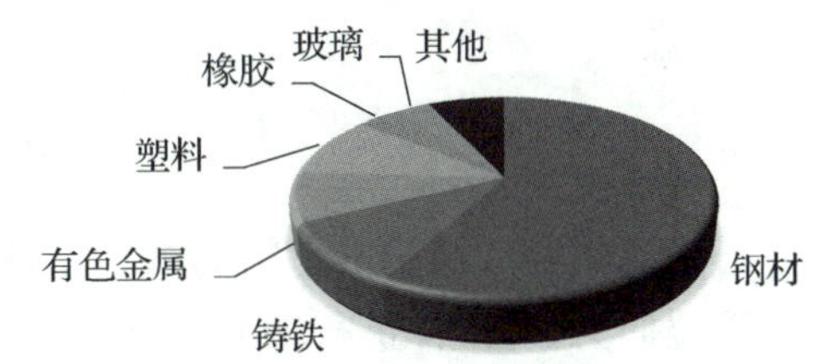

图 3-2　汽车选用材料的质量比例

金属材料的性能包括使用性能和工艺性能。金属材料的使用性能是指在使用条件下所表现出来的性能，包括物理性能、化学性能和力学性能。金属的物理性能是金属固有的属性，包括密度、熔点等；金属的化学性能是在化学介质作用下所表现出来的性能，包括耐腐蚀性、化学稳定性等；金属的力学性能是在力的作用下所表现出来的性能，包括强度、硬度、塑性、冲击韧性和疲劳强度等。金属材料的工艺性能是指在制造零件的过程中，采用某种加工方法制造成品的难易程度，包括铸造性能、压力加工性能、焊接性能、热处理性能和切削加工性能等。

第一节　金属材料的力学性能

金属材料的力学性能又称为机械性能，它是评定金属材料质量的主要依据，也是金属构件设计时选材和强度计算的主要依据。

一、强度

1. 强度的概念

金属在静载荷的作用下，抵抗变形和断裂的能力称为强度。强度与变形有着直接的关系。变形是指在外力作用下，材料内部原子之间的位置发生改变，而导致的宏观形状和尺寸的变化。根据撤去外力后能否恢复，变形分为弹性变形和塑性变形。材料发生弹性变形时，撤去外力后，能恢复到原来的形状和尺寸；发生塑性变形时，撤去外力后，不能恢复到原来的形状和尺寸，故塑性变形又称为永久变形，如汽车碰撞后保险杠的变形。

强度是材料的一项重要力学性能指标，当材料承受的载荷超出其强度范围时，其结构将发生破坏，导致机器无法运转，甚至造成严重的事故，如汽车方向拉杆、下摆臂由于强度不足而断裂的现象，如图 3-3 所示。

(a) 方向拉杆断裂

(b) 下摆臂断裂

图 3-3　零件断裂

2. 拉伸试验

金属材料的强度由专门的试验来测定，其中应用最普遍的是拉伸试验。拉伸试验是指用静拉伸力，对试样进行轴向拉伸，通过测量拉伸力和相应的伸长量，测量其力学性能的试验。进行拉伸试验时，需要使用拉伸试验机(图 3-4)和特制的拉伸试样(图 3-5)。其中 d_0 表示原始直径，L_0 表示原始标距长度，d_1 表示断后直径，L_1 表示断后标距长度。

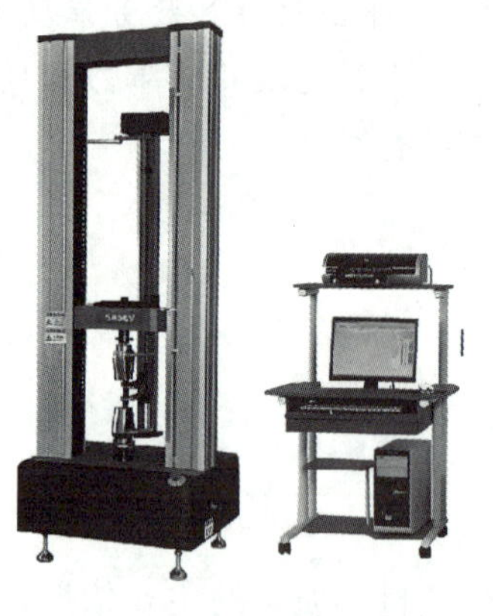

图 3-4　拉伸试验机

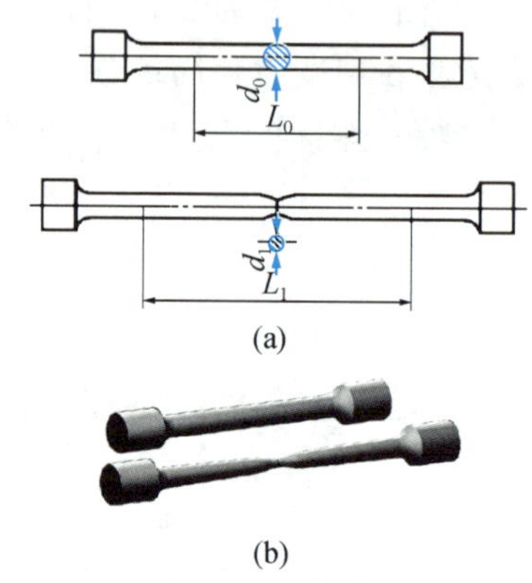

图 3-5　拉伸试样

进行拉伸试验时，将试样两端分别固定在拉伸试验机上，逐步增加轴向拉力(又称为拉伸力)，连续记录拉伸力和试样的伸长量，直至试样被拉断。根据记录的数据，可以绘制拉伸力和伸长量之间的关系曲线，称为拉伸曲线。低碳钢的拉伸曲线如图 3-6 所示。

如图 3-6 所示，横坐标表示试样的伸长量 ΔL，纵坐标表示拉伸力 F，试样拉伸过程中经

视频

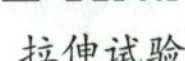

拉伸试验

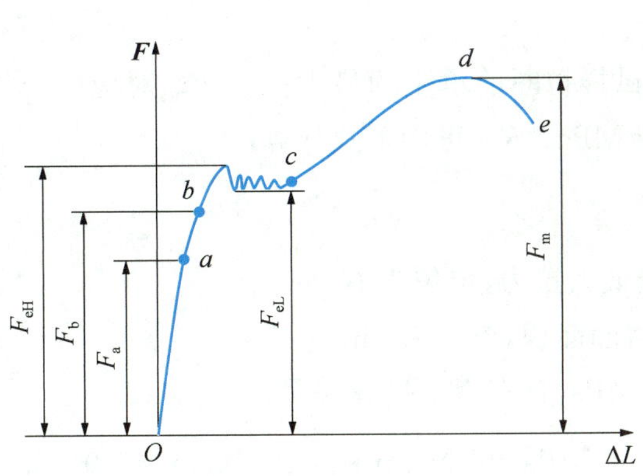

图 3-6　低碳钢的拉伸曲线

历了四个阶段，其力学性能如表 3-1 所示。

表 3-1　拉伸的四个阶段

阶段	曲线特征	力学性能
弹性变形阶段（*Ob* 段）	直线	*Oa* 段：试样变形完全是弹性的，如果撤去外力，试样就会恢复原来的形状和尺寸。 *ab* 段：不完全弹性变形，有微量塑性变形，撤去外力，试样不能完全恢复，而保留一部分残余变形。 F_a 为试样能恢复到原始形状和尺寸的最大拉伸力
屈服阶段（*bc* 段）	上下波动	当载荷增加到 F_b 以上时，图上出现平台或锯齿状，这种在载荷不增加或略有减小的情况下，试样还继续伸长的现象称为屈服。屈服后，材料开始出现明显的塑性变形。 屈服阶段，一般以比较稳定的下屈服力 F_{eL} 作为材料的屈服载荷
强化阶段（*cd* 段）	非线性增大	在屈服阶段以后，欲使试样继续伸长，必须不断增加载荷。随着塑性变形增大，试样变形抗力也逐渐增加，这种现象称为形变强化（或称为加工硬化），此阶段试样的变形是非均匀发生的。 F_m 为试样拉伸试验时的最大载荷
颈缩阶段（*de* 段）	下降	当载荷达到最大值 F_m 时，试样的抗拉能力下降，先进行局部塑性变形颈缩，达到 *e* 点时试样在缩颈处被拉断

3. 强度指标

常用的强度指标有屈服强度和抗拉强度。

(1) 屈服强度

屈服强度是指试样在拉伸试验过程中力不增加（保持恒定）试样仍然能继续伸长（变形）时的应力。屈服强度用符号 R_e 表示，单位是 N/mm^2 或 MPa。屈服强度包括上屈服强度 R_{eH} 和下屈服强度 R_{eL}。由于上屈服极限的数值与试样形状、加速度等因素有关，一般不稳定；而下屈服极限则比较稳定，能反映材料的性能，通常把下屈服极限 R_{eL} 称为屈服强度。

对于铸铁、高碳钢等材料，它们没有明显的屈服现象，则很难确定 R_{eL}，此时可用试样产生 0.2%永久变形时的应力，作为没有明显屈服现象金属材料的屈服强度。

(2) 抗拉强度

抗拉强度是指拉伸试样拉断前承受的最大拉力 F_m 对应的应力。抗拉强度用符号 R_m 表示,单位是 N/mm^2 或 MPa。R_m 可用下式计算:

$$R_m = F_m / S \tag{3-1}$$

式中 F_m——试样所受最大拉力,单位为 N;

S——试样的横截面面积,单位为 mm^2。

常用的应力单位为 MPa,存在以下换算关系:

$$1\ MPa = 1\ N/mm^2 = 10^6\ N/m^2 = 10^6\ Pa$$

断裂是零件最严重的失效形式之一,铸铁等脆性材料拉伸过程中一般不出现缩颈现象,抗拉强度就是材料的断裂强度,所以抗拉强度 R_m 也是机械工程设计和选材的主要指标,特别是对脆性材料来说。

二、硬度

硬度是衡量金属材料软硬程度的一种性能指标,也是指金属材料在静载荷作用下抵抗外部硬物压入其表面的能力。硬度越高,材料表面越不容易产生压痕或划痕。

工业中通常利用硬度试验来测定材料的硬度。常用的硬度试验方法有布氏测试法、洛氏测试法和维氏测试法等,测试所得的硬度分别为布氏硬度、洛氏硬度和维氏硬度。

1. 布氏硬度

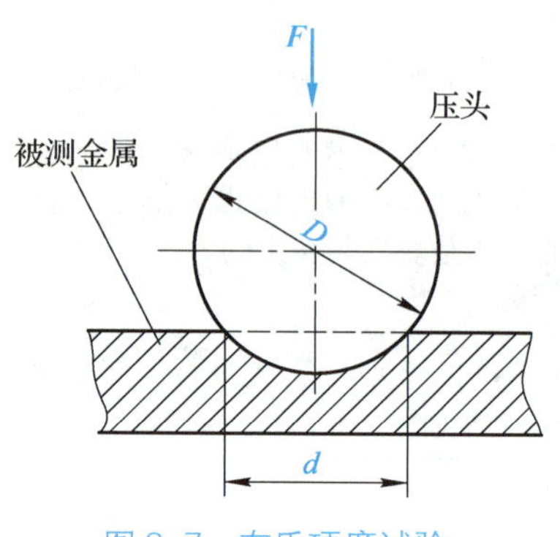

图 3-7 布氏硬度试验

布氏硬度的符号用 HB 表示。用一定直径 D 的淬硬钢球在规定负荷 $\boldsymbol{F}$ 的作用下压入试件表面,保持一段时间后卸去载荷,在试件表面将会留下表面积为 d 的压痕,以试件的单位表面积上能承受负荷的大小表示该试件的硬度,如图 3-7 所示。在实际应用中,通常直接测量压坑的直径,并根据负荷 $\boldsymbol{F}$ 和钢球直径 D 从布氏硬度数值表上查出布氏硬度值(显然,压坑直径越大,硬度越低,表示的布氏硬度值越小)。

布氏测试法适用于测定各种退火及调质的钢材、非铁合金及铸铁等不太硬的工件,不适合测定太薄的工件。

布氏硬度的表示方法:硬度值+HBW+球体直径+试验压力+保持时间(10~15 s 时不标注)。例如,硬度值 350 HBW 5/750 表示采用直径 5 mm 的硬质合金球,在 750 kgf (7 355 N)试验压力下保持 10~15 s 时测定的布氏硬度值为 350。

2. 洛氏硬度

洛氏硬度的符号用 HR 表示。用有一定顶角(例如 120°)的金刚石圆锥体压头或一定直径 D 的淬硬钢球,在一定负荷 $\boldsymbol{F}$ 作用下压入试件表面,保持一段时间后卸去载荷,在试件表面将会留下某个深度的压痕,如图 3-8 所示。由洛氏硬度机自动测量压坑深度并以硬度值读数显示(显然,压坑越深,硬度越低,表示的洛氏硬度值越小)。根据压头与负荷的不同,洛氏硬度还分为 HRA、HRB 和 HRC 三种,其中以 HRC 最常用。

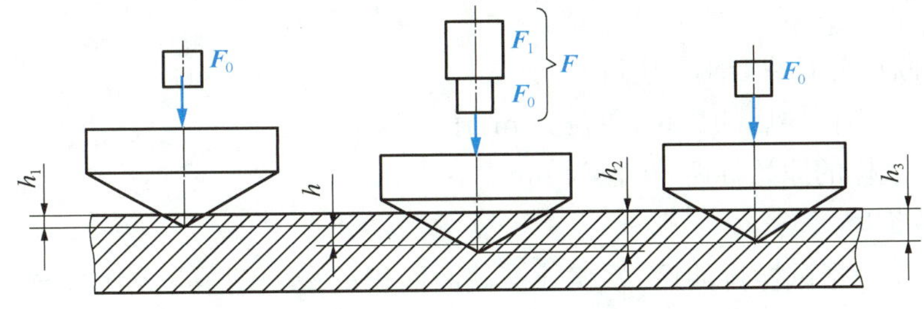

图 3-8　洛氏硬度试验

洛氏测试法适用于测定布氏硬度值大于 450 或尺寸较小的工件,常用于直接检验成品件或半成品件,特别适用于经过淬火处理的零件。

洛氏硬度的表示方法为硬度值+符号,如 62 HRC 表示用金刚石圆锥压头总载荷为 150 kgf 测得的洛氏硬度值。

3. 维氏硬度

维氏硬度的符号用 HV 表示。以 120 kg 以内的载荷和顶面夹角为 136°的金刚石正四棱锥压头压入材料表面,用材料压痕凹坑的表面积除以载荷值,即为维氏硬度值(HV),如图 3-9 所示。

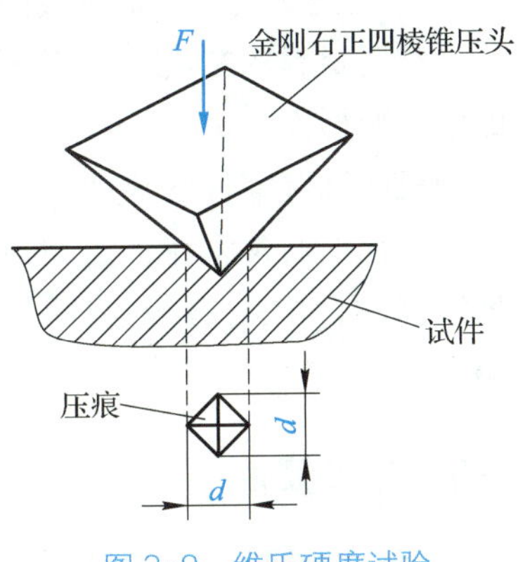

图 3-9　维氏硬度试验

维氏测试法由于压痕较小,适用于测定较薄工件和零件上有硬化层的硬度。

维氏硬度的表示方法为硬度值+HV+试验压力+保持时间(10~15 s 时不标注)。例如 700 HV 30/20 表示用 30 kgf 试验力保持 20 s 测定的维氏硬度值为 700。

三、塑性

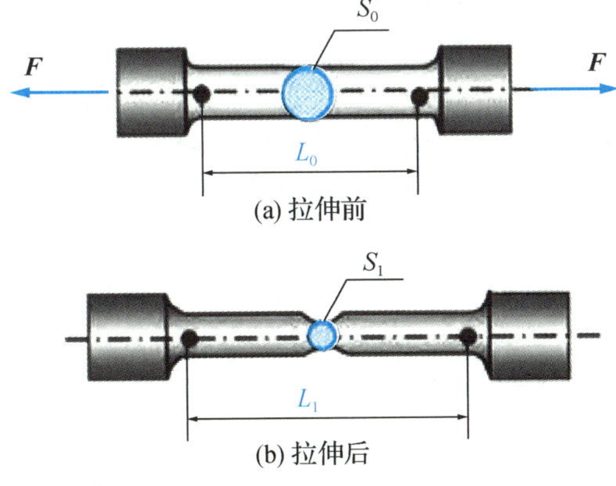

图 3-10　断后伸长率和断面收缩率

塑性是指金属材料在静载荷作用下产生塑性变形(或永久变形)而不发生破坏的能力。塑性好的金属材料容易发生塑性变形,从而容易进行压力加工成形。

金属材料的塑性可由断后伸长率 A 和断面收缩率 Z 来衡量,两者都可通过拉伸试验进行计算,如图 3-10 所示。

1. 断后伸长率 A

断后伸长率是指试样拉断后,试样的伸长量 ΔL 与原始标距 L_0 的百分比,用符号 A 表

示，其计算公式为

$$A=\frac{\Delta L}{L_0}=\frac{L_1-L_0}{L_0}\times 100\% \tag{3-2}$$

式中　A——断后伸长率，纲量为 1；

L_1——试样拉伸后的标距，单位为 mm；

L_0——试样的原始标距，单位为 mm。

2. 断面收缩率 Z

断面收缩率是指试样拉伸后，颈缩处横截面面积的最大缩减量与原始横截面面积的百分比，用符号 Z 表示，其计算公式为

$$Z=\frac{S_0-S_1}{S_0}\times 100\% \tag{3-3}$$

式中　Z——断面收缩率，纲量为 1；

S_1——试样颈缩处的最小横截面面积，单位为 mm^2；

S_0——试样原始横截面面积，单位为 mm^2。

金属材料的断后伸长率 A 和断面收缩率 Z 越大，表示材料的塑性越好，即能承受较大的塑性变形而不破坏，可保证汽车的成形工艺（车身覆盖件等零件的冷加工成形；车身型材、发动机曲轴等零件的热加工成形）的顺利进行。

工程上通常将在常温、静载条件下测定的断后伸长率 $A>5\%$ 的材料称为塑性材料，如低碳钢、铜和铝合金等；将断后伸长率 $A\leqslant 5\%$ 的材料称为脆性材料，如灰铸铁、陶瓷和玻璃等。

四、冲击韧性

冲击韧性是指金属材料抵抗冲击载荷作用而不被破坏的能力。冲击韧性越好，材料的抗冲击能力越强，发生断裂的可能性越小。冲击韧性是金属材料的一项重要力学性能，如汽车发动机的连杆，不仅要求具有高的强度和一定的塑性，还要求具备足够的冲击韧性。

冲击韧性可以通过一次摆锤冲击试验来测定，试验的原理如图 3-11 所示。

视频

冲击试验

(a)

缺口
试样
冲击方向

(b)

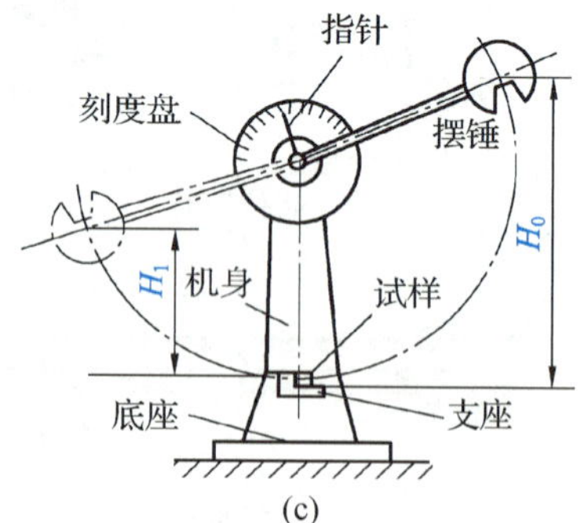

(c)

图 3-11　冲击试验的原理

试验前，按照有关国家标准，在试样上加工出一定形状的缺口，并将缺口背对摆锤冲击方向。试验时，将摆锤抬起至一定高度 H_0 然后释放，由于重力的作用，摆锤自由下落，冲断试样后继续摆动，记录最终的摆动高度 H_1，摆锤损失的重力势能等于试样断裂过程中吸收的功，即冲击吸收功，用符号 A_k 表示，单位为 J，可由试验机的表盘直接读出。试样缺口处单位截面面积上所消耗的冲击功称为冲击韧性 a_k，单位为 J/cm²，即

$$a_k=\frac{A_k}{S} \tag{3-4}$$

式中　A_k——试样吸收的冲击功，单位为 J；

S——试样缺口底部横截面面积，单位为 cm^2。

冲击吸收功 A_k 越大，表示材料的冲击韧性越好，受冲击时越不容易断裂。

五、疲劳强度

疲劳强度是金属材料在无限次周期性交变载荷作用而不致引起断裂的最大应力。

汽车的许多零件，如方向盘拉杆(图 3-12a)、飞轮组的曲轴(图 3-12b)、汽车发动机活塞连杆组中的连杆、悬挂系统中的弹簧等，都要受到大小或方向呈周期性变化的载荷作用。这种交变载荷虽然小于材料的强度极限，但经多次循环作用后，在没有明显的外观变形时也会发生断裂，这种破坏即为疲劳破坏或疲劳断裂。通常，疲劳破坏是在远低于材料强度极限甚至屈服极限的交变应力作用下，材料发生破坏的现象，由于通常都是突然发生的，因此具有很大的危险性，疲劳失效是汽车零部件最主要的失效形式之一。

(a) 方向盘拉杆　　(b) 飞轮组的曲轴

图 3-12　疲劳破坏案例

金属材料的疲劳强度可以通过疲劳试验进行测量，但实际操作中，金属材料不可能做无限多次交变载荷试验。通常规定，钢在经受 10^7 次、非金属材料在经受 10^8 次交变载荷作用时不产生断裂的最大应力称为疲劳强度。通过改善零件的结构形状、降低表面粗糙度值和采取表面强化等方法可以提高零件的疲劳极限。

第二节 金属材料的工艺性能

金属材料的工艺性能反映了金属材料加工的难易程度。良好的工艺性能表示材料的加工难度小。工艺性能主要包括铸造性能、压力加工性能、焊接性能和切削加工性能等。

一、铸造性能

将融化的金属浇注到铸型的型腔中，待其冷却后得到毛坯或直接得到零件的加工方法称为铸造。由铸造得到的毛坯或零件称为铸件。铸造的应用十分广泛，据统计，在机械设备中，铸件质量占整体质量的50%～80%。

铸造性能是指金属在铸造成形的过程中获得准确结构和形状铸件的能力，具体包括液态金属的流动性、冷却凝固过程中收缩、偏析的大小，以及对气体的排除和吸收等性能。

汽车用铸件的主要特点是壁薄、形状复杂、尺寸精度高、质量轻、可靠性好等。铸件一般占汽车自重的12%左右。就材质而言，铸铁、铸钢、铸铝、铸铜等应有尽有，仅铸铁就有灰铸铁、球墨铸铁、蠕墨铸铁、可锻铸铁及合金铸铁等。很多典型的汽车零件都采用铸造，如发动机缸体、汽车变速器、曲轴和离合器壳体等，如图3-13所示。

(a) 发动机缸体

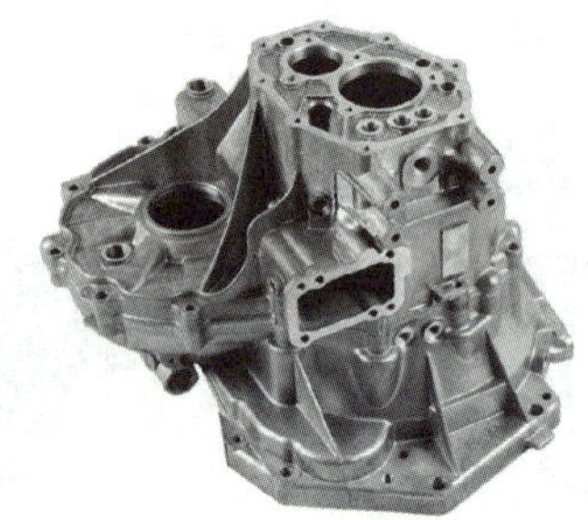

(b) 汽车变速器体

图3-13 汽车铸造零件

二、压力加工性能

压力加工性能是指金属材料利用压力加工方法成形的难易程度，其性能的好坏主要取决于金属的塑性和变形抗力。塑性越好，变形抗力越小，压力加工性能越好。常用的金属压力加工方法有轧制、挤压、冷拔、锻造和冲压等（图3-14）。压力加工性能主要与材料的塑性有关，塑性越好，其压力加工性能就越好。同时，压力加工性能还与金属材料的成分及加工条件有关。例如锻钢在加热到一定温度时，容易锻造成形，而铝合金在室温下就很容易锻造加工。其中，汽车零部件压力加工中常用的加工方法有模锻和板料冲压。

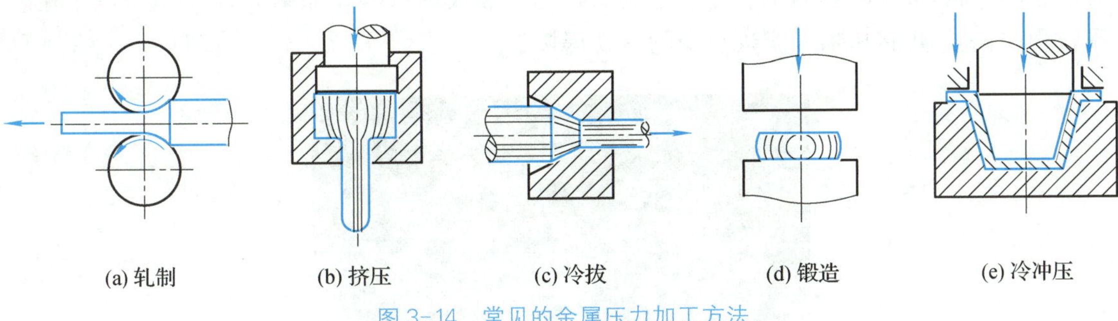

图 3-14　常见的金属压力加工方法

模锻一般用于制造强度高、可靠性好的汽车零件毛坯，如发动机的曲轴、凸轮轴、连杆，底盘的驱动轴、十字轴、前车轴、后车轴，转向系统的转向节、转向节臂等，如图 3-15 所示。

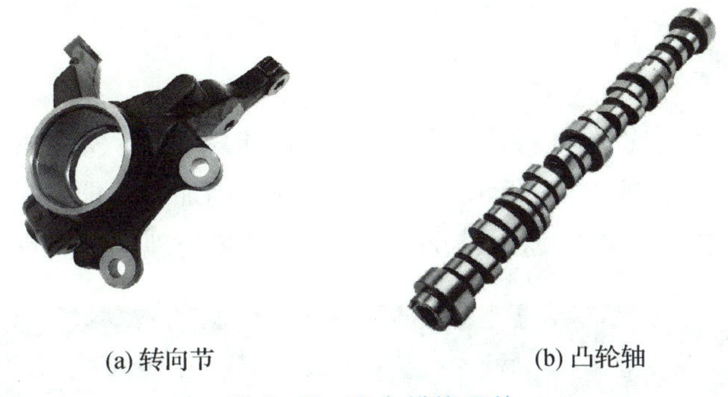

图 3-15　汽车模锻零件

据统计，汽车中有 60%～70%的零件是用冲压工艺生产出来的。因此，冲压工艺对汽车的质量、生产效率和生产成本都有重要的影响。如图 3-16 所示，车身覆盖件基本上都是板料冲压加工的。

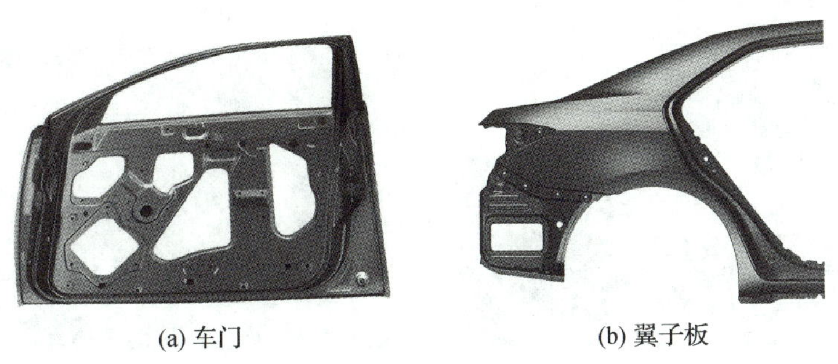

图 3-16　汽车板料冲压零件

三、焊接性能

通过加热或加压或者两者并用，使两工件产生原子间结合的加工办法称为焊接。焊接是一种永久性连接金属材料的工艺方法。常用的焊接方法有手工电弧焊、气焊、自动焊等。金属材料在焊接过程中得到优质焊接接头的能力称为焊接性能，又称为可焊性。焊接性能好的金属材料，焊接时焊缝不容易产生夹渣、气孔、裂纹等缺陷。如图 3-17 所示，汽车在装配过程中，利用焊接机器人实现车身的自动焊接。

图 3-17　焊接机器人自动焊接

四、切削加工性能

切削加工性能是指对金属材料进行切削加工的难易程度。常见的切削加工方法有车削、铣削、磨削、钻削等，如图 3-18 所示。金属材料的切削加工性能，主要受金属材料的化学成分、硬度、塑性等性能的影响。通常情况下，可以通过热处理来提高钢件的切削加工性能。

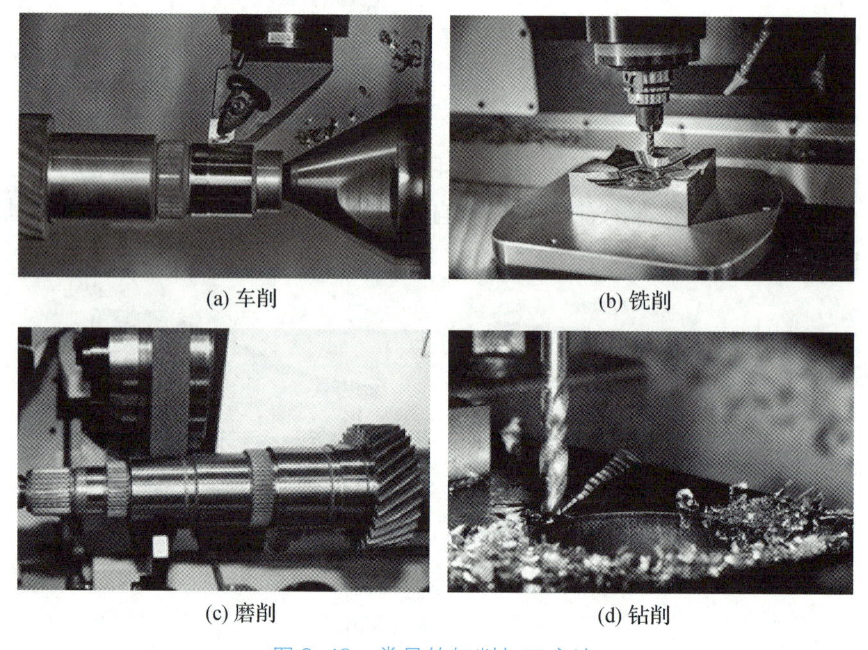

(a) 车削　(b) 铣削　(c) 磨削　(d) 钻削

图 3-18　常见的切削加工方法

切削加工完成的表面比较光滑，因此需要配合的部位和零件的精加工通常都是通过切削加工完成的。如汽车变速器、主减速器和差速器上的齿轮、发动机连杆等精度高的零件一般由切削加工完成。

第三节　金属材料的物理性能和化学性能

一、金属材料的物理性能

金属材料的物理性能是指金属材料在重力、电磁场、热力(温度)等物理因素作用下所表现出来的性能或固有的属性。物理性能包括密度、熔点、导热性、导电性、热膨胀性和磁性等。

1. 密度

金属材料的密度是指在一定温度下单位体积金属的质量。密度是金属材料的特性之一,不同金属材料的密度是不同的。在体积相同时,金属材料的密度越大,其质量越大。一般将密度小于 5×10^3 kg/m^2 的金属材料称为轻金属,将密度大于 5×10^3 kg/m^2 的金属称为重金属。

密度的大小很大程度上决定了工件的自重,对于要求质轻的工件宜采用密度较小的材料(如钛、塑料、复合材料等);车辆轻量化设计主要采用碳纤维、铝合金、镁合金、钛合金等密度小的材料来改造和替代车身材料,工程上对零件或计算毛坯的质量也要利用密度。

2. 熔点

金属材料从固态向液态转变时的温度称为熔点。纯金属有固定的熔点,合金的熔点取决于它的化学成分,如钢和生铁虽然都是铁和碳的合金,但由于其含碳量不同,其熔点也不同,而高分子材料等一般没有固定的熔点。

金属的熔点是热加工的重要工艺参数,对选材有影响,不同熔点的金属具有不同的应用场合:高熔点金属(如钨、钼等)可用于制造耐高温的零件(如发动机气门、火花塞、汽轮机零件、焊接电极等,图 3-19);低熔点金属(如铅、锡等)可用于制造熔断丝、焊接钎料等。熔点对于金属材料的冶炼、铸造、焊接等是重要的工艺参数。

(a) 气门

(b) 火花塞

图 3-19　汽车耐高温零件

3. 导热性

金属材料传导热量的能力称为导热性。金属材料的导热能力常用导热率 λ 来表示，其含义是单位厚度金属在温差为 1 ℃时，每秒钟从单位断面通过的热量，单位为 W/(m・K)。

导热性是传热设备和元件应考虑的主要性能，对热加工工艺性能也有影响。散热器等传热元件应采用导热性好的材料制造，保温器材应采用导热性差的材料制造。热加工工艺与导热性有密切关系，在热处理、铸造、锻造、焊接过程中，若材料的导热性差，则会使工件内外产生大的温差而出现较大的内应力，导致零件变形或开裂。采用缓慢加热和冷却的方法可使零件内外温度均匀，防止变形和开裂。金属具有良好的导热性，尤其是银、铜、铝的导热性很好。一般纯金属具有良好的导热性，合金的成分越复杂，其导热性越差。发动机缸盖、散热片一般采用导热性好的铝材来制造。

4. 导电性

金属材料能够传导电流的能力称为导电性。金属材料的导电性常用电阻率 ρ 来表示，电阻率是单位长度、单位截面面积的电阻值，其单位是 Ω・m。

导电性是设计导电材料和绝缘材料的主要依据。材料的电阻率 ρ 越小，导电性能越好。金属中银导电性最好，铜与铝次之。通常金属的纯度越高，其导电性越好，合金的导电性比纯金属差，高分子材料和陶瓷一般都是绝缘体。导电器材常选用导电性良好的材料，以减少损耗；而发热元件、电阻丝等选用导电性差的材料制作，以提高功率。

5. 热膨胀性

金属材料随温度变化而膨胀或收缩的特性称为热膨胀性。一般来说，金属材料加热时膨胀而体积增大，冷却时收缩而体积缩小。金属材料的热膨胀性可用线膨胀系数 α 表示，其含义是温度上升 1 ℃时，单位长度的伸长量，单位为 1/℃。

线膨胀系数的大小影响工件的精度，精密量具、零件、仪表、机器等应选用线膨胀系数小的材料，以避免在不同的温度下使用影响其精度；机械加工和装配中也应考虑材料的热膨胀性，以保证构件尺寸的准确性。陶瓷的线膨胀系数小，金属次之，高分子材料最大。

6. 磁性

磁性是指材料能被磁场吸引或磁化的性能，常用磁导率 μ 表示。不能被磁铁所吸引，即不能被磁化的物质称为非铁磁性物质，如铜、铝等。非铁磁性物质可用于制作要求避免电磁场干扰的零件和结构件。可以被磁铁吸引，即能被磁化的物质称为铁磁性物质，如铁、镍、钴等，铁磁性物质可用于制造变压器的铁心、发电机的转子等。

二、金属材料的化学性能

材料的化学性能是指材料在化学作用下表现出来的性能。对金属材料来说，化学性能一般是指耐腐蚀性和抗氧化性。

1. 耐腐蚀性

耐腐蚀性是指金属材料在常温下抵抗氧、水蒸气及其他化学介质腐蚀的能力。金属材料的耐腐蚀性是一个重要的性能指标，尤其对于腐蚀介质（如酸、碱、盐、有毒气体等）中工作的零件，其腐蚀情况比在空气中更为严重。因此，在选择金属材料制造这些零件时，应特别注意金属材料的耐腐蚀性，并合理选用耐腐蚀性能好的金属材料（如不锈钢、铜合金等）进行制造。改变金属材料成分和表面处理的方法（如油漆、电镀等）可提高金属材料的耐腐蚀性。

2. 抗氧化性

抗氧化性是指金属材料在室温或高温下抵抗氧化作用的能力。金属的氧化过程实际上是属于化学腐蚀的一种形式，它可直接用一定时间内金属表面经腐蚀之后质量损失的大小，即用金属减重的速度表示。金属材料的氧化随温度升高而加速，在钢中加入铬、硅等元素，可大大提高钢的抗氧化性。例如在铸造、锻造、热处理、焊接等热加工作业时，会造成材料过量的损耗和形成各种缺陷。因此，在高温下工作的零部件，如发动机的气门、活塞等零件，必须采用抗氧化性好的材料制造。

化学稳定性是金属材料的耐腐蚀性与抗氧化性的总称。金属材料在高温下的化学稳定性称为热稳定性。在高温条件下的零件，如发动机的活塞、活塞环等零件，需要选择热稳定性好的材料制造。

知识拓展 **探究汽车制造工艺的先进技术**

一体化压铸技术在制造工艺上实现了重大突破，一体化压铸机如图 3-20 所示。“72 合一”设计通过将原本分散的 72 个零件集成为一个整体，大幅简化了车身结构的复杂度，极大提高了生产效率，降低了生产成本。此外，该品牌还自主研发了全新的压铸设备集群系统，该系统能够实现高精度、高速度的压铸过程，保证了产品的稳定性和一致性。

图 3-20 一体化压铸机

此外，研发团队开发了一种名为“泰坦合金”的新材料，该材料具有高强度和高韧性并且可以免热处理，环保无污染。使用这种合金，车辆在保持结构强度的同时，实现了焊接点的减少，这不仅提升了车身的静谧性，还降低了整体质量，从而提高了车辆的能效表现，如图 3-21 所示。这一系列创新，无疑在冲压技术领域树立了新的标杆。

图 3-21　车身

单元四　汽车材料及其应用

知识目标

(1) 掌握钢和铸铁的分类；
(2) 熟悉汽车上常用钢的种类、牌号、性能和应用；
(3) 了解汽车上常用有色金属材料的类型及特点；
(4) 了解汽车上常用非金属材料的类型及特点。

能力目标

能识别典型金属材料和非金属材料在汽车上的应用。

案例引入

汽车由种类繁多、性能各异的工程材料经加工制成零件后组装而成，这些零件材料以金属材料为主，其中钢铁材料占55%～60%。现代汽车正向着安全、节能、环保的方向发展，而汽车轻量化是节能、防污染最有效的途径之一，汽车零部件中有色金属材料和非金属材料所占比重越来越大。如图4-1a所示车身框架大多采用了钢材制作，图4-1b所示轮毂采用了铝合金制造。

(a) 车身框架

(b) 轮毂

图4-1　汽车材料应用

第一节　黑色金属材料

金属分为黑色金属和有色金属两大类。以铁和碳两种元素为基体以及多种元素组成的复杂合金称为黑色金属，钢和铸铁是应用最广的黑色金属，统称钢铁，它占据金属材料总量的 95%以上。

黑色金属由于综合性能良好、品种多且价格低廉，广泛应用于汽车制造业。例如，汽车的车身覆盖件、底盘以及各类箱体框架等基本上都采用的是黑色金属材料。

通常情况下，根据碳的质量分数(ω_c)不同，可分为工业纯铁(ω_c＜0.021%)、钢(0.021%＜ω_c＜2.11%)、铸铁(ω_c＞2.11%)，工业中常用铸铁的含碳量 ω_c 一般不超过 4.3%，如图 4-2 所示。

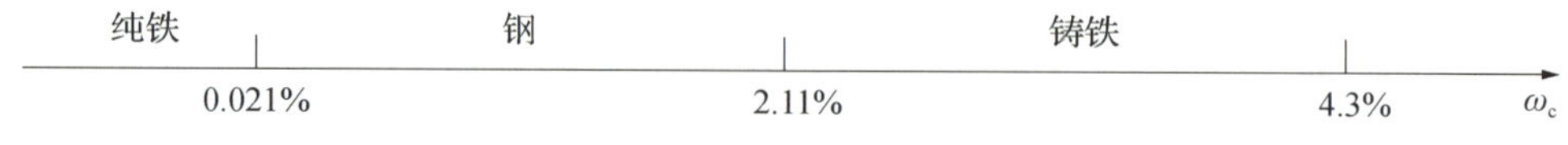

图 4-2　钢铁中含碳量的范围

其中，工业纯铁主要用作磁材料，铸铁适用于铸造或炼钢，在实际生产机加工中主要使用的是钢。钢铁中除了含有铁、碳元素之外，还有少量的硅(Si)、锰(Mn)、硫(S)和磷(P)等杂质元素。钢的种类繁多，为了便于生产、使用和研究，可以按照质量、用途和含碳量对钢进行分类。

一、碳素钢

碳素钢简称碳钢，在现代工业生产所使用的钢铁材料中占据十分重要的地位。碳钢冶炼、加工容易，价格低廉，工艺性能良好，是工业生产中用量最大的金属材料。

1. 按钢的质量分类

在冶炼过程中会存在少量的杂质元素，如硅、锰、硫和磷等，对碳素钢的性能会产生一定的影响。按含杂质元素的质量分数多少，将碳素钢分为普通碳素钢、优质碳素钢、高级优质碳素钢和特级优质碳素钢四种。硅和锰可提高钢的强度和硬度，是有益的元素。硫可造成钢的热脆性、磷可造成钢的冷脆性，是有害的元素。

2. 按钢的用途分类

按钢的用途不同，钢可分为碳素结构钢和碳素工具钢。

碳素结构钢具有较高的强度、良好的塑性和韧性，以及优良的工艺性能(焊接性、冷变形成形性)，通常制成型材(圆钢、方钢、工字钢、钢筋等)、板材和管材等形式，主要用于桥梁建筑等工程构件以及生产螺钉和螺母等。在汽车零部件中，可用碳素结构钢制造的有油底壳、气缸盖、制动器底板、车厢板件、发电机支架、拉杆、销、键等，如图 4-3 所示。

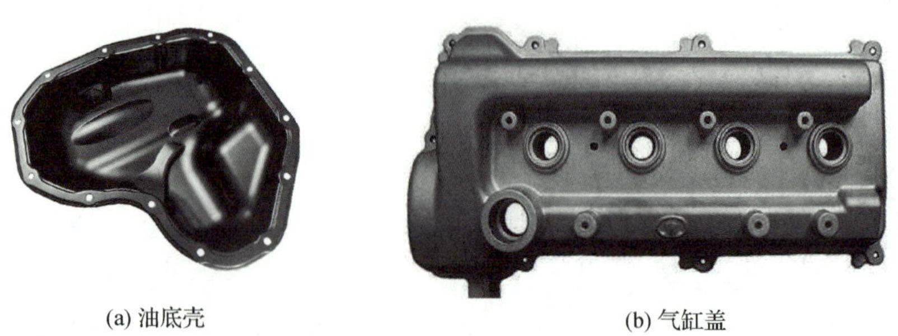

(a) 油底壳　　(b) 气缸盖

图 4-3　汽车碳素钢零部件

碳素工具钢在热处理后有较高的硬度和耐磨性，主要用于制造工具和模具，如刀具、量具和冷作模具等。

3. 按钢中含碳量分类

（1）低碳钢

碳素钢中含碳量 $\omega_c < 0.25\%$时称为低碳钢。低碳钢的力学性能较差，强度较低，用于制造一般的机械零件。

（2）中碳钢

碳素钢中含碳量 ω_c 在 0.25%～0.60%时称为中碳钢。中碳钢的力学性能较好，强度较高，韧性和切削性能好，容易热处理，应用最广，用于制造重要的机械零件。

（3）高碳钢

碳素钢中含碳量 $\omega_c > 0.60\%$时称为高碳钢。高碳钢热处理后的耐磨性好，硬度高，用于制造锉刀、锯条等切削工具及弹簧。

碳素钢的力学性能随着碳的含量增加，其强度、硬度增高，而塑性、韧性降低。

4. 碳素钢的牌号及含义

常用碳素钢的牌号及含义见表 4-1。

表 4-1　常用碳素钢的牌号及含义

类别	牌号举例	牌号含义
碳素结构钢	Q235AF Q345	“Q”是拼音“屈”的首字母；后面的数字表示屈服强度，单位为 MPa；字母 A 表示钢的质量，从 A 到 D 质量等级依次提高；F、B、Z、TZ 分别表示沸腾钢、半镇静钢、镇静钢、特殊镇静钢；例如 Q235AF 表示屈服强度为 235 MPa、A 级质量的沸腾碳素结构钢
优质碳素钢	45 65Mn	两位数字表示钢的平均碳含量，以万分之几计；后面的元素符号表示该元素的含量比较高；比如，45 钢表示碳含量为 0.45%的优质碳素结构钢
碳素工具钢	T8 T11A	“T”是“碳”字拼音的首字母，后面的数字表示钢中碳的平均含量，以千分之几计；若为高级优质碳素钢，在钢号后面加 A；例如，T11A 表示平均含碳量为 1.1%的高级优质碳素工具钢

二、合金钢

为改善钢的力学性能，通常在炼钢时加入硅、锰、铬、镍、钼、钨、钒、钛等，由此获得的钢材称为合金钢。与碳钢相比，合金钢往往具有某些方面的特殊性能，或具有良好的综合力学性能，如合金钢具有更高的硬度、强度、耐磨性、淬透性。汽车应用最多的是低合金钢。

1. 按合金元素的质量分数分类

合金钢按合金元素的质量分数可分为低合金钢（合金元素质量分数＜5%）、中合金钢（5%≤合金元素质量分数＜10%）、高合金钢（合金元素质量分数≥10%）。

2. 按用途分类

按用途，合金钢可分合金结构钢、合金工具钢和特殊性能钢等。

（1）合金结构钢

常用的合金结构钢包括低合金结构钢、合金渗碳钢、合金调质钢、合金弹簧钢和滚动轴承钢。

1）低合金结构钢。低合金结构钢是碳含量为 0.12%～0.20%，磷、硫含量不大于 0.45%，合金元素总量不大于 3%的低碳结构钢，其主要添加元素为硅、锰及少量的钛、钒、铌、铜及稀土元素等。低合金结构钢比相同含碳量的碳素钢的强度要高 10%～30%，并具有较好的塑性、韧性和焊接性。同时，由于冶炼较简单，生产成本与碳钢相近，低合金结构钢广泛用于制作各种机器零件和工程构件，如汽车车架（图 4-4）、横梁、发动机吊耳等。

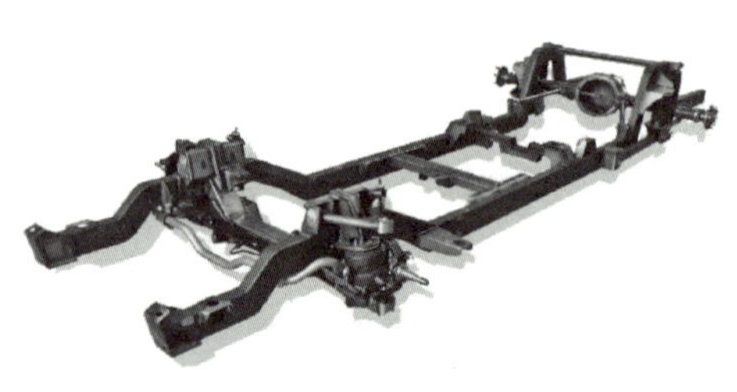

图 4-4　汽车车架

用低合金结构钢取代碳素结构钢，可节约钢材，减轻质量，且使用可靠，常用的钢种有 12MnV、16Mn 等。

2）合金渗碳钢。合金渗碳钢制造的零件经淬火和低温回火后，不仅有较高的表面硬度和耐磨性，而且能大幅度提高零件心部的强度和韧性，从而提高抵抗冲击载荷的能力。合金渗碳钢属于低碳钢，含碳量一般为 0.10%～0.25%，加入的合金元素主要有锰、铬、镍、钼、钒等。汽车上承受高速、重载、强冲击和剧烈摩擦的零部件（如活塞销、半轴齿轮等），都是用合金渗碳钢加工后经热处理制作而成的，如图 4-5 所示。活塞连杆组中的活塞销，常用 15Cr、20Cr 或 20MnV 制造。

视频

钢笔尖

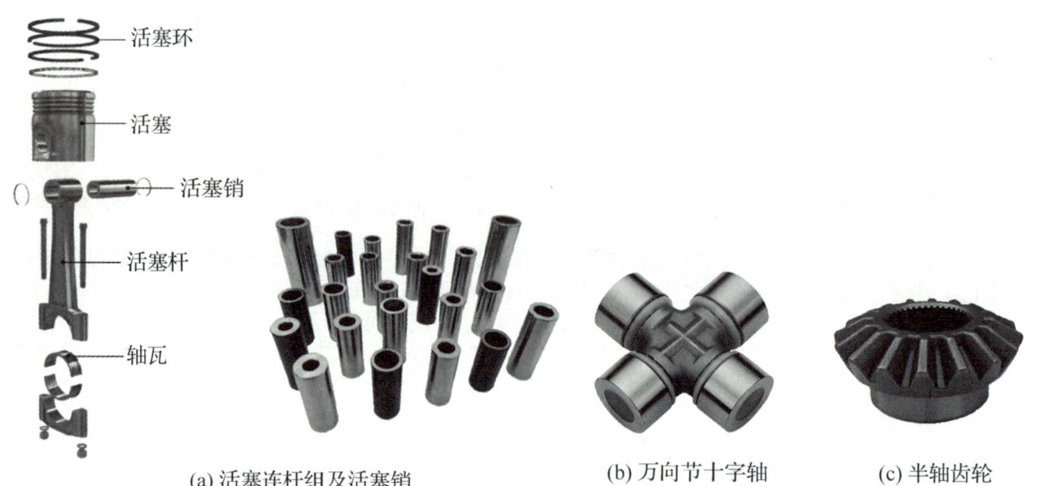

图 4-5　汽车合金渗碳钢零部件

万向节十字轴允许被连接的两根轴之间存在一定角度的相对转动，从而在复杂的机械传动系统中，有效解决了不同轴之间的角度变化问题，确保了动力的稳定传递。常用 20CrMnTi 等优质合金钢材质制造。

3）合金调质钢。合金调质钢是指经过调质处理的合金钢，具有较高的强度和韧性。若调质后再进行淬火，则可进一步改善钢件表面的耐磨性。合金调质钢属于中碳钢，含碳量一般在 0.25%～0.50%，常用于制造汽车上承受重载荷、冲击载荷的零部件，如汽车半轴、转向节等，如图 4-6 所示。

(a) 汽车半轴　　(b) 转向节

图 4-6　汽车合金调质钢零部件

4）合金弹簧钢。弹簧主要用于实现消除振动、储备能量、驱动机械、开闭阀门等功能，弹簧工作时受到交变载荷作用，因此要求弹簧钢具有高的强度、弹性极限、韧性及疲劳极限。合金弹簧钢的含碳量一般为 0.45%～0.75%，属于中高碳钢，加入的合金元素有钒、铬、锰、硅等。

生产中常对弹簧采用喷丸或表面强化处理，使其表面处于压应力状态以提高弹簧的疲劳强度及表面质量。合金弹簧钢常用于制作各种弹簧，如汽车的悬挂弹簧、发动机气门弹簧、铁道车辆的缓冲弹簧等，以及其他需要高弹性和高强度的弹性零部件(如减振板簧等)，如图 4-7 所示。

(a) 气门弹簧

(b) 减振板簧

图 4-7　汽车合金弹簧钢零部件

5）滚动轴承钢。滚动轴承钢是制造各种滚动轴承的滚子、内外圈的专用钢，也常用于制作汽车上的液压挺柱等零部件(图 4-8b)。常用的滚动轴承钢是高碳低铬钢，其碳含量为 0.95%～1.15%，以保证轴承有足够高的强度、硬度和耐磨性。铬的含量为 0.40%～1.65%，主要作用是提高淬透性，使组织均匀并增加回火稳定性。铬与碳作用形成的合金渗碳体，能有效提高钢的硬度及耐磨性，常用 GCr15、GCr9、GCr15SiMn 等牌号。

（2）合金工具钢

根据用途不同，合金工具钢可分为合金量具钢、合金模具钢、合金刃具钢。在汽车零部件的生产和检验过程中需要用到各种刃具、工具及量具，如图 4-9 所示。

1）合金量具钢。用来制造各种量具(如游标卡尺、块规、卡规、千分尺、样板等)的钢称为合金量具钢。量具在使用过程中常与被测量的零件直接接触，在摩擦和碰撞条件下工作，因此量具应具有较高的硬度和耐磨性。

图 4-8　汽车滚动轴承钢零部件

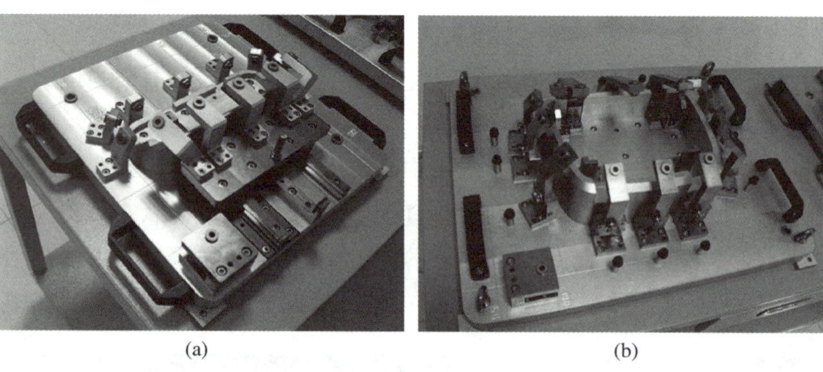

图 4-9　汽车的检具

量具钢的含碳量通常在 0.90%～1.50%，并含有铬、钨、锰等碳化物组成元素，以提高钢的淬透性，保证钢有足够的硬度、耐磨性。另外，量具本身应具有较高的尺寸精确性和稳定性。

2）合金刃具钢。用于制造各种车刀、铣刀等切削加工工具的钢称为合金刃具钢。合金刃具钢要求具有高硬度、高耐磨性、高红硬性（红硬性是指钢在高温下保持高硬度的能力）、一定的韧性及塑性。常用的合金刃具钢有低合金刃具钢和高速钢两种。

3）合金模具钢。按工作条件的不同，合金模具钢分为冷作模具钢和热作模具钢。冷作模具的作用是使金属在室温条件下产生塑性变形从而获得具有一定几何尺寸及形状的毛坯或零件，如冲模、弯曲模、冷锻模等，常用的冷作模具钢有 Cr12MoV、CrWMn 等。热作模具的作用是使热状态下的金属产生变形的模具，如热锻模、压铸模等，常用的热作模具钢有 5CrNiMo、4CrSMoSiV 等。

视频

不锈钢会生锈吗？

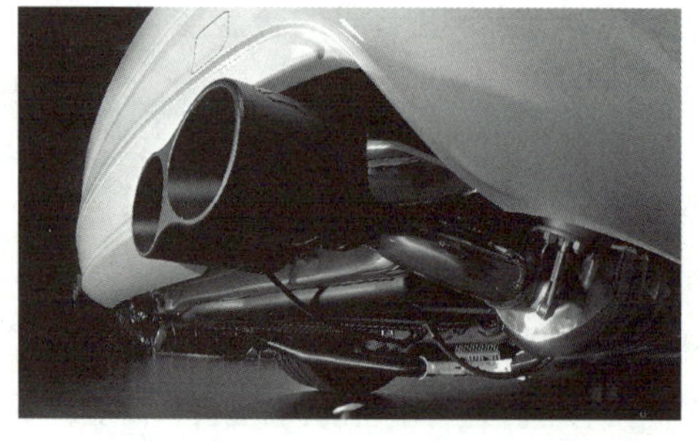
图 4-10　汽车不锈钢排气管

（3）特殊性能钢

具有特殊性能并用来制造工作在特殊条件下的零件所用的钢称为特殊性能钢。工业上常用的特殊性能钢有不锈钢、耐热钢、耐磨钢和高速钢等。

汽车工业中使用的特殊性能钢主要是不锈钢，不锈钢的耐腐性和耐热性良好，常用于发动机和排气系统零部件，汽车不锈钢排气管如图 4-10 所示。

常见合金钢牌号、性能特点及应用范围见表 4-2。

表 4-2　常用合金钢的牌号、性能特点及应用范围

类别		牌号举例	性能特点	应用范围
合金结构钢	低合金结构钢	Q345 15CrMoG	主要添加元素为硅、锰及少量的钛、钒、铌、铜及稀土元素等，具有较好的塑性、韧性和焊接性能，且冶炼较简单	广泛用于制作各类机器零件和工程构件，如汽车大梁、房屋钢架、输油管道等
	合金渗碳钢	20Cr 20CrMnTi	含碳量 ω_c 一般为 0. 10%～0. 25%，加入的合金元素主要有锰、铬、镍、钼、钛、硼等，经淬火和低温回火后，具有较高的表面硬度和耐磨性，同时心部具有良好的强度和韧性，抗冲击能力强	适用于制造各类受冲击载荷作用的零部件，如变速齿轮、活塞销、轴类零件
	合金调质钢	40CrNi 38CrMoAl	含碳量 ω_c 一般为 0. 25%～0. 50%，具有较高的强度和韧性；若调质后再进行淬火，可进一步提高钢件表面的耐磨性	是用于制造汽车、拖拉机、机床等机器上的重要零部件，如齿轮、连杆、轴类零件等
	合金弹簧钢	60Si2Mn	具有很高的抗拉强度、弹性极限及疲劳强度，一定的淬透性和良好的表面质量	适用于制造各类弹簧及弹性零部件
	滚动轴承钢	GCr15	具有高而均匀的硬度和耐磨性，以及较高的弹性极限和良好的尺寸稳定性	适用于制造各类轴承的滚珠、滚针及轴承内外圈等
合金工具钢	合金量具钢	9Cr18 CrWMn	碳含量 ω_c 通常为 0. 90%～1. 5%，并含铬、钨、锰等碳化物组成	适用于制造各类高精度量具，如块规、量规、卡尺、千分尺等
	合金模具钢	Cr12MoV 5CrNiMo	分为冷作模具钢、热作模具钢和塑料模具三类，其性能、特点与用途有关	适用于制造各种锻造、冲压、压铸等模具
	合金刃具钢	9SiCr 8MnSi	具有高硬度、高耐磨性、高红硬性即一定的韧性和塑性	适用于制造各类低速切削的薄刃刀具，如板牙、丝锥、铰刀等
特殊性能钢	不锈钢	12Cr18Ni9	主要的合金元素为 Cr，其含量一般不低于 10. 5%；具有良好的耐蚀性、抛光性和耐热性	适用于制造耐腐蚀零部件，如化工设备、容器、餐具等
	高速钢	W6Mo5Cr4V2 W18Cr4v	含有钨、钼、铬、钒等合金元素，在高速切削产生的高温下(约 500 ℃)仍能保持较高的硬度(不低于 60 HRC)	通用型高速钢用于制造普通刀具，如钻头、锯条、滚刀、拉刀等；特殊性能高速钢适用于制造难加工金属(如钛合金、高温合金等)的切削刀具

三、铸铁

平均含碳量 $\omega_c>2.11\%$ 的铁碳合金称为铸铁。工业用铸铁中含碳量 ω_c 为 2.11%～6.69%。

铸铁是一种成本低廉并具有良好性能的金属材料。与钢相比，虽然铸铁的力学性能，特别是抗拉强度及韧性、塑性较低，但由于它具有优良的减振性、耐磨性、耐腐蚀性、铸造性及切削加工性，而且生产设备工艺简单，因此在工业上得到了广泛的应用。

1. 铸铁的类型

根据碳的存在形式和石墨的形态不同，铸铁分为灰铸铁、可锻铸铁、球墨铸铁和蠕墨铸铁四种，如图 4-11 所示。铸铁的类型及其特点见表 4-3。

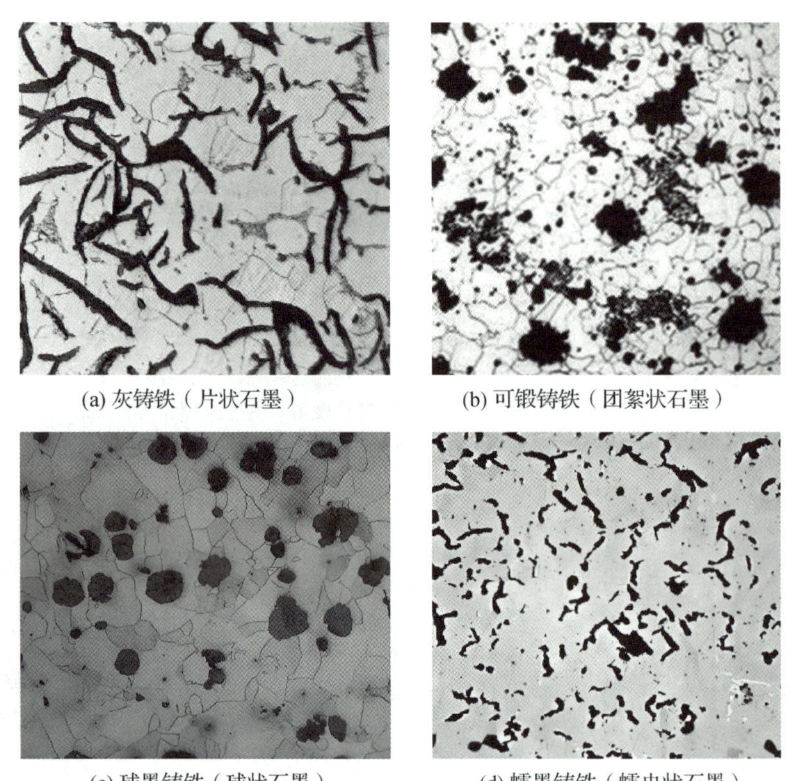

(a) 灰铸铁（片状石墨）　(b) 可锻铸铁（团絮状石墨）

(c) 球墨铸铁（球状石墨）　(d) 蠕墨铸铁（蠕虫状石墨）

图 4-11　铸铁中石墨的形态

表 4-3　铸铁的类型及其特点

类型	特点
灰铸铁	碳主要以片状石墨形式存在，断口呈灰色，是应用最广泛的一类铸铁
可锻铸铁	碳主要以团絮状石墨形式存在，具有较高的韧性和塑性
球墨铸铁	碳主要以球状石墨形式存在，具有更高的力学性能，可采用热处理强化使其力学性能进一步提高
蠕墨铸铁	碳主要以蠕虫状石墨形式存在，强度接近于球墨铸铁，有一定的韧性和较高的耐磨性，铸造性能和导热性良好

2. 常用铸铁的性能、牌号及用途

(1) 灰铸铁

灰铸铁中石墨呈片状，在力学性能方面具有良好的抗压性能但抗拉性能较差，减振性、耐磨性、导热性良好，缺口敏感性低。在汽车上灰铸铁主要用来制造各种承受压力并要求减振性、耐磨性好及缺口敏感性低的零部件，如气缸体、飞轮、活塞、齿轮箱等，如图 4-12 所示。

(a) 气缸体　(b) 飞轮

图 4-12　汽车灰铸铁零部件

(2) 可锻铸铁

可锻铸铁中石墨呈团絮状，其力学性能介于灰铸铁和球墨铸铁之间，有较好的强度和一定的塑性。

可锻铸铁按基体组织不同，可分为铁素体可锻铸铁和珠光体可锻铸铁。铁素体可锻铸铁中心呈灰暗色，表层呈灰白色，故称为“黑心可锻铸铁”。若在氧化性介质中进行石墨化退火，由于表层完全脱碳，得到铁素体组织，而心部为珠光体基体加团絮状石墨，断口呈现表层暗灰色、中心灰白色，故称为“白心可锻铸铁”。

在汽车上可锻铸铁主要用来制造一些截面较薄而形状复杂、工作时受振动且强度、韧性要求较高的零部件，如减速器壳、后桥壳、万向接头等，如图 4-13 所示。

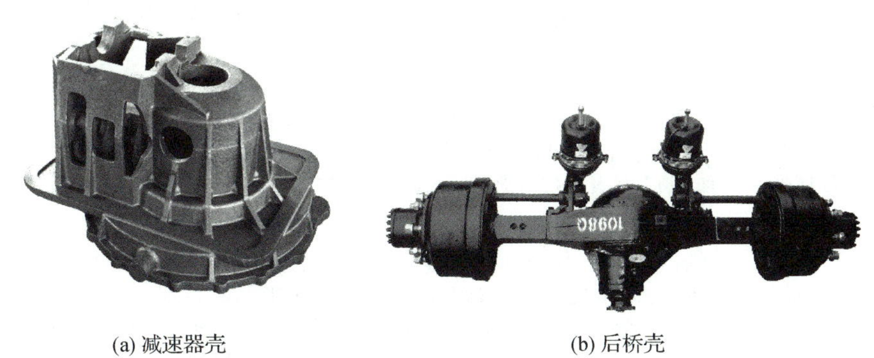

(a) 减速器壳　(b) 后桥壳

图 4-13　汽车可锻铸铁零部件

(3) 球墨铸铁

球墨铸铁中石墨成球状，铸造性能好，强度、塑性、韧性大大高于灰铸铁，接近铸钢，具有良好的减振性、耐磨性和低缺口敏感性。在汽车上球墨铸铁主要用来制作强度、韧性、耐磨性要求较高的零部件，如曲轴、凸轮轴、万向节叉和连杆等，如图 4-14 所示。

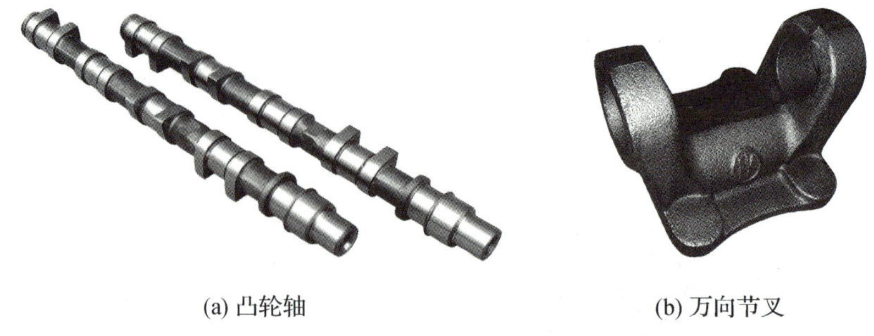

(a) 凸轮轴　　(b) 万向节叉

图 4-14　汽车球墨铸铁零部件

（4）蠕墨铸铁

蠕墨铸铁石墨呈蠕虫状，其抗拉强度、塑性、疲劳强度高于灰铸铁，导热性、锻造性、可切削性优于球墨铸铁。在汽车上蠕墨铸铁主要用来制造气缸盖、气缸套、钢锭模、制动毂和刹车盘等零部件，如图 4-15 所示。

(a) 制动毂　　(b) 刹车盘

图 4-15　汽车蠕墨铸铁零部件

常用铸铁的牌号含义及应用范围见表 4-4。

表 4-4　常用铸铁的牌号含义及应用范围

分类	牌号举例	牌号含义	应用范围
灰铸铁	HT150 HT200	牌号用“HT+数字”组成。HT(灰铁)两字汉语拼音首字母，数字表示最低抗拉强度。如 HT150 表示抗拉强度不低于 150 MPa 的灰铸铁	工业中应用最广泛的铸铁材料之一，用来生产一些强度要求不高，主要承受压应力的各种制造机架、箱体等
可锻铸铁	KTH300-06 KTB350-04 KTZ450-06	牌号用三个字母加两组数字组成。“KT”(可锻)两字汉语拼音首字母。“H”表示黑心；“B”表示白心；“Z”表示珠光体；牌号中代号后面的一组数字，表示抗拉强度值；有两组数字时，第一组表示抗拉强度值，第二组表示断后延伸率值；两组数字中间用“-”隔开；如 KTH300-06 表示最低抗拉强度不低于 300 MPa，断后延伸率不低于 6%的黑心可锻铸铁	比灰铸铁具有较高的强度和韧性。常用于制造形状复杂、承受冲击和振动载荷的零部件，如拖拉机后桥外壳、轮毂、轴承盖等

续　表

分类	牌号举例	牌号含义	应用范围
球墨铸铁	QT400-18 QT450-10	牌号用“QT＋两组数字”组成；“QT”（球铁）两字汉语拼音首字母；两组数字第一组表示抗拉强度值，第二组表示断后延伸率值；如 QT400－18 表示抗拉强度不低于 400 MPa，断后延伸率不低于 18％球墨铸铁	具有优良的性能，常用于制造受力复杂，强度、韧性和耐磨性较高的零部件，如发动机曲轴、连杆、各种齿轮、机床主轴等
蠕墨铸铁	RuT300	牌号用“RuT＋数字”表示。“RuT”（蠕铁）两字汉语拼音首字母，数字表示最低抗拉强度；如 RuT300 表示抗拉强度不低于 300 MPa 的蠕墨铸铁	常用于制造内燃机气缸、缸盖、液压阀等零部件

3. 合金铸铁

合金铸铁是向铸铁中添加一些合金元素而成，可满足高强度、耐热、耐腐蚀、耐磨等殊性能要求，常见的有以下几种类型：

（1）耐热铸铁

在球墨铸铁中加入硅、铝、铬等元素，使铸铁表层形成一层致密的氧化保护膜，可得到耐热铸铁（如 Al2O3、SiO2、CrO3 等），用于制造进、排气门及排气管密封环等。

（2）耐磨合金铸铁

把灰口铸铁的含磷量提高到 0.4％～0.6％，再加入铬、钼、钨、铜和磷等元素，可得到耐磨合金铸铁，可用于制造气缸套和活塞环等。

（3）耐蚀铸铁

在灰口铸铁中加入硅、铝、铬、镍、铜和钼等元素可得到耐蚀铸铁，可制造化工行业管道、阀门等。

（4）高强度合金铸铁

在球墨铸铁中加入铬、镍、钼等元素可得到高强度合金铸铁，可制造曲轴、连杆等。

四、铸钢

一些结构形状复杂且要求有较高强度、塑性、韧性以及特殊性能的零部件，难以用锻压方法成形，用铸铁又不能满足性能要求，这时可采用铸钢，如机架、缸体、齿轮、进气歧管和涡轮增压壳体等，如图 4-16 所示。

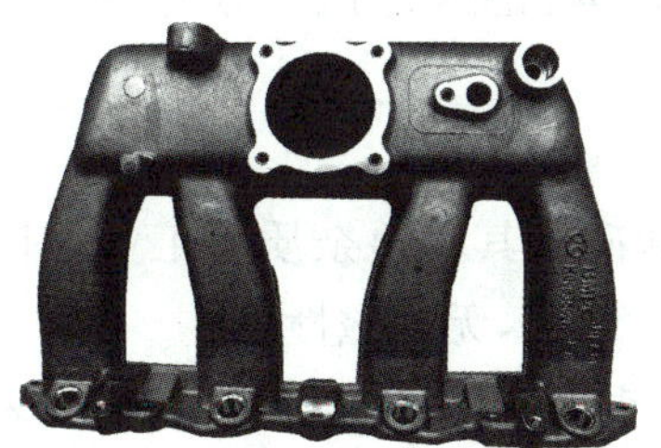

(a) 进气歧管

(b) 涡轮增压壳体

图 4-16　汽车铸钢零部件

1. 牌号表示方法

ZG 数字-数字

第一组数字为屈服强度值，第二组数字为抗拉强度值。

2. 常见铸钢的牌号、性能特点和应用范围

常见铸钢的牌号、性能特点和应用范围见表 4-5。

表 4-5 常见铸钢的牌号、性能特点和应用范围

牌号举例	性能特点	应用范围
ZG200-400	良好的韧性、塑性和焊接性能	用于制造受力不大、韧性好的零部件，如机座、变速器壳、减速器壳体等
ZG230-450	较高的强度和较好的塑性、韧性和焊接性能	用于制造受力不大、韧性好的零部件，如外壳、轴承座、底板、箱体等
ZG270-500	较高的强度和较好的塑性，铸造性能好，焊接性能和切削性能好	用途广泛，用于制造轴承座、连杆、箱体、曲轴、缸体、飞轮等

第二节 有色金属材料

黑色金属以外的金属称为有色金属。有色金属具有许多特殊的性能，如较高的导电性和导热性，较低的密度和熔化温度，良好的力学性能和工艺性能，是现代工业不可缺少的黑色金属所不能替代的重要金属材料。

常用的有色金属主要有铝、铜及其合金。

一、铝及铝合金

在有色金属及其合金中，铝及铝合金是广泛应用的金属材料，用量仅次于钢铁。铝具有密度小、耐蚀性好等特点，且铝合金的塑性优良，铸、锻、冲压工艺均适用，尤其适用于汽车零部件生产的压铸工艺。从生产成本、零件质量、材料利用等几个方面比较，铝合金已成为汽车生产中不可缺少的重要材料。目前，美国、日本、德国是汽车采用铝合金最多的国家，图 4-17 所示为铝合金制造的车身框架和轮毂。

1. 工业纯铝

工业纯铝一般纯度为 99.0%～99.9%，铁和硅是其主要杂质。工业中使用的纯铝呈银白色，密度为 2.7 g/cm^3，约为铁的 1/3，熔点为 660 ℃，无铁磁性。

纯铝的导电性和导热性好，是仅次于金、银、铜的优良导体。氧化性强，表面容易形成致密的氧化铝膜，能有效地防止金属的继续氧化，具有良好的耐蚀性。

工业纯铝塑性高，能通过压力加工方法制成各种型材、板材。但由于强度很低，不宜直

(a) 车身框架

(b) 轮毂

图 4-17 铝合金制造的车身框架和轮毂

接用来加工机械零部件，而广泛用于制造各种导线、电容器和包装材料等。

纯铝牌号用“1×××”四位数字或四位字符表示，牌号的最后两位数字表示最低铝的百分含量。当最低铝的百分含量精确到 0.01%时，牌号的最后两位数字就是最低铝百分含量中小数点后面的两位数。如 1A99 表示铝含量为 99.99%；1A97 表示铝含量为 99.97%。含杂质元素越多，其塑性及导电、导热性越差。

2. 铝合金

铝合金是以铝为基础，加入少量的合金元素后形成，常用的合金元素有铜、锰、硅、镁等。铝合金保持了纯铝的优良性能，同时强度比纯铝提高了几倍。

按其成分和工艺特点，铝合金分为变形铝合金和铸造铝合金两种。

(1) 变形铝合金

变形铝合金具有良好的塑性，可通过冲压、弯曲、挤压等加工方法获得所需零件。变形铝合金采用 4 位字符牌号命名，牌号用 2×××～8×××系列表示，如 3A21、2A12 等。牌号的第一位数字是依据主要合金元素铜(Cu)、锰(Mn)、硅(Si)、镁(Mg)、镁＋硅(Mg＋Si)、锌＋镁(Zn＋Mg)及其他元素的顺序来表示变形铝合金的组别。第二位数字或字母表示原始纯铝的改型情况，如果字母为 A，则表示原始纯铝；数字为 0 表示原始合金，字母 BY 或数字 1～9 表示原始合金的改型情况。牌号最后两位数字用以标识同一组中不同的铝合金，如 2A1 表示以铜为主要合金元素的变形铝合金。

根据主要性能特点和用途，变形铝合金可分为防锈铝合金、硬铝合金、超硬铝合金和锻造铝合金。变形铝合金的轻量化特性正好符合汽车行业对节能环保的需求。相比于传统的钢材，变形铝合金具有更低的密度和更高的强度，能够减轻车身质量，提高燃油效率，降低废气排放。

变形铝合金主要应用在发动机盖内板、发动机护板、翼子板、顶盖、车门、后备箱盖、覆盖件等汽车车身上，如图 4-18 所示。

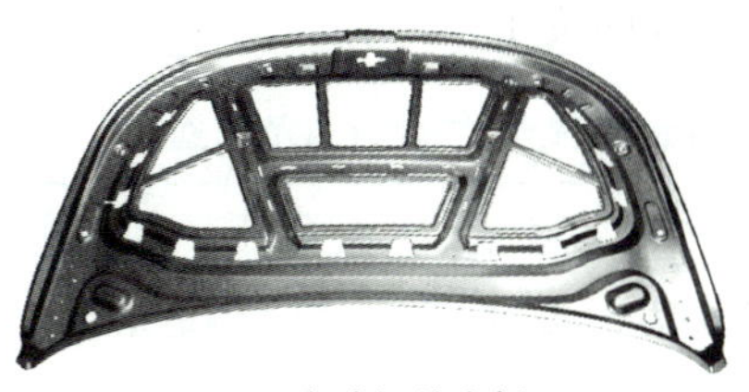
(a) 发动机盖内板

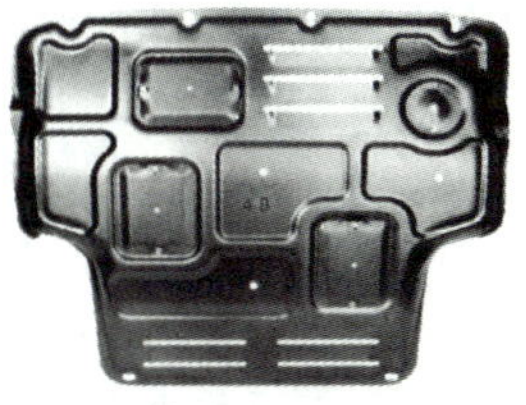
(b) 发动机护板

图 4-18 变形铝合金零件

常用变形铝合金的牌号、性能特点及用途见表 4-6。

表 4-6 常用变形铝合金的牌号、性能特点及用途

分类	常用牌号	性能特点	用途
防锈铝合金	3A21 5A02	塑性高、强度高、抗腐蚀性良好	适用于制造船舶零部件、航空燃料箱、输油管道等
硬铝合金	2A12	强度高、耐热性良好、耐腐蚀性差	适用于制造门窗、飞机蒙皮等
超硬铝合金	7A04	极高的强度(可达 600 MPa),热处理强化效果明显,退火后具有良好的塑性	适用于制造飞机大梁、起落架、机翼接头等
锻造铝合金	2A50 2A70	良好的热塑性和锻造性,可进行热处理强化	适用于制造飞机和发动机中形状较复杂的零部件

(2) 铸造铝合金

通过向纯铝中添加硅、铜、镁、锌等元素,从而获得具有良好的铸造性能、耐腐蚀性和耐热性的铝合金称为铸造铝合金。铸造铝合金在汽车上的使用量最多,占汽车零部件的 80%以上,包括重力铸造件、低压铸造件和特种铸造零件。工业用铝合金材料中,铸件占 80%左右,锻件占 1%～3%,其余为加工材料。

根据所含合金元素的不同,铸造铝合金可分为铝硅系(Al-Si)、铝铜系(Al-Cu)、铝镁(Al-Mg)系和铝锌系(Al-Zn)四类。

铸造铝合金具有优良的铸造性能,可根据使用目的、零件形状、尺寸精度、数量、质量标准、力学性能等各方面的要求和经济效益选择适宜的合金和合适的铸造方法。其中,铸造铝合金主要用于铸造发动机气缸体、离合器壳体、后桥壳、转向器壳体、变速器、配气机构、机油泵、水泵、摇臂盖、车轮、发动机框架、油缸及制动盘等非发动机构件,如图 4-19 所示。

(a) 离合器壳体　(b) 转向器壳体

图 4-19 铸造铝合金零件

常用铸造铝合金的牌号、性能特点及用途见表 4-7。

表 4-7 常用铸造铝合金的牌号、性能特点及用途

分类	常用牌号	性能特点	用途
铝硅系合金 (Al-Si)	ZL101	铸造性能和耐磨性良好,热涨系数小,使用量最大	适用于制造结构件,如发动机壳体、气缸体等

续　表

分类	常用牌号	性能特点	用途
铝铜系合金（Al-Cu）	ZL201	强度高、铸造性能良好	适用于制造承受大载荷和形状不复杂的砂型铸件
铝镁系合金（Al-Mg）	ZL301	抗腐蚀性、综合力学性能良好	适用于制造雷达底座、飞机起落架、螺旋桨等
铝锌系合金（Al-Zn）	ZL401	强度较高、尺寸稳定	适用于制造模型、发动机零配件、设备支架等

二、铜及铜合金

1. 纯铜

铜是人类最早认识并使用的金属材料之一，我国早在约六千年前就开始使用铜制品。纯铜为紫红色，由于在空气中表面容易形成一层紫色的氧化膜，纯铜又称为紫铜。

纯铜的密度为 8.96 g/cm^3，熔点为 1 083 ℃，具有很好的导电性和导热性，塑性极好，易于热压和冷压力加工，大量用于制造电线、电缆、电刷、电火花专用蚀电蚀铜等要求导电性良好的产品。

纯铜的牌号用汉语拼音首字母“T”加顺序号表示，分为 T1、T2、T3。其中，编号越大，表示纯度越低，杂质含量越高。

2. 铜合金

通过向纯铜中加入锌、铅、锡、铝、铍等元素即可得到各种性能优越的铜合金。根据所加入合金元素的不同，铜合金可分为黄铜、青铜和白铜三类。

（1）黄铜

黄铜是以锌为主要合金元素的铜合金。黄铜按化学成分可分为普通黄铜和特殊黄铜；按工艺可分为加工黄铜和铸造黄铜。下面介绍普通黄铜和特殊黄铜。

1）普通黄铜。普通黄铜是由铜与锌组成的合金。普通黄铜的牌号以 H＋数字表示，其中 H 表示黄铜的“黄”汉语拼音字首，数字表示铜的质量分数。

2）特殊黄铜。在普通黄铜的基础上加入合金元素即可得到特殊黄铜。常加的合金元素有铍(Pb)、锡(Sn)等，通常根据加入的元素名称相应地称为铅黄铜、锡黄铜等。

压力加工特殊黄铜的牌号为 H(黄)＋主加元素符号(Zn 除外)＋铜平均百分含量＋主加元素平均百分含量，如 HPb59-1 表示含铜量约为 59%，含铅量约为 1%，其余为锌的压力加工铅黄铜。铸造黄铜的代号中用 Z 表示铸造，如 ZHPb59-1 表示含铜量约为 59%，含铅量约为 1%，其余为锌的铸造铅黄铜。

特殊黄铜强度、耐蚀性比普通黄铜好，铸造性能得到改善，主要用于船舶及化工零件，如冷凝管、齿轮、螺旋桨、轴承、衬套及阀体等。

（2）青铜

青铜是以除锌和镍以外的合金元素为主加元素的铜合金，青铜的牌号表示方法为“Q”

（“青”的汉语拼音字首）＋第一主合金元素的符号及平均含量（质量分数）＋其他合金元素的含量（质量分数），如 QSn43 表示含锡量为 4%、含锌量为 3%的加工青铜。常用青铜有锡青铜、铝青铜、铍青铜等。

1）锡青铜。锡青铜是以锡为主加元素的铜合金，锡含量一般为 3%～14%。含锡量低于 8%的锡青铜塑性较好，适用于压力加工，也称为压力加工锡青铜：而含锡量大于 10%的锡青铜，由于塑性差，只适用于铸造，又称为铸造锡青铜。

锡青铜具有良好的耐蚀性，在大气、海水及无机盐溶液中的耐蚀性比纯铜和黄铜好，但在硫酸、盐酸和氨水溶液中的耐蚀性较差。锡青铜的常用牌号有 QSn4-3、QSn6.5-0.4、ZCuSn10Pb1 等。

压力加工锡青铜适用于仪表上要求耐磨、耐蚀的零件及弹性零件、滑动轴承、轴套及抗磁零件等；铸造锡青铜适用于形状复杂、外形尺寸要求严格、致密性要求不高的耐磨、耐蚀件，如轴瓦、轴套、齿轮、蜗轮、蒸汽管等。

2）铝青铜。铝青铜是以铝为主要合金元素的铜合金，铝含量为 5%～11%。铝青铜的强度、硬度、耐磨性、耐热性及耐蚀性均高于黄铜和锡青铜，有良好的铸造性，但焊接性能差。铝青铜常用的牌号有 QAl5、QAl7、ZCuAl8Mn13Fe3Ni2 等。

铝青铜主要用于制造船舶、飞机及仪器中的高强、耐磨、耐蚀件，如齿轮、轴承、蜗轮轴套、螺旋桨等。

3）铍青铜。铍青铜是以铍为主加元素的铜合金，铍含量为 1.7%～2.5%。其具有较高的强度、弹性极限、耐磨性、耐蚀性，以及良好的导电性、导热性、冷热加工及铸造性能，但价格较贵。铍青铜常用的牌号有 QBe2、QBe1.7、QBe1.9 等。

铍青铜常用于重要的弹性件、耐磨件，如精密弹簧，膜片，高速、高压轴承及防爆工具，航海罗盘等重要机件。

（3）白铜

白铜是以镍为主要添加元素的铜合金，呈银白色，有金属光泽，故得名。

汽车上常见的铜制品零件如图 4-20 所示，常见铜合金的牌号和性能见表 4-8。

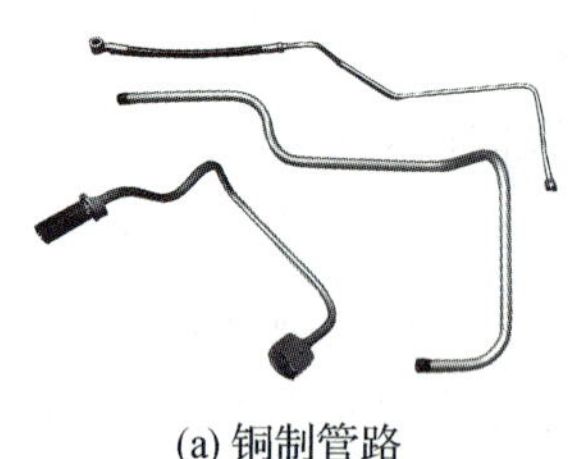
(a) 铜制管路

(b) 散热器

(c) 电瓶铜接头

图 4-20　汽车铜制品零件

表 4-8　常见铜合金的牌号和性能

分类		常见牌号	性能
黄铜	普通黄铜	H62 H70	只有锌一种合金元素，具有良好的耐蚀性，常用于制造子弹、阀门、空调连接管等

续　表

分类		常见牌号	性能
黄铜	特殊黄铜	HPb59-1 HMn58-2 HSn90-1	除含锌元素外，还含有铅、锡、铝等合金元素，耐蚀性、耐磨性、切削加工性均较好，常用于制造钟表内部精密零件、螺旋桨等
青铜	锡青铜	QSn4-3 QSn6.5-0.4	主要合金元素为锡，具有良好的铸造性能、减磨性能及力学性能，常用于制造轴承、蜗轮、齿轮等
	铝青铜	QAl5 QAl9-4	主要合金元素为铝，具有较高的强度、耐磨性和耐蚀性，常用于制造高载荷齿轮、轴套等
	铍青铜	QBe2 QBe1.7	主要合金元素为铍，具有较高的弹性极限和良好的导电性，常用于制造精密弹簧和电接触元件等
白铜	铝白铜	BAl16-1.5	主要含有的合金元素是镍，呈银白色，具有较高的强度和硬度，价格昂贵，色泽美观，常用于制造医疗器械、仪器仪表、工艺品等
	铁白铜	BFe30-1.1	
	锰白铜	BMn3-12	

三、滑动轴承合金

用来制造滑动轴承中的轴瓦及其内衬的合金称为轴承合金。轴瓦可直接用耐磨合金制成，也可在钢表面浇注(或轧制)一层耐磨合金形成复合的轴瓦。

为了保证机器正常、平稳、无声地运行，轴承合金应满足一系列性能要求：在工作温度下具有足够的强度、硬度和疲劳强度，以承受交变载荷；具有足够的塑性和韧性，保证与轴的良好配合，以抵抗冲击和振动；有较高的耐磨性、良好的磨合性和较小的摩擦系数；具有良好的耐蚀性和导热性，较小的膨胀系数；有良好的工艺性和铸造性能。

常用的轴承合金有锡基轴承合金、铅基轴承合金和铝基轴承合金等。

1. 锡基轴承合金

锡基轴承合金(Sn-Sb-Cu 系合金)是以锡(Sn)为主并加入少量锑(Sb)、铜(Cu)等元素组成的合金，熔点较低，是软基体硬质点组织类型的轴承合金，也称为锡基巴氏合金。其编号方法是“ZCh＋基本元素＋主加元素＋主加元素含量＋辅助加入元素含量”，其中 Z 和 Ch 分别是“铸”和“承”字汉语拼音字首和第一个音节。例如，ZChSnSb1-6 表示含锑约 11%(主加元素)、含铜约 6%(辅加元素)的锡基铸造合金。

锡基轴承合金具有较高的耐磨性、导热性、耐蚀性和嵌藏性，摩擦系数和热膨胀系数小，但抗疲劳强度较差。由于锑属于稀缺元素，价格很高，故常用于工作温度不超过 150 ℃较重要的轴承，如汽车发动机、汽轮机等高速轴承。

为提高轴承的强度和使用寿命，生产中常采用离心铸造的方法将锡基轴承合金镶铸在钢制轴瓦表面上，形成薄且均匀的一层内衬(称为挂衬)。这种双金属层结构的轴承称为“双金属轴承”。

2. 铅基轴承合金

铅基轴承合金(Pb-Sb-Sn-Cu 系合金)是以铅(Pb)为主加入少量锑(Sb)、锡(Sn)、铜(Cu)等元素的合金,又称为铅基巴氏合金。铅基巴氏合金的编号方法与锡基轴承合金相同。

图 4-21 轴瓦

铅基轴承合金的强度、硬度、耐蚀性和导热性都不如锡基轴承合金,但其成本低,高温强度好,有自润滑性,故常用于低速、低载条件下工作的场合,如汽车、拖拉机曲轴的轴承等,如图 4-21 所示。

3. 铝基轴承合金

铝基轴承合金是以铝(Al)为基体加入锑(Sb)和锡(Sn)等合金元素所组成的合金,具有密度小,导热性和耐蚀性好,疲劳强度高等优点,而且原料丰富,价格便宜,广泛应用于高速和重载下工作的汽车、拖拉机及柴油机轴承等。但它的线膨胀系数大,运转时容易与轴咬合使轴磨损,可通过提高轴颈硬度、加大轴承间隙和降低轴承和轴颈表面粗糙度值等办法来解决。常用的铝基轴承合金有以下两类:

(1) 铝锑镁轴承合金

该合金与 08 钢板一起热轧成双金属轴承,生产工艺简单,成本低廉,并具有良好的疲劳强度和耐磨性,但承载能力不大,故适用于制造负荷小于 2 000 N/mm^2、滑动速度低于 10 m/s 的轴承。

(2) 铝锡轴承合金

这种合金以 08 钢为衬背,轧制成双合金带,具有较高的疲劳强度和良好的耐热性、耐磨性及耐蚀性,而且生产工艺简单,成本低,可制造负荷高达 3 200 N/mm^2、滑动速度低于 13 m/s 的轴承。目前,铝锡轴承合金已代替其他轴承合金,广泛应用于汽车、拖拉机和内燃机车。

4. 铜基轴承合金

铜基轴承合金是以铜(Cu)为基础,加入适量的铅(Pb)、锡(Sn)、锌(Zn)、磷(P)和锰(Mn)元素组成的轴承合金。其特点是摩擦系数较低,润滑作用较好,抗压强度和硬度都很高,适用于高速、重载、高温条件下工作。

四、镁合金和钛合金

镁的密度为 1.8 g/cm^3,仅为钢材密度的 35%、铝材密度的 66%。此外,它的比强度、比刚度高,阻尼性、导热性好,电磁屏蔽能力强,尺寸稳定性好,因此在汽车工业中得到了广泛应用。

铸造镁合金的车门由成型铝材制成的门框和耐碰撞的镁合金骨架、内板组成。另一种镁合金制成的车门,由车门内外板和中间蜂窝状加强筋构成,每扇门的净质量比传统的钢制车门轻约 10 kg,且刚度很高。随着压铸技术的进步,已可以制造出形状复杂的薄壁镁合金车身零件,如前、后挡板,仪表盘,方向盘等。镁合金轮毂与钢质汽车轮毂相比,质量约为钢的 1/3，这意味着采用相同体积的镁合金轮毂将比钢质轮毂轻 2/3。

钛的密度为 4.6 g/cm^3，仅是铁的 1/2，但强度和硬度均超过了钢，且不易生锈。用钛合金铸造的汽车发动机部件更轻、更坚固且更耐腐蚀；钛合金制造的车身可以承受更大的作用力。

第三节 非金属材料

无论是从国外发达国家的发展趋势还是我国国内的政策来看，汽车工业是朝着节能环保的大方向发展的。实现这个目标的途径主要是新能源的应用和降低车身质量这两个方向。根据专业机构研究所得，轿车质量每减轻 10%，燃油消耗可减少 6%，既实现了节能，又减少了排放，最终达到环保的目标。因此，越来越多的非金属材料在汽车上得到了应用。在汽车中应用的非金属材料主要有工程塑料、合成橡胶、工业陶瓷和复合材料。

一、工程塑料

塑料是一种高分子材料，其在汽车中的应用发展很快，从机械、热应力较小的内饰件和小机件，发展到大型结构件，如车身、车架悬挂弹簧等。20 世纪 80 年代以来，塑料已逐步进入发动机内部，用于制造连杆、活塞销、进气门等配件。用塑料取代金属制造汽车配件，可以直接实现汽车轻量化的效果，还可以改善汽车的某些性能，如防腐、防锈蚀、减振、抑制噪声、耐磨等。

1. 工程塑料的组成和特性

工程塑料是以树脂为基础，加入其他添加剂，在一定的温度与压力下制成的非金属材料。树脂是主要成分，是一种高分子化合物，起到胶黏剂的作用；添加剂起到改善塑料的性能、防止老化、延长和稳定塑料使用寿命的作用。工程塑料具有质量轻、比强度高、吸水率低、耐蚀性好、成形工艺简单、加工性能好和生产率高的特性。

2. 工程塑料的分类

工程塑料用于汽车实现轻量化和节能。常用工程塑料分为热塑性塑料和热固性塑料。

(1) 热塑性塑料

塑料受热软化，冷却后变硬，再加热又软化，冷却后又变硬，可多次重复。这类塑料具有较好的力学性能，但耐热性和刚性较差。常用的热塑性塑料有聚乙烯、聚氯乙烯、聚丙烯和 ABS 等。

(2) 热固性塑料

热固性塑料加热时软化，可塑造成形，固化后的塑料不溶于溶剂，受热后也不再软化，只能塑制一次。这类塑料具有较好的耐热性，但力学性能较差。常用的热固性塑料有环氧塑料、酚醛塑料等。

3. 汽车常用工程塑料

汽车上应用工程塑料非常广泛，如图 4-22 所示。

图 4-22　工程塑料在汽车上的应用

(1) 外部饰件

汽车外部饰件有保险杠、灯罩、挡泥板、散热器隔栅、导流板、车镜、轮毂盖，如图 4-23 所示。

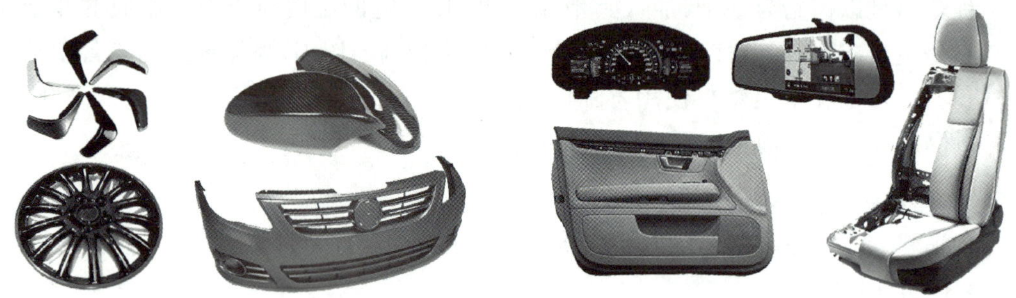

图 4-23　工程塑料在汽车外部饰件中的应用　　图 4-24　工程塑料在汽车内部饰件中的应用

(2) 内部饰件

汽车内部饰件有仪表板、门板、座椅、立柱、方向盘、杂物箱/托架、冷冻箱壳体、密封件，如图 4-24 所示。

(3) 电器部件

汽车电器部件有冷却风扇、风扇罩、空调滤清器、暖风壳，如图 4-25 所示。

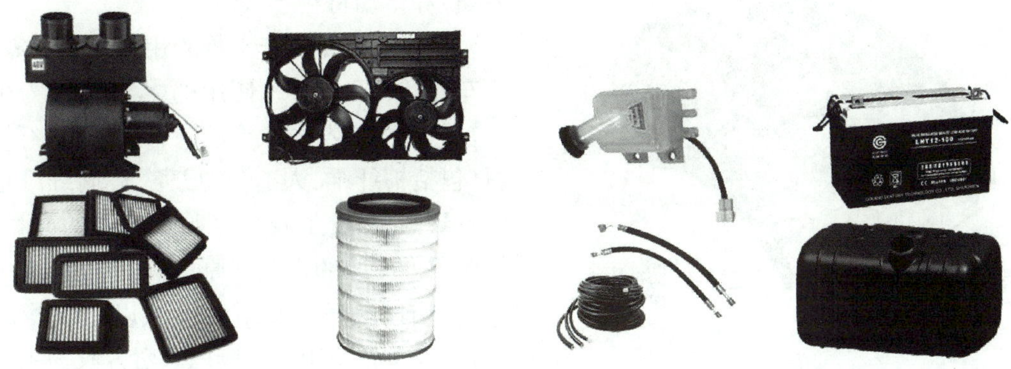

图 4-25　工程塑料在汽车电器部件中的应用　　图 4-26　工程塑料在汽车燃料系统中的应用

（4）燃料系统

汽车燃料系统有储油器、蓄电池外壳、燃油管、燃油箱，如图 4-26 所示。

二、橡胶

橡胶是一种有机高分子弹性化合物，具有高弹性、耐油、耐腐蚀、耐热寒、耐老化、耐辐射等特点。汽车橡胶制品主要分布在汽车车身、传动、转向、悬挂、制动和电气仪表系统内。一辆轿车的橡胶件占轿车整体质量的 4%～5%。轮胎是汽车的主要橡胶件，有各种橡胶软管、密封件、传动带、减振件等约 300 件，如图 4-27 所示。

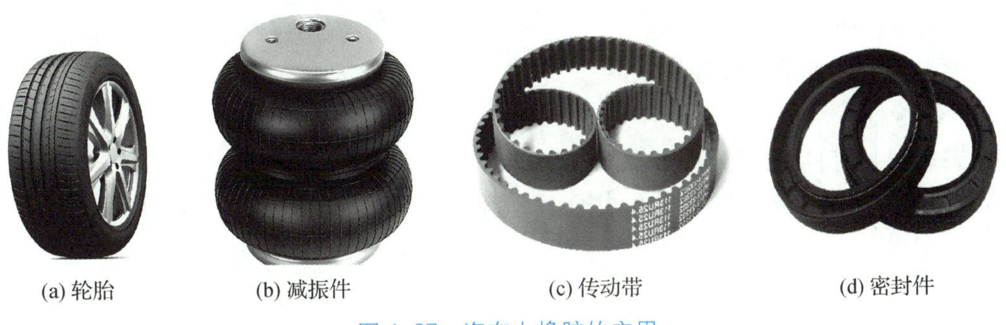

(a) 轮胎　(b) 减振件　(c) 传动带　(d) 密封件

图 4-27　汽车上橡胶的应用

1. 橡胶的组成和特性

橡胶是一种高分子材料，是以生胶为基础加入适量的配合剂制成的。生胶的来源为天然橡胶或合成橡胶。配合剂的作用是改善橡胶制品的性能，如硫化剂、软化剂等。

橡胶具有弹性大的特点，伸长率可达 800%～1 000%，且外力去除后能迅速恢复原状，同时具有吸振能力强，耐磨性、隔声性、绝缘性好，可积储能量，有一定的耐蚀性和足够的强度等优点。橡胶的主要缺点是易于老化，老化后橡胶会丧失弹性、变硬、变脆、发黏甚至龟裂。使用或存放周期过长，光照、高温等因素均会加快橡胶老化。

2. 汽车常用橡胶

在机械和汽车工业中，橡胶是常用的轮胎材料、密封材料、减振防振材料（汽车底盘橡胶

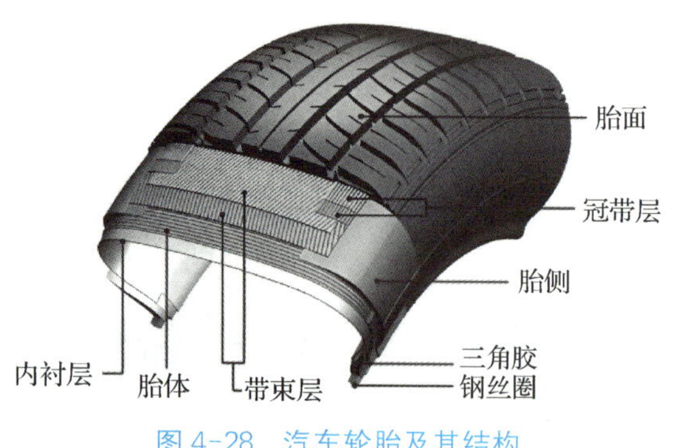

图 4-28　汽车轮胎及其结构

弹簧）和传动材料（V 带）。

汽车轮胎是汽车上橡胶用量最大的零件。汽车轮胎（图 4-28）使用的主要材料为生胶（包括天然橡胶、合成橡胶）、骨架材料、纤维材料（包括棉纤维、人造丝、尼龙、玻璃纤维融丝以及炭黑等）。生胶是轮胎最重要的原材料，轮胎用的生胶约占全部原材料质量的 50%。

目前，轿车轮胎用的生胶以合成橡胶为主，而载重轮胎用的生胶以天然橡胶为主。

三、玻璃

玻璃是一种透明非晶态固体，在熔融时形成连续网络结构，冷却过程中黏度逐渐增大并硬化成不结晶的硅酸盐类非金属材料。玻璃可分为普通玻璃和特种玻璃。

1. 玻璃的性能

（1）力学性能

玻璃的力学性能随种类不同差异很大，但其特性为硬度高（仅次于陶瓷）、抗压强度高、抗拉弯强度低，塑性、韧性差，脆性大。

（2）化学稳定性

玻璃具有良好的抗氧化性和耐蚀性。

（3）光学性质

玻璃具有良好的透光性和折光性。

（4）绝缘性

固态玻璃具有良好的绝缘性能。

除此之外，玻璃还具有隔声性、隔热性，而特种玻璃还有吸热、防辐射、防爆等特殊的性能。

2. 玻璃在汽车上的应用

汽车玻璃是汽车车身中必不可少的附件，主要起到隔声、保温、防护作用。汽车玻璃按所在的位置可分为前挡风玻璃、侧窗玻璃、后挡风玻璃和天窗玻璃等，如图 4-29 所示。汽车玻璃按构成可分为钢化玻璃、区域钢化玻璃和夹层玻璃等。

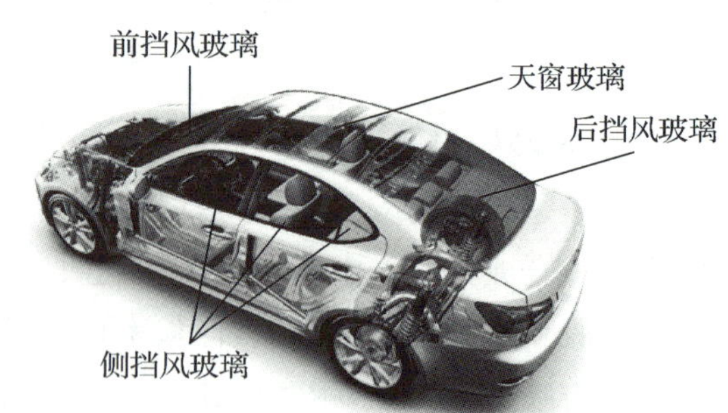

图 4-29　玻璃在汽车上的应用

强制性国家标准规定，前挡风玻璃必须采用夹层玻璃，夹层玻璃是由两层或两层以上的玻璃用一层或数层透明的 PVB 膜黏合而成（图 4-30a）。当夹层玻璃破碎后，玻璃碎片仍然黏在 PVB 膜上不脱落（图 4-30b），不伤人、具有安全性。此外，加入高阻尼隔声材料可以一定范围内吸收噪声，从而起到降噪隔声的作用，一定程度也可以起到隔热的作用。

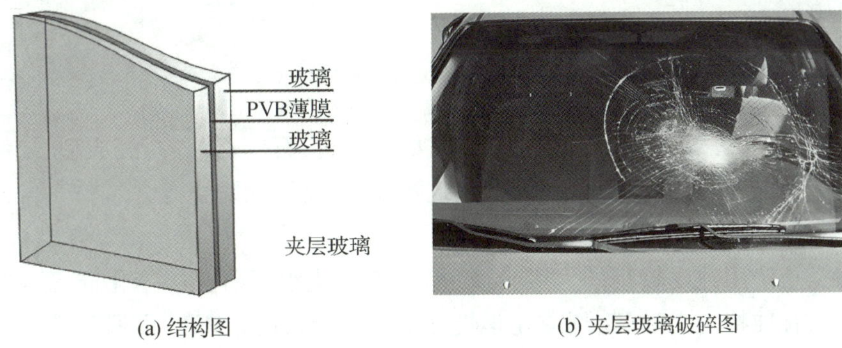

(a) 结构图　　(b) 夹层玻璃破碎图

图 4-30　夹层玻璃

轿车后挡风窗玻璃、车门上的玻璃采用钢化玻璃制成。钢化玻璃是将普通硅酸盐玻璃通过淬火(钢化处理)使其内部组织形成一定的内应力,从而使玻璃的强度得到加强,质地变得非常坚固。钢化玻璃的耐冲击能力是普通平板玻璃的 6～9 倍,能耐上百摄氏度的高温,而且一旦碎裂,其碎片呈蜂窝状的小块,不易伤人,有较好的安全性,如图 4-31 所示。

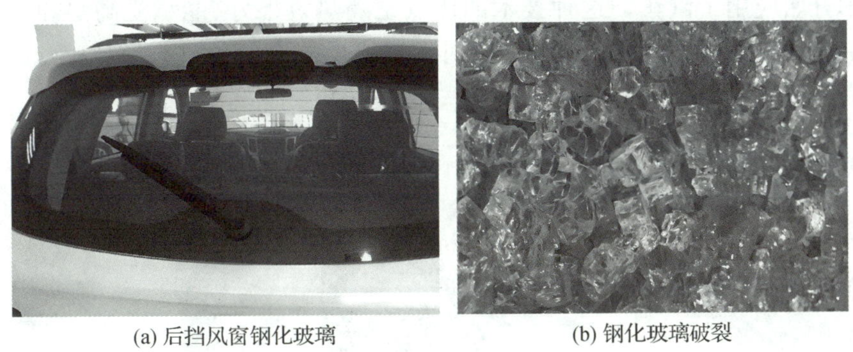

(a) 后挡风窗钢化玻璃　　(b) 钢化玻璃破裂

图 4-31　钢化玻璃

四、陶瓷材料

为了保护环境和节约能源,陶瓷材料、玻璃及复合材料在汽上得到了更多的应用,我国已经开展陶瓷发动机及其他陶瓷零部件研究的工作,并且取得了很大进展。随着汽车高技能、轻型化的发展,陶瓷材料及复合材料的应用会更加广泛。

陶瓷是以天然或人工合成的各种化合物为基本原料,通过对原料进行处理、成型、干燥、高温烧结而成的一种无机非金属固体材料。

1. 陶瓷的性能特点

陶瓷的性能特点主要有以下几个:

1) 硬度高,抗压强度高,但其抗拉强度较低,韧性和抗疲劳性能较差。

2) 具有高的熔点和高温强度,在 1 000 ℃以上仍能保持室温下的强度。

3) 抗氧化能力强,对酸、碱、盐的腐蚀有较强的抵抗能力。

4）有较好的绝缘性能。有的陶瓷具有各种特殊性能，如压电陶瓷、磁性陶瓷等。

2. 陶瓷的分类

按成分、性能和用途，陶瓷分为以下两类：

（1）普通陶瓷

普通陶瓷是以天然的硅酸盐矿物为原料（如黏土、长石、石英等），经成型、烧结而成的产品，因而又称为硅酸盐陶瓷，如日用陶瓷、建筑陶瓷、电器绝缘陶瓷等。

（2）特种陶瓷

特种陶瓷是使用纯度较高的人工合成原料（如氧化铝、碳化硅、氮化硅等），并采用烧结工艺制成的具有独特的力学、物理或化学性能的陶瓷，如压电陶瓷、高温陶瓷、磁性陶瓷、电光陶瓷等。特种陶瓷常用来制作高温轴承、燃气轮机的转子叶片、泵和阀的密闭封环等。

3. 汽车常用陶瓷材料

以氮化硅、氧化铝和二氧化锆为主要成分的陶瓷材料，用于制造挺杆、气门、轴承和摇臂等汽车零件，能充分发挥其强度高、耐热性、耐磨性、耐蚀性等优良特性。

特种陶瓷在汽车减振器、制动器上也有应用。近年来，在航天技术中广泛应用的陶瓷薄膜喷涂技术开始应用于汽车。这种技术的优点是隔热效果好、能承受高温和高压、工艺成熟、质量稳定。为达到降低散热的目标，可对发动机燃烧室部件进行陶瓷喷涂。如图 4-32 所示为陶瓷在汽车上的应用。

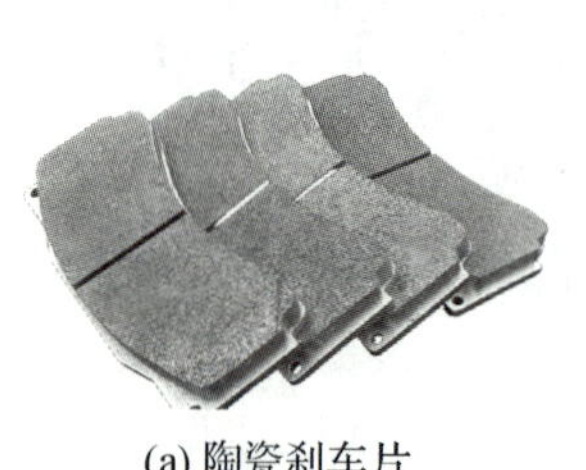
(a) 陶瓷刹车片

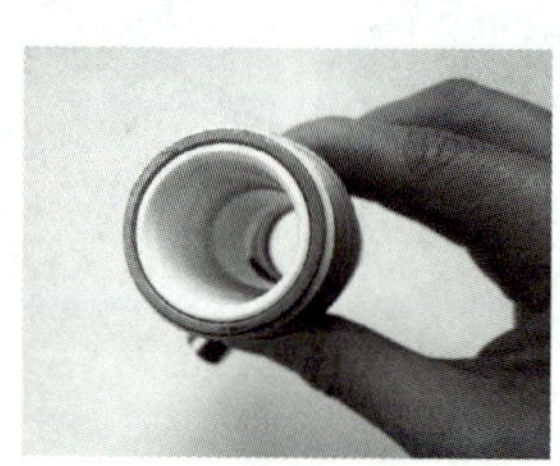
(b) 陶瓷气缸套

(c) 陶瓷火花塞

(d) 陶瓷柱塞

图 4-32　陶瓷在汽车上的应用

五、复合材料

复合材料是由两种或两种以上不同化学性质或不同组织结构的材料组合而成的。

1. 复合材料的组成和特性

复合材料是由基体材料和增强材料组成的。其中，基体材料主要起黏结和固定作用；增强材料起到承受载荷的作用。常用的增强材料有玻璃纤维和碳纤维。

复合材料的比强度高，减摩性和耐磨性、抗疲劳性能和减振性能、加工性能好。复合材料应用于制造机械零件、化工容器、耐腐蚀结构件等。

2. 复合材料的分类

复合材料按材料的不同分为塑料基复合材料、金属基复合材料、橡胶基复合材料和陶瓷基复合材料；按性能的不同分为结构复合材料和功能复合材料；按种类和结构的不同分为层叠、细粒、纤维增强复合材料。

3. 汽车中复合材料的应用

由于复合材料具有特殊的振动阻尼特性，可减振和降低噪声，而且抗疲劳性能好，损伤后易修理，便于整体成型，故可用于制造汽车车身、受力构件、传动轴、发动机架及其内部构件。目前，玻璃纤维增强树脂复合材料和碳纤维增强树脂复合材料在汽车上已有诸多应用。

玻璃纤维增强树脂复合材料耐腐蚀、绝缘性好，特别是有良好的可塑性，对模具要求较低，制造车身大型覆盖件的模具加工工艺比较简单，生产周期短，成本较低。在轿车和客车上，可以采用玻璃纤维增强树脂复合材料来制造轿车车身覆盖件、客车前后围覆盖件和货车驾驶室等零部件。

碳纤维复合材料因其质量小，而且具有高强度、高刚性，以及良好的耐蠕变与耐蚀性，逐渐成为汽车轻量化材料的新宠。近年来由于科技不断发展，碳纤维材料的生产技术不断进步，原材料成本不断降低，其在量产民用汽车尤其是中档产品中应用十分广泛，很多厂商也已经开始提供碳纤维材料的小组件，如后视镜壳、内饰门板、门把手、排挡杆、赛车座椅、空气套件等，如图 4-33 所示。

拓展阅读

跨界新材料

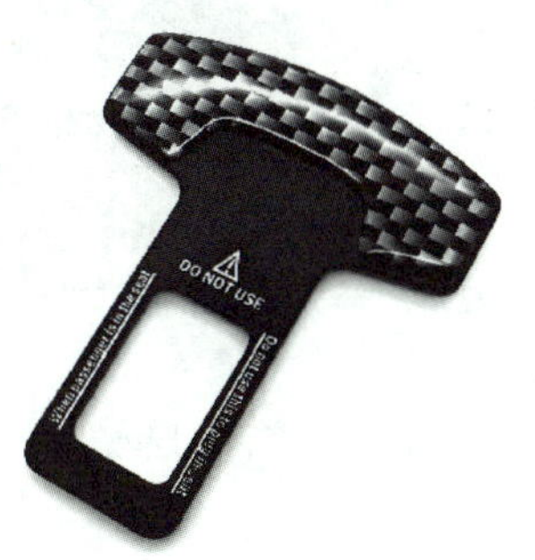

(a) 碳纤维卡扣

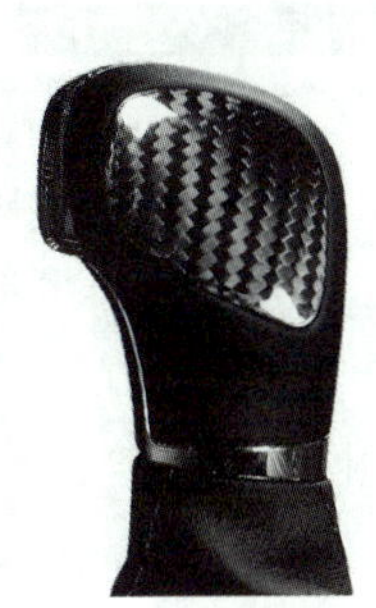

(b) 碳纤维排档头

图 4-33　碳纤维在汽车中的应用

知识拓展　纯电动汽车中使用什么材料能更好地实现轻量化设计？

纯电动汽车的轻量化是提升续航能力和能源效率的关键，其中车身材料的轻量化和电池包材料与技术的创新发挥了重要作用。

1. 车身材料的轻量化

为了减轻纯电动汽车的自重，车身结构中大量采用了轻质高强度材料。例如，传统的钢材逐渐被铝合金所取代。铝合金具有良好的强度重量比，不仅减少了车身质量，还能保持较高的结构安全性。高强度钢则被用于强化车身的关键部位，确保安全性的同时实现了轻量化。中国首个独立设计、研发和制造的全铝车身如图 4-34 所示，其车身铝材使用率高达 96.4%，全车铝合金含量也达到了 90%以上，架构设计采用航空级全铝车身以及一体铸造式工艺，车身质量仅为 335 kg，轻巧且稳固。

图 4-34 全铝车身

此外,碳纤维复合材料逐步应用于高端电动汽车,尤其是在车顶、车门、底盘等部位。碳纤维复合材料具有极高的强度和刚性,同时质量轻,是实现车身轻量化的理想选择。

2. 电池包材料与技术的创新

电池包是纯电动汽车质量的重要来源,提升电池的能量密度是实现轻量化的关键,三元锂电池包如图 4-35 所示。现今主流的锂离子电池,尤其是镍钴锰(NCM)材料的电池,具有较高的能量密度。同时,固态电池技术的研发也在提升能量密度、减少电池质量的同时提高了安全性和续航能力。

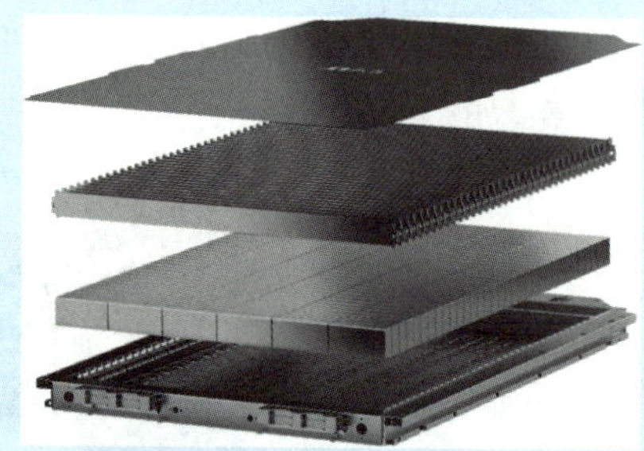

图 4-35 三元锂电池包

在电池包设计方面,采用高强度铝合金或复合材料制造电池包外壳,能够在保证结构强度的同时减轻质量。此外,优化的电池组结构和热管理技术(如液冷系统)也有助于进一步减轻电池包质量,提高电池的使用寿命和性能。

因此,通过材料创新,纯电动汽车的车身和电池包实现了轻量化,提升了车辆的续航能力和能效。铝合金、碳纤维复合材料以及高能量密度的电池技术为电动汽车的轻量化奠定了基础,推动了汽车行业向更高效、环保的方向发展。

单元五　金属材料的热处理

知识目标

(1) 了解钢热处理的定义、分类及应用范围；
(2) 掌握钢铁材料常用的热处理工艺方法；
(3) 了解钢热处理的目的。

能力目标

能了解汽车典型零件的热处理方法。

案例引入

汽车零件是组成汽车的重要部分，大部分汽车零件材料属于钢铁材料，钢材的热处理是提升钢铁材料性能的主要途径。例如，汽车后桥的主动齿轮未经热处理的使用寿命仅为1 500 h，而经过热处理后能达到6 000 h。

第一节　金属材料热处理概述

热处理是指把金属材料在固态下，采用适当的方式，加热到一定温度，在此温度保持一定时间，用合适的冷却介质冷却到室温的过程。通过热处理，可以改变材料的内部金相组织和结构(图 5-1)，以获得所需要的性能。

钢在热处理过程中可分为加热、保温和冷却三个阶段，如图 5-2 所示。由于加热温度、保温时间和冷却速度的不同，钢将产生不同的组织转变。

热处理的种类很多，根据热处理的目的和工艺方法不同，热处理可分为整体热处理和表面热处理；根据工序位置的不同，热处理可分为预备热处理和最终热处理。其中，预备热处理是在零件加工过程中进行的，目的在于改善铸造、锻造或焊接毛坯件的内部组织，消除内部应力，为后续机械加工或进一步的热处理作准备，最终热处理是在零件机械精加工前进行的，目的在于获得零件所需的力学性能。

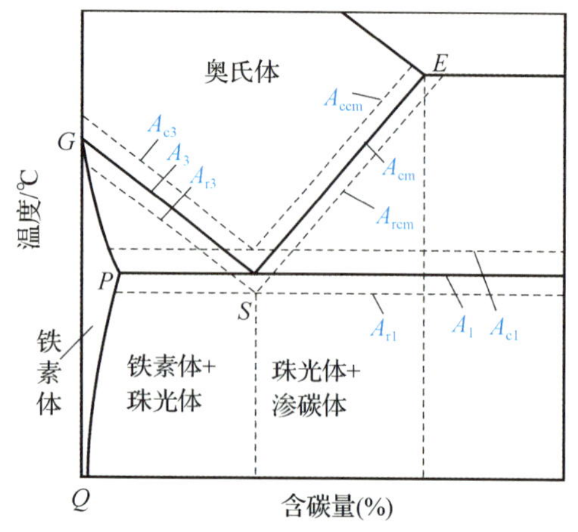

图 5-1　钢在加热和冷却时组织转变的临界温度

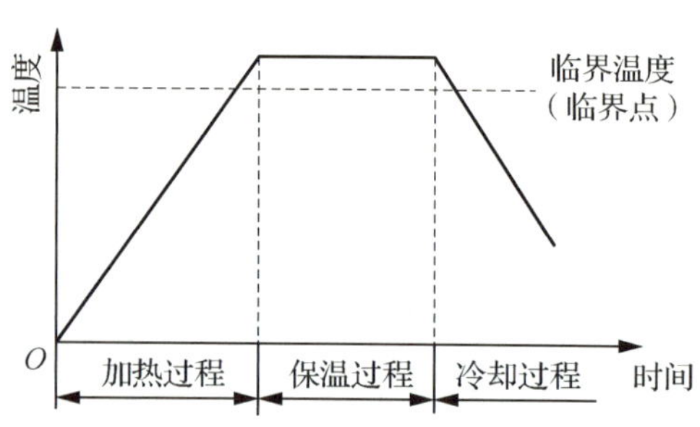

图 5-2　热处理工艺曲线

第二节　钢的整体热处理

钢的整体热处理是指对钢件整体进行加热，经保温后以一定方法冷却，以改变钢件的内部组织和整体力学性能的热处理工艺方法。钢的整体热处理工艺包括退火、正火、淬火和回火等。

一、退火

退火是将钢件加热到适当的温度，经过一定时间的保温后，缓慢冷却（一般为随炉冷却）以使内部组织均匀化，从而获得预期力学性能的热处理工艺。

退火的目的主要有以下几个：

1）降低材料的强度和硬度，提高塑性，改善钢的成形和切削加工性能；

2）减小材料内部组织的不均匀性，细化晶粒，消除内部应力，提高尺寸稳定性；

3）为后续的热处理作好组织准备。

不同成分的钢件在退火时所需的加热温度和冷却方式各不相同，通常可将退火分为完全退火、等温退火、球化退火、均匀退火和去应力退火，几种退火方式的工艺曲线如图 5-3 所示。几种退火方式的处理方式、特点及应用范围见表 5-1。

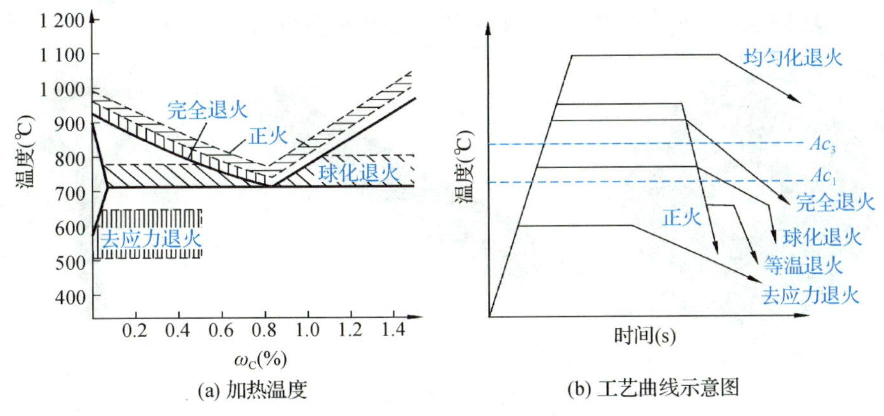

图 5-3　几种退火方式的工艺曲线

表 5-1　几种退火方式的处理方法、特点及应用范围

类别	处理方法	特点	应用范围
完全退火	将钢件加热到 Ac_3 以上 30～50 ℃，保温一段时间后，随炉冷却或将钢件埋入砂、石灰中，待冷却至 500 ℃时取出空冷	降低钢件硬度，使组织均匀化，充分消除内应力，为后续机械加工做好组织准备	适用于亚共析钢和合金钢的铸件、锻件和焊件等
等温退火	与完全退火的加热温度相同，先快速冷却到 A_1 以下的某一温度保温，待奥氏体转变为珠光体后出炉空冷	细化组织和降低硬度，获得的组织比完全退火更均匀	适用于中碳合金钢和低合金钢
球化退火	将钢件加热到 Ac_1 以上 10～30 ℃，保温一段时间后，随炉冷却至 600 ℃后取出空冷	使钢件中碳化物球状化，以改善切削加工性能，减小后续淬火时工件的变形和开裂	适用于碳素工具钢、合金工具钢及轴承钢等，为后续淬火准备合适的组织
均匀退火	将钢件加热到 Ac_3 以上 150～200 ℃，保温 10～15 h 后缓慢冷却	消除钢件内部化学成分的偏析和组织的不均匀性	适用于合金钢的大型铸件或锻件
去应力退火	将钢件加热到 Ac_1 以下 100～200 ℃左右，保温一段时间后，随炉冷却至 250 ℃左右后取出空冷	用于消除上一步加工工序产生的残余应力，以减小变形，发生组织改变但不发生相变	主要用于锻造、铸造等毛坯去应力处理，为后续冷热加工作准备

二、正火

正火是将钢件加热到 Ac_3（对于亚共析钢）或 Ac_{cm}（对于过共析钢）以上 30～50 ℃，经过一段时间保温后，在空气中冷却以得到珠光体组织的热处理工艺。由于正火比退火的加热温度略高（图 5-3b），冷却速度也较快，故正火后钢件的强度和硬度较高。

正火的目的主要有以下几个：

1）提高低碳钢、低碳合金钢的硬度，改善切削加工性能；

2）细化晶粒和均匀组织，消除缺陷，为后续热处理工艺作好组织准备；

3）提高强度、硬度和韧性，可作为对力学性能要求不高的机械零部件的最终热处理。

汽车上的很多零件常采用锻造或铸造的毛坯，如图 5-4 所示。为了调整毛坯善切削加工性能，消除毛坯内应力，通常采用正火或退火作为预先热处理。

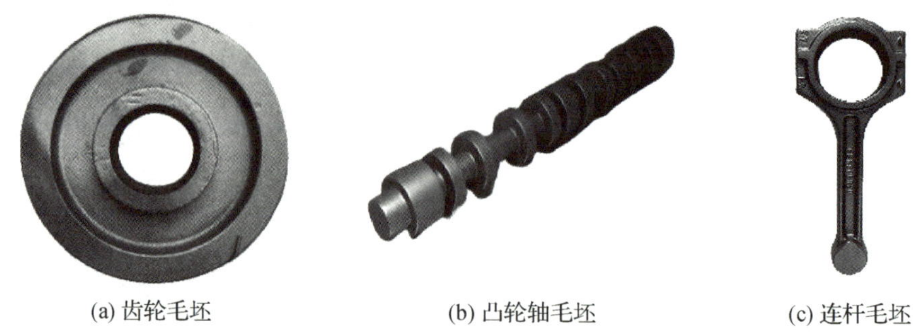

(a) 齿轮毛坯　(b) 凸轮轴毛坯　(c) 连杆毛坯

图 5-4　汽车零件毛坯的预热处理

三、淬火

1. 钢的淬火工艺

淬火是将钢件加热到 Ac_3（对于亚共析钢）或 Ac_1（对于过共析钢）以上 30～50 ℃，经过一定时间的保温后，在某种介质中快速冷却，获得马氏体或贝氏体组织的热处理工艺。

钢件进行淬火时所使用的冷却介质称为淬火介质。按照冷却能力从高到低的顺序，常用的淬火介质包括水及水溶液、各种矿物油、硝盐浴、碱浴及空气等。通常情况下，对钢件进行淬火，在较高温度区间内，需要快速冷却以获得较高的硬度；在较低的温度区间内，应缓慢冷却以防止钢件开裂和变形。

淬火的目的是提高工件的硬度和耐磨，经过回火处理的淬火工件可得到良好的综合力学性能，较好的韧性和塑性。

2. 淬火方法

选择适当的淬火方法同选择介质一样，可以保证在获得所要求的淬火组织和性能的前提下，尽量减少淬火应力，避免零件的变形和开裂倾向。常用淬火方法的冷却曲线如图 5-5 所示。

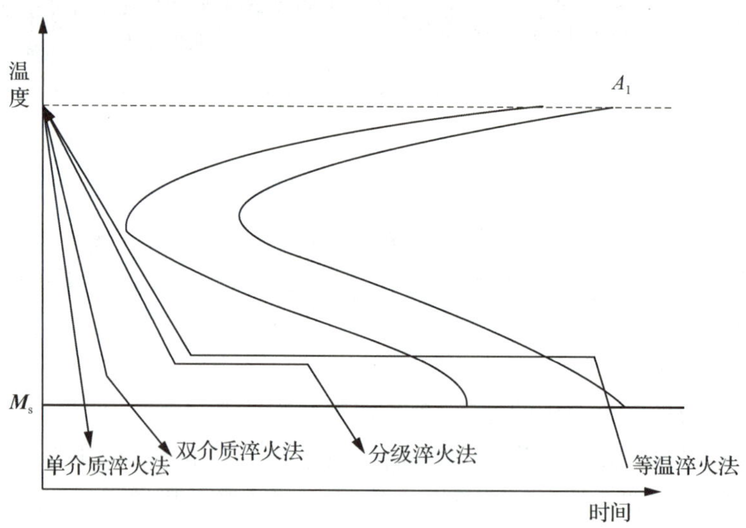

图 5-5　常用淬火方法的冷却曲线

各种淬火方法的工艺特点及应用范围见表 5-2。

表 5-2　各种淬火方法的工艺特点及应用范围

类别	处理方法	工艺特点	应用范围
单介质淬火	将加热保温后的钢件直接放入一种介质中连续冷却。一般非合金钢采用水作为淬火介质，合金钢采用油作为淬火介质	操作简单，易于实现机械化；但在水中冷却时，容易造成钢件变形和开裂；在油中冷却时，难以达到所要求的硬度或硬度分布不均匀	适用于形状简单、尺寸较小的钢件
双介质淬火	先将加热保温后的钢件放入冷却能力强的介质中冷却，在钢件内部组织未向马氏体转变前将其取出，放入冷却能力弱的介质中冷却，如水＋油、油＋空气等	能综合两种淬火介质的优点，高温时快速冷却可以获得较高的组织硬度，低温时缓慢冷却可以减少钢件的变形和开裂；但钢件在第一种介质中的冷却时间难以掌握，操作技术要求较高	适用于形状复杂的高碳钢件或大型合金钢件
分级淬火	将加热保温后的钢件先放入接近马氏体转变温度的介质中冷却，如硝盐浴、碱浴，短时间停留后取出空冷	能够减小钢件内部应力，显著减少变形和开裂	适用于形状复杂、截面尺寸小、精度要求高的非合金钢件及碳素钢件
等温淬火	将加热保温后的钢件快速冷却至贝氏体转变所需温度区间（260～400 ℃），然后等温保持，以获得贝氏体组织	能够有效提高其强度和硬度，并具有良好的韧性和耐磨性；但生产周期长，效率低	适用于各种形状复杂、尺寸精度要求高并要求具有良好综合力学性能的重要零件

3. 钢的淬透性

淬透性是指钢在淬火时所能得到的淬硬层（马氏体组织占 50%处）深度。影响钢淬透性的因素主要是临界冷却速度 v_K 的大小。v_K 越小，钢的淬透性越大。影响临界冷却速度 v_K 的因素有钢的碳含量、合金元素及钢中的未溶物质等。此外，工件的截面尺寸和淬火的冷却速度也会影响钢的淬硬层深度。对于截面承载均匀的重要工件，要全部淬透，如汽车的高强螺栓、发动机连杆、模具等；对于承受弯曲、扭转的零件可不必淬透（淬硬层深度一般为径的 1/3～1/2），如汽车的轴类、齿轮等。汽车应用淬透性的典型零件如图 5-6 所示。

(a) 轮毂螺栓

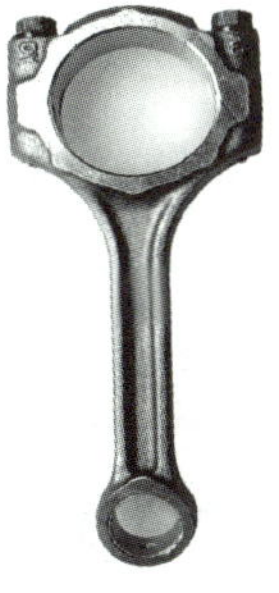

(b) 活塞连杆

图 5-6　汽车应用淬透性的典型零件

四、回火

回火是将淬火后的钢件重新加热到 A_1 以下某个温度，保温一定时间后冷却至室温的热处理工艺。回火通常作为钢件的最终热处理工艺，在工业生产中应用十分广泛。

钢件经淬火后，内部存在马氏体、贝氏体及残余奥氏体等不稳定组织，随着时间的推移很容易发生组织转变，因此一般需要马上进行回火。

回火具有以下几方面的目的：

1）提高组织稳定性，避免钢件在使用过程中发生组织转变，从而造成开裂和变形；

2）消除内部应力，以稳定钢件几何尺寸并改善切削加工性能；

3）适当降低钢件硬度和强度，提高韧性和塑性，以获得良好的综合力学性能。

回火的温度越高，获得的钢件硬度、强度越低，塑性和韧性越高。按回火的目的不同，回火的温度也有所不同，回火分为低温回火、中温回火和高温回火。回火方法的工艺特点及应用范围见表 5-3。

表 5-3 回火方法的工艺特点及应用范围

类别	保温温度	工艺特点	应用范围
低温回火	150～250 ℃	获得的组织为回火马氏体，硬度为 58～64 HRC；能够减小淬火时产生的内应力，降低钢件脆性，获得较高的硬度和耐磨性，并保持一定的韧性	适用于处理各种要求高硬度、高耐磨性的工件，如各种刀具、量具、模具、滚动轴承等
中温回火	350～500 ℃	获得的组织为回火托氏体，硬度为 58～64 HRC；钢件具有较高的弹性和一定的韧性	适用于处理各种弹性零件和热锻模具，如汽车板簧、弹簧钢丝等
高温回火	500～650 ℃	获得的组织为回火索氏体，硬度为 25～35 HRC；能够使钢件具有较高的强度、良好的塑性和韧性，提高钢件的综合力学性能	适用于各种重要的受力零部件，如传动轴、连杆、齿轮、丝杠等

习惯上将淬火加高温回火复合的热处理工艺称为调质处理。调质处理可使钢件获得良好的综合力学性能，在具有较高强度和硬度的同时保持一定的韧性和塑性。调质处理通常应用于汽车的各类轴、发动机连杆、螺栓、齿轮和重要拉杆等，如图 5-7 所示。

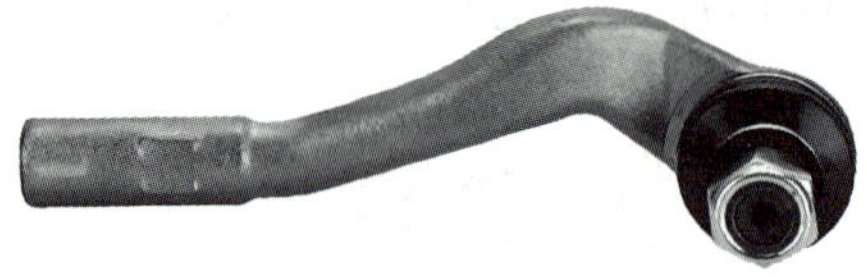

图 5-7 汽车下摆臂的调质处理

第三节 钢的表面热处理

钢的表面热处理是指仅对钢件的表面进行热处理，以改变表层组织结构和力学性能的热处理工艺。工业技术的飞速发展，对机械零件提出了各种各样的要求。如发动机中的曲轴和变速箱齿轮（图 5-8），一方面要求轴面和齿轮硬度高、耐磨性好，另一方面要求能够承受很大的冲击载荷和传递很大的扭矩。这类零件表面和心部的要求不同，仅采用一种材料且经过一种的处理是很难实现的。表面热处理可以很好地满足这种零件“表里不一”的性能要求。

(a) 曲轴　(b) 变速箱齿轮

图 5-8　汽车表面热处理的零件

根据工艺方法和原理的不同，表面热处理可分为表面淬火和化学热处理两大类。其中，表面淬火主要通过钢件表面进行快速加热和冷却，使钢件表面获得马氏体组织，提高表面硬度和耐磨性；化学热处理通过改变钢件表层的化学成分，从而改变表层组织并提高其力学性能。

一、表面淬火

仅对钢件表面进行淬火而不改变其组成成分的热处理工艺称为表面淬火。表面淬火需要对钢件表面进行快速加热，并在表层热量未传到心部之前进行快速冷却，从而使表层获得很高的硬度和耐磨性，同时心部保持良好的韧性和塑性。

1. 火焰加热表面淬火

火焰加热表面淬火是利用乙炔等可燃气体剧烈燃烧时产生的热量加热钢件表面，然后喷水使其快速冷却，以获得表面硬化效果的热处理工艺。

如图 5-9 所示为火焰加热表面淬火的原理示意图，其主要依靠改变火焰喷嘴与钢件间的距离来控制淬硬层深度，距离越近，速度越慢，则硬层深度越深，其一般为 2～8 mm。火焰加热表面淬火容易造成钢件表面加热不均，影响淬火质量，同时由于加热时间难以把握，获得的淬硬层深度难以统一，但加热设备简单，容易操作，成本低廉，故适用于单件、小批量工件的处理。

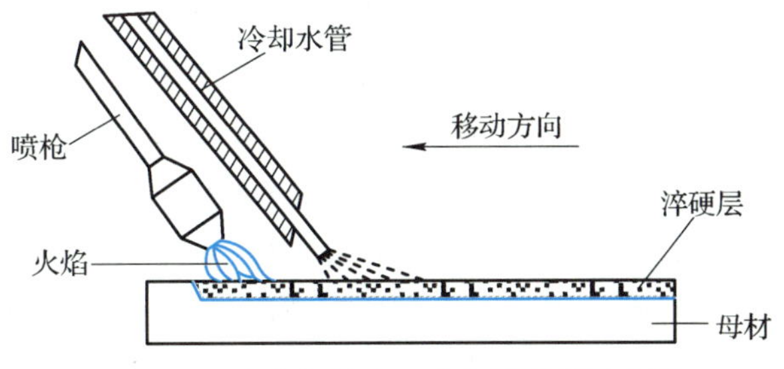

图 5-9　火焰加热表面淬火的原理示意图

视频

感应加热表面淬火

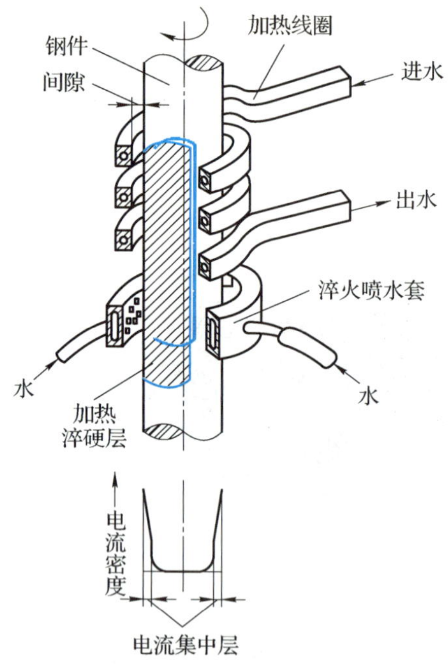

图 5-10　感应表面加热淬火的原理示意图

2. 感应加热表面淬火

如图 5-10 所示为感应表面加热淬火的原理示意图。将钢件置于加热线圈中，当加热线圈内通入交流电时，所产生的交变磁场会在钢件内部产生巨大的感应电流。其中，钢件表面的电流密度最大，心部的电流密度最小，几乎为零。感应电流的这种分布现象称为“集肤效应”。由于钢件具有电阻，因此钢件表面迅速加热升温，在几秒钟内即可达到 800～1 000 ℃，而心部温度变化较小。加热后迅速向钢件表面喷水冷却即可完成表面淬火。

感应加热表面淬火时，钢件表层无氧化及变形现象，淬火质量好，且淬硬层深度可控，同时加热速度快、时间短，易于实现机械化和自动化；但加热设备结构复杂、成本高。

汽车零件中传递动力转矩的轴类零件，如曲轴、半轴、花键轴、传动轴、凸轮轴以及各种销轴类零件一般都需要感应淬火。

二、化学热处理

将钢件置于一定的介质中，通过加热、保温和冷却使介质中的一种或几种元素渗入钢件表面，以改变表层的化学成分和组织，从而使钢件表层和心部具有不同的性能，这种热处理工艺称为化学热处理。化学热处理是通过改变钢件的化学组成成分来改变其组织和性能的。

1. 渗碳

钢的渗碳是指向低碳钢或低碳合金钢工件表面渗入碳原子，以提高表层含碳量，使钢件表面具有高硬度和耐磨性，而心部仍保持良好韧性的表面热处理工艺。

如图 5-11 所示为气体渗碳的原理示意图，将待渗碳工件放入密封的加热炉中，加热到临界温度（通常为 900～930 ℃），按一定流量滴入液体渗碳剂（如煤油、苯、甲醛、丙酮等），渗碳剂在高温下发生分解反应，提供大量活性碳原子，吸附在工件表面并逐步向工件内部扩散，从而完成渗碳过程，多余的气体燃烧后排出。

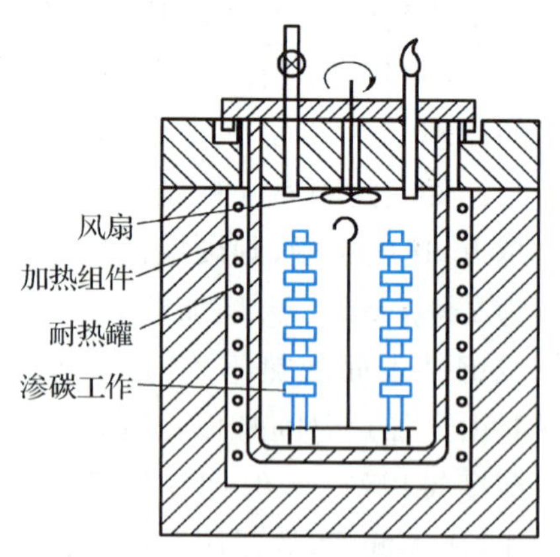

图 5-11　气体渗碳的原理示意图

渗碳适用于工作在磨损情况下，且需承受冲击载荷、交变载荷的低碳钢、低合金钢工件，如汽车变速箱中的变速齿轮、机床的传动齿轮和主轴等。零件渗碳后一般需要经过淬火＋低温回火处理，才能达到提高表面硬度和耐磨性的目的。

除气体渗透外，还有固体渗碳和液体渗碳。

如图 5-12 所示，发动机活塞销在工作时不仅能够承受来自活塞和连杆的周期性冲击载荷，而且需在润滑条件较差的环境下仍能保持稳定的摆动和工作状态。这就要求活塞销必须具备足够的强度和刚度，以及良好的表面韧性、耐磨性和轻量化设计。一般来说，活塞销采用中空圆柱体结构，由低碳钢或低碳合金钢制造，经过渗碳淬火处理以提高其硬度，并通过精密加工和抛光达到极高的尺寸精度和表面光洁度。

图 5-12　发动机活塞销

2. 渗氮

渗氮又称为氮化，是将氮原子渗入钢件表面，以提高其硬度、耐磨性、疲劳强度和抗蚀性的一种化学热处理方法。

目前应用较广的是气体渗氮法：将工件放在专用炉内，加热到 500～600 ℃，同时通入 NH_3，在 450 ℃时，NH_3 将分解出活性氮原子，并扩散渗入钢件表层，形成氮化层。影响氮化效果的因素有温度和时间，可以通过渗氮的时间来控制渗氮层厚度。

氮化处理的缺点是时间长（70 h 左右），成本高，常用于高精度、小冲击又需要抗磨能力的合金钢工件。

3. 碳氮共渗

碳氮共渗俗称氰化，是在一定温度下将碳和氮同时渗入钢件表面的化学处理方法。碳氮共渗既具有渗碳的淬硬深度，又能获得渗氮的高硬度，因此能有效提高零件的硬度、耐磨性和疲劳强度。

知识拓展　**你知道发动机曲轴需要进行怎样的热处理吗？**

曲轴是发动机中的关键部件，负责将活塞的直线运动转化为旋转运动。为了确保曲轴在高负荷、高温下的可靠性和耐用性，通常需要进行一系列热处理工艺。常见的曲轴热处理工艺包括调质处理、渗碳处理、冷处理等，这些工艺可以显著提高曲轴的硬度、强度和耐磨性。

1. 调质处理

调质处理通常包括淬火和回火两步，是曲轴最常用的热处理方法之一。

(1) 淬火

曲轴被加热到 850～900 ℃的高温，然后迅速冷却（通常使用油或水）。这一过程使得曲轴表面硬度显著提高，增强了抗磨损性和抗疲劳性。

(2) 回火

淬火后，曲轴虽然硬度增加，但脆性也较大。回火过程将曲轴加热至 400～600 ℃，保持一定时间，从而改善其韧性，减少内应力，提高耐疲劳性。

调质处理后的曲轴在硬度、强度与韧性之间取得了良好的平衡，能够在高负荷条件下稳定工作。

2. 渗碳处理

渗碳处理是通过将曲轴加热至 900～950 ℃，并将其暴露在含碳气体或固体介质中，使曲轴表面吸收碳元素，形成硬化层。渗碳层的硬度可达到 58～65 HRC，深度一般为 0.8～1.5 mm。该工艺主要用于曲轴的关键工作表面，如主轴颈和连杆颈，能够显著提高耐磨性和抗疲劳性，延长使用寿命。

3. 冷处理

冷处理是将曲轴在 −150～−80 ℃的低温环境中处理，通过改变其微观结构来提高其耐磨性和疲劳强度。冷处理可以与淬火和回火结合使用，从而进一步提高曲轴的性能，增强其在高负荷工作环境中的稳定性。

曲轴热处理工艺的选择主要依赖于发动机的设计需求和使用条件。对于高性能发动机，通常采用渗碳处理和淬火处理，以确保曲轴在承受高负荷时具有足够的强度和耐磨性。对于一般轿车发动机，调质处理通常已足够满足性能要求，同时具有较低的成本。

module 3
模块三

汽车常用机构

单元六　机构的组成及运动简图

知识目标

(1) 掌握机器、机构、构件和零件的概念；
(2) 能区分高副和低副；
(3) 能识读机构运动简图。

能力目标

能绘制常用机构的运动简图。

案例引入

汽车是由各种机构来实现特定形式运动的机器，如曲柄连杆机构、配气机构(图 6-1)、转向机构等，而机构又是由各种零件组成的。那么，它们之间有怎样的联系和区别呢？

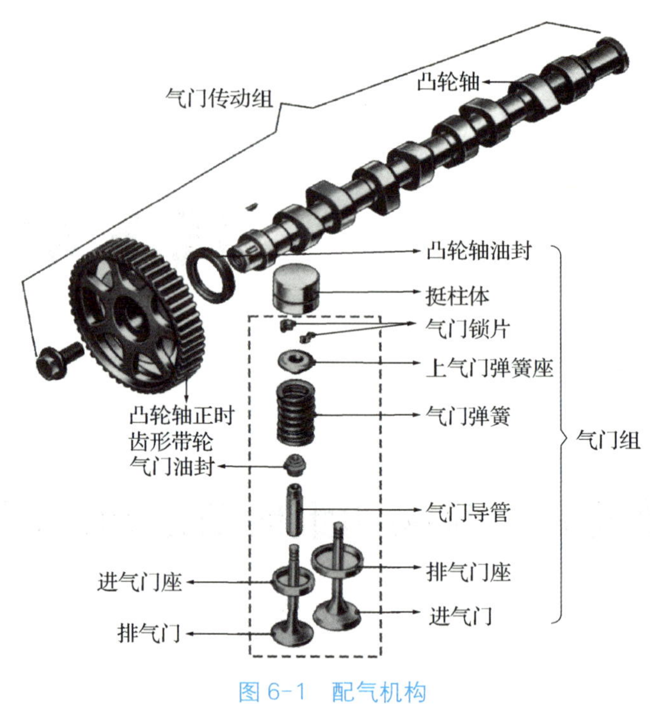

图 6-1　配气机构

第一节　机器、机构、构件与零件概述

一、机器

机器是人们根据使用要求而设计制造的一种执行机械运动的装置，它可以用来变换或传递能量、物料与信息，从而减轻人类的体力或脑力劳动。随着社会的不断进步，机器在人们的日常生活和生产活动中扮演着重要的角色，如汽车、洗衣机、起重机、数控机床等，虽然这些机器的形状、结构和用途各不相同，它们具有以下的共同特征：

1）属于人为的实体组合体；

2）各运动实体之间具有确定的相对运动；

3）能代替或减轻人类的劳动，利用机械能做功或进行能量转换。

1. 机器的组成

根据组成部分功能不同，一部完整的机器一般包括五个部分。下面以轿车为例，介绍机器各组成部分的含义。

轿车的五个组成部分如图 6-2 所示，可以看出，完整的机器一般由动力部分、执行部分、传动部分、控制部分及辅助部分组成。

（1）动力部分

将其他形式的能量转换为机械能，是整个机器的动力源，如轿车中的发动机。各种机器常用的动力源有电动机、内燃机等。

(2) 执行部分

直接完成机器预定工作任务的部分，如轿车中的车轮。执行部分的运动形式有直线运动、回转运动或间歇运动等。

(3) 传动部分

连接动力部分和执行部分，用来传递运动和动力，如轿车中的离合器、变速箱、差速器等。传动部分可以改变动力部分的运动形式或转矩的大小，从而满足执行部分的各种要求。

(4) 控制部分

控制机器中动力部分、执行部分和传动部分协调工作，以实现机器完成预定动作或实现预定功能，如轿车的离合器踏板、转向盘、变速器换挡杆、制动踏板和油门踏板等。

(5) 辅助部分

用来安装和支撑其余组成部分，通常包括基础件、支撑构件、润滑及照明部分，如轿车中的车身、车灯、雨刮器等。

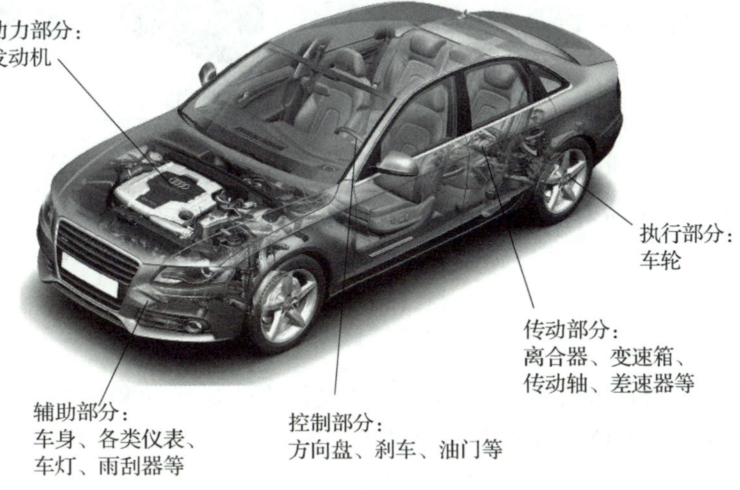

图 6-2　轿车的五个组成部分

2. 机器的类型

根据用途不同，机器可分为动力机器、加工机器、运输机器和信息机器，它们各自的用途及应用举例见表 6-1。

表 6-1　机器的用途及应用举例

类型	用途	应用举例
动力机器	实现其他能量与机械能之间的转换	电动机　内燃机

续　表

类型	用途	应用举例
加工机器	用来改变加工对象的尺寸形状、性质和状态	车床　铣床
运输机器	用来运输人员或物品	客车　叉车
信息机器	用来获取或变换信息	照相机　传真机

需要指出的是，现在机器的种类和功能越来越丰富。因此，机器按用途的分类逐渐变得模糊。例如，对于工业机器人来说，进行焊接和装配时，它属于加工机器；用来搬运物料时，它属于运输机器。

二、机构

机构是具有确定相对运动的构件的组合，它是用来传递运动和动力的构件系统。机器可以看成是一个或若干个机构的组合。如果从结构和运动的观点来看，机器和机构两者之间没有明显区别，故通常将机器和机构统称为机械。常用的机构类型有连杆构件、带传动机构、齿轮机构和凸轮机构等。例如，汽车发动机为一台机器，它由曲柄连杆机构(图 6-3)、凸轮机构等组成。机器与机构的区别和联系见表 6-2。

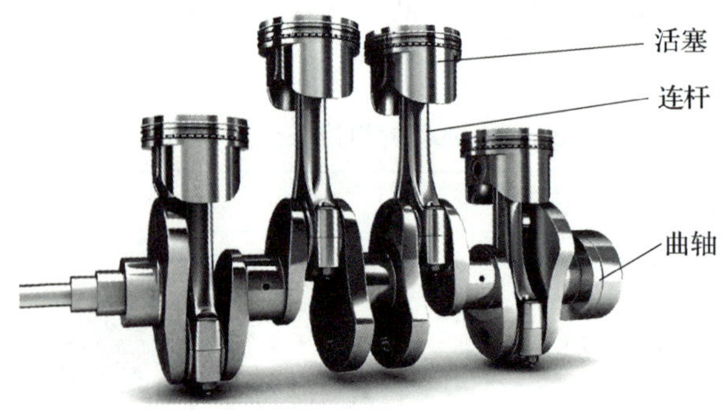

图 6-3　曲柄连杆机构

表 6-2　机器与机构的区别和联系

名称	特征	功用	备注
机器	(1) 属于人为的实体组合体 (2) 各运动实体之间具有确定的相对运动 (3) 能代替或减轻人类的劳动，利用机械能做功或进行能量转换	利用机械能做功或实现能量转换	从结构或运动的角度来看，机器与机构相同
机构	具有上述机器第(1)条和第(2)条两个特征，无第(3)条特征	传递或转变运动的形式	

三、构件与零件

构件是指组成机构的各个具有相对运动关系的实体，它是机构中的运动单元。如图 6-3 所示，内燃机的曲柄连杆机构中包括曲轴、连杆、活塞等构件。构件可以是一个整体，也可以由更小的单元装配而成，如图 6-4 所示，内燃机连杆是由轴套、连杆体、轴瓦、连杆盖、螺母、螺栓等装配而成。机器中这种不可拆卸的制造单元称为机械零件，简称零件。

零件是组成机器的基本单元，按照适用范围不同，零件可分为通用零件和专用零件两类。其中，通用零件在各种机器中都能用到，如螺栓、螺母、销钉、轴承和齿轮等，专用零件仅用于实现特定功能的机器，如内燃机的曲轴、连杆等。构件与零件的区别和联系见表 6-3。

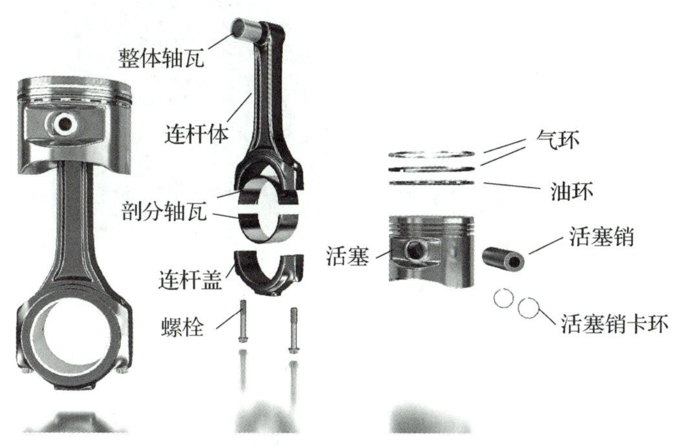

图 6-4　内燃机连杆

表 6-3　构件与零件的区别和联系

名称	区别	联系
构件	从运动角度而言，相互间能做相对运动的运动单元	构件可以是一个零件，也可以是由若干个零件组成的单元体
零件	从制造角度而言，是不可拆的最小的制造单元	

第二节　运动副及其分类

一、运动副

使两个构件直接接触，又能保持一定的相对运动的连接形式称为运动副。例如，活塞与气缸的连接构成移动副，连接门与门框的合页构成转动副。两构件只能位于同一平面或平行平面内做相对运动的运动副称为平面运动副；反之，则为空间运动副。

二、运动副的分类

根据运动副中两构件的接触形式不同，运动副又可分为低副和高副。

1. 低副

两个构件之间通过面接触的运动副称为低副。低副又分为转动副和移动副。

转动副是指两构件在接触处只能作相对转动的运动副，也称为铰链，如汽车车门铰链，如图 6-5 所示。

动画

转动副

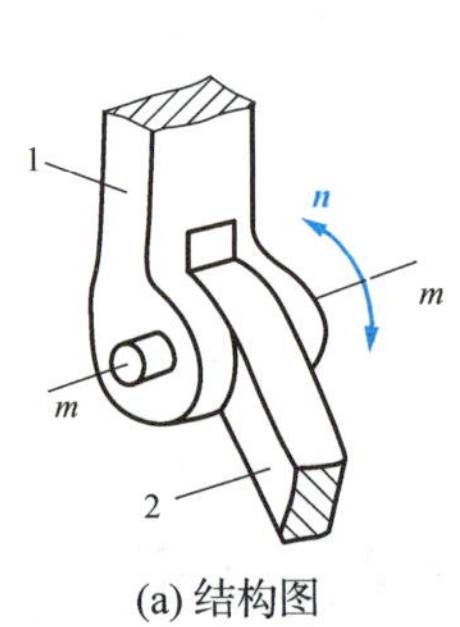

(a) 结构图

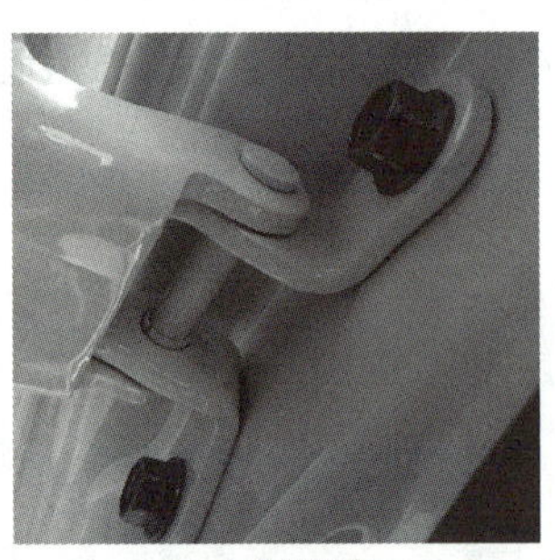

(b) 车门铰链

图 6-5　转动副结构

移动副为两构件在接触面做相对直线移动，如活塞在气缸的移动，如图 6-6 所示。

动画

移动副

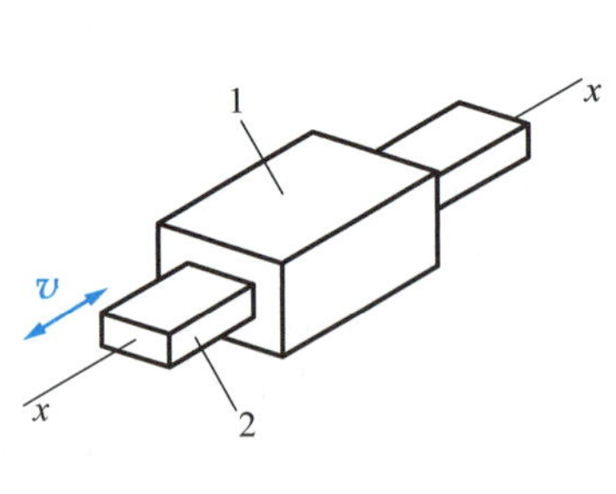

(a) 结构图

(b) 气缸活塞

图 6-6　移动副结构

两构件螺纹与螺母接触处做螺旋面的转动，该运动副称为螺旋副，属于空间低副。构成螺旋副的两构件的运动为空间的螺旋曲面，不属于平面运动副的范畴，如活动扳手的螺旋副，如图 6-7 所示。

动画

螺旋副

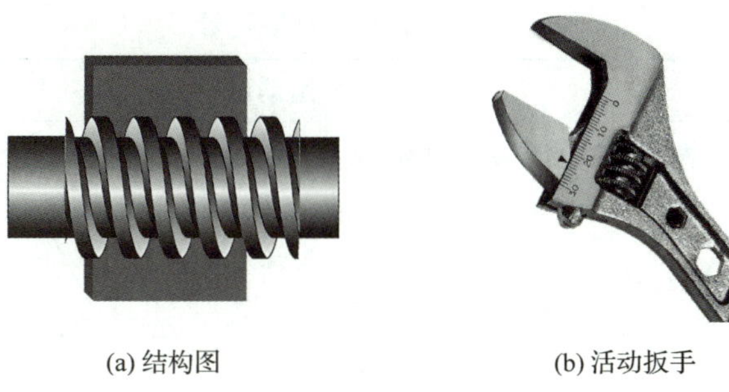

(a) 结构图　　(b) 活动扳手

图 6-7　螺旋副结构

2. 高副

两个构件之间通过点或线接触的运动副称为高副。图 6-8 所示为火车车轮与钢轨、凸轮与推杆、啮合齿轮之间的传动。

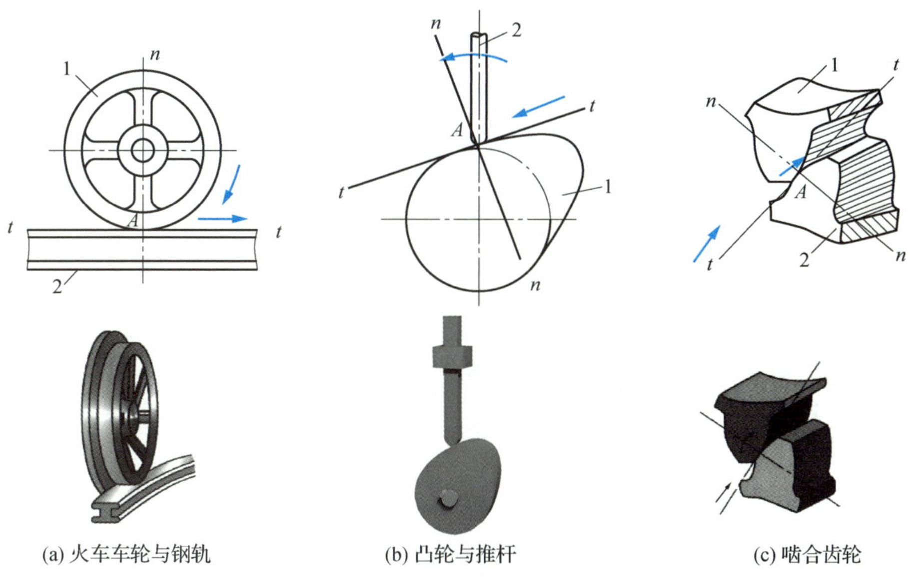

(a) 火车车轮与钢轨　　(b) 凸轮与推杆　　(c) 啮合齿轮

图 6-8　高副结构

高副、低副是针对承受载荷时相对于接触处产生的压强高、低而言的。低副的接触处一般是圆柱面或平面，承受载荷时压强较小；高副的接触处一般是点、线，承受载荷时的压强较大，接触处易磨损。高副与低副的特点见表 6-4。

表 6-4　高副与低副的特点

名称	接触方式	特点
高副	点或线接触	承受载荷时压强较高，接触处易磨损
低副	面接触	承受载荷时压强较低，接触处不易磨损

为了便于绘制机构运动简图，运动副常常用简单的符号来表示，国家标准 GB/T 4460—2013《机械制图　机构运动简图用图形符号》规定了机械制图中用于表示机构运动简图的图形符号。表 6-5 为常用运动副符号（图中画有阴影线的构件为固定构件）。

表 6-5　常用运动副符号

运动副名称		运动副符号：两运动构件构成的运动副	运动副符号：两构件之一为固定时的运动副
平面运动副	转动副	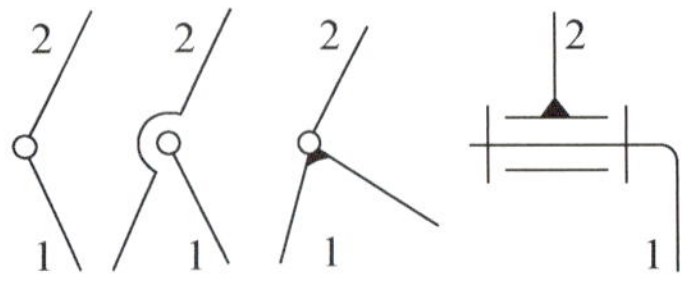 （Ⅴ级）	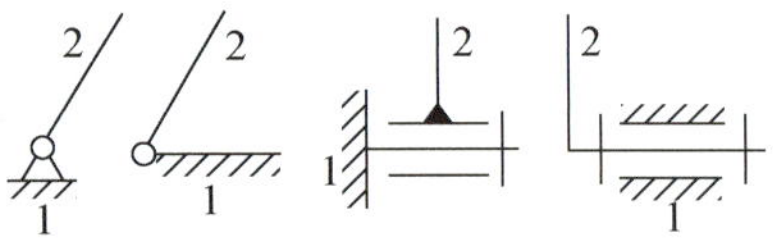 （Ⅴ级）
	移动副	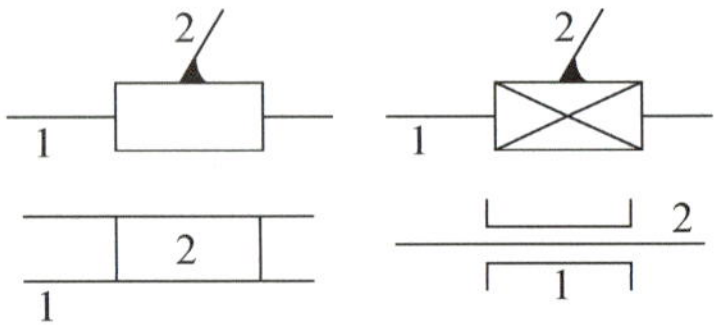 （Ⅴ级）	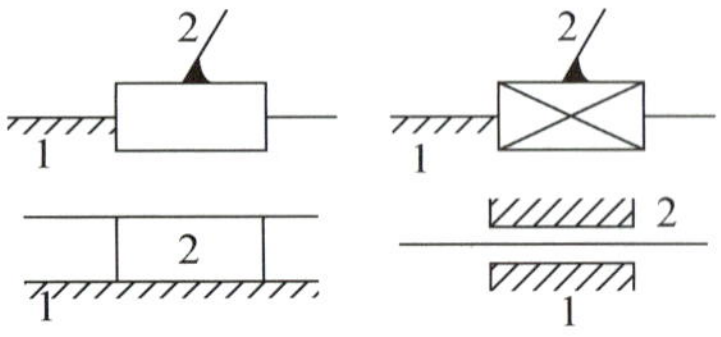 （Ⅴ级）
	平面高副	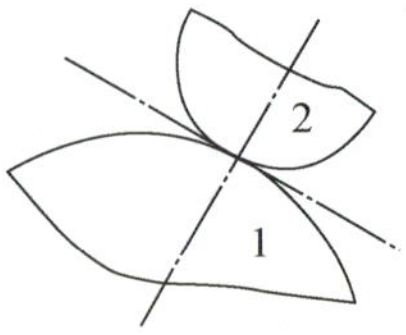 （Ⅳ级）	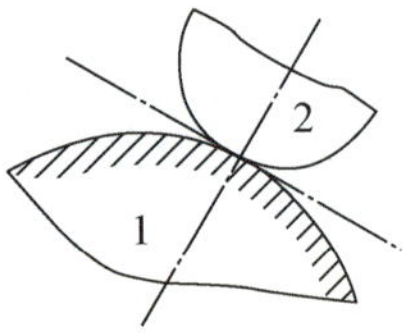 （Ⅳ级）
空间运动副	点接触高副与线接触高副	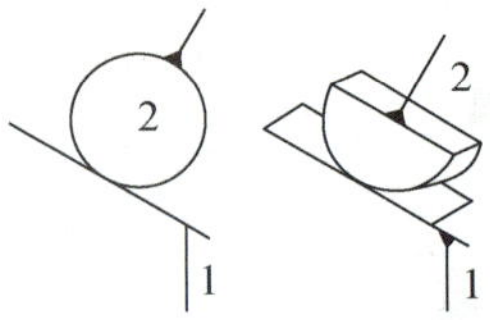 （Ⅰ级）　（Ⅱ级）	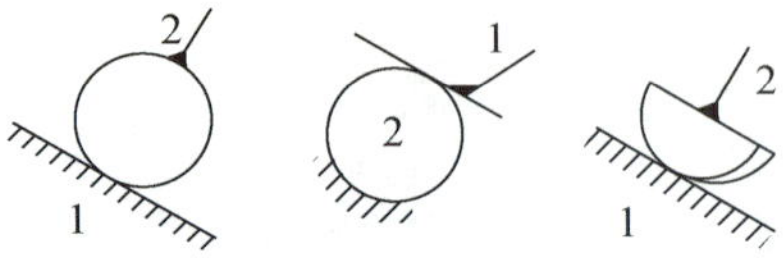 （Ⅰ级）　（Ⅱ级）
	圆柱副	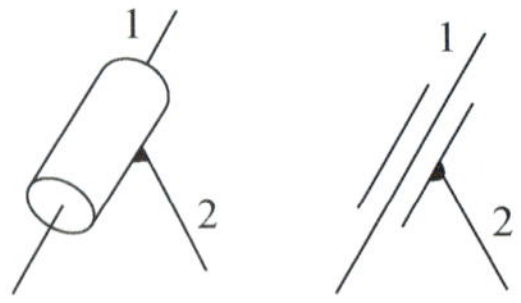 （Ⅳ级）	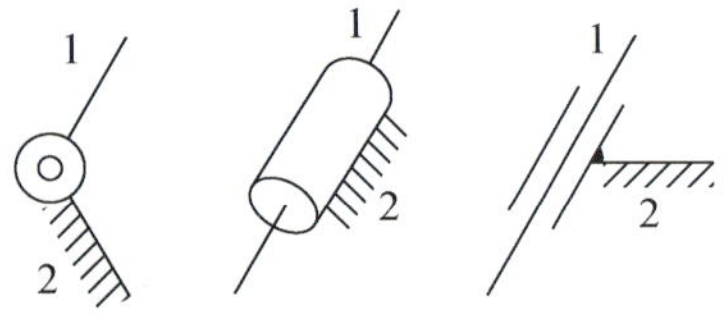 （Ⅳ级）
	球面副及球销副	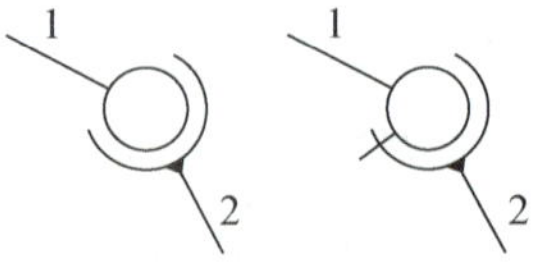 （Ⅲ级）　（Ⅳ级）	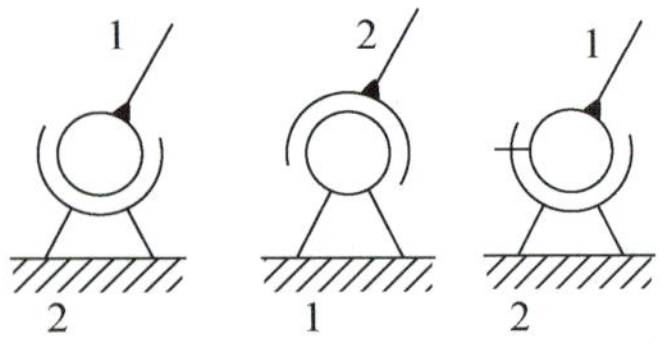 （Ⅲ级）　（Ⅳ级）

续　表

运动副名称		运动副符号	
		两运动构件构成的运动副	两构件之一为固定时的运动副
空间运动副	螺旋副	2 1 2 1 （V级）	2 1 1 2 （V级）

第三节　平面机构的运动简图

工程实际中的机构往往具有复杂的外形和结构，在研究这些机构的运动规律时，为了简化问题，可忽略机构中不影响运动关系的因素（如构件的形状、组成构件的零件数目和运动副的具体结构等），而仅用简单的线条或符号画出运动方案以供分析。这种用规定的符号和线条表示构件和运动副，按一定的比例表示运动副的相对位置，并准确反映平面机构运动特征的简图，称为机构运动简图。如图 6-9 所示为用机构运动简图表示汽车曲柄连杆机构。

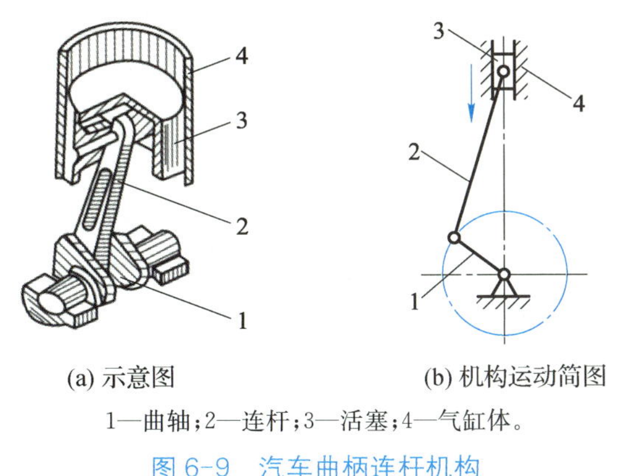

(a) 示意图　　(b) 机构运动简图

1—曲轴；2—连杆；3—活塞；4—气缸体。

图 6-9　汽车曲柄连杆机构

知识拓展　**活塞气环和油环知多少?**

发动机活塞工作过程中，气环和油环发挥着关键作用。气环的主要作用是密封气缸，防止气体泄漏，提高热效率。与此同时，它将活塞吸收的热量传递给气缸壁，进入冷却系统。油环的作用是将多余的润滑油刮下，并保持气缸壁上的油膜，以实现气缸、活塞及环的正常润滑。

在四冲程往复活塞式发动机的工作过程中，气环和油环任务如下：进气行程，气环密封气体，油环辅助刮油；压缩行程，气环保持密封，油环继续润滑；做功行程，气环承受高温高压，油环维持润滑；排气行程，气环协助排出废气，油环完成刮油任务。

气环和油环在发动机活塞工作过程中各自发挥密封、传热和润滑的作用，以确保发动机高效、稳定地运行。

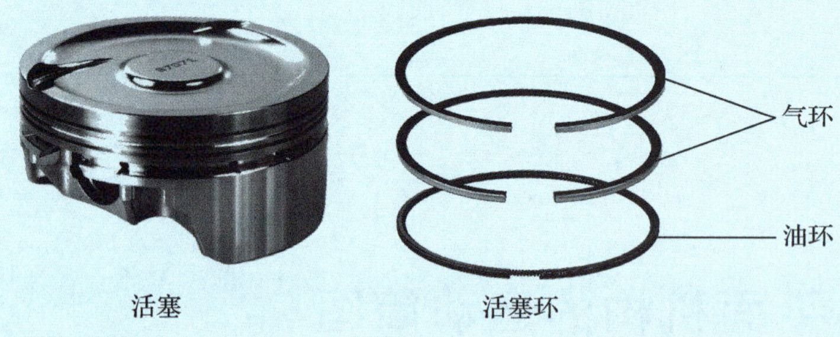

活塞　　活塞环

单元七　平面连杆机构

知识目标

(1) 掌握常见平面连杆机构的类型、特点及应用;
(2) 掌握平面连杆机构曲柄存在的条件及类型判别方法;
(3) 了解平面连杆机构的演化形式及应用;
(4) 理解平面连杆机构的传动特性。

能力目标

(1) 能够正确掌握常用机构的类型;
(2) 能够正确分析常用机构的运动特性。

案例引入

生活中我们常常可以看到,汽车车窗玻璃的雨刮器开启后,能够通过左右摆动刮走玻璃上的雨水(图 7-1a),载重汽车的车厢能自动升起完成卸货(图 7-1b),公交车车门在按下按钮后能自动开启和关闭(图 7-1c)。那么,这些机械装置是怎么工作的呢?

(a) 汽车雨刮器

(b)自卸货车

(c) 公交车车门

图 7-1　平面连杆机构应用实例

第一节　铰链四杆机构的组成及类型

平面连杆机构是由若干构件以低副连接组成的平面机构。常见的平面连杆机构为平面四杆机构，其中全部运动副为转动副的四杆机构又称为铰链四杆机构。

一、铰链四杆机构的组成

在如图 7-2 所示的铰链四杆机构中，固定不动的构件 4 称为机架，以转动副与机架相连的杆 1 和杆 3 称为连架杆，不与机架相连的杆 2 称为连杆。能绕机架旋转整周 360°的连架杆 1 称为曲柄，相对机架做小于 360°往返摆动的连架杆 3 称为摇杆。

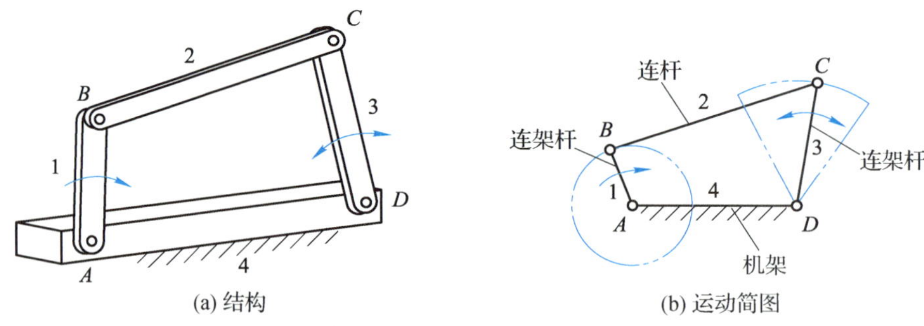

1—曲柄；2—连杆；3—摇杆；4—机架。

图 7-2　铰链四杆机构的组成

二、铰链四杆机构的类型

铰链四杆机构主要有曲柄摇杆机构、双曲柄机构、双摇杆机构三种类型，如图 7-3 所示。

动画

曲柄摇杆机构

动画

双曲柄机构

动画

双摇杆机构

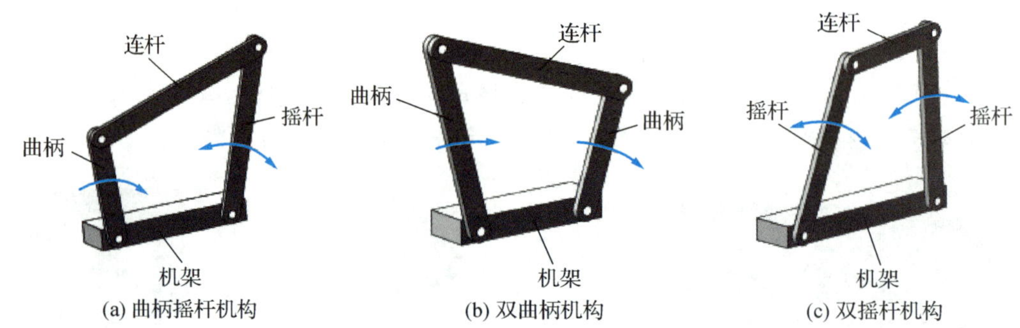

图 7-3　铰链四杆机构的三种基本形式

1. 曲柄摇杆机构

如果铰链四杆机构中的两连架杆中有一个为曲柄，另一个为摇杆，则该机构称为曲柄摇杆机构。如图 7-3a 所示，当曲柄做连续等速整周转动时，摇杆将在一定角度内做变速的往复摇动。曲柄摇杆机构能将主动件的整周回转运动转换成从动件的往复摇动。

曲柄摇杆机构在工程机械中应用非常广泛，如雷达设备、搅拌机、缝纫机和鳄式破碎机等，如图 7-4 所示为雷达天线仰俯调整机构。

2. 双曲柄机构

如果铰链四杆机构中的两连架杆都是能做整周转动的曲柄，则该机构称为双曲柄机构。如图 7-3b 所示，当其中一个曲柄做等速整周转动时，另一个从动曲柄也将做整周转动。如

动画

雷达天线仰俯角调整机构

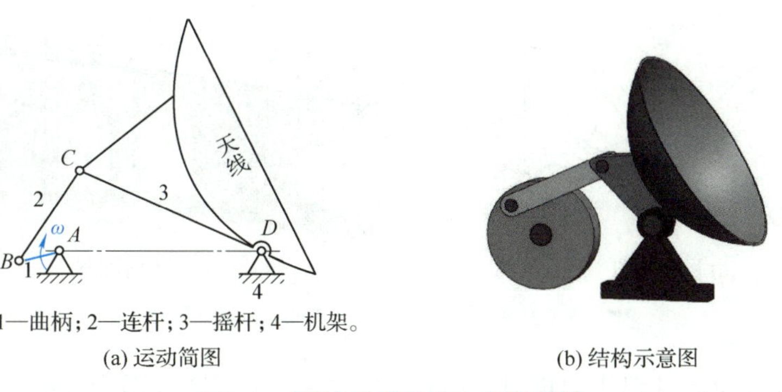

1—曲柄；2—连杆；3—摇杆；4—机架。

(a) 运动简图　　(b) 结构示意图

图 7-4　雷达天线仰俯角调整机构

果两曲柄的长度不等，则从动曲柄只能做变速转动；如果两曲柄长度相等且平行，则称该双曲柄机构为平行双曲柄机构。如图 7-5a 所示，杆 *BC* 在该机构的运动中做平动，当双曲柄的转向相同时，双曲柄的角速度相等，也称该双曲柄机构为同向双曲柄机构；当双曲柄的转向相反时，双曲柄的角速度不相等，称该双曲柄机构为反向双曲柄机构，如图 7-5b 所示。

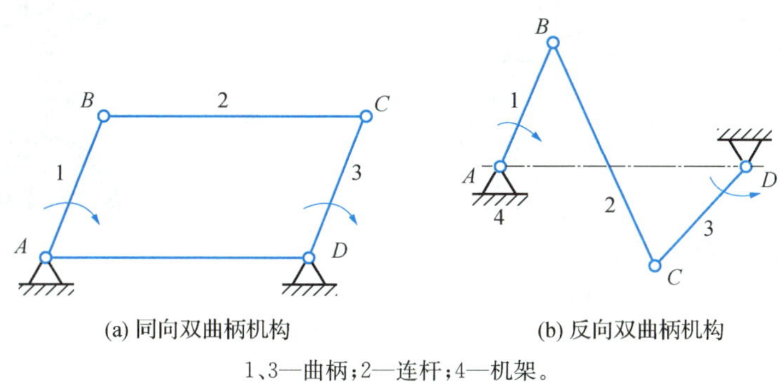

(a) 同向双曲柄机构　　(b) 反向双曲柄机构

1、3—曲柄；2—连杆；4—机架。

图 7-5　双曲柄机构运动简图

平行双曲柄机构应用于车窗刮雨器的联动机构，如图 7-6 所示。反向双曲柄机构应用于公共汽车双开门的开启与关闭机构，如图 7-7 所示。

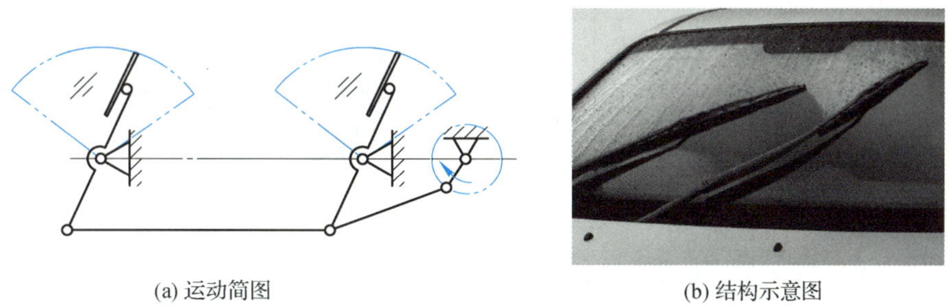

(a) 运动简图　　(b) 结构示意图

图 7-6　车窗刮雨器

3. 双摇杆机构

如果铰链四杆机构中的两连架杆都为摇杆，该机构称为双摇杆机构，如图 7-3c 所示，双摇杆机构运动中不存在曲柄。它可将主动摇杆的往复摆动，经连杆转变为从动摇杆的往复

动画

车门开闭机构

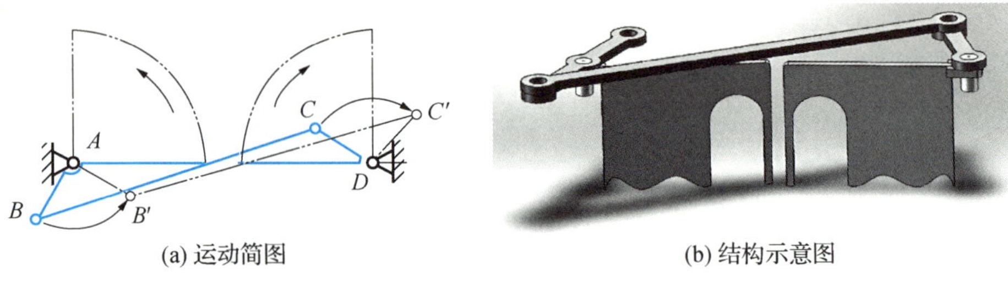

(a) 运动简图　　(b) 结构示意图

图 7-7 公共汽车双开门的反向双曲柄机构

摆动。图 7-8 所示为港口鹤式起重机。其中，构件 AB 和 CD 为两个摇杆。当原动摇杆 AB 摆动时，摇杆 CD 跟着摆动，带动重物做近似水平直线移动，从而避免在移动重物时由于不必要的升级而引起额外的能量消耗。

动画

鹤式起重机

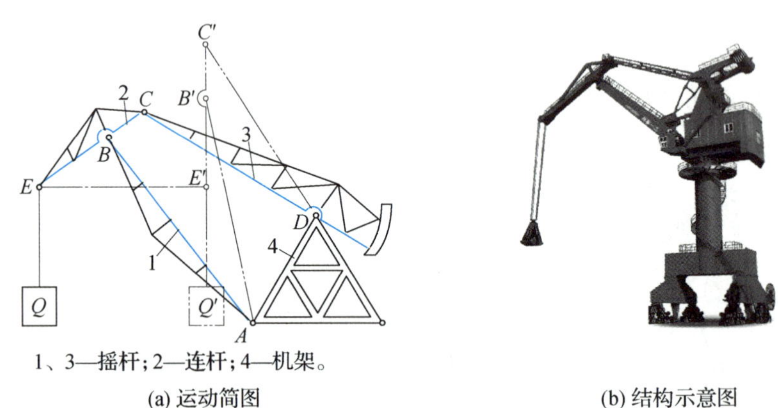

1、3—摇杆；2—连杆；4—机架。

(a) 运动简图　　(b) 结构示意图

图 7-8 鹤式起重机

当双摇杆的长度相等时，称为等腰梯形机构。双摇杆机构在工程实际中应用很广泛，如图 7-9 所示为汽车前轮转向的等腰梯形机构。

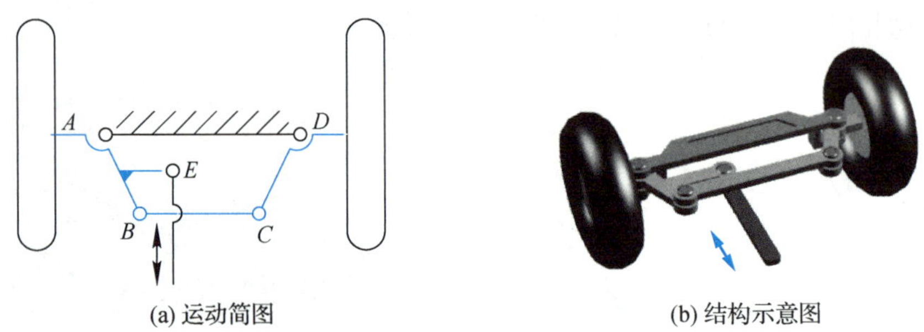

(a) 运动简图　　(b) 结构示意图

图 7-9 汽车前轮转向的等腰梯形机构

第二节 铰链四杆机构类型的判别

铰链四杆机构是根据机构中曲柄和摇杆的数目进行分类的，因此要判断铰链四杆机构的类型，必须要先判断机构中是否存在曲柄。

一、曲柄存在的条件

分析表明，曲柄的数目取决于铰链四杆机构中各构件的相对长度和最短杆所处的位置。连架杆成为曲柄必须满足下列两个条件：

（1）最长杆与最短杆长度之和，小于或等于其余两杆长度之和；

（2）连架杆与机架两者之一为最短杆。

二、铰链四杆机构基本类型的判别方法

（1）如果满足杆长和条件，铰链四杆机构的形式取决于最短杆。

① 若最短杆作连架杆，则机构为曲柄摇杆机构；

② 若最短杆为机架，则机构为双曲柄机构；

③ 若最短杆为连杆，则机构为双摇杆机构。

（2）如果不满足杆长和条件，铰链四杆机构为双摇杆机构。

（3）铰链四杆机构三种基本类型的判别方法如图 7-10 所示。

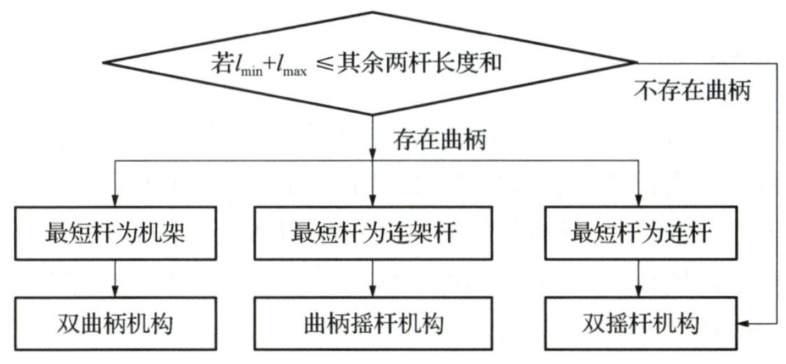

图 7-10　机构类型的判断

例 7-1　已知各构件的尺寸如图 7-11 所示，试判断下列机构的类型。

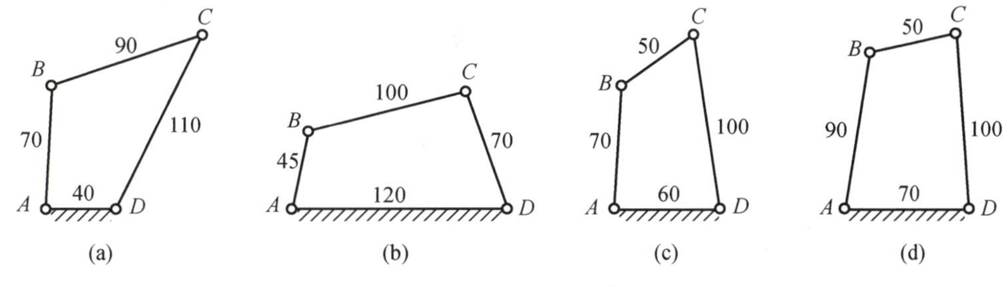

图 7-11　铰链四杆机构类型判断

解：(a) 最短杆为 40，最长杆为 110，其他两杆分别为 70 和 90；

$40+110<70+90$，满足杆长和条件，且最短杆 AD 为机架，故该机构为双曲柄机构。

(b) 最短杆为 45，最长杆为 120，其他两杆分别为 70 和 100；

45 + 120 < 70 + 100，满足杆长和条件，且最短杆 AB 为连架杆，故该机构为曲柄摇杆机构。

(c) 最短杆为 50，最长杆为 100，其他两杆分别为 60 和 70；

50 + 100 > 70 + 60，不满足杆长和条件，则机构不存在曲柄，故该机构为双摇杆机构。

(d) 最短杆为 50，最长杆为 100，其他两杆分别为 70 和 90；

50 + 100 < 70 + 90，满足杆长和条件，且最短杆 BC 为连杆，故为双摇杆机构。

第三节　铰链四杆机构的演化

铰链四杆机构除了上面三种类型之外，在实际的机器中还广泛地应用着其他多种形式的四杆机构。这些形式的四杆机构，可以认为是通过改变铰链四杆机构中某些构件的形状和相对尺寸，或改变某些运动副形式，或选择不同构件作为机架的办法，由铰链四杆机构的基本形式演变而成的。汽车中常用以下两种机构。

一、曲柄滑块机构

在如图 7-12 所示的曲柄摇杆机构中，如果摇杆的长度越长，摇杆到左、右极限位置时的摇动夹角就变得越小。当摇杆的长度为无限长时，摇杆的左、右极限位置的夹角将变成零，摇杆的摇动变成了滑动，曲柄摇杆机构将转化成曲柄滑块机构，如图 7-13 所示。

曲柄滑块机构按曲柄转动中心与滑块是否在同一条直线上，分为对心曲柄滑块机构和偏心曲柄滑块机构两种，如图 7-14 所示。

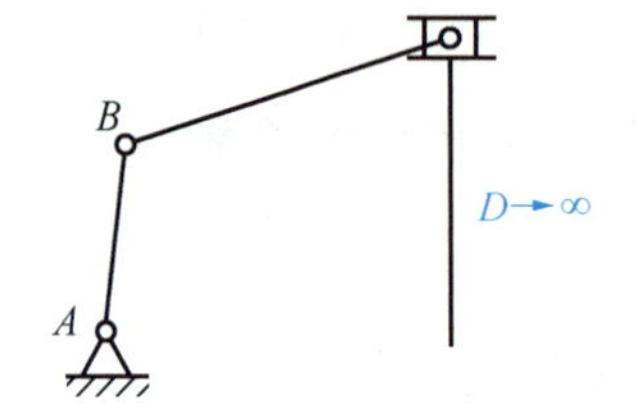

图 7-12　曲柄滑块机构转换简图

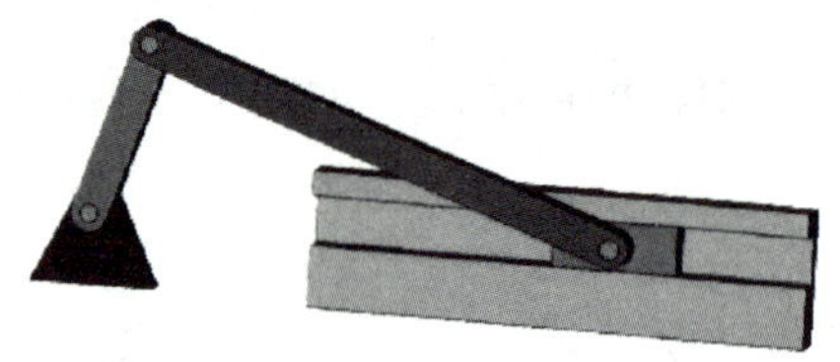

图 7-13　曲柄滑块机构

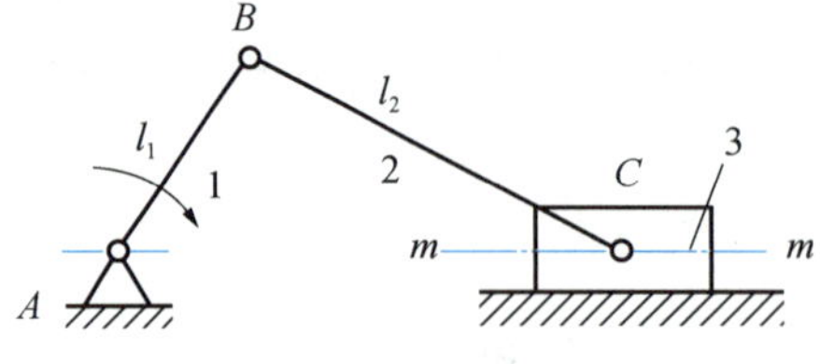

(a) 对心曲柄滑块机构

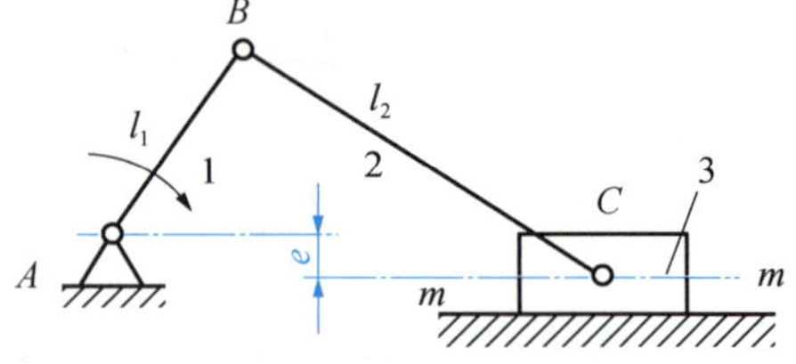

(b) 偏置曲柄滑块机构

1—曲柄；2—连杆；3—滑块；4—机架。

图 7-14　对心与偏心曲柄滑块机构

曲柄滑块机构的功能为将主动滑块的往复直线运动，经连杆转换为从动曲柄的连续转动，如图 7-15 所示的内燃机气缸。另外，在曲柄滑块机构中，也可将主动曲柄的连续转动，经连杆转变为从动滑块的往复直线运动，如冲压机、往复式液体泵、自动送料机、手动冲孔钳等。

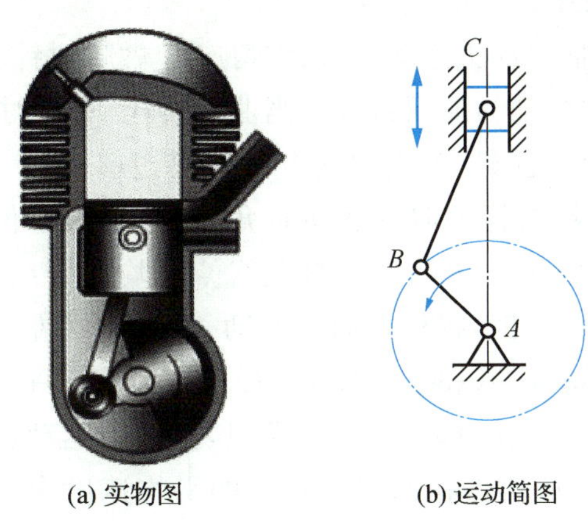

图 7-15　内燃机气缸

二、曲柄摇块机构

在曲柄滑块机构中，如图 7-16 所示，如果将连杆 BC 作为机架，曲柄 AB 作整周转动，滑块只能绕铰链 C 摆动，导杆 AC 杆在滑块中做往复摆动，则该机构称为曲柄摇块机构（或称为摇块机构）。

曲柄摇块机构的功能为将曲柄的整周转动（或往复摆动）转换为滑块的往复摆动。如图 7-17 所示，自卸汽车的翻斗机构就是利用了曲柄摇块机构。

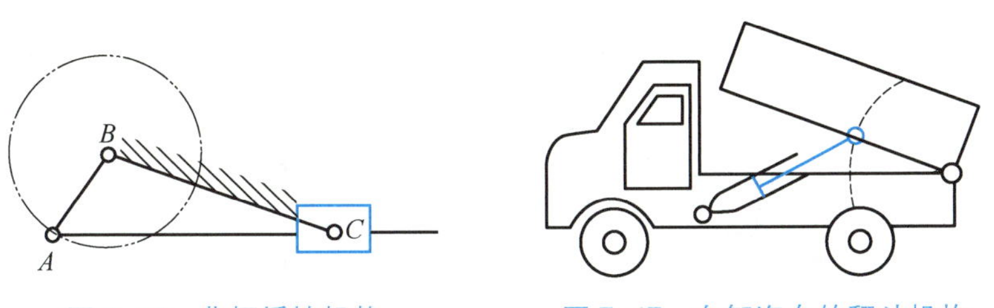

图 7-16　曲柄摇块机构　　图 7-17　自卸汽车的翻斗机构

第四节　平面四杆机构的基本特性

平面四杆机构具有传递、变换运动和力的功能，了解平面连杆机构的工作特性，对于正确选择平面连杆机构的类型和设计有着重要的意义。

一、急回特性

当曲柄做匀速转动时，摇杆来回摆动的速度不相等。摆动回来的速度快，摆动过去的速度慢，摇杆快速摆回的特性称为急回特性。应用曲柄摇杆机构的急回特性可以减少摇杆回程的工作时间，提高工作效率。

如图 7-18 所示，设曲柄 AB 为主动件，以等角速 ω 做顺时针转动；摇杆 CD 为从动件，向右摆动为工作行程，向左摆动为返回行程。当曲柄转至 AB_1 时，连杆位于 B_1C_1，与曲柄重叠共线，摇杆处于左极限位置 C_1D；当曲柄由 AB_1 转过$(180°+\theta)$到达 AB_2 时，连杆位于 B_2C_2，与曲柄的延长线共线，摇杆则向右摆动 ψ 角，到达右极限位置 C_2D，完成工作行程。工作行程所用的时间 $t_1=(180°+\theta)/\omega$，摇杆上 C 点平均速度 $v_1=C_1C_2/t_1$。曲柄由 AB_2 继续转过$(180°-\theta)$回到 AB_1 时，摇杆则向左摆动 ϕ 角，到达左极限位置 CD，完成了返回行程。返回行程所用的时间 $t_2=(180°-\theta)/\omega$，摇杆上 C 点的平均速度 $v_2=C_2C_1/t_2$。因为转角 $(180°+\theta)>(180-\theta)$，即 $t_1>t_2$，所以，摇杆的运动速度 $v_2>v_1$。当主动件做等速转动时，做往复运动的从动件在返回行程中的平均速度大于工作行程的平均速度的特性，称为急回特性。急回的程度可用v_2 和v_1 的比值 K 来表达，K 称为行程速度变化系数，即

$$K=v_2/v_1=(C_2C_1/t_2)(C_1C_2/t_1)=t_1/t_2=(180°+\theta)/(180°-\theta) \tag{7-1}$$

可见，行程速度变化系数与 θ 的大小有关。θ 是从动件（摇杆）处于两极限位置时，对应主动件（曲柄）的一位置与另一位置的反向所夹的角度，称为极位夹角。当 $\theta>0°$时，则 $K>1$，机构具有急回特性；当 $\theta=0°$时，则 $K=1$，机构无急回特性；θ 越大，急回的特性越明显，但机构的传动平稳性下降。

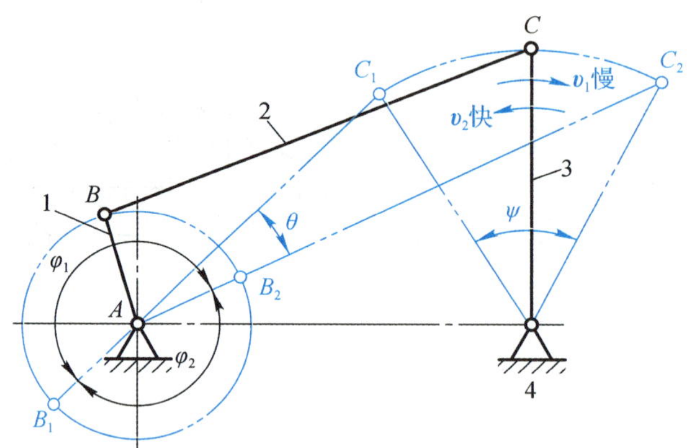

图 7-18 曲柄摇杆机构急回特性分析

二、传力特性

如图 7-19 所示的曲柄摇杆机构中，主动件曲柄经连杆传递到从动件摇杆上 C 点的力 $\boldsymbol{F}$，与受力点运动速度 v_C 之间所夹的锐角 α 为机构在该位置的压力角，压力角 α 的余角 γ 称为传动角。

压力角 α 和传动角 γ 在机构运动过程中是变化的。压力角 α 越小或传动角 γ 越大，分解到推动摇杆的有效分力也越大，对机构的传动越有利；反之，压力角 α 越大或传动角 γ 越小，分解到推动摇杆的有效分力也越小，而对摇杆的有害压力越大，会加剧磨损，降低机构的效率。因此，压力角 α 不能太大或传动角 γ 不能太小，规定工作行程中的最小传动角 γ 大于等于 40°。

对于行程速度变化系数 $K>1$ 的机构，工作行程中的最小传动角 γ 一般出现在摇杆处于右极限的位置，即工作行程的终了位置。

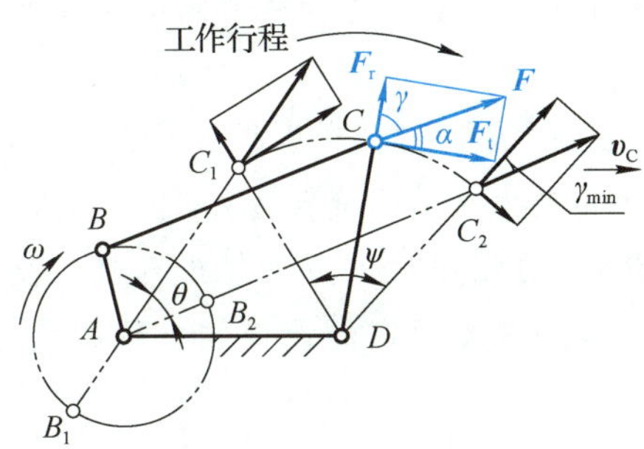

图 7-19　传力特性分析

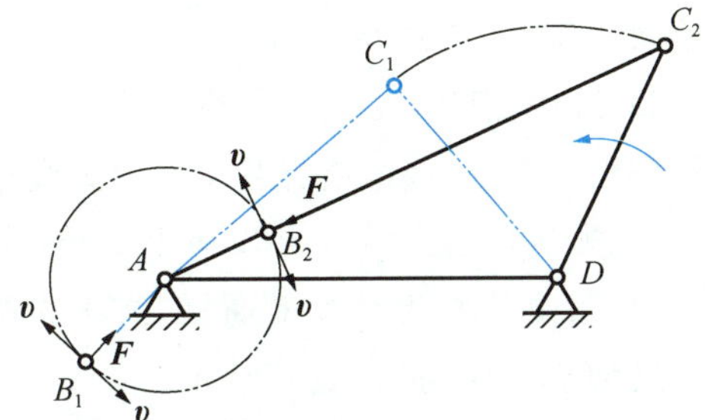

图 7-20　曲柄摇杆机构的死点位置

三、死点位置

如图 7-20 所示的曲柄摇杆机构中，如果取摇杆作为主动件，曲柄作为从动件，当摇杆在左、右两个极限位置时，连杆与曲柄共线，通过连杆施加于曲柄的作用力正好经过曲柄的转动中心，B_1AC_1 或 AB_2C_2 在一条直线上，连杆对曲柄 A 点的推动力矩为零，无法使曲柄转动，出现顶死现象，使整个机构处于静止状态。机构的这处位置称为死点位置。

在曲柄滑块机构中，当活塞运动到气缸的上、下止点时，连杆与曲柄处于共线状态，此时传动角为零，形成死点位置。为使机构可以顺利地通过死点，可以在曲柄上安装飞轮，利用飞轮的转动惯性闯过死点位置。

死点位置对运动会产生不利的效果，但是也可以利用死点位置来满足工程上一些特殊的工作要求，如飞机起落架（图 7-21）、折叠式家具的固定、夹具的锁紧等机构。

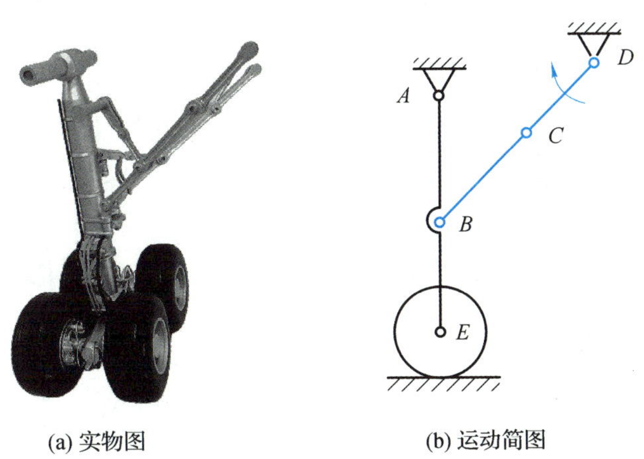

图 7-21　飞机起落架

知识拓展　你知道四冲程发动机的工作过程吗?

发动机活塞连杆组的工作过程是发动机能量转换的核心环节。在四冲程循环中，活塞连杆组经历了进气、压缩、做功和排气四个阶段，如图 7-22 所示。

1）进气行程。活塞在曲轴的带动下向下运动，气缸内压力降低，进气门开启，吸入混合气或空气。

2）压缩行程。活塞向上运动，压缩气缸内的混合气，此时连杆将活塞的运动转化为曲轴的旋转，为燃烧作准备。

3）做功行程。是能量转换的关键环节，火花塞点燃混合气，产生高温高压气体，推动活塞迅速向下运动，连杆将活塞的直线运动再次转换为曲轴的旋转运动，输出动力。

4）排气行程。活塞再次向上运动，排气门开启，将燃烧后的废气排出气缸。整个过程中，活塞连杆组承受着高温、高压和高速的挑战，通过精密的设计和材料的选择，确保发动机能够高效、稳定地工作。

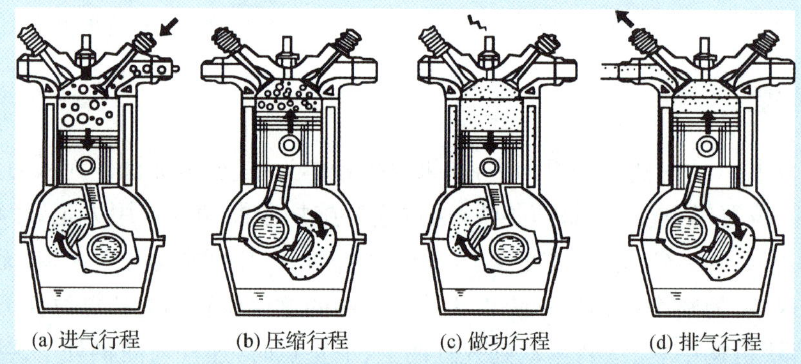

图 7-22　发动机四个行程

发动机活塞连杆组克服死点主要依靠曲轴的旋转惯性和正确的配气相位。在四冲程发动机中，死点分为上死点和下死点，分别对应活塞行程的顶点和底点。在这两个位置，活塞瞬间停止运动，曲轴的旋转动力传递到连杆的效率最低，如图 7-23 所示。

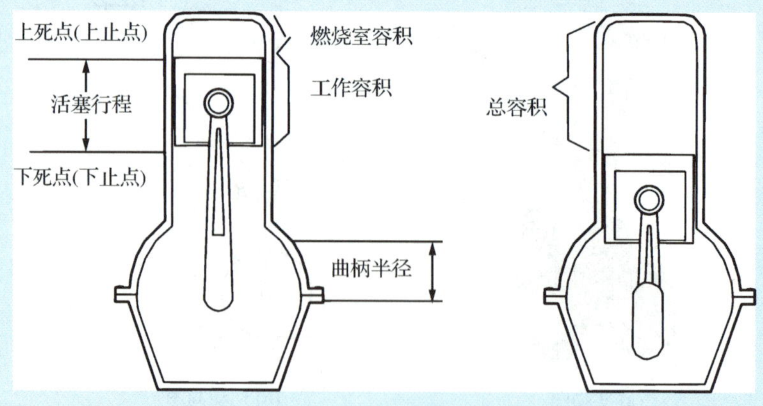

图 7-23　发动机死点

为了克服上死点，即完成压缩行程到做功行程的转换，火花塞会在活塞接近上死点时点燃混合气，产生的高压推动活塞向下运动，连杆将这个动力传递给曲轴，使其旋转。

克服下死点则依赖于曲轴的旋转惯性。当活塞到达下死点，即做功行程结束，排气行程开始时，曲轴的旋转惯性能量帮助活塞开始向上运动，开启排气行程。

此外，正确的配气相位非常关键，它确保了气门在正确的时刻开启和关闭，使得气缸内的气体压力能够有效帮助活塞运动，减少死点对发动机性能的影响。通过这些机械和气动设计的巧妙结合，活塞连杆组能够有效地克服死点，保证发动机平稳运行。

单元八　凸轮机构

知识目标

(1) 掌握常见凸轮机构的类型、特点及应用；
(2) 熟悉从动件运动规律；
(3) 了解凸轮机构的材料与结构。

能力目标

(1) 能区分凸轮机构的类型；
(2) 掌握凸轮机构材料的选用；
(3) 能举出凸轮机构的应用实例。

案例引入

内燃机中的配气机构(图 8-1)是发动机中的重要机构，工作时要求在一个工作循环内，气门迅速打开，随即迅速关闭，然后保持关闭不动。这种要求用平面四杆机构是不能实现的。那么，配气机构是如何实现气门启闭的呢？

图 8-1　配气机构

第一节　凸轮机构的组成与特点

一、凸轮机构的组成

凸轮机构主要是由凸轮、从动件和机架三个构件组成的高副机构，如图 8-2 所示。其中，凸轮是具有特定曲线或曲面轮廓形状的构件，通常作为主动件。凸轮利用连续等速的转到，带动从动件完成一定规律的移动或摆动。

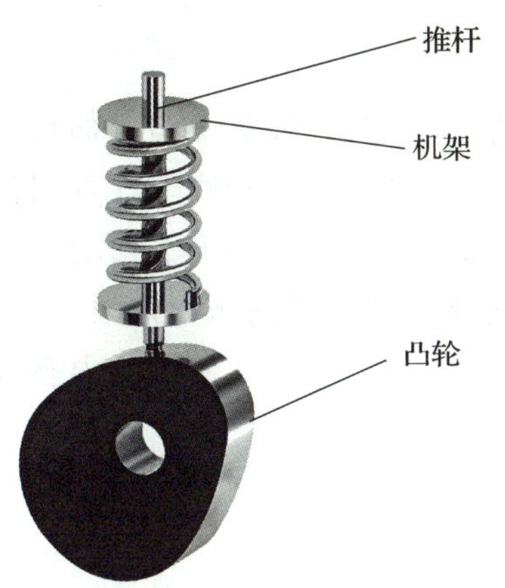

图 8-2　凸轮的组成

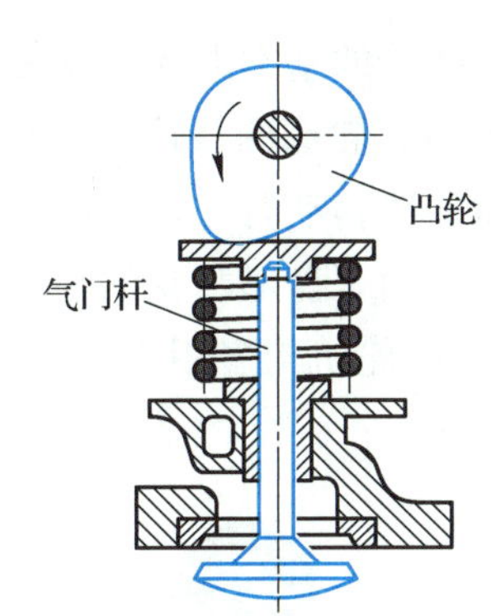

图 8-3　内燃机的凸轮配气机构

动画

内燃机的凸轮配气机构

在如图 8-3 所示的内燃机的凸轮配气机构中，凸轮做匀速转动时，外轮廓曲线迫使从动件的气门杆做断续往复移动，控制气门有规律地开启和关闭，使可燃气体进入气缸或废气排出。将具有特殊外廓曲线形状的构件称为凸轮，与凸轮始终保持接触的气门杆称为从动件，凸轮与从动件的支承固定件称为机架。

二、凸轮机构的特点

与组成铰链四杆机构至少需要四个构件相比，凸轮机构具有构件数少、结构紧凑的特点。由于凸轮与从动件之间的接触为点、线状的高副连接，接触面积小、压强大，容易磨损，所以凸轮机构只能应用于传递功率不大的自动机械、仪器、控制装置，不适于在重载荷的条件下工作。凸轮机构从动件的位移、速度、加速度的大小随凸轮转角的变化而变化，变化的规律由凸轮轮廓的形状所决定。凸轮机构可以实现从动件的多种运动形式，主要用于转换运动的形式，可以把凸轮的转动变换成从动件的连续或间歇的往复移动或摆动，或者将凸轮的移动变换成从动件的移动或摆动。

第二节　凸轮机构的分类

凸轮机构的形式多种多样，可以按凸轮的形状、从动件的端部形状、从动件的运动形式进行分类。

一、按凸轮的形状分类

凸轮可分为盘形凸轮、移动凸轮、圆柱凸轮。

1. 盘形凸轮

盘形凸轮是凸轮的基本形式。盘形凸轮是一个绕固定轴转动且径向尺寸变化的盘形构件，如图 8-4 所示，其轮廓曲线位于凸轮的外边缘，盘形凸轮轮廓上各点到转动中心的距离不等。当凸轮做匀速转动时，从动件随凸轮轮廓向径的变化而上下移动。盘形凸轮的结构简单，应用最广泛，由于盘形凸轮的径向尺寸变化受到传动的压力角限制，从动件的行程不能太大，因此盘形凸轮机构多用于行程较短的场合。如图 8-3 所示的内燃机配气机构中的凸轮即为盘形凸轮。

动画

盘形凸轮

动画

移动凸轮

(a) 结构图　(b) 配气机构

图 8-4　盘形凸轮

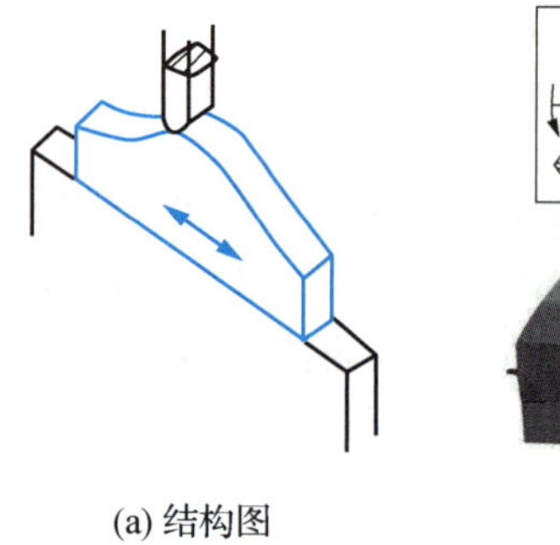

(a) 结构图

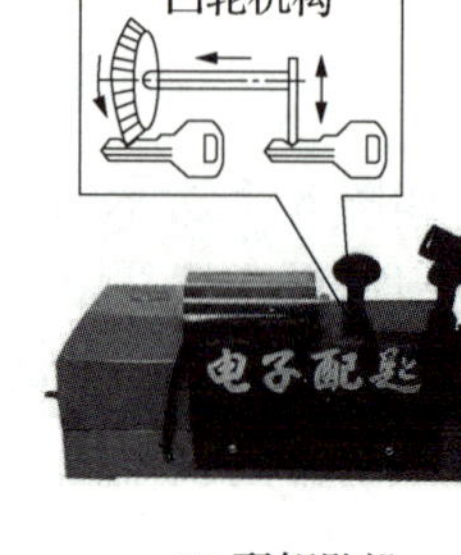

(b) 配钥匙机

图 8-5　移动凸轮

2. 移动凸轮

移动凸轮的外形呈板状，又称为板状凸轮，如图 8-5 所示。移动凸轮沿左右直线运动时，从动件沿竖直方向上下移动。与盘形凸轮相比，移动凸轮的从动件位移可以比盘形凸轮大一些。在日常生活中，应用移动凸轮的原理制成电子配钥匙机，原装钥匙相当于移动凸轮，触头相当于从动件。工作时，触头随钥匙的齿形做上下移动，做旋转切削的碗形铣刀也随之做上下移动，从而切削出一个同样齿形的新钥匙，如图 8-5 所示。

3. 圆柱凸轮

圆柱凸轮的圆柱端面具有曲线凹槽，如图 8-6a 所示。与其他凸轮不同的是，圆柱凸轮属于空间凸轮。图 8-6b 所示的圆柱凸轮应用于刀架的自动进给中，调整从动件摆杆 2 的长度，可以改变刀架的移动距离。

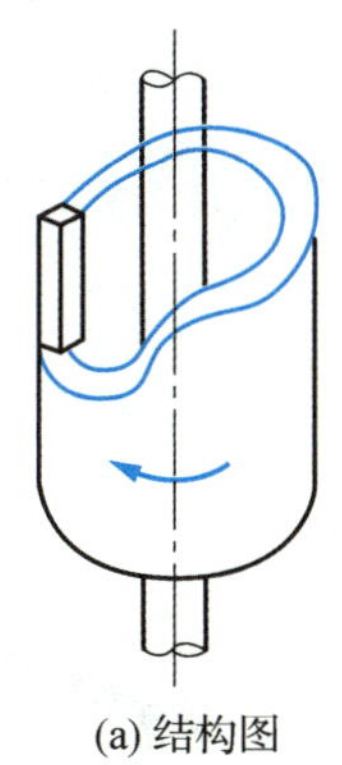

(a) 结构图

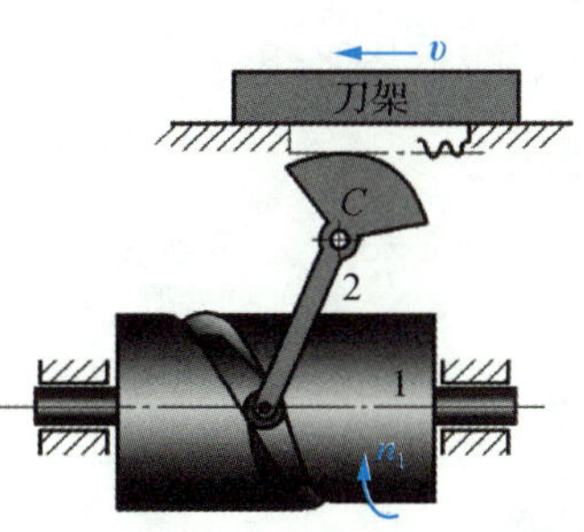

1—圆柱凸轮；2—扇形摆动从动杆。

(b) 刀架进给凸轮机构

图 8-6 圆柱凸轮

动画

圆柱凸轮

动画

刀架进给凸轮机构

二、按从动件的端部形状分类

1. 尖顶从动件

从动件的顶部为尖形，如图 8-7a 所示。从动件与盘形凸轮形成尖点接触，结构简单、紧凑。但点接触的压强大，承受载荷小，容易磨损，只能用于轻载低速的场合。

2. 滚子从动件

从动件的顶端装有滚子，如图 8-7b 所示。从动件与盘形凸轮之间形成滚动接触，摩擦小、转动灵活，可传递较大的力，应用较为广泛。

3. 平底从动件

从动件的顶端做成较大的平底，如图 8-7c 所示，从动件与盘形凸轮之间形成平底接触，在接触处容易形成油膜，润滑较好，磨损小，适用于高速场合。例如，汽车内燃机的进出气阀门杆端部与凸轮曲轴接触采用平底结构。

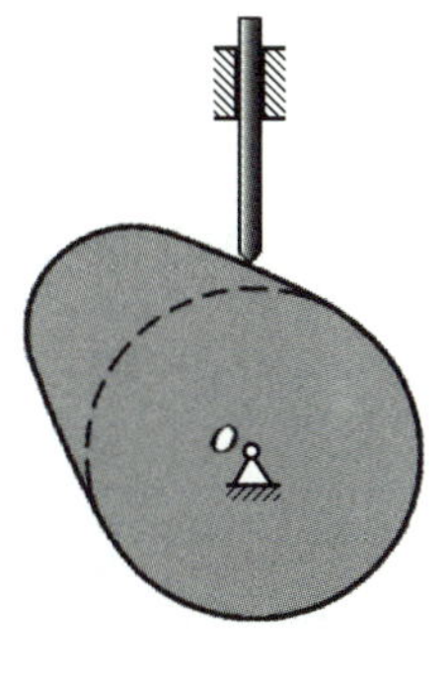

(a) 尖顶从动件

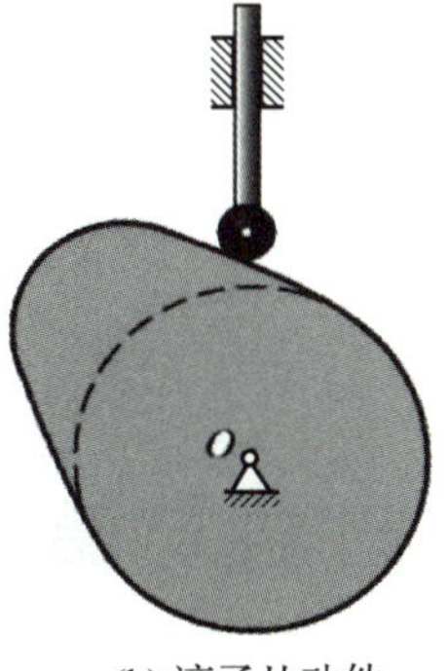

(b) 滚子从动件

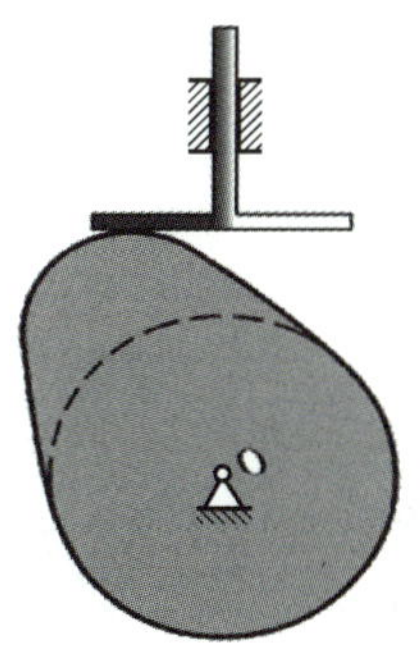

(c) 平底从动件

图 8-7 从动件形状

三、按从动件的运动形式分类

1. 直动式从动件

从动件做往复直线移动(图 8-8a)。

2. 摆动式从动件

从动件做往复摆动(图 8-8b)。

动画

直动式从动件

动画

摆动式从动件

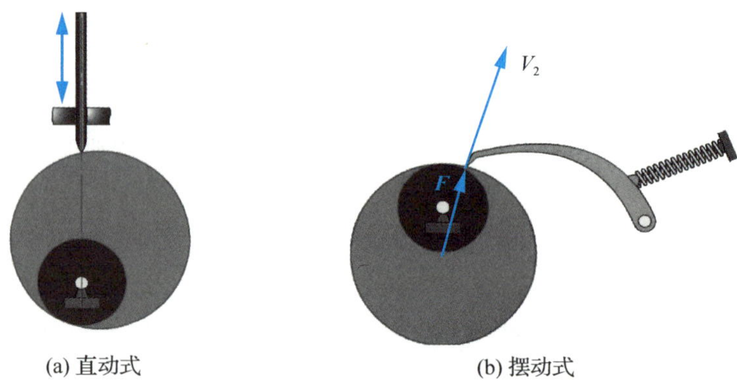

图 8-8　从动件运动形式

如图 8-9 所示为配气机构通过凸轮的转动控制气门的开闭。

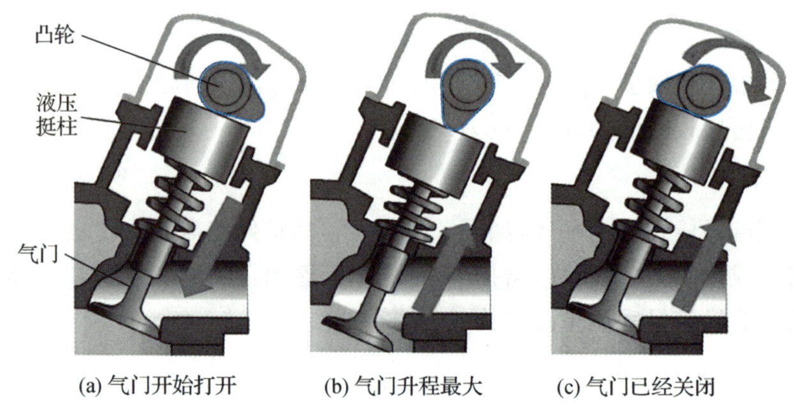

图 8-9　凸轮配气机构工作情况

第三节　凸轮机构的材料与结构

一、凸轮机构的材料

凸轮机构属于高副机构，凸轮与从动件之间的接触应力大，容易出现磨损和点蚀，而且多数凸轮机构在工作时会承受一定的冲击，因此要求凸轮和从动件的工作表面，具有高硬度、高耐磨性及高接触强度，同时心部具有良好的韧性。

对于低速、轻载场合，凸轮可以选用 HT200、HT300、QT600-3 等；从动件需承受弯曲应力，可选用 40 号钢或 45 号钢，并进行表面淬火，使表面硬度达到 40～50 HRC。

对中速、中载的场合，凸轮可选用 45 号钢，并进行表面淬火，或选用 15 号钢、20Cr 等，并进行渗碳淬火，使表面硬度达到 56～62 HRC；从动件可选用 20Cr，并进行渗碳淬火，使表面硬度达到 55～60 HRC。

对高速、重载的场合，凸轮常采用 40Cr 或 20CrMnTi 等，并进行表面高频淬火，使表面硬度达到 55～60 HRC，或选用 38CrMoAl 进行渗碳处理，使表面硬度达到 60～67 HRC；从动件可选用 T8、T10 等碳素工具钢，并进行表面淬火，使表面硬度达到 58～62 HRC。

二、凸轮机构的结构

1. 整体式凸轮

当凸轮的轮廓与轴的直径相差不大时，将凸轮和轴做成一体而成为凸轮轴，如图 8-10 所示。整体式凸轮轴的结构紧凑，所占的空间小，可减小机器的体积。

图 8-10 凸轮轴

2. 组合式凸轮

当凸轮的轮廓与轴的直径相差较大时，可将凸轮和轴分别做成零件，然后再紧固连接。连接的方式有螺栓连接、销连接、镶块连接。

凸轮与轴用螺栓连接如图 8-11 所示，凸轮与轴的相对位置可通过螺栓作调整。

凸轮与轴用销连接如图 8-12 所示。该连接简单，但凸轮与轴的相对位置不能调整。

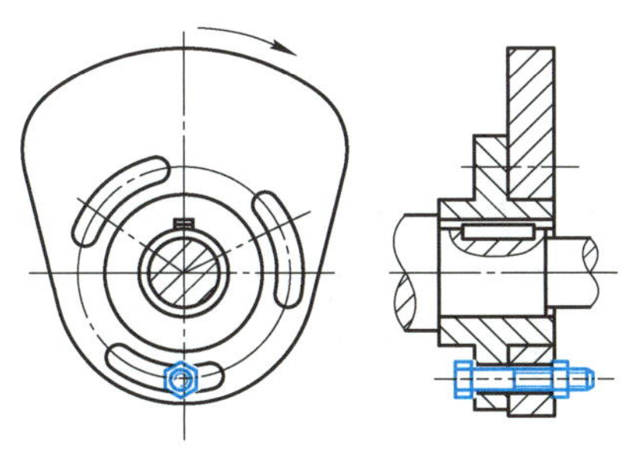

图 8-11 凸轮与轴用螺栓连接

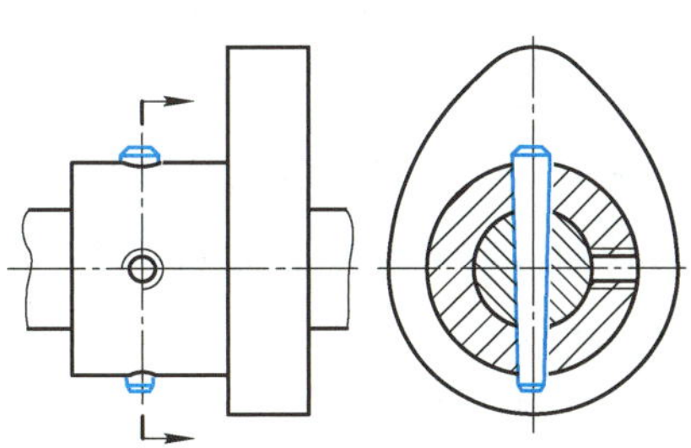

图 8-12 凸轮与轴用销连接

第四节 凸轮机构的运动分析

在凸轮机构中，从动件的运动是由凸轮的轮廓曲线所决定的。具有特定轮廓曲线的凸轮驱动从动件按照预定的规律运动。不同运动规律的从动件，要求凸轮具有不同的运动曲线。因此，凸轮轮廓曲线应根据凸轮机构的工作要求或按照从动件的运动规律来设计。

一、从动件的运动曲线

图 8-13a 所示为凸轮机构的运动过程。从动件在图示位置 A 时，离凸轮轴心 O 的距离最近，称为起始位置。以凸轮最小向径为半径所作的圆称为基圆，其半径用 r_b 表示。从起始位置开始，以凸轮的转角 δ 为横坐标，从动件的运动距离 s 为纵坐标，绘制从动件的位移曲线，如图 8-13b 所示。

从动件从离凸轮圆心 O 最近位置 A 到最远位置 B 之间的距离称为升程，用 h 表示。

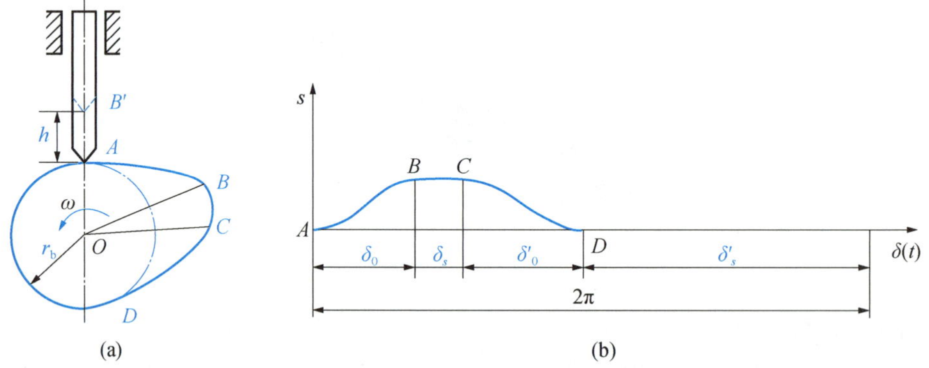

图 8-13 凸轮机构的运动过程

二、盘形凸轮的运动分析

凸轮机构工作时，凸轮每转过一圈，从动件经历升程、远停程、回程、近停程四个运动阶段。凸轮不断旋转，从动件重复升、停、降、停的运动循环。

升程：从动件在图 8-13 中处于即将上升的起始位置，其尖顶与凸轮在 A 点接触。当凸轮以匀角速度 ω 逆时针转动时，凸轮轮廓 AB 段推动从动件以一定的运动规律上升到最高位置 B 点，从动件移动的距离 h 称为升程，对应的凸轮转角 δ_0 称为升程角。

远停程：凸轮继续转过角度 δ_s 时，从动件停留在最高位置不动，并与凸轮的 BC 圆弧段连续接触，该行程称为远停程。角度 δ_s 称为远休止角。

回程：凸轮继续转过角度 δ'_0，从动件在重力或弹簧力的作用下，从最高点 C 返回最低点 D，该行程称为回程。角度 δ'_0 称为回程角。

近停程：凸轮继续转过角度δ_s'，在DA段从动件一直停在离凸轮轴圆心O最近的位置A，该过程称为近停程。角度δ_s'称为近停程角。

三、从动件的常用运动规律曲线

从动件的运动规律是指在凸轮机构运动过程中，从动件的位移s、速度v、加速度a随时间t而变化的规律。由于凸轮多以等角速度ω转动，其转角δ与时间t成正比，故从动件的运动规律常表示为各变量随凸轮转角δ变化的规律。从动件常用的运动规律有以下几种：

1. 等速运动规律

当凸轮以等角速度ω转动时，从动杆在升程或回程的速度v为一常数，这种运动规律称为等速运动规律（直线运动规律）。

等速运动是指凸轮匀速转动时，从动件在推程或回程的运动速度保持不变。等速运动规律如图8-14所示。其中，位移线图（s-δ）为斜直线，速度线图（v-δ）为水平直线，加速度线图（a-δ）为零。

由图8-14可知，在推程的开始点和回程的结束点，从动件的速度v发生突变，加速度a为无穷大，由此产生的惯性力在理论上趋于无穷大，凸轮机构将承受强烈的冲击，称为刚性冲击。因此，符合等速运动规律的从动件仅适用于低速、轻载的场合。

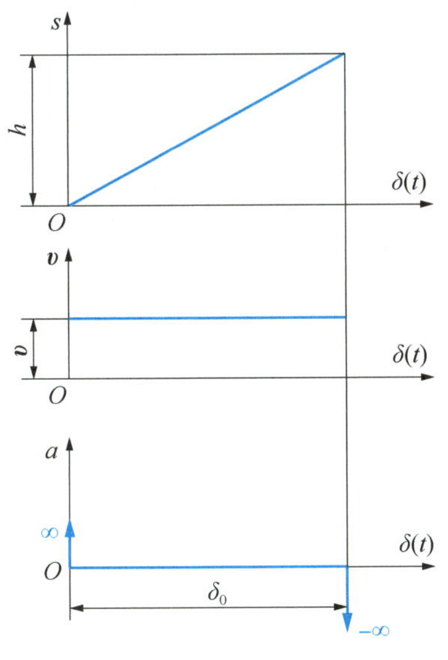

图8-14 等速运动规律

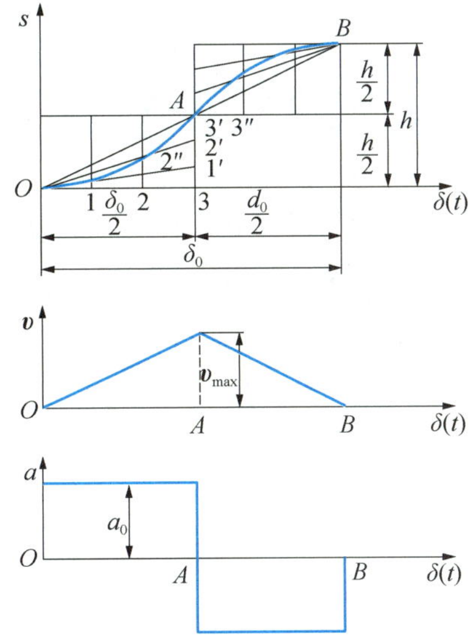

图8-15 等加速等减速运动规律

2. 等加速等减速运动规律

等加速等减速运动规律是指从动件在推程的前半程做等加速运动，后半程做等减速运动，且两阶段加速度的绝对值相等。从动件的等加速等减速运动规律如图8-15所示。

由图8-15可知，符合等加速等减速运动规律的从动件在运动的起点O、中点A、终点B三处的速度发生有限突变，即加速度为有限值，引起的冲击较为平缓。此时，凸轮机构受到的冲击称为柔性冲击。这种运动规律适合中低速运动的从动件。

3. 余弦加速度运动规律

如图 8-16 所示，余弦加速度运动规律的加速度按余弦曲线变化。加速度曲线是余弦曲线，速度曲线是正弦曲线，而位移曲线是简谐运动曲线，这种运动规律又称为简谱运动规律。由加速度曲线可见，在升程或回程的始点和终点，从动杆停歇（停程角不为零）时，该点才有柔性冲击。如果从动杆做无停歇的往复运动（停程角为零），加速度曲线变成连续的余弦曲线，运动中可以消除柔性冲击，这种运动规律可用于高速的场合。

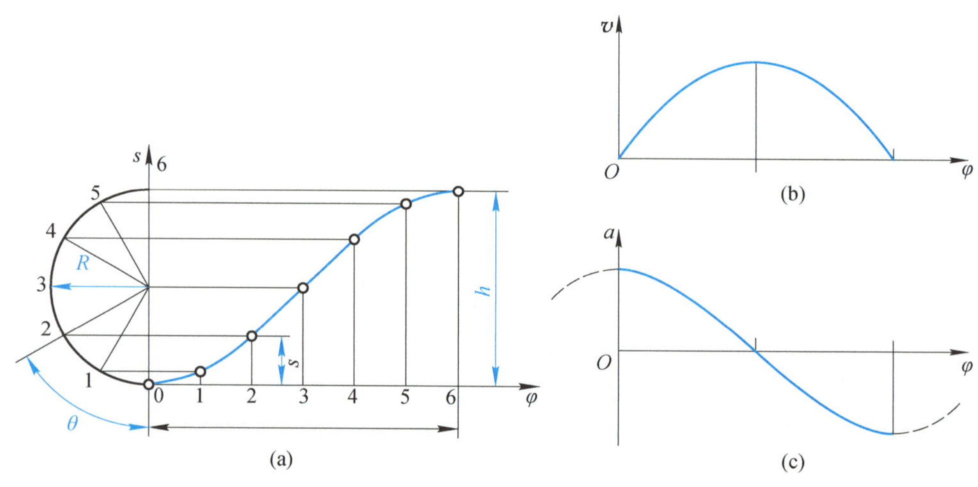

图 8-16　余弦加速度运动规律

知识拓展　你知道汽车发动机的可变气门升程技术吗？

可变气门升程技术是现代发动机技术中的一项重要创新。主要通过改变气门的开启时间和升程，以达到提高发动机效率和性能的目的。

配气机构（图 8-17）的工作原理如下：

首先是气门升程。气门升程指的是气门在开启时移动的距离，这个距离决定了气缸与进排气道之间的通气面积。升程越大，单位时间内进入或排出的空气量就越多，从而影响发动机的输出性能和效率。

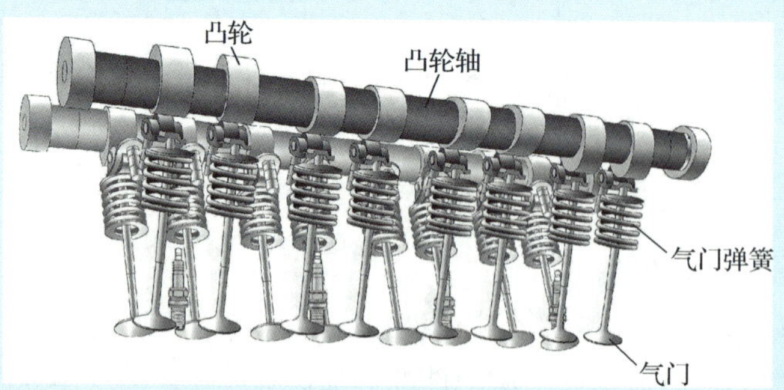

图 8-17　配气机构

凸轮是控制气门开启和关闭的关键部件，其形状和大小直接影响气门的升程和开启时间。在传统的发动机中，凸轮的形状和大小是固定的，这意味着在不同的工况下，气门的开启时间和升程是固定的。

而可变气门升程技术的出现，打破了这种限制，可变气门结构如图8-18所示。在这种技术中，通过改变凸轮的形状或位置，根据发动机的实际工况需要，实时调整气门的开启时间和升程。最常见的实现方式是使用两组或更多的不同形状的凸轮，例如圆柱形凸轮，通过机械或电控方式实现凸轮轴的轴向移动，在这些凸轮之间进行切换。

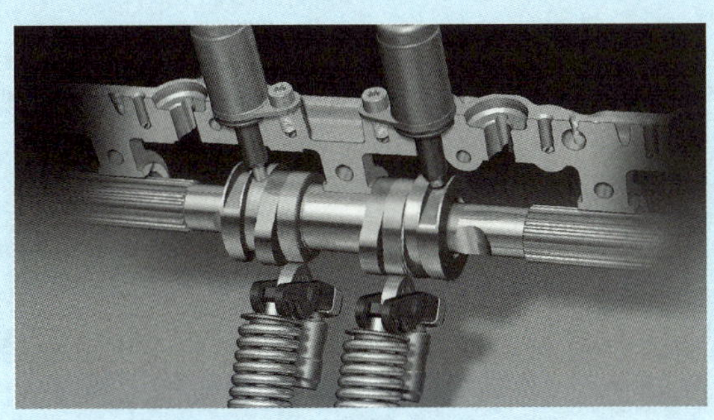

图8-18　可变气门结构

例如，当发动机在低速或怠速工况下，可以使用较小的气门升程，以减少燃烧室内的湍流，提高燃烧效率，从而减少油耗和废气排放。而当发动机需要大功率输出，如高速行驶或加速过程中，可以切换到较大的气门升程，以增大进气量，提高发动机的动力输出。

通过这种方式，可变气门升程技术可以在提高发动机性能的同时，减少油耗和废气排放，使发动机在各种工况下都能运行在最佳状态中。

单元九　间歇运动机构

知识目标

（1）了解棘轮机构、槽轮机构和不完全齿轮机构的组成、工作原理；

（2）了解各种间歇机构的特点和应用。

能力目标

能识别间歇运动机构的组成和类型，并能举出在汽车及生活中的应用实例。

案例引入

在许多机械中，特别是在各种自动和半自动机械中，常需要将原动件的连续运动变为从动件的周期性间歇运动，能够实现这种功能的机构称为间歇运动机构。常见的间歇运动机构有棘轮机构和槽轮机构。如图 9-1 所示的汽车驻车制动器（俗称手刹），其内部结构就是一种典型的棘轮机构。

图 9-1　汽车驻车制动器

第一节　棘轮机构

棘轮机构是工程实际中常用的机械机构之一，在自动化、机械和仪表中有着广泛的应用。它能够将主动件的连续匀速转动转换成从动件的周期性间歇运动。

一、棘轮机构的组成

棘轮机构的组成主要有棘爪、棘轮和机架。如图 9-2 所示，棘爪 2 安装在摇杆 1 上，止回棘爪 4 在弹簧 5 的压力作用下，始终顶住棘轮，防止棘轮做逆时针方向的转动。棘轮机构主要将连续转动或往复运动转换成单向间歇运动。

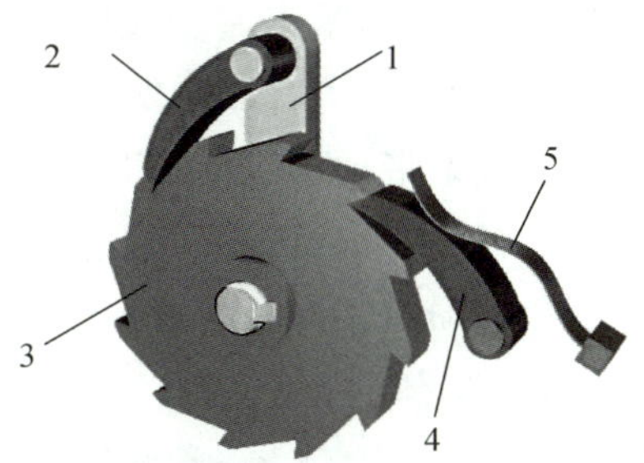

1—摇杆；2—主动棘爪；3—棘轮；4—止回棘爪；5—弹簧。

图 9-2　棘轮机构组成

二、棘轮机构的类型

1. 根据止回原理的不同分

棘轮机构的类型很多，根据止回原理的不同，棘轮机构可分为齿啮合式和摩擦式两种。其中，齿啮合式棘轮机构按棘爪位置不同又可分为外接棘轮机构、内接棘轮机构和棘条机构，如图 9-3 所示；摩擦式棘轮机构可分为外摩擦式棘轮机构、内摩擦式棘轮机构和滚子内接摩擦式棘轮机构，如图 9-4 所示。

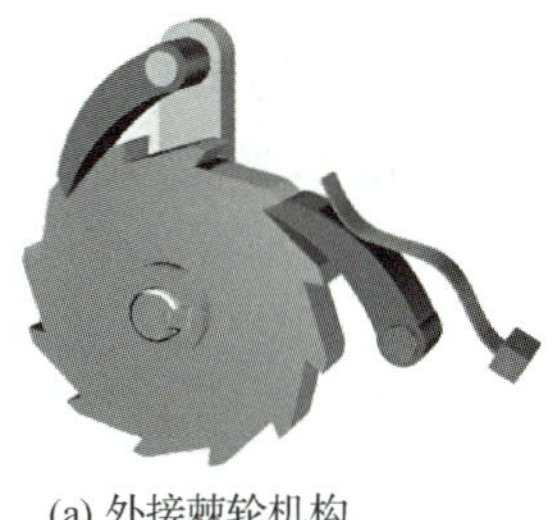

(a) 外接棘轮机构

(b) 内接棘轮机构

(c) 棘条机构

图 9-3　齿啮合式棘轮机构

(a) 外摩擦式棘轮机构

(b) 内摩擦式棘轮机构

(c) 滚子内接摩擦式棘轮机构

图 9-4　摩擦式棘轮机构

(1) 齿啮合式

齿啮式棘轮机构是靠棘爪的尖齿与棘轮的凹齿之间的啮合来传递运动的。齿啮式棘轮机构从动件转动的角度大小是由主动棘爪摇过的角度决定的。齿啮式棘轮机构分为外接式和内接式两种。

外接式啮合形式的棘轮机构的尺寸较大，一般以棘爪为主动件，棘轮为从动件。

内接式啮合形式的棘轮机构的结构较为紧凑，一般以棘轮为主动件，棘爪为从动件。但是，棘爪可以超越主动棘轮转动，并称为超越离合器。例如，如图 9-5 所示，自行车的飞轮装置即是内接式齿啮合式棘轮机构，当链条带动飞轮转动时，飞轮内的棘轮推动棘爪与车轮一起转动：当链条带不动飞轮时，飞轮内的棘爪与车轮一起滑过棘轮，靠惯性作用向前转动。

齿啮式棘轮机构的噪声、冲击和磨损都较大，不适用于高速场合。

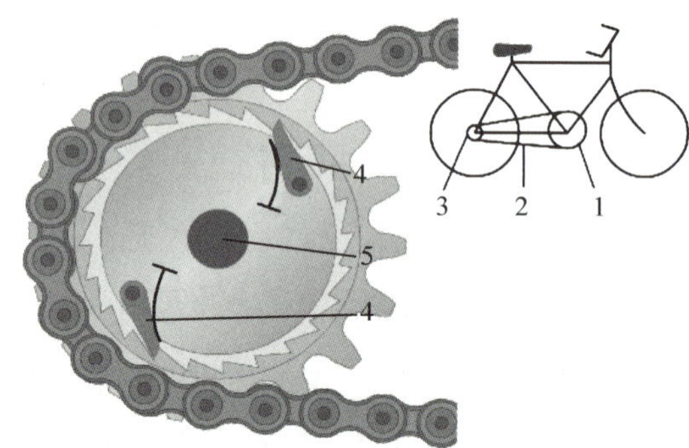

1—链轮；2—链条；3—棘轮；4—棘爪；5—后轮轴。

图 9-5　自行车超越离合器

(2) 摩擦式

摩擦式棘轮机构的棘爪与棘轮之间靠摩擦楔块或滚子的挤压力传递运动，其特点是可实现无级调整转角，运动平稳无噪声，但会出现打滑现象，使转角的精度不够高，仅应用于低速轻载的场合。

2. 根据运动形式的不同分

根据棘轮运动形式的不同分，棘轮机构又分为以下三种：

(1) 单动式棘轮机构

如图 9-6 所示，该棘轮机构只有一个主动棘爪，当摇杆往复摆动一次时，棘轮只能间歇

动画

单动式
棘轮机构

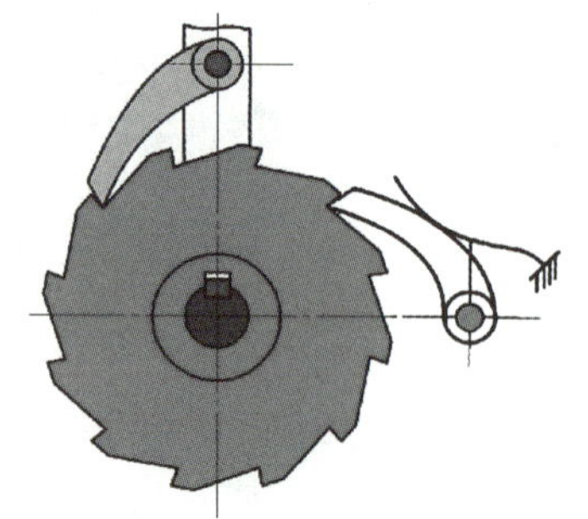

图 9-6　单动式棘轮机构

地转动一次。

(2) 双动式棘轮机构

该机轮机构中装有两个主动棘爪，当摇杆往复摆动一次时，两个主动棘爪分别拨动一次棘轮，使棘轮沿同一个方向间歇地转动两次。其中，根据棘爪形状不同，又可分为勾头形和直头形两种，如图 9-7 所示。

动画

勾头双动式棘轮机构

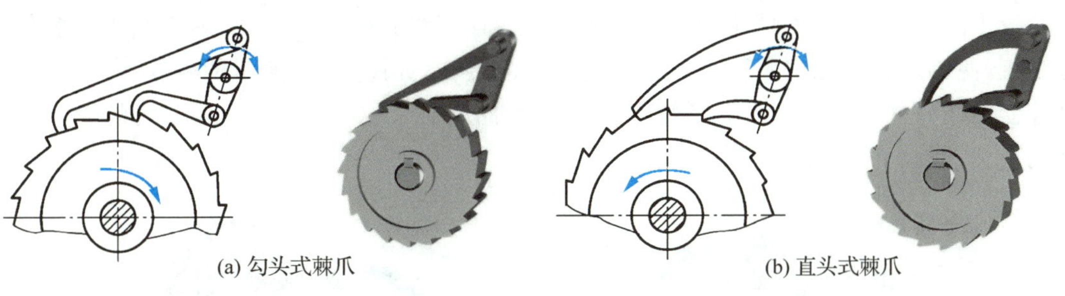

图 9-7　双动式棘轮机构

(3) 可变向式棘轮机构

棘轮轮齿为方形，如图 9-8a 所示，可变式棘轮机构中，当棘爪处于图示实线位置时，棘轮可沿逆时针方向间歇运动；当棘爪处于双点画线位置时，棘轮可沿顺时针方向间歇运动。如图 9-8b 所示为牛头刨床进给机构中所使用的棘轮机构，当棘爪处于图示位置时，棘轮能沿逆时针方向间歇转动。若将棘爪提起，绕自身轴线旋转 180°后再插入棘轮齿槽中，棘轮变为沿顺时针方向间歇运动；若棘爪提起后只转动 90°，棘爪将失去作用，棘轮静止不动。

摆动变向式棘轮机构

动画

回转变向式棘轮机构

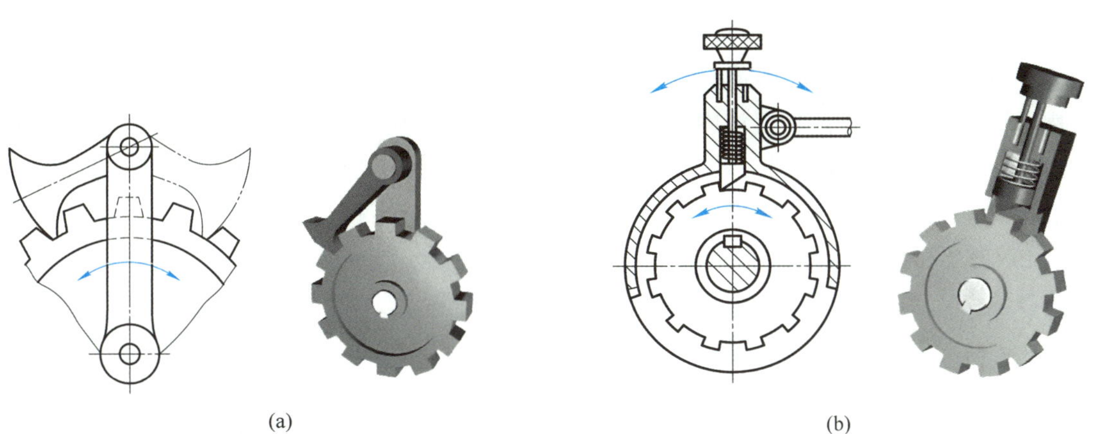

图 9-8　可变向式棘轮机构

三、棘轮机构的特点及应用

1. 棘轮机构的特点

齿啮合式棘轮机构具有结构简单、棘轮和棘爪制造方便、运动可靠等特点，但棘爪在棘轮表面划过会产生较大的噪声，且容易造成机构的磨损，故齿啮合式棘轮机构多用于低速、轻载的间歇式运动场合。摩擦式棘轮机构具有噪声小，运动平稳、从动件转角可无级调节等特点，但工作时容易打滑，故摩擦式棘轮机构不适用于需要精确传动的间歇式场合。

2. 棘轮机构的应用

如图 9-9 所示，棘轮扳手是一种手动螺钉松紧工具，其工作原理基于棘轮机构的单向间歇运动特性。棘轮扳手主要由操作杆、重块、棘轮机构等部分组成。其中，棘轮机构是棘轮扳手的核心部分，由棘轮和棘爪组成。当操作杆受到外力作用时，棘爪会卡住棘轮的一个齿，使得棘轮只能按照棘爪的指向进行单向旋转，如图 9-9a 所示使棘轮顺时针转动；当改变操作杆的方向，从而允许棘轮在相反方向上运动，如图 9-9b 所示使棘轮逆时针转动。

视频

棘轮扳手工作原理

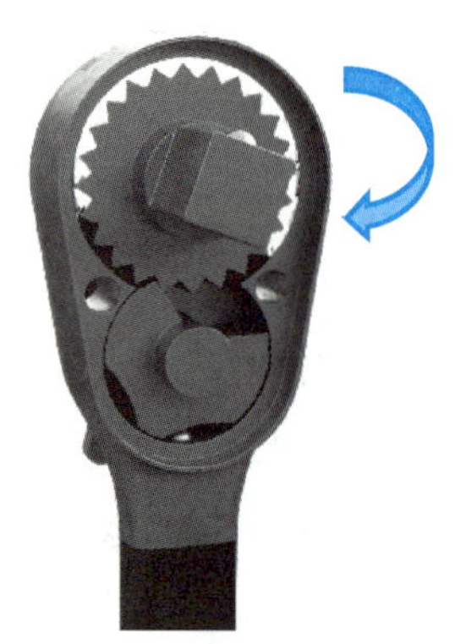

(a) 顺时针转动

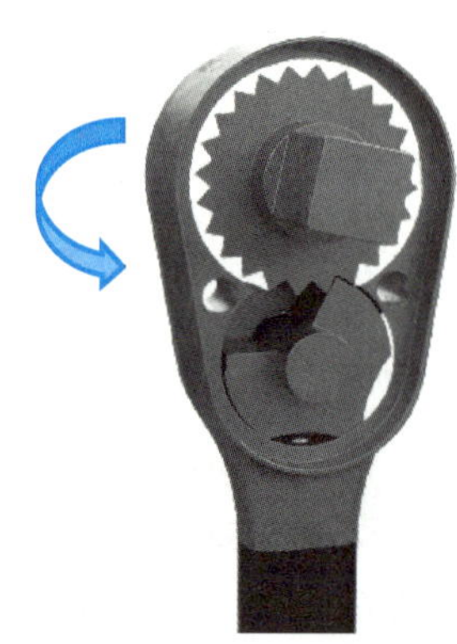

(b) 逆时针转动

图 9-9 棘轮扳手

锁止机构是汽车安全带原理中最复杂的一部分，如今有两种常用的锁定系统：由汽车运动触发的系统和由安全带运动触发的系统。第一种系统在汽车迅速减速（例如，当汽车撞上某物体）时锁定卷轴。这种机构中的核心元件是一个加重摆锤。当汽车突然停止时，惯性会导致摆锤向前摆动。摆锤另一端的棘爪会抓住固定在卷轴上的一个带齿棘轮。由于棘爪卡住了其中一个轮齿，因而齿轮便无法逆时针旋转，从而使与之相连的卷轴也无法旋转。当撞击后再次松开安全带时，齿轮会顺时针旋转，并与棘轮分开。如图 9-10 所示为汽车安全带卷收器。

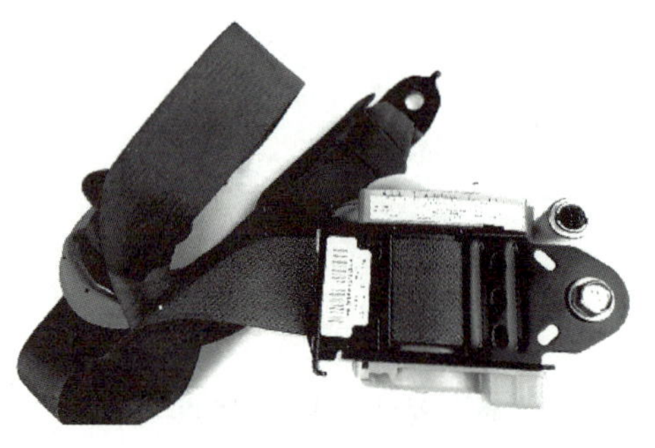

图 9-10 汽车安全带卷收器

第二节　槽轮机构

槽轮机构主要由带有圆销的主动拨盘、具有若干径向槽的槽轮和机架组成。如图 9-11 所示，主动拨盘在匀速转动时，带动槽轮做时转时停的间歇式旋转运动。

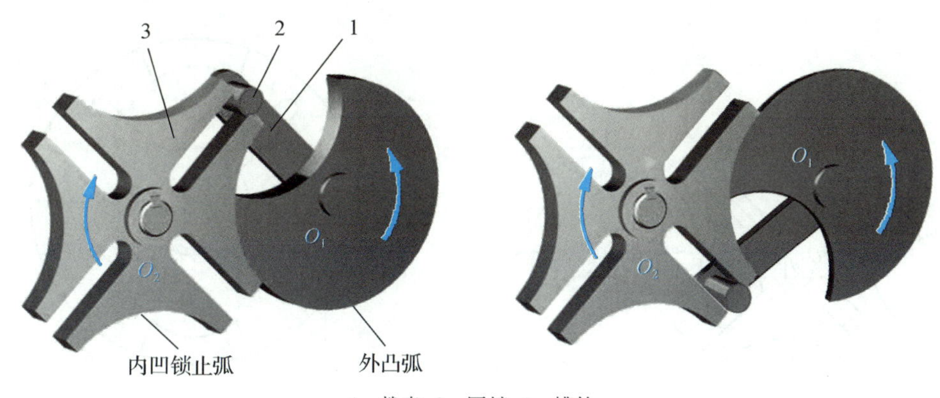

1—拨盘；2—圆销；3—槽轮。

图 9-11　槽轮机构的组成

一、槽轮机构的工作原理和分类

1. 槽轮机构的工作原理

在如图 9-12 所示的外啮合槽轮机构中，当拨盘上的圆销 A 进入径向槽时，拨盘的锁止弧与槽轮的锁止弧重合，槽轮锁住不动；当拨盘转动使圆销 A 进入径向槽时，槽轮在圆销 A 的驱动下转动；拨盘继续转动，圆销 A 转出径向槽，锁止弧再次与槽轮的锁止弧重合，槽轮再次被锁住不动。故拨盘匀速转动时，槽轮重复上述过程，做间歇式转动。对于图示的槽轮机构，当拨盘转动一圈时，槽轮将转动 1/4 圈。

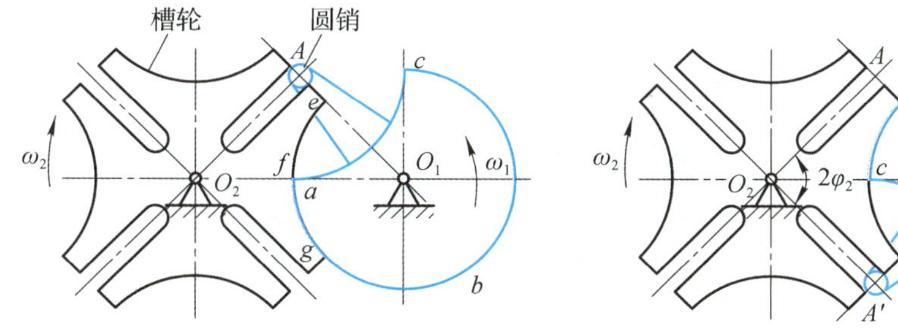

(a) 圆销进入径向槽　　(b) 圆销脱出径向槽

图 9-12　槽轮机构工作原理

动画

槽轮机构工作原理

2. 槽轮机构的分类

槽轮机构的种类很多，根据圆销与槽轮啮合位置的不同，槽轮机构可分为外槽轮机构和内槽轮机构两类。如图 9-13 所示为外槽轮机构，其中的拨盘与槽轮转向相反。如图 9-14 所示为内槽轮机构，其中的拨盘与槽轮转向相同，内槽轮停歇的时间较短，机构所占空间较小。

另外，根据拨盘上圆销的数量，可以分成单销式和双销式。圆销的个数，取决于工作要求，在如图 9-13 所示的外槽轮机构中，拨盘有 2 个圆销，槽轮有 4 个径向槽，则拨盘转动一圈时，槽轮将转动 1/2 圈。

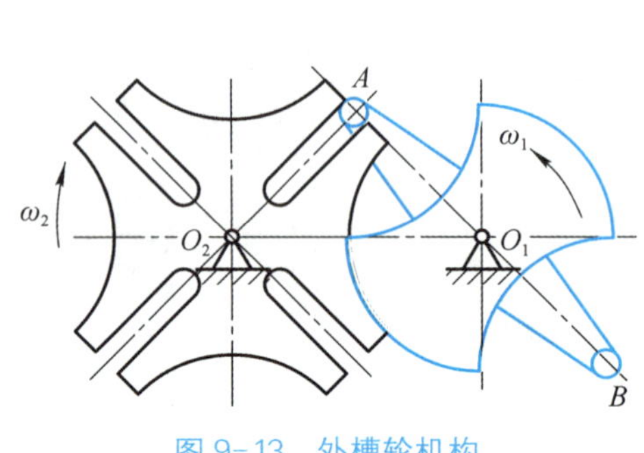

图 9-13　外槽轮机构

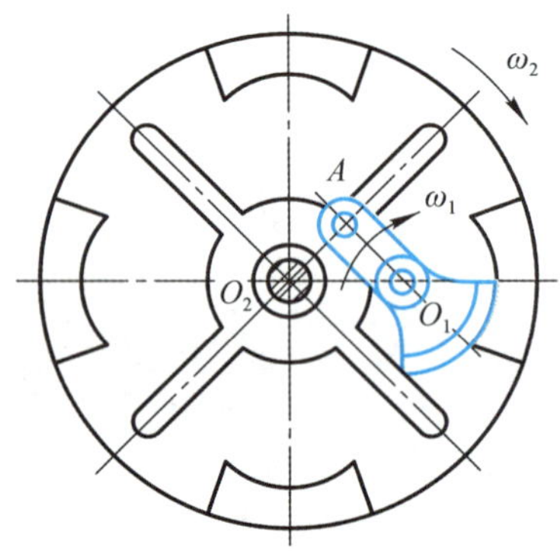

图 9-14　内槽轮机构

二、槽轮机构的特点及应用

槽轮机构具有结构简单、传动可靠、机械效率高等特点，但圆销与槽轮径向槽之间的配合要求具有较高的精度，且圆销在进入径向槽时有较大的冲击，因此槽轮机构常用于低速、定转角的间歇式运动场合。

现代化的汽车零部件生产线中，数控加工中心是必不可少的生产设备，如图 9-15 所示为数控加工中心换刀机构的示意图，槽轮与刀架同轴，刀架上安装有 4 把不同的刀具。拨盘每转动一圈，槽轮转动 14 圈并带动刀具转动 90°，即可实现一次换刀动作。

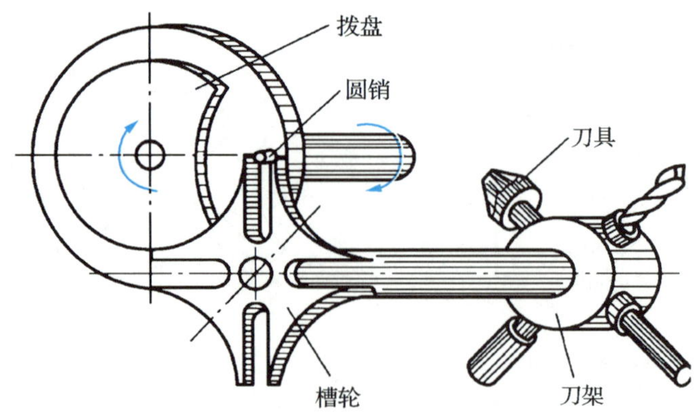

图 9-15　数控加工中心自动换刀机构

第三节　不完全齿轮机构

不完全齿轮机构是由普通渐开线齿轮传动机构演变而来的间歇运动机构。不完全齿轮与普通渐开线齿轮的区别在于此轮圆周只有一部分轮齿，剩下部分为锁止弧。其中，如图 9-16 所示为外啮合不完全齿轮机构，如图 9-17 所示为内啮合不完全齿轮机构。

动画

外啮合不完全齿轮机构

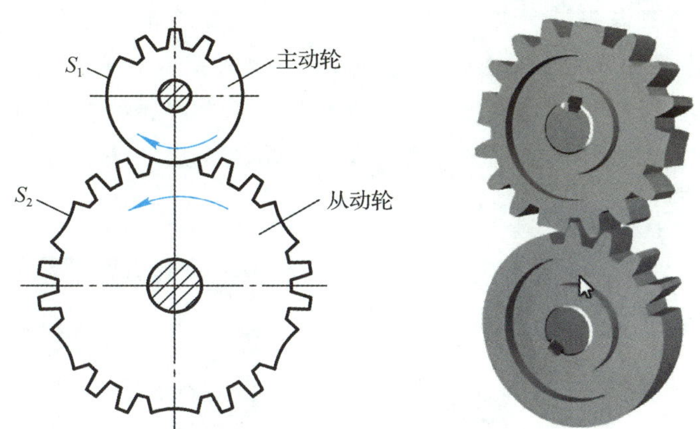

图 9-16　外啮合不完全齿轮机构

动画

内啮合不完全齿轮机构

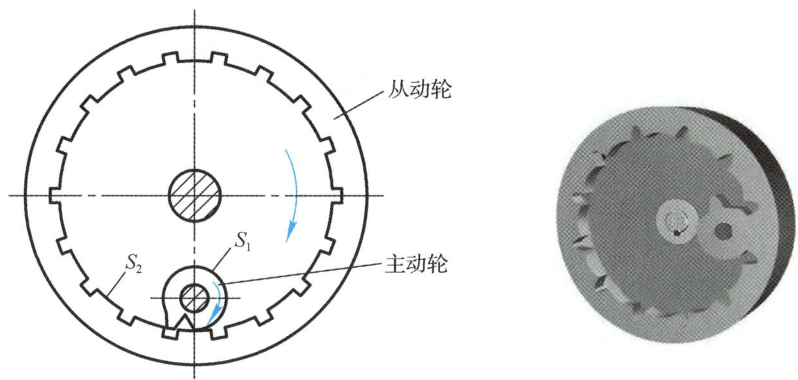

图 9-17　内啮合不完全齿轮机构

一、不完全齿轮机构的工作原理

在如图 9-16 所示的外啮合不完全齿轮机构中，主动轮做匀速运动，当其锁止弧 S_1 与从动轮相结合时，从动轮保持静止；当主动轮的有齿部分与从动轮啮合时，两者一起转动；当主动轮转过有齿部分之后，随即进入无齿区域，从动轮再次保持静止，如此反复循环，从动轮即可实现间歇运动。该不完全齿轮机构中主动轮有 3 个齿，从动轮有 18 个齿，故主动轮转动一圈，从动轮将转动 1/6 圈。

二、不完全齿轮机构的特点及应用

不完全齿轮机构具有结构简单、制造方便、工作可靠等优点，且从动轮的运动时间和静止时间的比例，可在较大范围内变化。但当从动轮在进入啮合和脱离啮合的瞬间，速度发生突变，将对机构造成较大的刚性冲击。因此，完全齿轮机构适用于低速、轻载的场合，如汽车仪表计数机构等。

知识拓展

你知道汽车专用工具中的棘轮扳手工作原理吗?

汽车专用工具中的棘轮扳手是汽修工作中不可或缺的手动工具，主要应用于螺栓、螺母的快速拆卸与安装。其工作原理主要基于内部棘轮机构的设计。

棘轮扳手主要由手柄、棘轮机构、换向装置、扳手头部和套筒组成，如图 9-18 所示。手柄提供握持和施力，通常设计有防滑材质以增加握持力；棘轮机构是实现扳手单向旋转的核心部分；换向装置允许用户改变扳手旋转方向；扳手头部连接套筒，以适配不同尺寸的螺栓。

图 9-18 棘轮扳手

图 9-19 棘轮扳手工作状况

棘轮扳手可以实现连续的单向旋转，即使在狭小空间内也能轻松施力。当用户在扳手手柄上施加力时，棘轮机构会捕捉并传递扭矩至螺栓，由于棘轮的齿形设计，扳手可以在不改变握持方向的情况下实现连续旋转，从而提高工作效率。

换向拆卸螺栓是通过内部的换向装置来实现的。在棘轮机构内部，有一个可以切换方向的棘轮块，用户通过操作换向装置，可以使棘轮块在棘轮体内左右移动，进而改变棘轮的旋转方向。换向装置通常设计有锁定功能，确保在操作过程中不会意外改变方向(图 9-19)。

当需要拆卸螺栓时，用户首先将套筒安装在螺栓上，然后通过换向装置设定棘轮旋转方向为逆时针，接着施力旋转手柄，棘轮机构的齿与套筒内壁的齿槽相互作用，实现螺栓的拆卸。

单元十　螺旋机构

知识目标

（1）了解螺纹的形成和基本参数；

（2）了解螺旋机构的工作原理、类型、特点及适用场合；

（3）了解滚动螺旋机构的工作原理、特点及滚珠丝杆的选用。

能力目标

（1）能识别螺纹的种类及应用；

（2）能举出螺纹应用实例。

案例引入

螺旋传动是利用螺杆和螺母组成的螺旋副来实现传动要求的。它主要用于将回转运动转变为直线运动或将直线运动转变为回转运动，同时传递运动或动力。螺旋机构在汽车及相关检修工具中被大量使用，图 10-1 所示为汽车千斤顶的工作图，该千斤顶实际上是一个螺旋机构。

图 10-1　汽车千斤顶

第一节　螺纹的基本知识

一、螺纹的分类

1. 按螺纹牙型分类

根据牙型螺纹可分为三角形螺纹、矩形螺纹、梯形螺纹和锯齿形螺纹等(图 10-2),其中三角形螺纹主要用于零件间连接,矩形螺纹、梯形螺纹和锯齿形螺纹主要用于传递动力和运动。

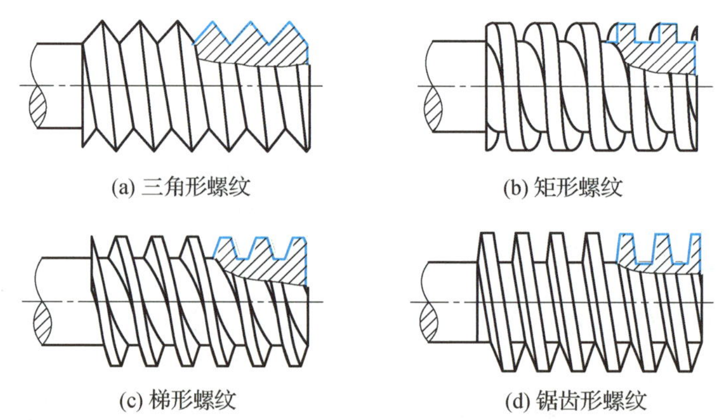

图 10-2　螺纹的牙型

2. 按螺旋方向分类

根据螺旋线绕行方向的不同,螺纹可分为右旋螺纹和左旋螺纹,如图 10-3 所示。其中,逆时针旋紧的螺纹称为左旋螺纹,螺纹特征为左高右低,如图 10-3a 所示;顺时针旋紧的螺纹称为右旋螺纹,螺纹特征为左低右高,如图 10-3b 所示。

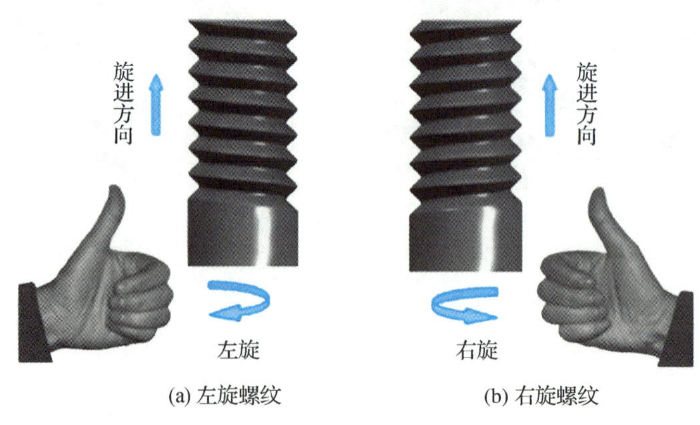

图 10-3　螺纹的旋向

3. 按形成螺纹线数分类

根据形成螺纹线数的不同，螺纹有单线和多线之分。其中，沿一条螺旋线形成的螺纹为单线螺纹，沿多条螺旋线形成的螺旋为多线螺纹。多线螺纹中，以双线螺旋较为常用，如图 10-4 所示。

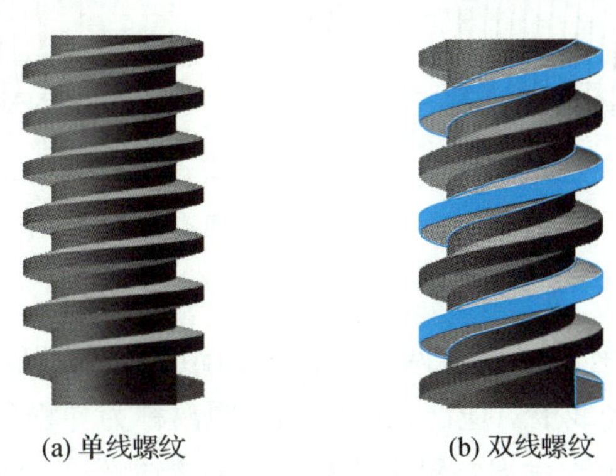
(a) 单线螺纹　(b) 双线螺纹

图 10-4　螺纹的线数

4. 按螺旋线形成的表面分类

按螺旋线形成的表面不同，螺纹可分为外螺纹和内螺纹。在圆柱体外表面上形成的螺纹称为外螺纹，在圆柱体内表面上形成的螺纹称为内螺纹，如图 10-5 所示。

(a) 外螺纹　(b) 内螺纹

图 10-5　外螺纹和内螺纹

二、螺纹的参数

内、外螺纹总是成对使用的，只有当内、外螺纹的牙型、公称直径、螺距和导程、线数和旋向五个要素完全一致时，才能正常地旋合。

1. 牙型

常见的螺纹牙型有三角形、梯形、锯齿形和矩形（图 10-2）。其中，矩形螺纹尚未标准化，其余牙型的螺纹均为标准螺纹。

2. 公称直径

螺纹的直径有大径（d、D）、小径（d_1、D_1）和中径（d_2、D_2）。其中，外螺纹用小写字母表示，内螺纹用大写字母表示。公称直径是代表螺纹尺寸的直径，普通螺纹的公称直径就是指螺纹的大径，如图 10-6 所示。

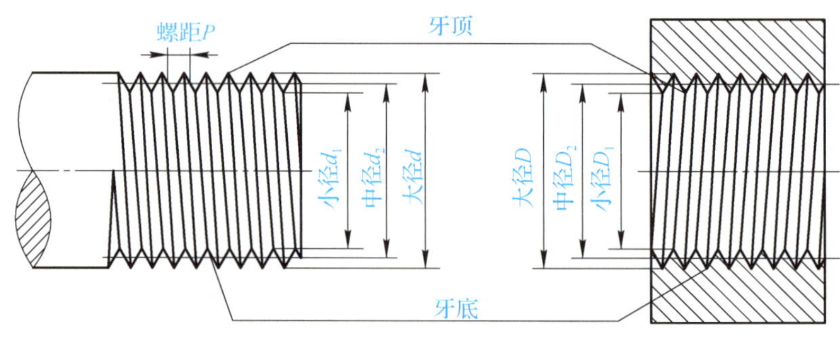

图 10-6 螺纹的直径

3. 螺距和导程

螺纹上相邻两牙在中径线上对应两点间的轴向距离称为螺距(P);沿同一条螺旋线形成的螺纹,相邻两牙在中径线上对应两点间的轴向距离称为导程(P_h),如图 10-7 所示。对于单线螺纹,导程 = 螺距($P_h = P$);对于线数为 n 的多线螺纹,导程 $=n\times$ 螺距($P_h=nP$)。

4. 线数

螺纹有单线和多线之分。沿一条螺旋线形成的螺纹为单线螺纹;沿两条或两条以上螺旋线形成的螺纹为双线或多线螺纹,如图 10-7 所示。

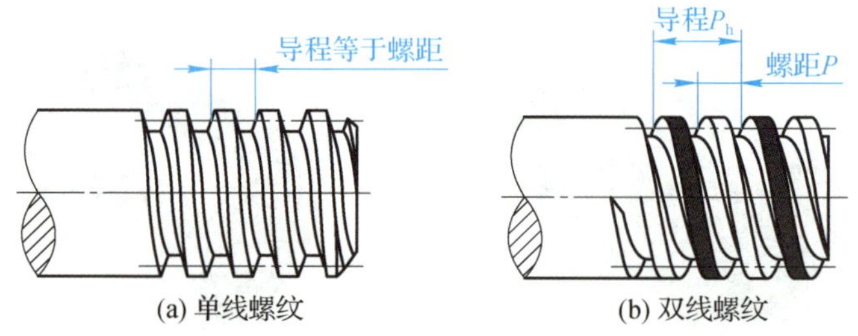

图 10-7 螺纹的线数

5. 旋向

工程上常用右旋螺纹。只有在特殊情况下才选用左旋螺纹,如液化气钢瓶接口为防止其他接头混搅使用,使用左旋螺纹。

第二节 螺旋机构

在机械中,有时需要将回转运动转变为直线运动,或将直线运动转变为回转运动,螺旋机构就是实现这种转变的一种机构。螺旋机构常由螺杆、螺母和机架组成,依靠螺杆与螺母组成的螺旋副来实现传动要求。螺旋机构在机床、起重机械、测量仪器等设备中具有广泛的应用。

一、螺旋机构的类型和应用

螺旋机构按其用途可分为以下三类。

1. 传力螺旋

传力螺旋以传递动力为主，以较小的转矩产生较大的轴向力，用以举重或克服其他相当大的生产阻力，如图 10-8 所示为螺旋千斤顶和螺旋压力机。传力螺旋一般为间歇性工作，每次工作时间较短，工作速度也不高。由于它主要用来承受很大的轴向力，而且通常需有自锁能力，故一般用单头螺旋，螺旋升角一般为 4°～5°，传动效率仅为 40%左右。

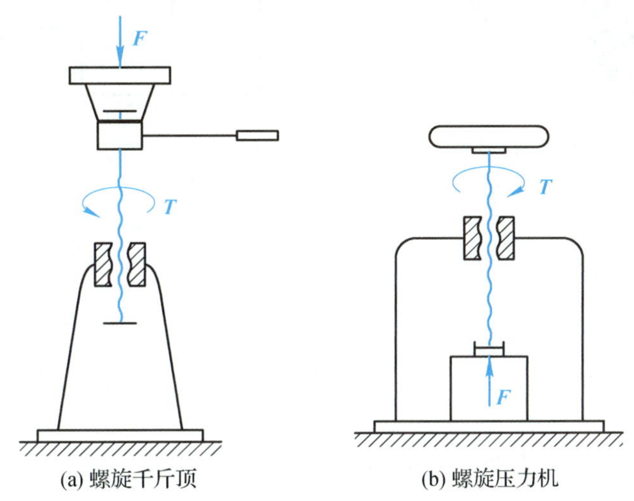

图 10-8　传力螺旋的应用

2. 传动螺旋

传动螺旋用以传递运动及功率。传动螺旋要在较长的时间内连续工作，工作速度也较高，而且要求有较高的传动精度。如机床进给装置(图 10-9)、机用虎钳等。螺旋机构按其螺纹间摩擦性质的不同，又可分为滑动螺旋和滚动螺旋。

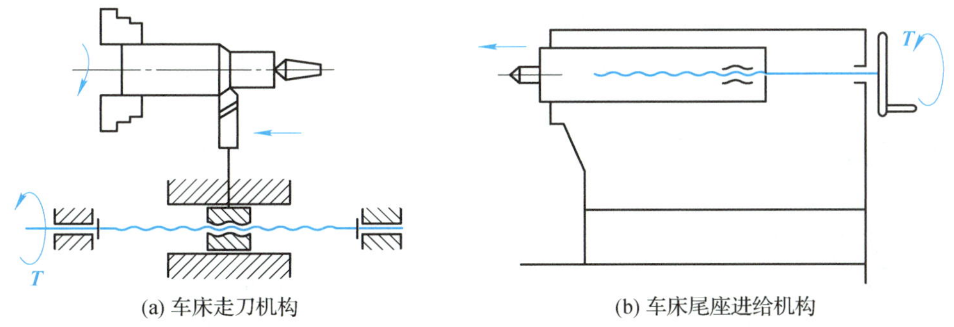

图 10-9　传动螺旋的应用

3. 调整螺旋

调整螺旋用以调整、固定零件或工件的位置。调整螺旋一般不在工作载荷下转动。如机械零件测量中常用的螺旋测微器，内部采用调整螺旋传动，可实现高精度测量，如图10-10所示。最典型为螺杆转动并移动、螺母移动的形式。螺杆上两段螺纹的旋向相同而导程不同时，称为差动螺旋。两导程若相差很小，螺母可实现微小位移，故又称为微动螺旋，用于镗刀杆、螺旋测微仪等。螺杆上两段螺纹的旋向相反时，称为复式螺纹，可实现快速移动，用于夹具、张紧装置等。

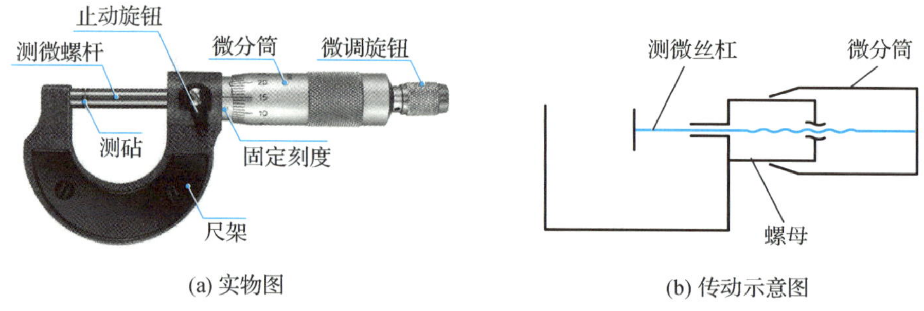

图 10-10　螺旋测微器的应用

二、螺旋机构的特点

螺旋机构具有以下几个特点：

1）当螺杆转过一周时，螺母只移动一个导程，而导程可以做得很小。故螺旋机构可以得到很大的减速比。

2）由于减速比大，当在主动件上施加一个不大的扭矩时，在从动件上可获得一个很大的推力，即螺旋机构具有很大的机械效率。

3）选择合适的螺旋升角可以使螺旋机构具有自锁性。

4）结构简单、传动平稳、无噪声等。

5）滑动螺旋的效率较低，特别是自锁螺旋的效率都低于50%。

三、滚动螺旋机构

普通的螺旋机构中，螺母与螺杆在螺旋面上发生滑动摩擦，传动效率较低，长期工作会导致精度下降。滚动螺旋机构，主要由螺杆、螺母、滚珠和滚珠循环装置等组成，如图10-11所示。螺杆和螺母表面上加工出弧形的螺旋槽，二者旋合后形成螺旋滚道，滚道内填满滚珠，滚道两头封闭。当螺杆转动时，滚珠既沿着滚道循环滚动，又发生自转，推动螺母产生轴线移动，两者相对运动的摩擦为滚动摩擦，其摩擦损失比滑动螺旋机构小，传动效率也比滑动螺旋机构高。滚动螺旋传动的效率一般在90%以上，它不自锁，具有传动的可逆性。

图 10-11　滚动螺旋机构组成

滚动螺旋传动在汽车及其相关产业中有着广泛的应用，如图10-12所示的循环球式转向器就是一种滚动螺旋机构，利用滚动螺旋机构减小转向的阻力，以提高汽车转向的可靠性和稳定性。

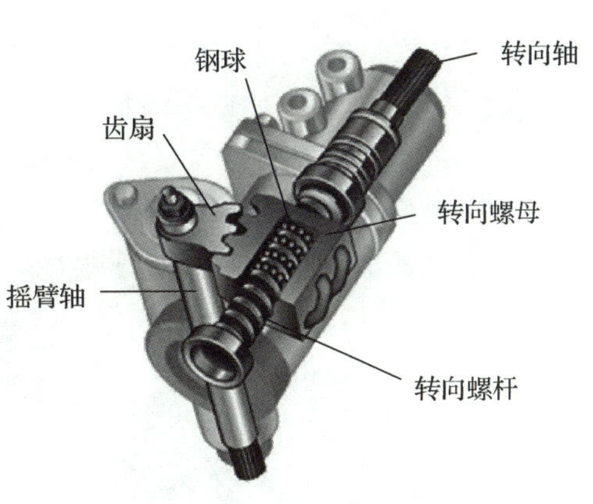

图 10-12 循环球式转向器

滚动螺旋机构的特点如下：

(1) 传动效率高

滚动螺旋传动由于螺旋中含有滚珠或滚子，摩擦阻力小，传动效率一般在 90%以上。

(2) 起动力矩小

由于摩擦因数小，所需的起动力矩也较小。

(3) 运转平稳

传动过程中运转平稳，不易产生爬行现象。

(4) 工作寿命长

由于磨损小，工作寿命长，维护简单。

(5) 具有传动的可逆性

可以将旋转运动变成直线运动，也可以将直线运动变成旋转运动。

(6) 定位精度高

经过预紧调整后，可以获得很高的定位精度和重复定位精度。

(7) 制造工艺复杂

制造工艺较为复杂，成本较高。

(8) 承载能力较弱

承载能力比普通螺旋机构传动差。

应用领域：滚动螺旋传动广泛应用于需要高精度、高效率的场合，如数控机床、机器人关节、精密仪器等。

知识拓展 **你知道汽车电子手刹怎样实现车辆后轮锁止的吗?**

机械式汽车手刹通过拉动车内手刹手柄，带动手刹拉线，实现车轮的锁止，如图 10-13 所示。但随着汽车的发展，电子手刹逐渐替代了机械手刹，那电子手刹到底是如何工作的呢？

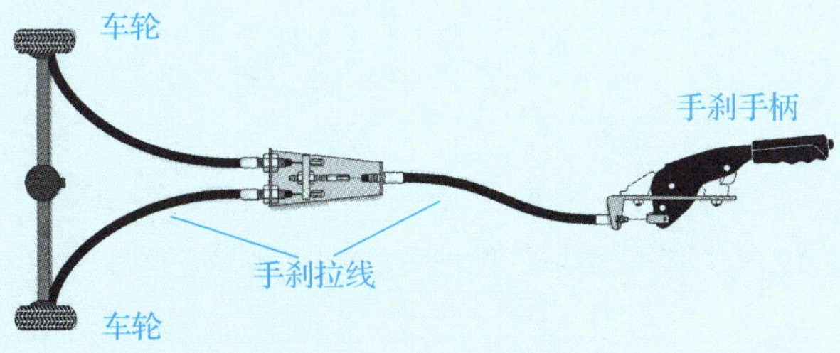

图 10-13 机械手刹

电子手刹系统由电子控制单元、电动机、齿轮箱和制动卡钳等组成，如图 10-14 所示，它能够根据驾驶员的指令实现自动或手动操作。当驾驶员通过按钮或拨杆操作电子手刹时，系统会根据具体情况自动调节制动力，以确保车辆安全驻车。

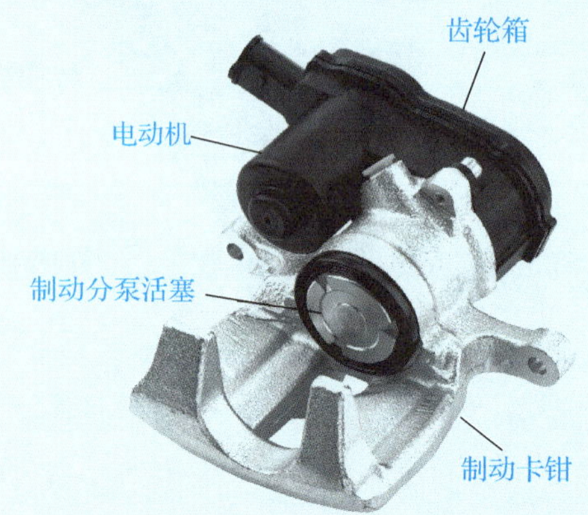

图 10-14　电子手刹

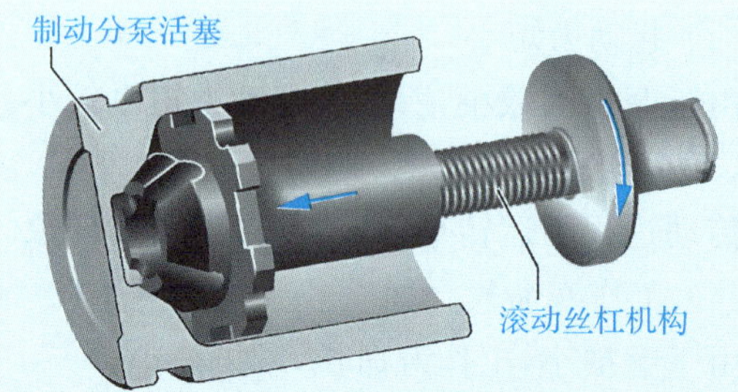

图 10-15　驻车状态下的制动分泵工作过程

(1) 驻车制动

当驾驶员按下电子手刹按钮时，ECU 接收到指令，控制电动机转动，将动力通过齿轮箱内部的齿轮带动滚珠丝杠机构旋转，推动制动分泵，如图 10-15 所示。

制动分泵作用制动片压紧制动盘，产生制动力，确保车辆不会因重力或外力而滑动。此时，系统会保持车辆处于静止状态，完成电子驻车，如图 10-16 所示。

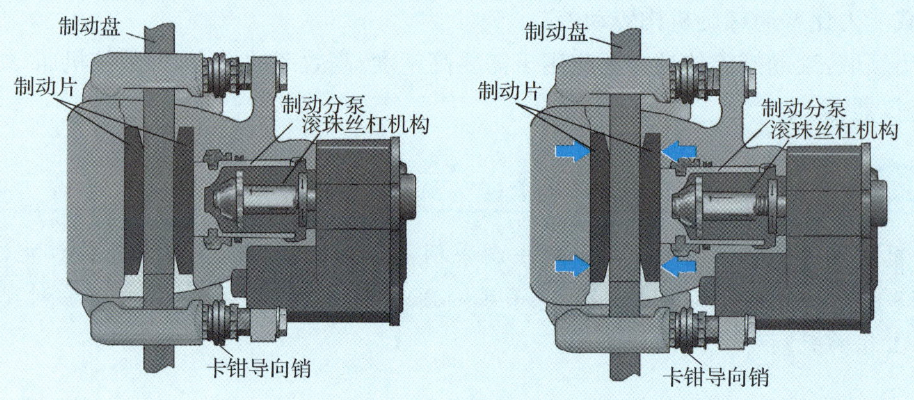

图 10-16　驻车制动

(2) 释放制动

当驾驶员再次按下按钮或起动电子手刹的释放功能时，ECU 会发送信号给电动机，控制滚珠丝杠机构的反向运动，将制动片松开，解除制动。这时，车辆恢复自由状态，可以继续行驶。

(3) 自动驻车制动

一些高级车型配备了自动驻车制动功能(图 10-17)。当车辆在停车时，ECU 会自动激活电子手刹，自动施加制动，无需驾驶员手动操作。这一功能通常与自动启停系统或电子驻车辅助系统结合使用。

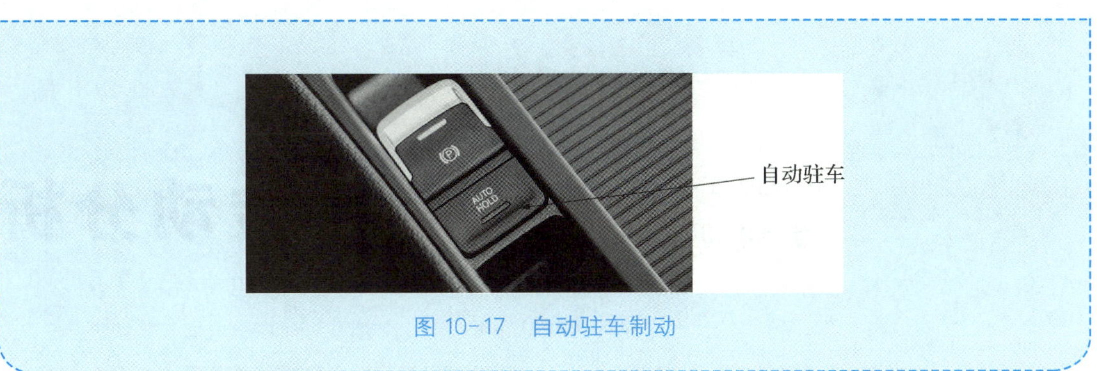

图 10-17 自动驻车制动

module 4
模 块 四

汽车常用传动分析

单元十一　带　传　动

知识目标

（1）了解带传动的类型、特点及应用；
（2）熟悉 V 带标准、传动的工作原理、失效形式；
（3）掌握 V 带传动的安装、张紧和维护；
（4）了解同步带传动的特点及应用；
（5）掌握同步带的参数、类型和标注；
（6）认识同步带轮。

能力目标

能分析带传动的类型。

案例引入

带传动在汽车上应用较广，而传动带是汽车发动机中的重要零部件，它将曲轴输出的动力传递给水泵、发电机、空调压缩机，驱动它们工作，如图 11-1a 所示。在某些类型的发动机上，配气机构中的正时带也采用带传动，如图 11-1b 所示。

(a)　　(b)

图 11-1　汽车中带传动的应用

第一节　带传动

在机械传动中，带传动和链传动都属于挠性传动，广泛用于两轴相距较远的场合。

一、带传动的组成和工作原理

带传动由主动轮、传动带及从动轮组成。如图 11-2 所示。

动画

带传动工作原理

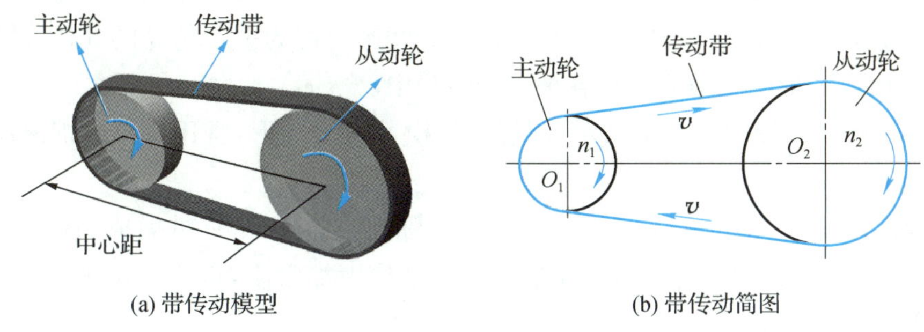

(a) 带传动模型　　(b) 带传动简图

图 11-2　带传动的组成

带传动是利用带轮与传动带之间的摩擦力或带轮与传动带之间的啮合来传递运动和扭矩的。带传动具有传动平稳、结构简单、造价低廉、不需要润滑和缓冲吸振等优点，在机械传动中得到了广泛的应用。

二、带传动的类型

1. 按工作原理分

带传动分为摩擦型带传动(图 11-3a)和啮合带传动两大类。摩擦型带传动的圆环带紧套在两带轮上，靠带与带轮之间接触面的正压力所产生的摩擦力来传动。当主动轮转动时，依靠摩擦力带动摩擦带转动，通过摩擦带带动从动轮转动，从而把主动轮的运动和动力传递给从动轮，并改变从动轮的转速和扭矩。

(a) 摩擦带传动　　(b) 同步带传动

图 11-3　摩擦带传动和同步带传动

啮合带传动依靠轮上的齿与带上的齿或孔啮合传递运动，分同步带传动(图 11-3b)和齿孔带传动两种。其中，同步带传动的应用最广。

(1) 摩擦带传动

摩擦带传动是依靠带与轮之间的摩擦力传递运动的。根据带的横截面形状的不同，摩擦带可分为以下四种类型(图 11-4)：

1) 平带传动。如图 11-4a 所示，平带的截面为扁平矩形，带的内表面与轮缘接触面为工作平面。常用的平带有普通平带(胶帆布带)、皮革平带和棉布带等。平带的结构较为简单，带轮制造容易，适用于中心距较大的带传动。但在相同条件下，平带所能传递的功率较小。

2) 带传动。如图 11-4b 所示，V 带断面为等腰梯形，两侧为工作面。工作时，V 带与轮槽两侧面接触。在同样压力的作用下，V 带传动的摩擦力约为平带传动的 3 倍，故能传递较大的载荷。所以，V 带广泛地应用在各种机械传动中。

3) 圆形带传动。如图 11-4c 所示，圆形带的横截面为圆形，常用皮革或棉绳制成，常用于小功率传动。

4) 多楔带传动。如图 11-4d 所示，多楔带实际上是将多条 V 带做成一体。与 V 带传动相比，在传递相同功率的条件下，多楔带传动的结构更加紧凑，也不会出现多根 V 带长度误差造成受力不均的现象。

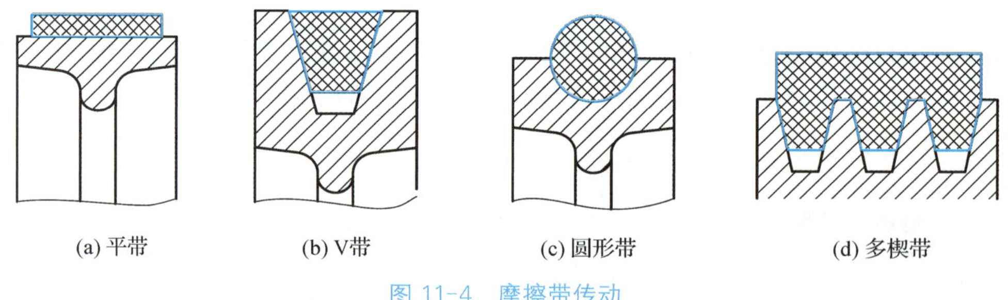

(a) 平带　(b) V带　(c) 圆形带　(d) 多楔带

图 11-4　摩擦带传动

(2) 啮合带传动

啮合带传动有同步带传动和齿孔带传动两种类型(图 11-5)。

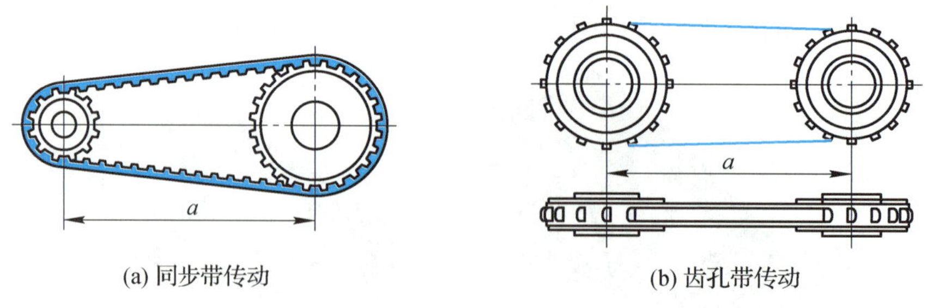

(a) 同步带传动　(b) 齿孔带传动

图 11-5　啮合带传动

1) 同步带传动。利用带的齿与轮的齿相啮合传递运动和动力，带与轮间为啮合传动，没有相对滑动，可保持主、从动轮线速度同步。

2）齿孔带传动。带上的孔与轮上的齿相啮合，同时可避免带与带轮之间的相对滑动，使主、从动轮保持同步运动。

2. 按传动布置方式分（图 11-6）

（1）开式传动

开式传动是一种常见的皮带传动方式，其中两个皮带轮的轴平行，并且两个皮带轮宽度的对称平面重合，转向一致。开式传动的优点是结构简单，易于安装和维护，同时具有较高的传动效率和可靠性。它广泛应用于各种机械设备和汽车传动系统。

（2）交叉传动

交叉传动是一种特殊的皮带传动方式，其中两个皮带轮的轴平行，但两轮中心平面重合，方向相反，传动效率相对较低。交叉传动的优点是传动平稳，噪声较小，适用于一些对噪声要求较高的场合。然而，由于其结构复杂，维护难度较大，因此在实际应用中并不常见。

（3）半交叉传动

半交叉传动是一种特殊的皮带传动方式，其中皮带轮两轴在空间上交错，交错角通常为 90°，且传动效率相对较低，不能逆转。半交叉传动的优点是传动平稳，噪声较小，适用于一些对噪声要求较高的场合。然而，由于其结构复杂，维护难度较大，因此在实际应用中并不常见。

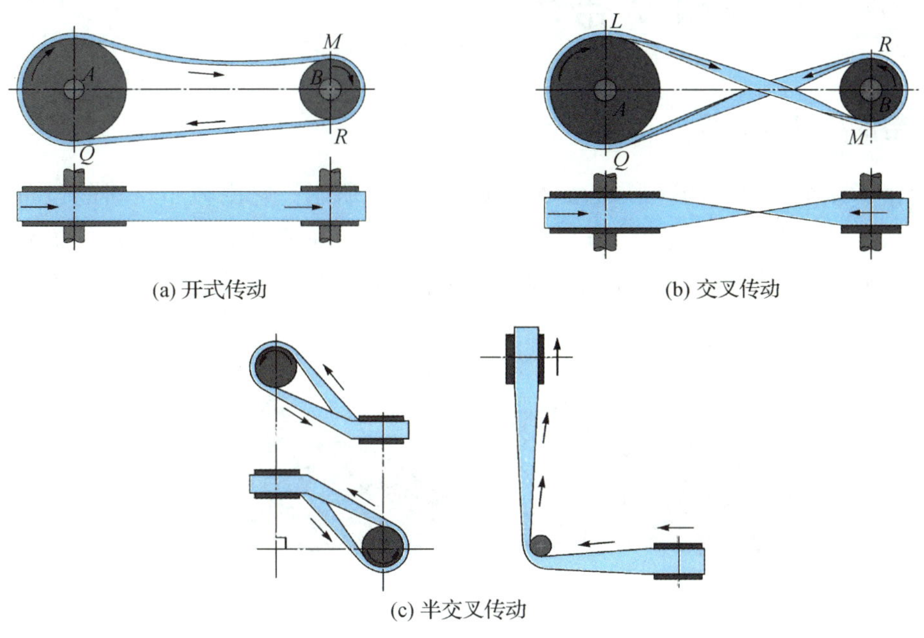

(a) 开式传动　(b) 交叉传动

(c) 半交叉传动

图 11-6　传动布置方式

三、带传动的特点与应用

1. 带传动的优点

1）传动带具有弹性，能缓冲吸振，传动过程平稳，噪声小；

2）过载时，摩擦带与带轮间会出现打滑，从而防止传动零件的破坏，具有过载保护的功能；

3）结构简单，使用及维护方便，制造和安装精度要求不高；

4）适用于中心距较大的传动。

2. 带传动的缺点

1）由于传动时带与带轮间存在弹性滑动，摩擦型带传动不能保证准确的传动比；

2）传动的外廓尺寸及带作用于轴上的压力较大，需要张紧装置；

3）传动效率不高，带的工作寿命较短；

4）不适宜工作在高温、易燃及有油、水的场合。

3. 带传动的应用

带传动多用于传递中小功率、传动平稳及不要求准确传动比的远距离传动场合。其中，V带传动应用最为广泛，允许带速一般为 5～25 m/s，传动比小于 10，传动效率 η 一般为 0.94～0.97。

第二节　V带和V带轮

一、V带的构造与标准

V带通常制成无接头的环形，断面结构如图 11-7 所示。它由帆布材料的包布层、橡胶材料的底胶、顶胶和抗拉体组成。抗拉体分为绳芯和帘布芯两种，绳芯V带的柔韧性好，抗弯强度高，适用于转速较高的场合；帘布芯抗拉强度较高，适用于传递较大的功率。

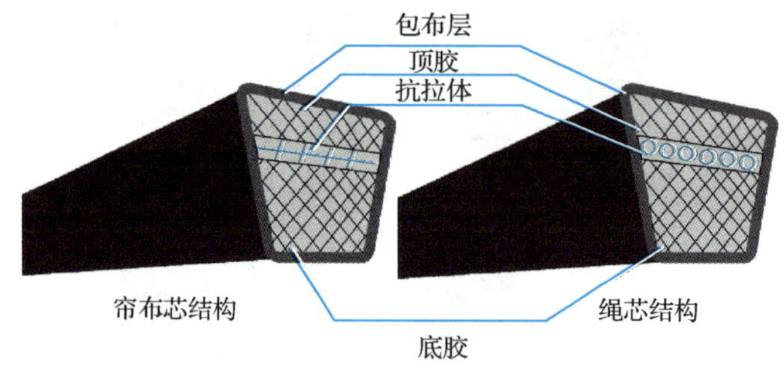

图 11-7　V带的断面结构

V带在绕过带轮时产生弯曲，外层受拉而伸长，内层受压而缩短，伸长与缩短之间必定有一处长度不变的中性层。中性层面称为节面，节面的宽度称为节宽，用 b_p 表示。V带在中性层面上的周线长度称为基准长度，用 L_d 表示，如图 11-8 所示。带轮的基准直径 d_d 为带轮上与所配用V带的节宽 b_p 相对应处的直径，如图 11-9 所示。

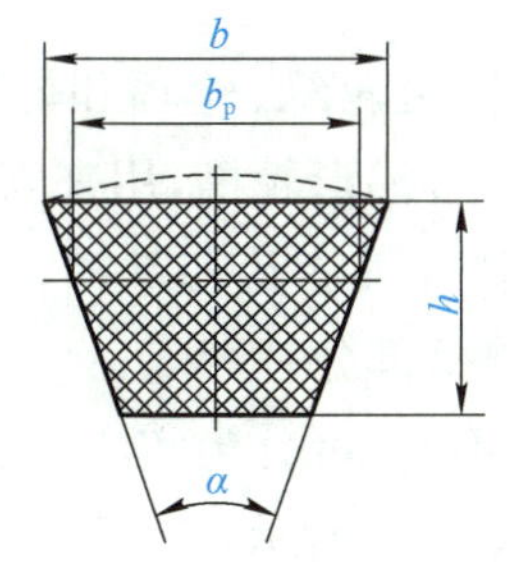

图 11-8　V 带截面示意图

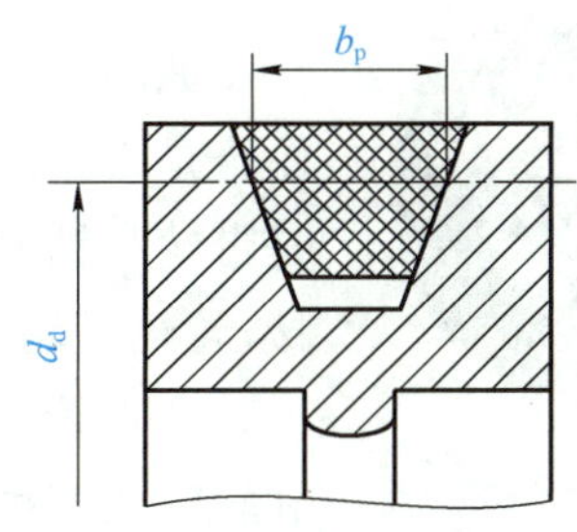

图 11-9　V 带轮的基准直径

V 带是标准件。普通 V 带按截面尺寸由小到大的不同，分为 Y、Z、A、B、C、D、E 七种型号，见表 11-1。

表 11-1　V 带截面尺寸系列

带型	节宽 b_p/mm	基本尺寸		
普通 V 带		顶高 b/mm	高度 h/mm	楔角 α/°
Y	5.3	6.0	4.0	40
Z	8.5	10.0	6.0	
A	11.0	13.0	8.0	
B	14.0	17.0	11.0	
C	19.0	22.0	14.0	
D	27.0	32.0	19.0	
E	32.0	38.0	25.0	

常用的 V 带基准长度 L_d 有 560 mm、630 mm、710 mm、1 000 mm、1 120 mm 等，但不是每一种型号都有这些基准长度，需要时请参考相关手册。

楔角 α 为 40°，相对高度（h/b_p）为 0.7 的 V 带称为普通 V 带。

普通 V 带的标记由带型、基准长度和标准编号组成。例如，B2240　GB/T 11544—2012 表示 B 型 V 带，基准长度 L_d 为 2 240 mm，2012 年的国家标准。为方便 V 带的识别，通常在 V 带的外层表面印刷带的标记，包括商标、代号、制造日期。

二、V 带轮的材料与结构

1. V 带轮的材料

带轮是带传动中的重要零件，它必须满足下列条件要求：质量分布均匀，安装对中性好，工作表面要经过精细加工，以减少磨损，质量尽可能轻，强度足够，旋转稳定。

制造带轮的材料可采用灰铸铁、铸钢、铝合金或工程塑料，以灰铸铁应用最为广泛。当带速 $v \leqslant 25$ m/s 时，带轮材料常用 HT150，带速 $v > 25 \sim 30$ m/s 时常采用 HT200；当带速 $v > 25 \sim 45$ m/s 时可选用 HT300 或 ZG310 - 570、ZG340 - 640，或钢板冲压焊接而成。$v < 15$ m/s 和小功率传动时，常用工程塑料。

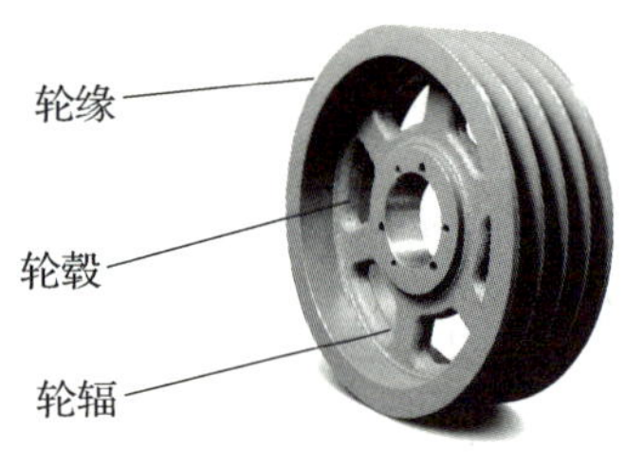

图 11-10　V 带轮结构

2. V 带轮的结构

如图 11-10 所示，带轮由轮缘、轮辐和轮毂三部分组成。轮缘是带轮的工作部分，制有梯形轮槽，用来安装传动带；轮毂是带轮与轴的连接部分，制有圆柱孔和键槽，常用平键与轴连接；轮辐是轮缘与轮毂的连接部分。

V 带轮按照轮辐结构不同，可分为实心式、腹板式、孔板式和轮辐式四种形式，如图 11-11 所示。

(a) 实心式

(b) 腹板式

(c) 孔板式

(d) 轮辐式

图 11-11　V 带轮的结构

当带轮的直径较小，即直径 $d_d \leqslant (2.5 \sim 3) d_0$（$d_0$ 为轴的直径）时，带轮一般采用实心式结构，如图 11-11a 所示；当带轮为中等直径，即直径 $d_d \leqslant 300$ mm 时，带轮可采用腹板式或孔板式结构，如图 11-11b、c 所示；当带轮直径较大 $d_d > 300$ mm 时，带轮多采用轮辐式结构，以减轻带轮的质量，节约材料，如图 11-11d 所示。

第三节　带传动的工作情况分析

一、带传动的受力分析

摩擦带传动是依靠带与带轮接触面间产生的摩擦力来传递动力和运动的，为了更清楚地了解其工作原理，下面对带传动中带的受力进行分析。

带在安装前，必须以一定的初拉力 $\boldsymbol{F}_0$ 张紧在两轮上，使带与带轮接触面间产生正压力。因此，传动带静止时，带的任意截面都受到大小相等的拉力 $\boldsymbol{F}_0$ 的作用，如图 11-12a 所示。

带传动工作时，由于摩擦力 $\boldsymbol{F}_f$ 的作用，带两边的拉力不再相等。其中，带绕入主动轮一边的拉力 $\boldsymbol{F}_0$ 增大到 $\boldsymbol{F}_1$，该边称为紧边，故又将 $\boldsymbol{F}_1$ 称为紧边拉力；另一边的拉力由 $\boldsymbol{F}_0$ 减小到 $\boldsymbol{F}_2$，该边称为松边，$\boldsymbol{F}_2$ 称为松边拉力，如图 11-12b 所示。

紧边与松边拉力的差值（$\boldsymbol{F}_1 - \boldsymbol{F}_2$）为带传动中起传递力矩作用的拉力，称为有效拉力，用 $\boldsymbol{F}$ 表示，即

$$\boldsymbol{F} = \boldsymbol{F}_1 - \boldsymbol{F}_2 \tag{11-1}$$

有效拉力的大小等于带与带轮接触面间产生的静摩擦力值的总和 $\sum \boldsymbol{F}_f$，与初拉力 $\boldsymbol{F}_0$、包角 α_1 和摩擦系数有关。

若带传动功率为 P，带速为 v，则带传动的效率可由带的有效拉力和运行速度进行计算，即

$$P = \frac{Fv}{1\,000} \tag{11-2}$$

式中 P——带传动传递的功率，单位为 kW；

F——带中有效拉力的大小，单位为 N；

v——带的运行速度，单位为 m/s。

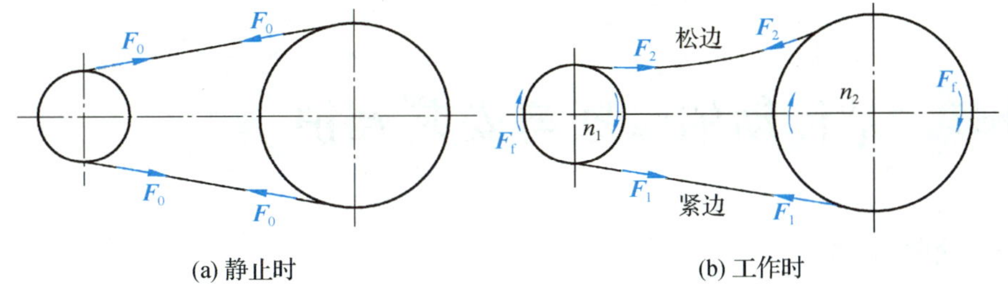

图 11-12　带传动的受力分析

二、带传动的弹性滑动和打滑

1. 弹性滑动

由于带传动存在紧边和松边，在紧边时带被弹性拉长，到松边时又产生收缩，引起带在轮上发生微小局部滑动，如图 11-13 所示，当带绕过主动轮 1 进入松边时，由于拉力逐渐减少，带的弹性变形程度减小，使其沿主动轮转向的反方向收缩（滑动），造成带的速度 v 低于主动轮的圆周速度 v_1，从而向后滑动。同样的情况也发生在从动轮上。当带绕过从动轮 2 进入紧边时，由于拉力逐渐增大，带逐渐伸长，使其沿从动轮的转动方向滑动，造成带的速度 v 高于从动轮的圆周速度 v_2，从而向前滑动。通常将这种由于带的弹性变形而使带与带轮之间出现的轻微滑动现象称为弹性滑动。弹性滑动在带工作中不可避免。

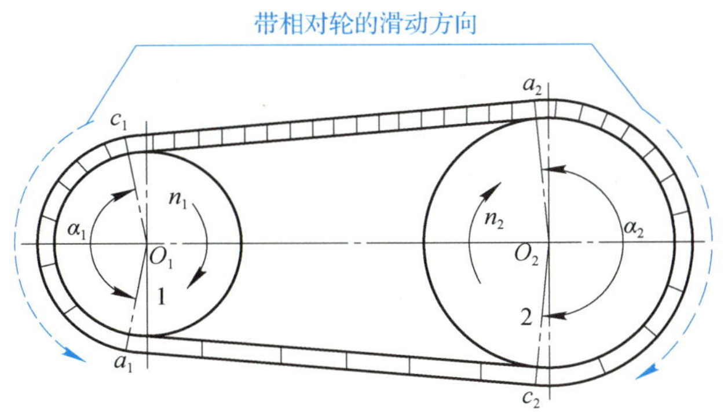

图 11-13　弹性滑动

弹性滑动造成带的线速度略低于带轮的圆周速度，导致从动轮的圆周速度 v_2 低于主动轮的圆周速度 v_1，其速度降低率用相对滑动率 ε 表示。相对滑动率 $\varepsilon=\dfrac{v_1-v_2}{v_1}$，一般在 0.01～0.02 范围内，故在一般计算中可不考虑。

2. 打滑

当外载较小时，弹性滑动只发生在带即将由主、从动轮离开的一段弧上。传递外载增大时，有效拉力随之加大，弹性滑动区域也随之扩大，当有效拉力达到或超过某一极限值时，带与小带轮在整个接触弧上的摩擦力达到极限，若外载继续增加，带将沿整个接触弧滑动，这种现象称为打滑。此时主动轮还在转动，但从动轮转速急剧下降，带迅速磨损、发热而损坏，使传动失效。因此，带传动正常工作时应尽量避免打滑，但在过载时打滑能起到过载保护的作用。

第四节　带传动的张紧与安装维护

一、带传动的张紧

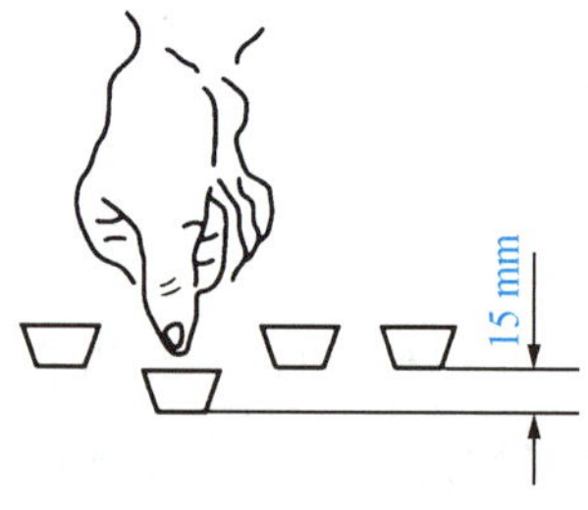

图 11-14　V 带的张紧程度

为了使带得到一定的初拉力，安装后需调整带的张紧力。一般用手压下带的外侧，以能压下 15 mm 左右为宜，如图 11-14 所示。

传动带在长期使用后会发生永久变形，逐渐变得松弛。为保证带传动工作时，传动带上有足够大的初拉力，需要采用一定的装置重新调整带的张紧程度。按照原理的不同，带传动的张紧方式可分为调整中心距张紧和张紧轮张紧两类。

1. 调整中心距张紧

调整中心距是通过改变主动轮和从动轮之间的距离而达到使传动带张紧的目的，一般可分为定期调整和自动张紧两类。

(1) 定期调整装置

常见的定期调整装置有移动式和摆动式两种，具体介绍如下：

1) 移动式定期张紧装置如图 11-15a 所示，主动轮安装在导轨上，通过旋转调整螺栓来改变主动轮的位置，以调整与从动轮之间的中心距，从而实现传动带初拉力的调整。移动式定期张紧装置适用于水平或倾角较小的 V 带传动。

2) 摆动式定期张紧装置如图 11-15b 所示，主动轮固定在摆架上，通过旋转调整螺栓来改变主动轮与从动轮的中心距，从而实现传动带初拉力的调整。摆动式定期张紧装置适用于垂直或接近垂直的 V 带传动。

(2) 自动张紧装置

自动张紧装置如图 11-15c 所示，利用主动轮的重力作用，摆架可绕固定轴线转动使传动带始终保持一定的初拉力。自动张紧装置常用于不方便调整中心距的小功率带传动。

2. 张紧轮张紧

当带传动中两轮的中心距不能调整时，可采用安装张紧轮的方法来调整传动带的张力。常用的张紧轮装置有调位式和摆锤式两种，如图 11-16 所示。张紧轮一般放置在松边内侧靠近大带轮处，使带只受单向弯曲；若放置在带的外侧，应使其靠近小轮，以提高带的承载能力。

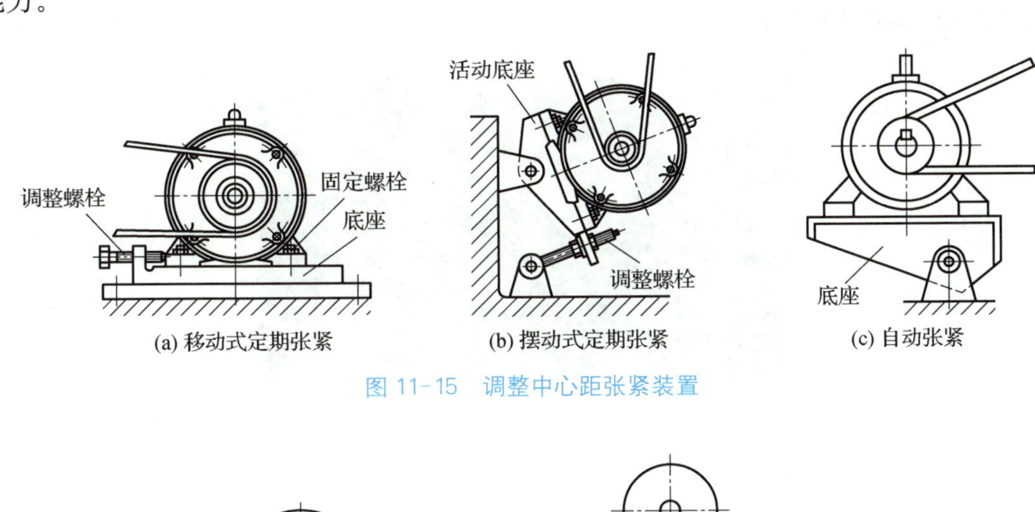

(a) 移动式定期张紧　(b) 摆动式定期张紧　(c) 自动张紧

图 11-15　调整中心距张紧装置

动画

移动式定期张紧

动画

自动张紧

动画

张紧轮张紧

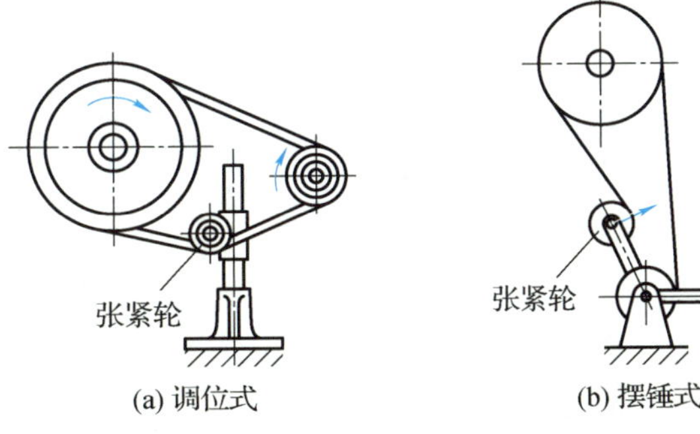

(a) 调位式　(b) 摆锤式

图 11-16　张紧轮张紧装置

二、带传动的安装维护

1）安装带轮时，应使两带轮的轴线保持平行，且对应轮槽的中心线应重合，否则传动带在运行时会出现扭曲，加剧带的磨损。

2）安装 V 带时，V 带的顶面应与带轮的外缘相平齐或略高一点，底面应与轮槽间留有一定间隙，否则将会影响带传动的正常运行。

3）带传动装置必须安装防护罩。生产中常出现没有防护罩而发生带伤人的事故。

4）V 带的主要材料是橡胶，应避免橡胶带与酸、碱、油等化学物质接触。

5）V 带的使用寿命较短，若发现 V 带出现裂纹、变长，应及时更换。

6）带传动应定期进行检查，及时调整带的张力，保证带传动的正常工作。新旧 V 带、不同厂家生产的 V 带不能混用，以免受力不均。

第五节　同步带传动

同步带传动是一种在带的工作面及带轮的外周上均制有啮合齿，由带齿与轮齿的相互啮合实现传动，如图 11-17 所示。

图 11-17　同步带传动

一、同步带传动的特点

同步带传动的特点如下：

1）传动过程中无相对滑动，传动比准确，传动效率高；

2）工作平稳，能吸收振动；

3）传动比较大；

4）维护保养方便，运转费用低；

5）中心距要求严格，安装精度要求高；

6）制造工艺复杂，成本较高。

二、同步带的参数、类型和标注

同步带传动是一种啮合传动，依靠带内周的等距横向齿与带轮相应齿槽之间的啮合来传递运动和动力，两者无相对滑动，从而使圆周速度同步（故称为同步带传动）。它兼有带传动和齿轮传动的特点，如图 11-18 所示。

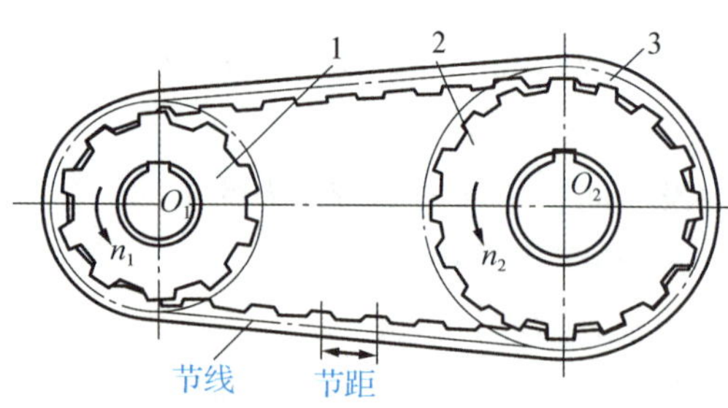

1—主动轮；2—从动轮；3—传动带。

图 11-18　同步带传动及参数

1. 同步带的参数

（1）节距 P_b

节距 P_b 是指在规定张紧力下，同步带相邻两齿对称中心线间的距离。

(2) 基本长度 L_p

同步带工作时保持原长度不变的周线称为节线，节线的长度为基本长度(公称长度)，轮上相应的圆称为节圆。

2. 同步带的类型

主要有 RPP 同步带、梯形齿同步带、弧形齿同步带以及单面同步带和双面同步带之分，如图 11-19 所示。

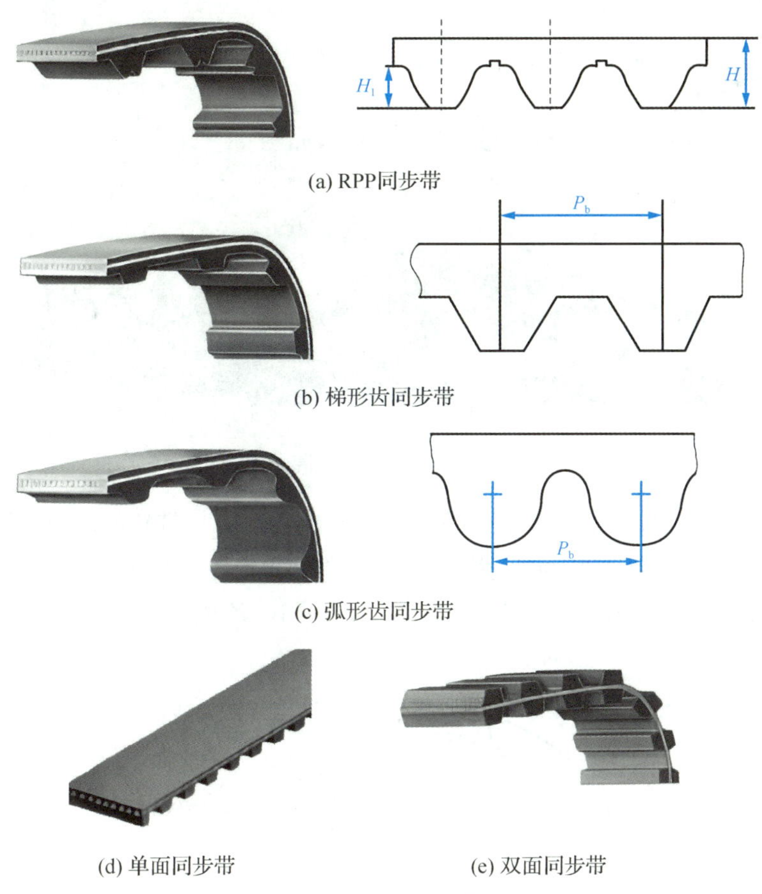

(a) RPP同步带

(b) 梯形齿同步带

(c) 弧形齿同步带

(d) 单面同步带　(e) 双面同步带

图 11-19　同步带类型

3. 同步带的标注

对称齿双面同步带的形式代号为"DA"，交错齿双面同步带的形式代号为"DB"，如图 11-20 所示。

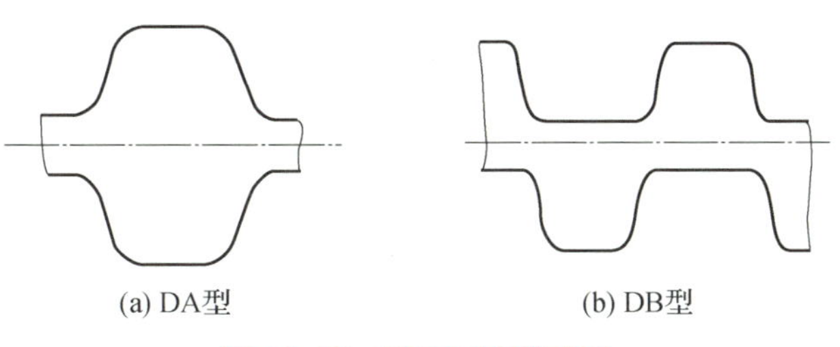

(a) DA型　(b) DB型

图 11-20　双面同步带代号

同步带的标注如下：

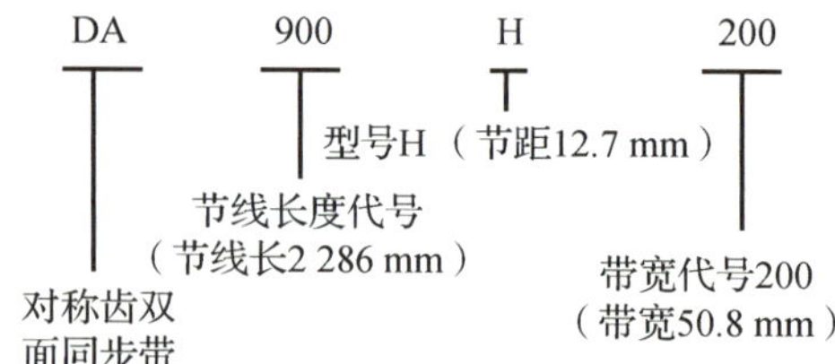

三、同步带轮

材料一般采用铸铁或钢，有渐开线和直线两种，如图 11-21 所示。

图 11-21　同步带轮

如图 11-22 所示，节距是同步带传动最基本的参数之一。带轮的参数与同步带匹配，同步带轮一般与同步带一起购买，可选用厂家提供的标准带轮。其中，d 表示带轮节圆直径；d_0 表示带轮实际外圆直径；P 表示节距；L_P 表示节线长；Z 表示带轮齿数。

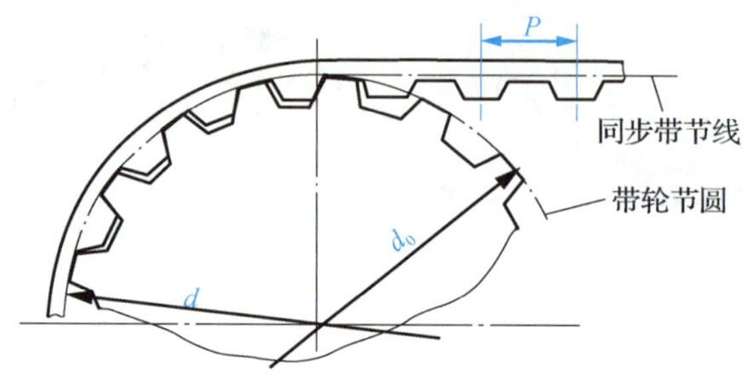

图 11-22　同步带轮参数

带轮的标注由带轮齿数、带的型号和轮宽表示：

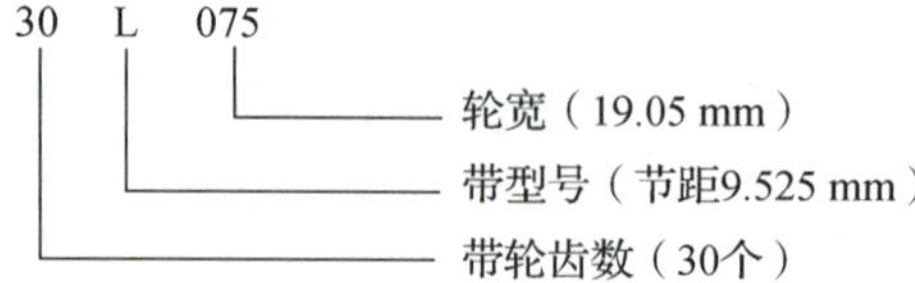

知识拓展 汽车中哪些部位使用带传动?

汽车中广泛使用皮带和带轮的部件，主要用于传递发动机产生的动力，驱动各种辅助系统。

1. 正时系统

在内燃机中，带传动在气门驱动系统和曲轴与凸轮轴同步传动中扮演着重要角色。特别是在双顶置凸轮轴(DOHC)发动机中，带传动用于连接曲轴与凸轮轴，确保两者具有精确同步的转速比。曲轴和凸轮轴之间的同步关系非常重要，它们的转速比需要严格控制，以确保气门与活塞的协调运动。通过带传动，发动机可以精确控制气门的开启与关闭时机，优化进气、排气过程，从而提升发动机的燃油效率和动力输出。

这种应用通常使用同步带(图 11-23)。同步带的齿轮结构能够确保曲轴与凸轮轴在不同转速下始终保持精确同步，避免了传统皮带可能出现的打滑现象。同步带具有较高的传动精度，以确保发动机在高速运转时依然保持高效稳定。

1—张紧轮;2—凸轮轴同步带轮;3—曲轴同步带轮。

图 11-23　同步带传动

1—发电机;2—空调压缩机。

图 11-24　空调压缩机

2. 发动机附件传动

带传动系统广泛应用于发动机与各种附件之间的动力传递。例如，发动机的水泵、空调压缩机(图 11-24)、动力转向泵、发电机等都通过带传动与发动机连接。这些附件需要在发动机运转时获取动力，带传动系统通过其高效、可靠的特点为这些设备提供了持续的动力输出。V 形带和同步带常用于这些应用，因为它们能够提供稳定的传动力，并在一定程度上减少发动机运转时的噪声。

单元十二　链　传　动

知识目标

（1）了解链传动的类型、特点及应用；

（2）了解链条和链轮的组成、材料及结构；

（3）了解链传动的安装、张紧及维护等知识。

能力目标

能分析链传动的类型。

案例引入

链传动是一种应用广泛的机械传动。汽车上常用的链传动有发动机的正时链传动（图 12-1）、机油泵传动、平衡轴传动等。发动机采用正时链传动系统，其尺寸紧凑、可靠性高、耐磨性高。

图 12-1　正时链传动

第一节 认识链传动

一、链传动的组成和工作原理

链传动是一种较为广泛的机械传动，由主动链轮、从动链轮和链条组成。链传动是具有中间挠性件的啮合传动，它依靠链轮齿与链节的啮合来传递运动和动力。如图12-2所示的链传动，动力由主动链轮通过链节传递到从动链轮，以实现动力和运动的传递。

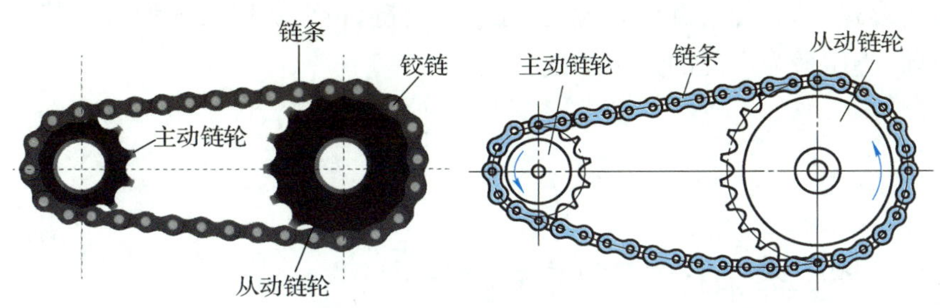

图 12-2 链传动

二、链传动的特点

与带传动相比，链传动具有以下优点：

1）无弹性打滑和打滑现象，能保持正确的平均传动比；

2）传动效率较高；

3）张紧力小，所以作用于轴上的径向力较小；

4）结构紧凑；

5）能在高温、灰尘多、湿度大及腐蚀性环境等恶劣条件下工作。

链传动的主要缺点表现在以下几个方面：

1）只能用于平行轴之间的同向回转传动；

2）瞬时传动比不恒定；

3）工作时有噪声；

4）磨损后易发生跳齿；

5）不宜应用于载荷变化很大和急速反向的传动。

三、链传动的类型

链传动主要应用在工作可靠、平均传动比准确且两轴相距较远，以及不易采用齿轮传动的场合。

1. 按用途不同分

根据用途不同，链可分为传动链、输送链和起重链。其中，链在一般机械传动中最常用的是传动链，输送链和起重链主要用在运输和起重机械中，如图 12-3 所示。

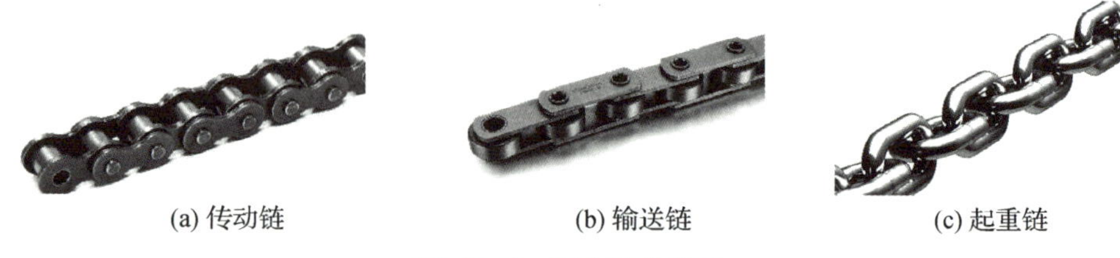
(a) 传动链　　(b) 输送链　　(c) 起重链

图 12-3　传动链的类型

2. 按结构形式分

根据结构形式不同，传动链可分为滚子链、套筒链、齿形链以及成型链。其中，前三种已标准化。目前，应用最为广泛的是滚子链。

第二节　链条和滚子键链轮

一、链条

传动链主要包括滚子链、套筒链、齿形链以及成型链。齿形链工作平稳，噪声小，允许链速高，但结构复杂，制造成本高，质量大。

1. 滚子链

如图 12-4 所示，滚子链由内链板、外链板、套筒、销轴和滚子等组成。相邻两销轴中心的距离称为节距 P。外链板与销轴、内链板与套筒分别以过盈配合连接，依次构成内、外链节；与销轴与套筒为间隙配合，这样相邻链节可相对自由转动。链节数为偶数时，形成环状的接头处正好是内外链板相接，链节接头处可用开口销或弹性锁片固定，特别适用于大节距与小节距；链节数为奇数时，只需采用承受附加弯矩的过渡链节，降低了链的承载能力，应当避免。链节距增大，链条其他尺寸相应增大，所传递功率也增大。当传递大功率时，宜采用双排链或多排链；为使各排链受载均匀，链排数不宜过多。如图 12-5 所示为单排链、双排链及三排链示意图。

滚子链的标记方法为“链号—排数—链节数　标准代号”。例如，链号为 08A、单排、链节数为 88 的滚子链，标记为“08A—1—88　GB/T 1243—2006”。

当链节数为偶数时，链条一端的外链板正好与另一端的内链板相连，其接头可采用开口销或弹簧夹锁紧，如图 12-6a、b 所示；当链节数为奇数时，接头处须采用过渡链节进行连接，如图 12-6c 所示。

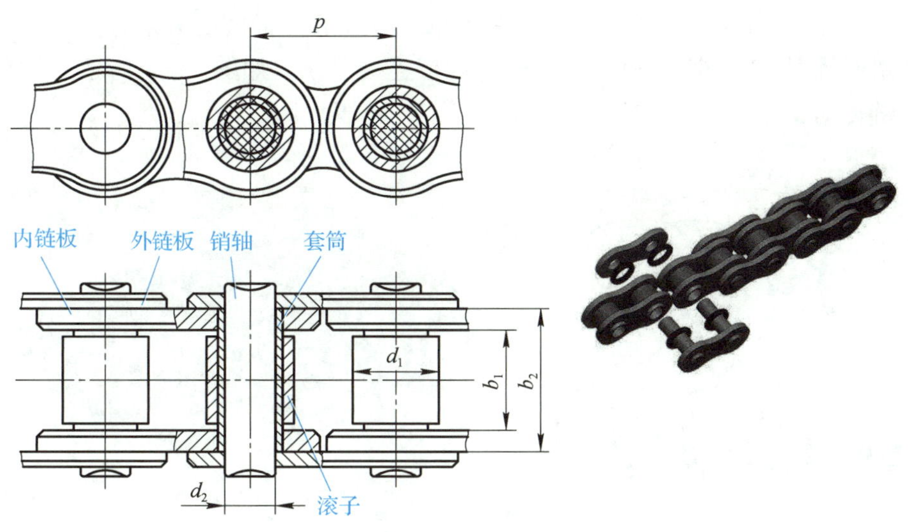

b_1—内链节内宽；b_2—内链节外宽；d_1—滚子外径；d_2—销轴直径；p—节距。

图 12-4 滚子链的结构

(a) 单排链　(b) 双排链　(c) 三排链

图 12-5 单排链与多排链

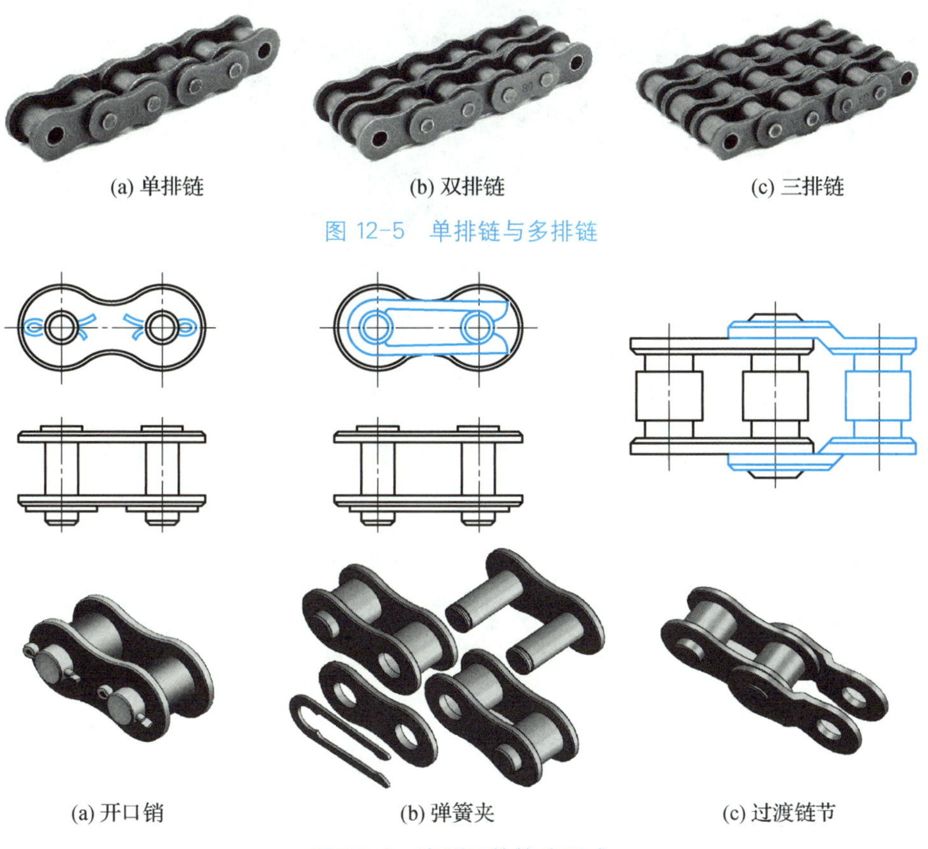

(a) 开口销　(b) 弹簧夹　(c) 过渡链节

图 12-6 滚子链的接头形式

2. 齿形链

齿形链是利用具有特定齿形的链板与链轮之间的啮合来传递运动和动力的。齿形链又称为无声链，由彼此通过铰链连接起来的齿形链板组成，如图 12-7 所示。为提高承载能力和传动的稳定性，一般采用多排链板。其中，链板的两工作层面间的夹角为 60°，相邻链节的链板左右错开排列，并用销轴、轴瓦或滚柱将链板连接起来。如图 12-8 所示为汽车分动器中的齿形链传动。

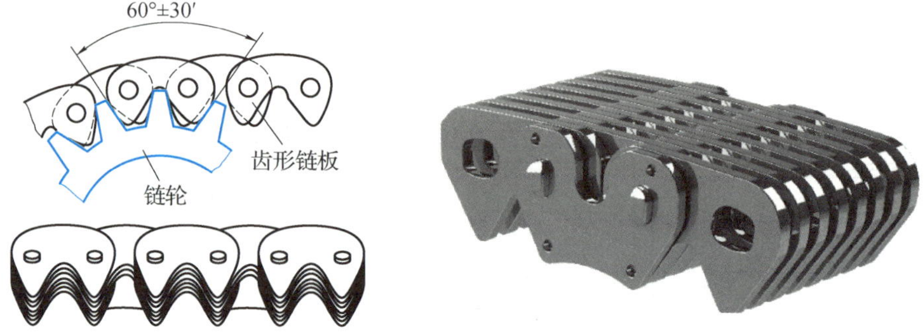

图 12-7　齿形链

图 12-8　汽车分动器中的齿形链传动

齿形链的种类很多，根据铰链结构的不同，齿形链可分为圆销铰链式、轴瓦铰链式和滚柱铰链式三种，如图 12-9 所示。

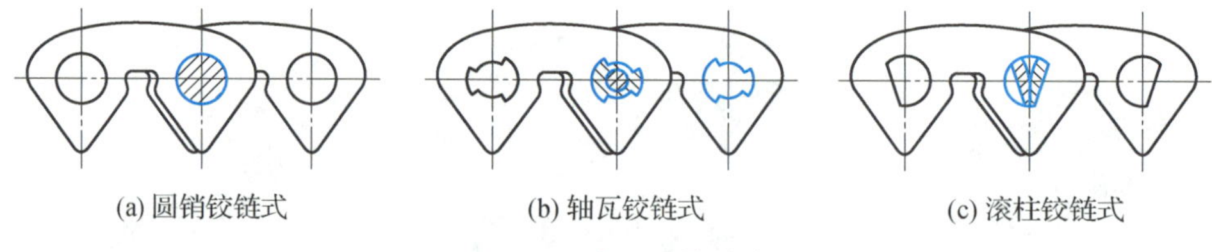

图 12-9　齿形链的分类

与滚子链传动相比，齿形链传动具有传动平稳、噪声小、承受冲击载荷能力强、轮齿受力较均匀等优点，但齿形链传动结构复杂、制造成本高、装拆较困难、装置质量大，且安装和维护的要求较高，故多用于运动精度要求较高、传递功率较大的高速传动场合。例如，汽车发动机正时系统的正时链条，与正时皮带相比，正时链条具有结构紧凑、传动功率大、可靠性与耐磨性高、终身免维护等优点。

二、滚子链链轮

1. 链轮齿形

链轮齿形，应保证链接能够顺利地进入和退出啮合，啮合时接触良好，并且其形状尽量简单，便于加工。国家标准中规定了链轮的端面齿形（图 12-10），同时规定了链轮的轴向齿形（图 12-11）。链轮采用标准齿形且用标准刀具加工时，在链轮工作图上，只需绘制出链轮的轴向齿形以便切削；而链轮的端面齿形不需绘制，只需注明基本参数尺寸和齿形即可。

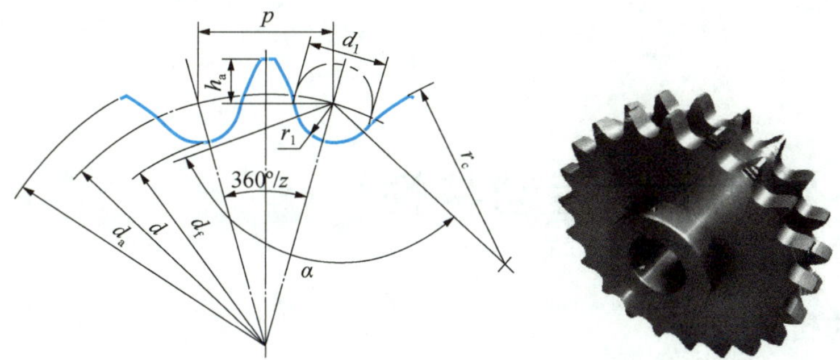

注：p—弦节距 等于链条节距；r_c—齿侧圆弧半径；d—分度圆直径；h_a—节距多边形以上的齿高；d_1—滚子直径最大值；d_a—齿顶圆直径；r_1—滚子定位圆弧半径；d_f—齿根圆直径；α—滚子定位角；z—齿数。

图 12-10 链轮的端面齿形

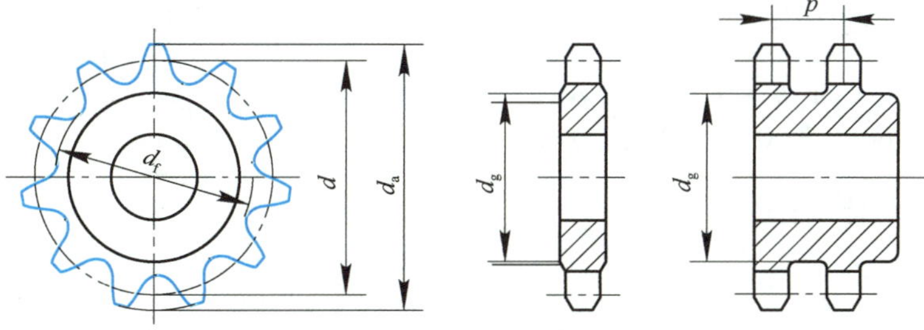

图 12-11 链轮的轴向齿形

2. 链轮的结构形式

链轮的结构形式如图 12-12 所示。其中，图 12-12a 所示为整体式，适用于小直径链轮；图 12-12b 所示为孔板式，适用于中等尺寸的链轮；图 12-12c 所示为装配式，可更换齿圈，适用于大直径链轮。

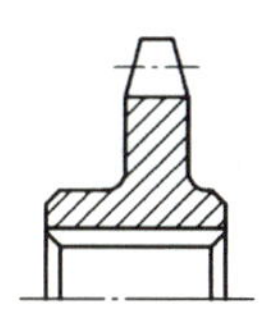

(a) 整体式

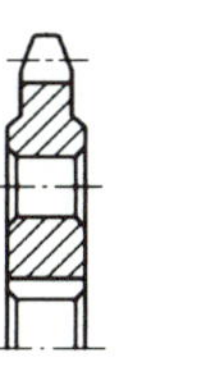

(b) 孔板式

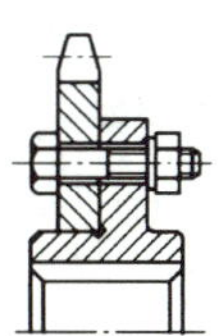

(c) 装配式

图 12-12 链轮的结构形式

3. 链轮的材料

由于链传动过程不平稳，链轮轮齿容易受到冲击和磨损，链轮轮齿应具有足够的耐磨性、强度和抗冲击能力。同时，由于单位时间内，小链轮齿轮啮合次数多于大链轮齿轮啮合次数，冲击也较严重，故小链轮应选用更好的材料制造。

一般采用中碳钢或中碳合金钢，如 45、40Cr、35SiMo 等，经淬火处理，硬度达到 40～50 HRC；高速、重载时采用低碳钢、低碳合金钢，如 15、20、15Cr、20Cr，经表面渗碳淬火，其硬度可达 55～60 HRC；低速、轻载、齿数较多的从动轮可采用铸铁制造。

第三节　链传动的运动特性

一、链传动的传动比

链传动时，绕在链轮上的链条折成正多边形，如图 12-13 所示。正多边形的边长即是链条的节长，链轮的边数为链轮的齿数。

链条的平均速度为

$$v=\frac{z_1 n_1 p}{60\times 1\,000}=\frac{z_2 n_2 p}{60\times 1\,000} \tag{12-1}$$

链传动的平均传动比为

$$i=\frac{n_1}{n_2}=\frac{z_2}{z_1} \tag{12-2}$$

所以，链传动的平均传动比为定值。

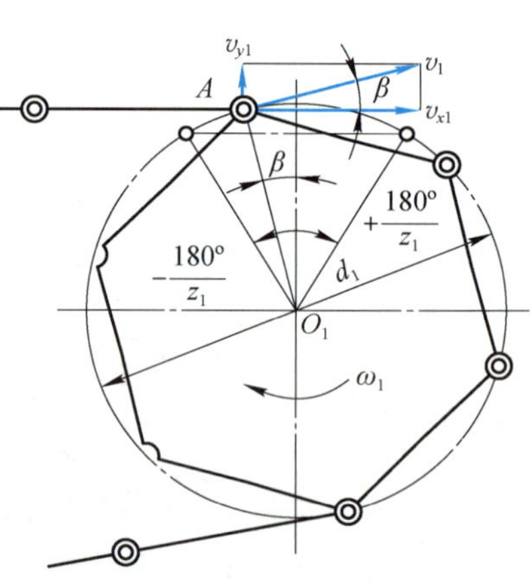

图 12-13　链传动的速度分析

二、链轮的齿数

小链轮齿数 z_1 不宜过少，过少时传动不平稳，动载荷及链条磨损加剧，摩擦消耗功率增大，链的工作拉力增大。但是 z_1 也不能太大，因为 z_1 大，z_2 更大了，不仅增大传动尺寸，而且较链磨损后容易引起脱链，将缩短链的使用寿命。

大链轮齿数 z_2 按 $z_2=iz_1$ 确定，一般应使 $z_2\leqslant 120$。

考虑均匀磨损的问题，链节数最好为偶数。所以，链轮齿数最好选质数或不能整除链节数的数。

三、链传动的失效形式

根据失效的机理不同，链传动存在以下四种失效形式：

1. 链的疲劳破坏

链工作时，链条各个元件承受交变应力，经过一定的应力循环次数，链板发生疲劳断裂，筒和滚子表面将会引起疲劳点蚀。在润滑良好时，疲劳强度是决定链传动能力的主要因素。

2. 链的铰链磨损

链工作时，销轴与套筒、套筒与滚子间发生摩擦，引起磨损。由于磨损使链节变长，造成跳齿或脱链，使传动失效。

开式传动或润滑不良的链传动主要失效形式是铰链磨损。

3. 链的铰链胶合

当链轮转速很高时，在载荷作用下，套筒与销轴间的油膜被破坏，两零件工作表面间胶合。胶合在一定程度上限定了链传动的极限转速。

4. 链的静力拉断

在低速、重载或突然过载时，链条因静强度不足而被拉断。

链轮的寿命比链的寿命高得多，所以链传动的承载能力以链的强度和寿命为依据。

第四节　链传动的布置、张紧和润滑

一、链传动的布置

两链轮的轴线应安装在同一个水平面内。两链轮中心连线与水平面的夹角应小于 45°，尽可能不要垂直传动，以避免出现卡链现象，如图 12-14 所示。

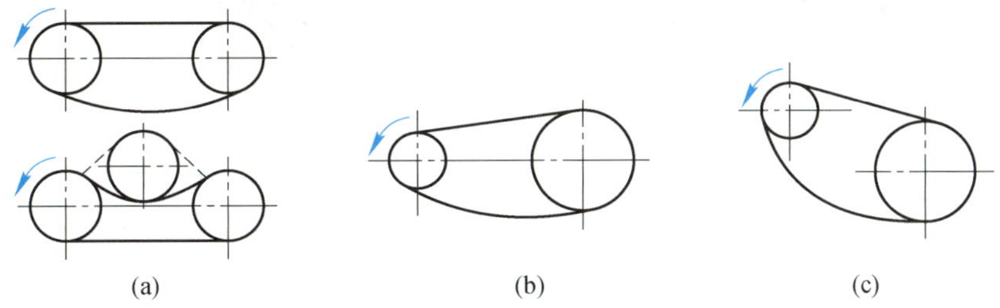

图 12-14　链传动的布置示意图

主动链轮的转向应使传动的紧边在上、松边在下。

二、链传动的张紧

链传动张紧的目的是避免在链条的垂度过大时产生啮合不良和链条的振动现象。链传动的张紧采用调整中心距、缩短链长或安装张紧轮的方法。调整中心距的方法简单、方便、可靠；缩短链长是去掉一两个链节，但要考虑链条的接头能否方便连接；采用张紧轮张紧，张紧轮应安装在链条松边的一侧，以提高链传动的平稳性，如图 12-15 所示。

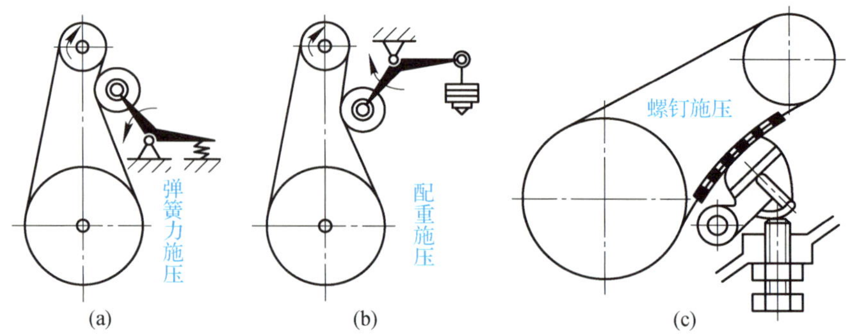

图 12-15　张紧轮的调整装置示意图

三、链传动的润滑

链传动的润滑影响到传动的能力和寿命，润滑良好可以缓和冲击，减少链条和链轮的磨损，提高传动效率，延长链条和链轮的使用寿命。

链传动的润滑方式由链速和链号来确定，主要方式有以下四种：

1. 人工润滑

用油刷或油壶定期为链条刷油，如图 12-16a 所示。人工定期润滑适用于链速低于 4 m/s 的非重要链传动。

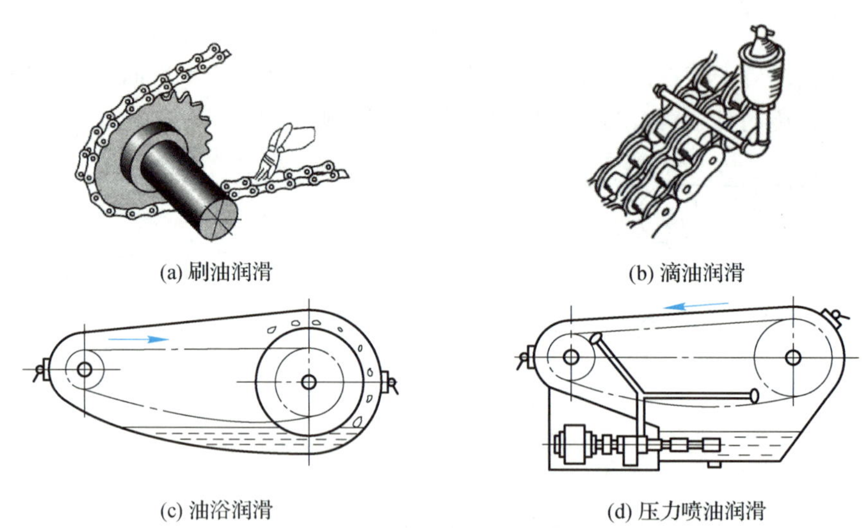

图 12-16　链传动的润滑方式

2. 滴油润滑

向链条松边的内、外链板间隙处用油杯通过油管进行滴油，如图 12-16b 所示。滴油润滑适用于链速低于 10 m/s 的链传动。

3. 油浴润滑

将链条浸在油池中或利用甩油盘将油甩到链条上，如图 12-16c 所示。油浴润滑适用于链速为 6～12 m/s 的大功率链传动。

4. 喷油润滑

利用油泵将润滑油持续地喷射到链条上，如图 12-16d 所示。喷射润滑适用于高速大功率的链传动。

知识拓展 **与发动机同步带传动相比，汽车发动机的链条传动有什么优势？**

在汽车发动机中，链条传动和同步带传动是常见的动力传递方式。尽管同步带以其低噪声和轻便性受到青睐，但链条传动在耐久性、维护需求等方面具有显著优势，尤其适用于高性能和高负荷的发动机。

1. 耐久性：链条传动的优势

链条传动的最大优势在于其卓越的耐久性。链条由金属材料制成，能够在高温和高负荷环境下长期稳定运行，而同步带通常由橡胶等材料构成，容易受到温度和磨损的影响，使用寿命较短。某发动机采用链条传动，能够在超过 10 000 r/min 的高转速下稳定运行（图 12-17）。链条系统避免了同步带可能出现的打滑和老化问题，确保了发动机的长期稳定性和高性能。

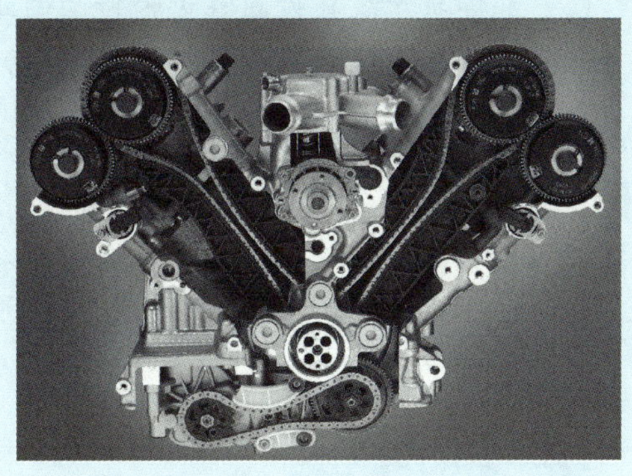

图 12-17　发动机正时链

2. 维护需求：链条传动更少保养

链条传动的另一个优势是低维护需求。链条系统通常只需定期检查和润滑，耐用性较强，且不需要频繁更换。而同步带在使用过程中容易出现张力松弛和磨损，需要定期更换。例如，奔驰 AMG 的发动机使用链条传动系统，通过减少同步带更换频次，降低了维护成本。这使得奔驰的高性能发动机能够在不频繁维护的情况下，保持长期稳定的运转。

3. 高负荷承载：链条传动的可靠性

链条传动在承受高负荷和高转速时表现尤为可靠。它能够高效传递发动机的扭矩，确保精确的气门正时。而同步带在高负荷下容易出现弹性疲劳，影响发动机的稳定性。某品牌汽车搭载的发动机采用链条传动，它能够承受跑车极限速度下的巨大负荷，确保动力输出的持续性和稳定性。相比之下，若采用同步带，可能会因负荷过大出现打滑或断裂，影响发动机性能。

因此，链条传动相比同步带传动，具备更强的耐久性、更低的维护需求和更强的负荷承载能力，尤其适用于高性能、高负荷的发动机系统。

单元十三　齿轮传动

知识目标

(1) 了解齿轮传动的特点及分类；
(2) 熟悉齿轮传动的用途；
(3) 会计算齿轮传动的传动比；
(4) 掌握渐开线标准直齿轮的基本参数及几何尺寸计算；
(5) 了解渐开线直齿圆柱齿轮传动的正确啮合条件和连续传动条件；
(6) 掌握齿轮传动的失效形式。

能力目标

(1) 具有识别齿轮传动类型的能力；
(2) 能计算齿轮的各个参数。

案例引入

汽车在行驶过程中需要实现变速、转向或倒车，那它们是怎样实现的呢？图 13-1 所示为汽车变速和换向装置。

(a) 操作手柄

(b) 变速箱

图 13-1　汽车变速和换向装置

第一节　齿轮传动的特点与类型

齿轮传动是一种利用两个相互啮合的齿轮组成的齿轮副来传动运动和动力，广泛应用于汽车、钟表等。

一、齿轮传动的特点

1. 优点

1）传动比准确，可靠性高。

2）传动效率高，工作寿命长。

3）结构紧凑，所占空间位置小，可在空间任意两轴之间传递运动和动力。

4）传递的功率、速度和尺寸范围大。齿轮传动的速度最大可达 300 m/s，传递功率可从几瓦到十几万千瓦，齿轮直径可从几毫米到几十米。

2. 缺点

制造齿轮需要专用的设备，故制造成本高；安装精度要求较高，否则会出现较大的振动和噪声；不适用于两轴中心距较大的传动场合。

二、齿轮传动的类型

齿轮传动的种类很多，下面分别按照轮齿形状、轮齿轴线位置、齿轮啮合情况和齿轮工作条件进行分类。

1. 按轮齿形状分类

根据轮齿形状的不同，齿轮可分为直齿圆柱齿轮、斜齿圆柱齿轮、直齿锥齿轮、曲齿锥齿轮、齿条和人字齿等（图 13-2）。

(a) 直齿外啮合

(b) 直齿内啮合

(c) 直齿轮与齿条

(d) 斜齿轮

(e) 人字形齿轮

(f) 直齿圆锥齿轮

(g) 曲齿锥齿轮

(h) 交错轴斜齿轮

(i) 蜗轮蜗杆

图 13-2　齿轮传动的类型

2. 按齿轮轴线位置分类

根据轴线位置不同，齿轮传动可分为平行轴齿轮传动、相交轴齿轮传动和交错轴齿轮传动。

(1) 平行轴齿轮传动

传动中两齿轮在同一平面内运动，二者轴线相互平行，如图 13-2a～图 13-2e 所示。

(2) 相交轴齿轮传动

传动中两齿轮不在一个平面内运动，二者轴线垂直相交，如图 13-2f、图 13-2g 所示。

(3) 交错轴齿轮传动

传动中两齿轮不在一个平面内运动，且二者轴线在空间相交，如图 13-2h、图 13-2i 所示。

3. 按齿轮啮合情况分类

按照齿轮啮合情况，齿轮传动可分成外啮合传动(图 13-2a)和内啮合传动(图 13-2b)。外啮合齿轮转动方向相反，内啮合齿轮转动方向相同。

4. 按齿轮工作条件分类

根据传动时齿轮工作条件不同，齿轮传动可分为开式、半开式和闭式传动三类。

(1) 开式齿轮传动

传动装置没有防尘罩或机壳，齿轮完全暴露在外面，外界杂物容易侵入，且润滑不良，多用于低速、非重要场合。

(2) 半开式齿轮传动

齿轮传动装置有简单的防护装置，但不能严格防止外界杂物的侵入，润滑条件一般，多用于农业机械、建筑机械及简单机械装备。

(3) 闭式齿轮传动

齿轮经过精确加工，放置于密封严密的箱体内，润滑条件好，多用于汽车、机床等重要场合。

第二节　渐开线标准直齿圆柱齿轮

齿轮传动的齿廓有多种，考虑到啮合性能、加工工艺、互换使用等因素，目前最常用的是渐开线齿廓，如图 13-3 所示。

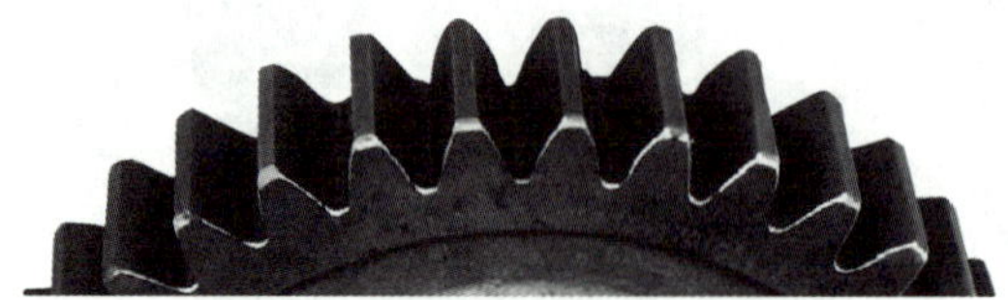

图 13-3　渐开线齿轮(局部)

一、渐开线的形成及性质

动直线沿着一固定的圆作纯滚动时，此动直线上任一点 K 的运动轨迹 CK 称为渐开线，该圆称为渐开线的基圆，其半径以 r_b 表示，动直线称为渐开线的发生线，如图 13-4 所示。

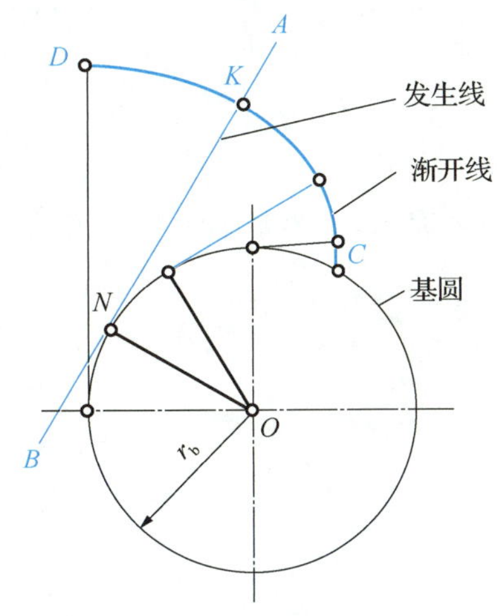

图 13-4　渐开线的形成

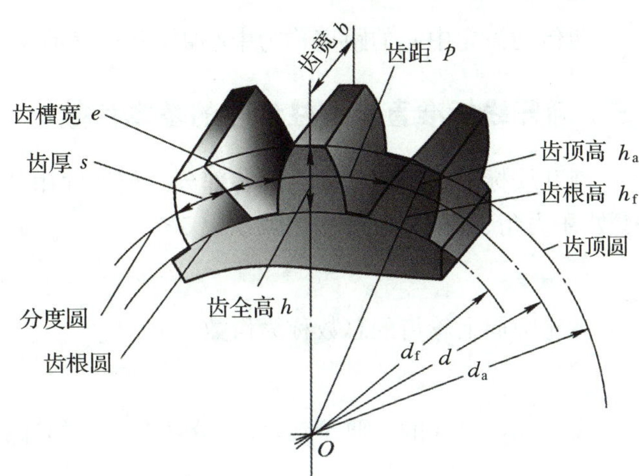

图 13-5　渐开线标准直齿圆柱齿轮

二、渐开线标准直齿圆柱齿轮的各部分名称

渐开线标准直齿圆柱齿轮的一部分，其各部分名称如下(图 13-5)：

1. 齿顶圆

齿顶所在的圆称为齿顶圆，齿顶圆直径用 d_a 表示。

2. 齿根圆

齿槽底部所在的圆称为齿根圆，齿根圆直径用 d_f 表示。

3. 齿厚

同一轮齿上左、右两齿廓之间的某一圆周弧长称为齿厚，分度圆上的齿厚用 s 表示。

4. 齿槽宽

相邻两齿之间的某一圆周弧长称为齿槽宽，分度圆上的齿槽宽用 e 表示。

5. 齿距

相邻两齿同一侧齿廓的圆周弧长称为齿距，分度圆上的齿距用 p 表示。

6. 分度圆

齿轮上齿厚等于齿槽宽所在的圆称为分度圆，分度圆直径用 d 表示。

7. 齿顶高

分度圆到齿顶圆之间的径向距离称为齿顶高，用 h_a 表示。

8. 齿根高

分度圆到齿根圆之间的径向距离称为齿根高，用 h_f 表示。

9. 齿高

齿顶圆到齿根圆之间的径向距离称为齿全高，用 h 表示。

10. 中心距

两传动齿轮中心的距离称为中心距，用 a 表示。

三、渐开线标准直齿圆柱齿轮的基本参数

渐开线标准直齿圆柱齿轮的各部分几何尺寸用基本参数来表示，主要基本参数有齿数、模数、压力角、齿顶高系数和顶隙系数 5 个。

1. 齿数 z

齿轮圆周上轮齿的总数称为齿数。

2. 模数 m

齿轮几何尺寸的重要参数，齿轮分度圆周长的计算式为

$$C = \pi d = zp \tag{13-1}$$

$$d = \frac{zp}{\pi} \tag{13-2}$$

式中，π 是无理数，为了使分度圆得到整齐的数，令 $p/\pi = m$，m 称为模数。

模数是决定齿轮尺寸的主要参数。分度圆直径不变，模数越大，齿数越少，如图 13-6 所示。齿数不变，模数越大，分度直径也越大，如图 13-7 和图 13-8 所示。齿形越大，强度越高，传递的扭矩也越大。

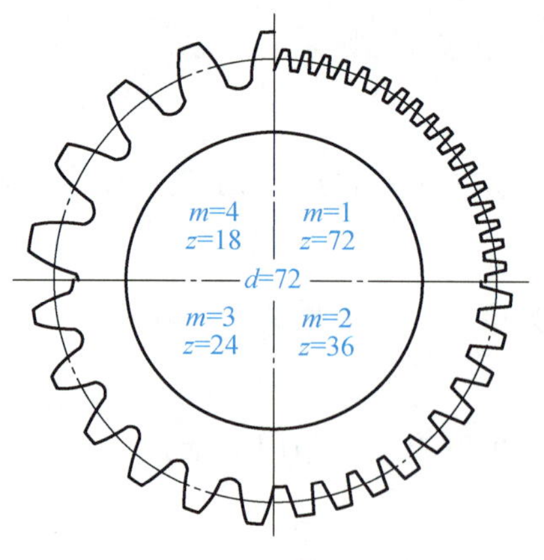

图 13-6　模数与齿数

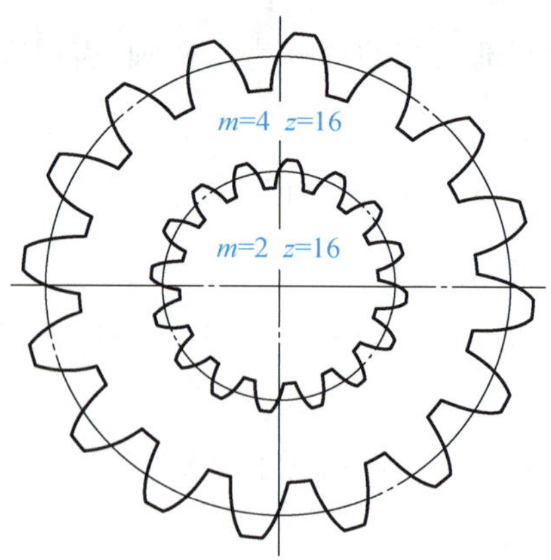

图 13-7　模数与分度圆

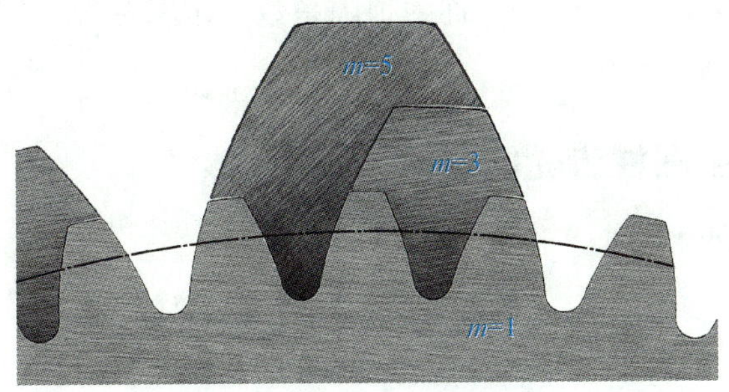

图 13-8 不同模数齿形对比

国家标准规定了标准模数系列，见表 13-1。

表 13-1 标准齿轮模数系列(摘自 GB/T 1357—2008)

(单位：mm)

第一系列	1，1.25，1.5，2，2.5，3，4，5，6，8，10，12，16，20，25，32，40，50
第二系列	1.75，2.25，2.75，(3.25)，3.5，(3.75)，4.5，5.5，(6.5)，7，9，11，14，18，22，28，36，45

注：1. 表中模数适用于渐开线直齿轮和斜齿轮，对于斜齿轮是指法向模数 m_n。
2. 表中模数为部分摘选，优先选用第一系列，其次是第二系列，括号内的模数尽量不用。

3. 压力角 α

压力角是指轮齿速度方向与受力方向所夹的锐角，渐开线齿廓上各点的压力角不相等。离基圆越远，压力角越大，基圆上的压力角 $\alpha=0°$，通常是指分度圆上的压力角 α。我国规定分度圆上的标准压力角为 20°。

4. 齿顶高系数(h_a^*)

对于标准齿轮，规定 $h_a=h_a^* m$。h_a^* 称为齿顶高系数。国家标准规定，正常齿 $h_a^*=1$，短齿 $h_a^*=0.8$。

5. 顶隙系数(c^*)

当一对齿轮啮合时，为使一个齿轮的齿顶面不与另一个齿轮的齿槽底面接触，轮齿的齿根高应大于齿顶高，即应留有一定的径向间隙，称为顶隙，用 c 表示，如图 13-9 所示。顶隙能够避免一个齿轮的齿顶与另一个齿轮的齿根在啮合时发生碰撞，还可用于储存润滑油，减小啮合时的摩擦。

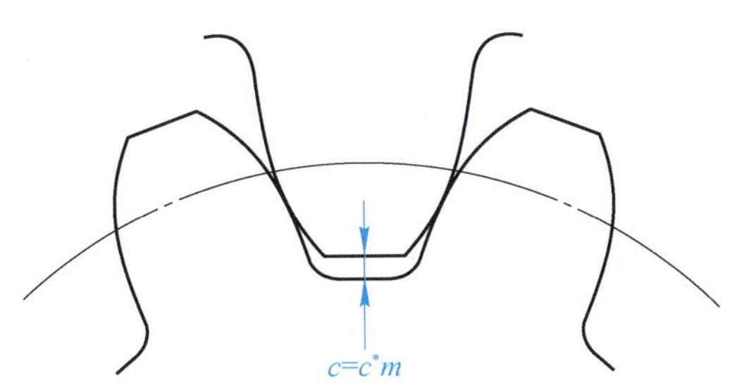

图 13-9 顶隙

动画

齿轮顶隙

对于标准齿轮，规定 $c=c^*m$。c^* 称为顶隙系数。国家标准规定，正常齿 $c^*=0.25$，短齿$c^*=0.3$。

四、渐开线标准直齿圆柱齿轮的几何尺寸

计算公式见表 13-2。

表 13-2　渐开线标准直齿圆柱齿轮的几何尺寸计算　（单位：mm）

名　称	公　　式	名　称	公　　式
分度圆直径	$d=mz$	齿根高	$h_f=(h_a^*+c^*)m=1.25m$
齿顶圆直径	$d_a=m(z+2)$	齿全高	$h=(2h_a^*+c^*)m=2.25m$
齿根圆直径	$d_f=m(z-2.5)$	齿距	$p=\pi m$
齿顶高	$h_a=h_a^*m=m$	中心距	$a=m(z_1+z_2)/2$

注：该表为外齿轮几何尺寸计算公式。

第三节　渐开线标准直齿圆柱齿轮的啮合传动

一、一对渐开线标准直齿圆柱齿轮的啮合特性

动画

齿轮啮合过程

一对渐开线标准直齿圆柱齿轮的啮合过程如图 13-10 所示。开始啮合时，主动轮齿根上的点 B_2 推动从动轮齿顶圆上的啮合点 B_2，使从动轮做逆时针转动，点 B_2 为啮合的起始点。随着主动轮做顺时针转动，啮合点逐渐向从动轮齿根圆上的点 B_1 移动，直至退出啮合为止，过啮合点 B_2、B_1 的直线称为啮合线。由渐开线的性质可知，过啮合点作两齿廓的公法线必定与两基圆相切，与两基圆相切的直线只能有一条，即两基圆的内公切线。所以，内公切线、两齿廓的公法线和啮合线重合在一条直线上。称 B_2B_1 为实际啮合线段，切点 N_1、N_2 的连线 N_1N_2 为理论啮合线段。N_1N_2 与两圆心 O_1、O_2 连线的交点 C 称为节点。

图 13-10　一对渐开线标准直齿圆柱齿轮的啮合过程

1. 传动比的恒定性

在两齿轮节点处的线速度值相等，线速度的方向垂直于 O_1、O_2 的连线，即

$$v_C = \omega_1 O_1 C = \omega_2 O_2 C \tag{13-3}$$

得

$$i = \frac{\omega_1}{\omega_2} = \frac{O_2 C}{O_1 C} = \frac{r_{b2}}{r_{b1}} = \text{常数} \tag{13-4}$$

所以，渐开线标准直齿圆柱齿轮的传动比值为恒定不变。

2. 啮合角的不变性

渐开线齿轮的两齿廓无论在何处啮合，齿廓间作用的压力方向始终在两基圆的内公切线上，即在接触点的公法线上，也就是啮合线方向上，啮合线成为固定的直线。所以，齿廓间作用的压力方向不变，传动平稳。

3. 中心距的可分性

一对渐开线标准直齿圆柱齿轮的传动比与两轮的基圆半径成反比。在传动中，如果实际中心距发生微小的改变，传动比的值也不会发生变化，称为渐开线齿轮传动的中心距可分性。中心距的可分性给齿轮的设计、制造和安装提供了极大的方便。

二、渐开线齿轮的正确啮合条件

渐开线齿轮传动是靠均布在齿轮圆周上的轮齿依次啮合来实现的。为保证一对渐开线齿轮能够正确啮合，必须使这对齿轮任意两相邻同侧齿廓在啮合线上的距离相等，如图 13-11 所示 ab 段。根据渐开线的性质，ab 既等于主动轮的基圆齿距 p_{b1}，又等于从动轮上的基圆齿距 p_{b2}，因此 $p_{b1}=p_{b2}$，即两齿轮的基圆齿距相等。而基圆齿距 p_b 与齿距 p 的关系为

$$p_b = \frac{\pi d_b}{z} = \frac{\pi d\cos\alpha}{z} = p\cos\alpha = \pi m\cos\alpha \tag{13-5}$$

根据上述分析，于是有

$$\pi m_1 \cos\alpha_1 = \pi m_2 \cos\alpha_2 \tag{13-6}$$

因为齿轮分度圆上的模数和压力角都已标准化，故要满足上式，应

$$\left.\begin{aligned} m_1 = m_2 = m \\ \alpha_1 = \alpha_2 = \alpha \end{aligned}\right\} \tag{13-7}$$

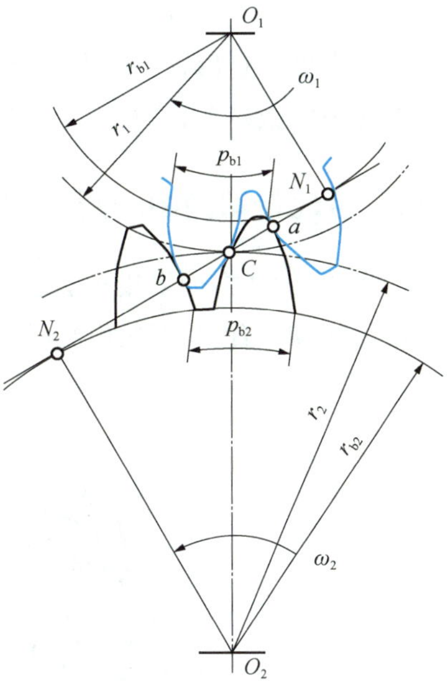

图 13-11　渐开线齿轮的正确啮合条件

动画

齿轮的正确啮合条件

即齿轮的正确啮合条件为两齿轮的模数和压力角分别相等。如图 13-11 所示为渐开线齿轮的正确啮合条件。

三、渐开线齿轮连续传动的条件

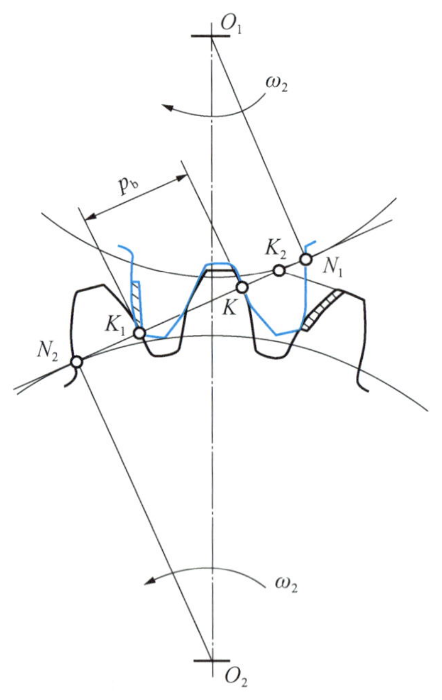

图 13-12　渐开线齿轮连续传动的条件

如图 13-12 所示，齿轮 1 为主动轮，齿轮 2 为从动轮。在啮合过程中，首先是主动轮的齿根部分与从动轮的齿顶部分接触，一对齿轮起始啮合点 K_2 为从动轮 2 的齿顶圆与啮合线的交点，而终止啮合点 K_1 为主动轮 1 的齿顶圆与啮合线的交点。线段 K_2K_1 称为齿轮的实际啮合线。若将两轮的齿顶圆加大，其实际啮合线就由两端向外延伸。因此，基圆内无渐开线，所以两轮的齿顶圆不得超过极限啮合点 N_1 和 N_2，N_1N_2 称为理论啮合线。

由一对轮齿的啮合过程可知，每个轮齿参与啮合的齿廓，只是图 13-12 阴影线部分，称其为齿廓工作段。若齿轮连续传动，必须保证在前对轮齿即将脱离啮合前，后一对轮齿进入啮合。为此，应使实际啮合线 K_2K_1 至少等于或大于齿轮的基圆齿距 P_b，即 $K_2K_1/P_b \geqslant 1$。将 K_2K_1/P_b 的值称为齿轮传动的重合度，用 ε 表示，即

$$\varepsilon = K_2K_1/P_b \geqslant 1 \tag{13-8}$$

重合度 ε 是齿轮传动中一个非常重要的性能指标。重合度 ε 越大，意味着同时参与啮合的轮齿对数越多，每对齿轮承受的载荷越小，从而提高了齿轮传动的平稳性和承载能力。

四、齿轮传动的中心距

齿轮传动时，如果相互啮合的齿轮之间有侧隙，在传动过程中将会出现振动和冲击。为保证无侧隙啮合，在安装齿轮时，应保证分度圆与节圆重合，称为标准安装。如图 13-13 所

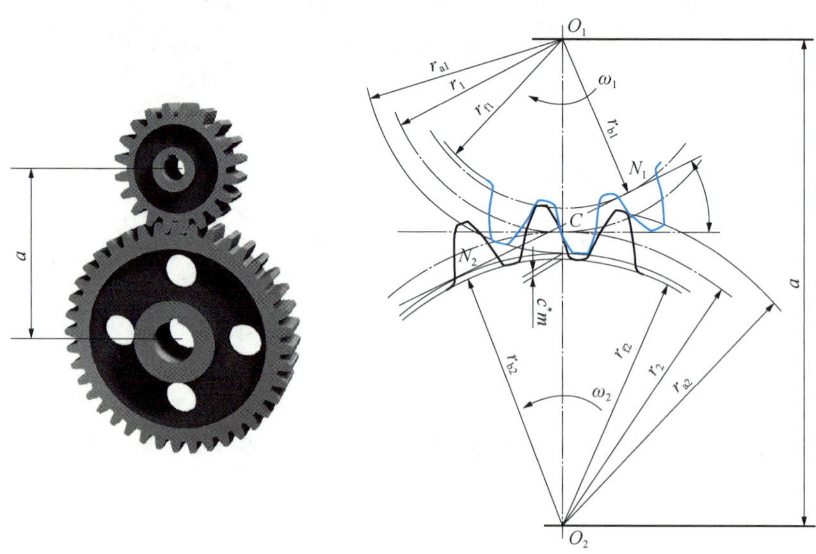

图 13-13　标准安装中心距

示，标准安装时齿轮的中心距称为标准中心距，其大小为

$$a = r'_2 + r'_1 = r_2 + r_1 = m(Z_2 + Z_1)/2 \tag{13-9}$$

第四节 渐开线齿轮的加工与根切现象

一、齿轮的加工

齿轮可采用切削加工，或精密铸造、精密锻造、粉末冶金等无切削加工方法制造。在常用的机械加工方法中，安轮齿的切制原理，可概括为仿形法和展成法。

1. 仿形法

仿形法加工是在普通铣床上，用轴向剖面形状与被切齿轮轮槽的形状完全相同的成形铣刀，铣削出齿轮的加工方法。图 13-14 所示为用盘形铣刀或指状铣刀加工齿轮。

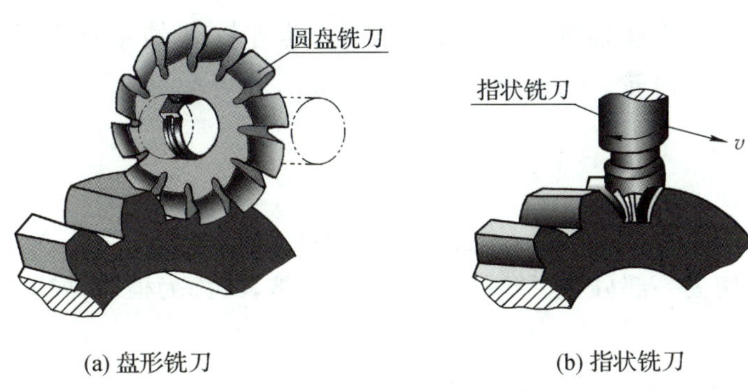

图 13-14 仿形法加工齿轮

视频

盘形铣刀加工齿轮

视频

指状铣刀加工齿轮

仿形法加工齿轮的精度、效率低，适用于单件生产。

2. 展成法

展成法是指利用齿轮啮合原理来加工齿轮的方法，是目前齿轮加工中应用最为广泛的方法。常见的展成法有插齿法和滚齿法。

(1) 插齿法

如图 13-15a 所示，用插刀加工齿轮时，具有渐开线齿廓的刀具一方面随插齿机的主轴做轴向直线往复运动以切去多余材料，另一方面与齿轮毛坯一起绕各自轴线旋转，并保证各自旋转速度与其齿数成反比（模拟一对齿轮啮合）。经过反复切削，齿轮的齿形即可被准确地包络出来，如图 13-15b 所示。

视频

插齿法
加工齿轮

视频

滚齿法
加工齿轮

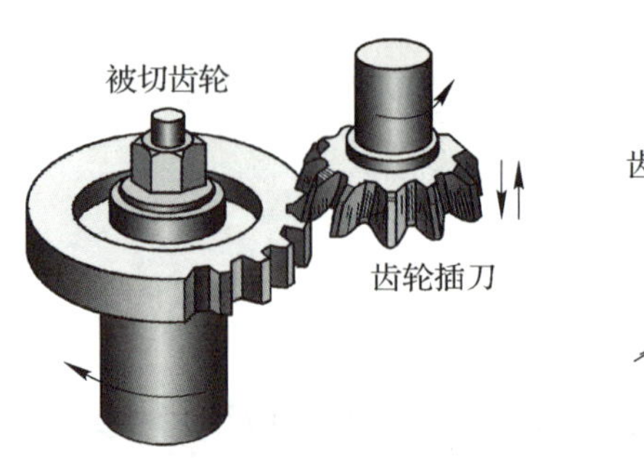

(a) 插刀切削过程

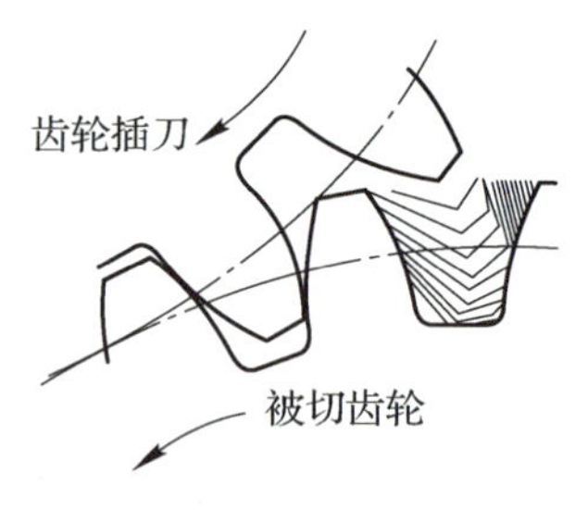

(b) 切削轨迹

图 13-15　插刀加工齿轮及切削轨迹

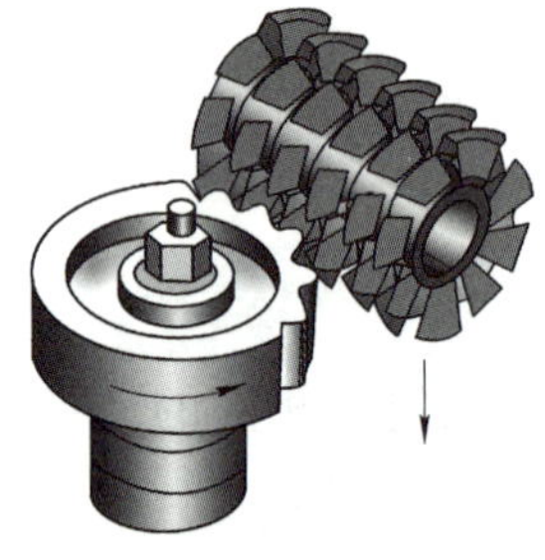
图 13-16　蜗轮滚刀加工齿轮

同一把插刀加工出的齿轮都能准确啮合，齿轮的精度较高。但插齿加工时，由于插刀沿轴线作间歇直线运动，齿轮生产的效率不高。

(2) 滚齿法

滚齿法利用蜗杆形的齿轮滚刀在滚齿机上直接与齿轮毛坯作啮合运动，连续进行展成运动并包络切削出所需齿形，如图 13-16 所示。旋转的滚刀相当于一根齿条与齿轮毛坯进行啮合。滚齿是连续切削，无退刀和空程，具有较高的生产效率，但无法加工内齿轮。

二、根切现象

用展成法加工齿轮时，如果刀具的齿顶圆(线)超过了极限啮合点 N_1，齿轮根部的渐开线齿廓将会被刀具切去一部分，这种现象称为切齿干涉，又称为根切，如图 13-17 所示。

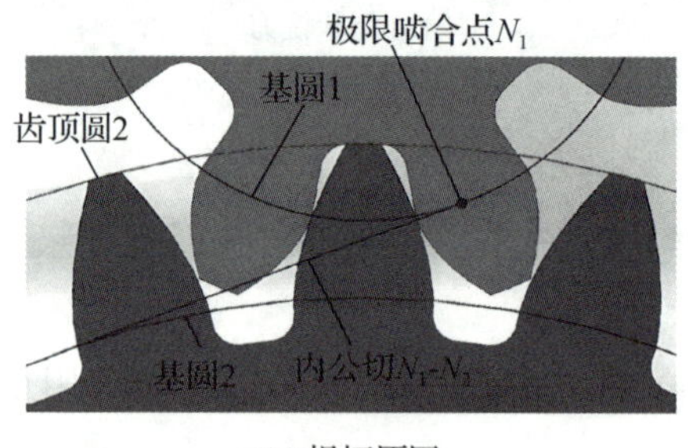

(a) 根切原因

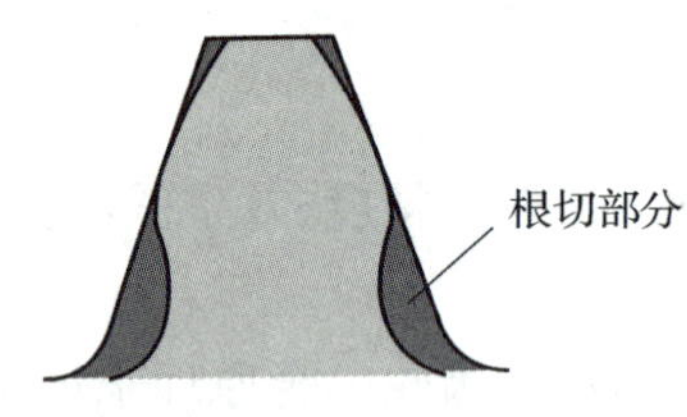

(b) 根切齿形

图 13-17　齿轮的根切

产生严重根切的齿轮，轮齿的抗弯强度降低，并使重合度减少，影响齿轮传动的平稳性，对传动十分不利。因此，应尽量避免根切现象的产生。

要避免根切，就必须使刀具的齿顶线不超过 N_1 点，如图 13-18 所示。理论计算表明，根切现象的产生与齿轮的齿数有关，标准齿轮不发生根切的最小齿数 $z_{min}=17$。因此，标准齿轮避免产生根切的正确措施是使齿轮的齿数大于或等于最小齿数。

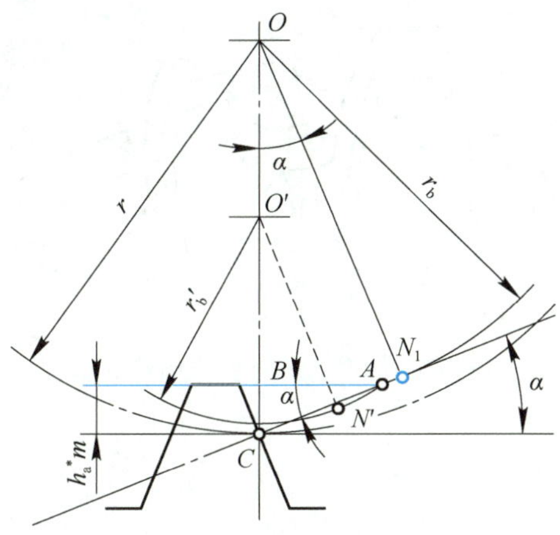

图 13-18　不产生切齿干涉的条件

三、变位齿轮

当被加工齿轮的齿数小于 17 时，只有采用变位的加工方法，才能避免出现根切现象，变位加工所得到的齿轮称为变位齿轮。变位齿轮的加工是靠调整刀具与被加工齿轮中心距的方法获得的，如图 13-19 所示。图 13-19 中，刀具中线与刀具节线之间的距离，称为变位量，等于变位系数与齿轮模数的乘积，用 xm 表示。其中，x 称为变位系数，m 为齿轮的模数。刀具中线与轮坯的分度圆相离时，称为正变位，规定 $x > 0$，如图 13-19c 所示；刀具中线与轮坯的分度圆相割时称为负变位，规定 $x < 0$，如图 13-19a 所示；标准齿轮的变位量 $x = 0$，可看成是变位齿轮的特例。

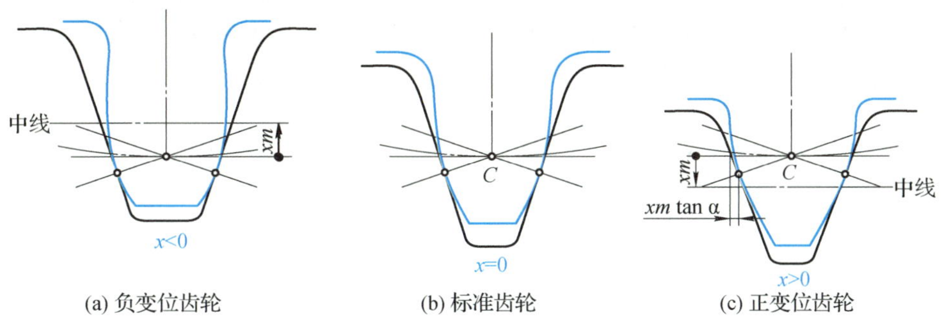

图 13-19　标准齿轮与变位齿轮加工

将变位加工后的齿轮与标准齿轮的齿廓相对比，可以发现经过正变位加工后得到的齿轮，分度圆的齿厚大于齿槽宽；经过负变位加工后的齿轮，分度圆的齿厚小于齿槽宽。变位齿轮的模数、齿数、压力角均与标准齿轮相同，基本参数没有变化，如图 13-20 所示。

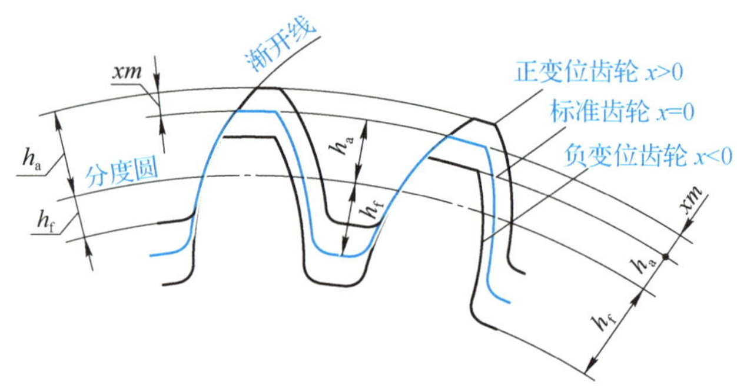

图 13-20　标准齿轮与变位齿轮的齿廓

第五节　斜齿圆柱齿轮传动

一、斜齿圆柱齿轮啮合特点

如图 13-20a 所示，直齿轮在啮合过程中，两轮的齿面在任一瞬时的接触线均是平行于轴线的等长线段，载荷沿全齿宽突然加上或卸下，故传动的平稳性较差，冲击和噪声较大。

斜齿轮的齿廓曲线是渐开线螺旋面。如图 13-21b 所示，一对斜齿轮的齿面接触线是倾斜于轴线的不等长线段，在啮合过程中，先是由短变长，然后由长变短，直至脱离啮合。因此，斜齿轮传动同时啮合的轮齿对数多，重合度大，传动平稳，承载能力强，常用于高速、重载传动。汽车变速箱中多为斜齿轮传动。

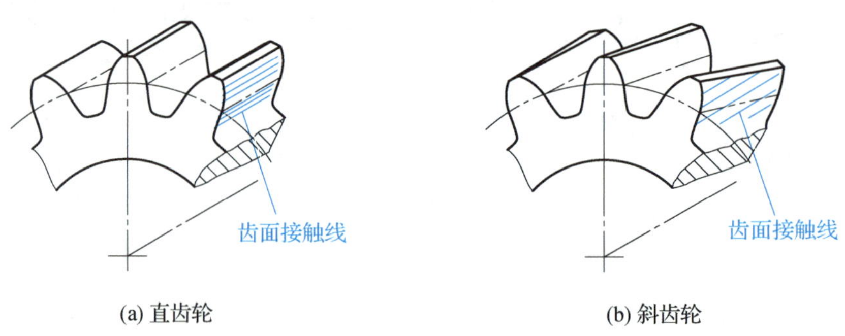

(a) 直齿轮　　(b) 斜齿轮

图 13-21　直齿轮和斜齿轮的接触线

二、斜齿圆柱齿轮主要参数和几何尺寸

为分析方便，将斜齿轮沿分度圆柱面展开，如图 13-22 所示。在展开平面上，斜齿轮的

螺旋线变为直线；图中阴影部分为轮齿，空白部分为齿槽。可见，斜齿轮的齿形有端面（垂直于齿轮轴线的平面，用 **t** 作标记）和法面（垂直于螺旋面的平面，用 **n** 作标记）之分。

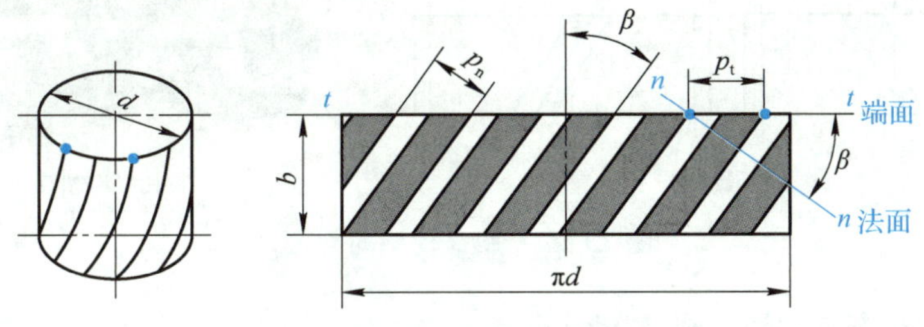

图 13-22 斜齿轮展开图

1. 螺旋角 β

斜齿轮的螺旋线与轴线之间的夹角称为斜齿轮分度圆柱上的螺旋角，用 β 表示。β 越大，斜齿轮的优点越明显，但在啮合中所产生的轴向力也越大，故常取 $\beta=8°\sim20°$。

2. 模数 m_n 和 m_t

如图 13-22 所示，法向齿距 P_n 与端面齿距 P_t 之间的关系为

$$P_n=P_t\cos\beta \tag{13-10}$$

将上式两边同时除以 π，根据模数的定义有

$$m_n=m_t\cos\beta \tag{13-11}$$

则 m_n 和 m_t 分别表示法向模数和端面模数。其中，法向模数 m_n 规定为标准值，按表 13-1 选取。

3. 压力角 α_n 和 α_t

斜齿轮在分度圆上的压力角也有法向压力角 α_n 和端面压力角 α_t 之分（图 13-23），两者之间的关系为

$$\tan\alpha_n=\tan\alpha_t\cos\beta \tag{13-12}$$

式中，规定法向压力角 α_n 为标准值，取 $\alpha_n=20°$。

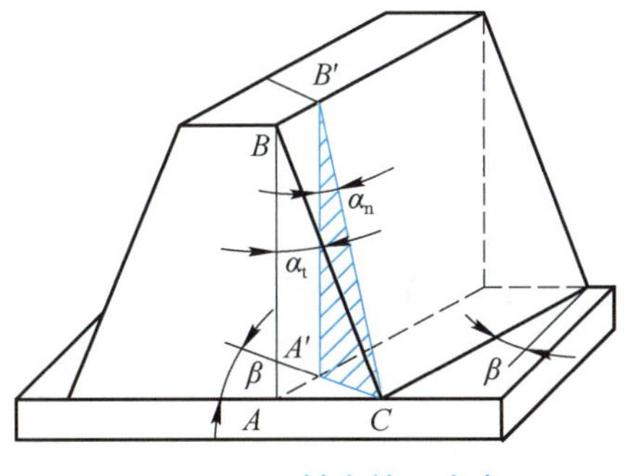

图 13-23 斜齿轮压力角

斜齿轮有左旋和右旋之分。旋向的判别方法：将齿轮轴线垂直放置，轮齿自左至右上升者为右旋，反之为左旋，如图 13-24 所示。

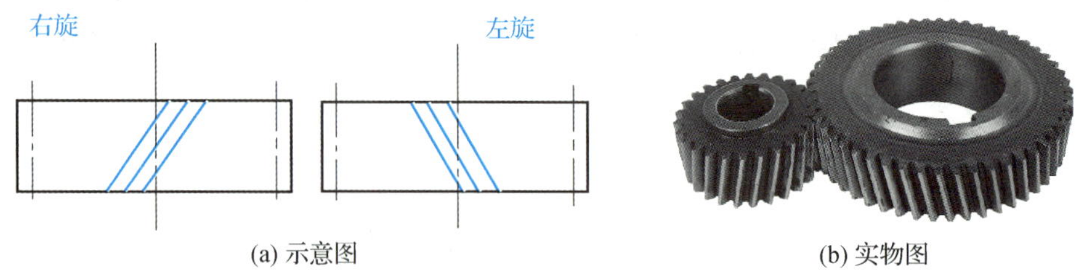

图 13-24　斜齿轮旋向判定

三、斜齿圆柱齿轮正确啮合条件

如图 13-25 所示，对于外啮合斜齿圆柱齿轮传动，只有两齿轮的法向模数和法向压力角分别相等、两齿轮的分度圆螺旋角数值相等且旋向相反时才能保证正确啮合，即

$$\left.\begin{aligned} m_{n1} &= m_{n2} = m_n \\ \alpha_{n1} &= \alpha_{n2} = \alpha_n \\ \beta_1 &= -\beta_2 \end{aligned}\right\} \tag{13-13}$$

图 13-25　斜齿轮啮合条件

第六节　直齿锥齿轮传动

一、直齿锥齿轮的传动特点、类型和应用

1. 锥齿轮的传动特点

锥齿轮的轮齿分布在圆锥体上，其齿形从大端向小端逐渐收缩，如图 13-26 所示。

锥齿轮传动常用于传递两相交轴之间的运动和动力。两轴之间的交角 Σ 由传动要求确定，多为 90°。

2. 锥齿轮的类型和应用

按照轮齿方向，锥齿轮传动分为直齿锥齿轮（图 13-26a）、斜齿锥齿轮（图 13-26b）和曲齿锥齿轮（图 13-26c）三种。直齿锥齿轮易于制造和安装，最为常用；斜齿锥齿轮已逐渐被曲齿所代替；曲齿锥齿轮比直齿重合度大，承载能力高，传动效率高，传动平稳，噪声小，在汽车等高速重载传动中得到广泛应用。

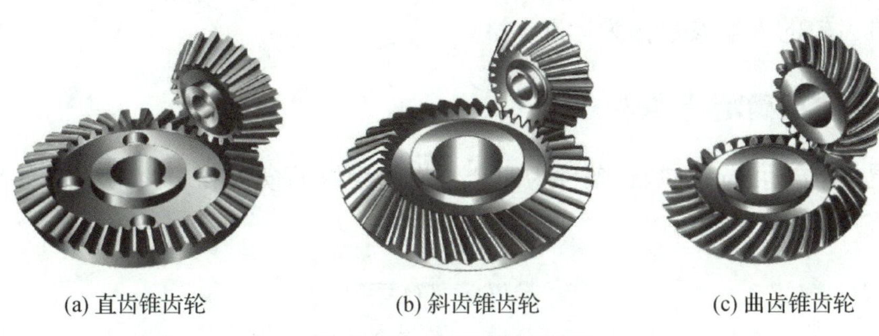

图 13-26　锥齿轮的类型

二、直齿锥齿轮的基本参数和几何参数

1. 直齿锥齿轮的基本参数

齿轮的啮合过程可看成是两个锥顶共点的锥体做相对纯滚动，而轮齿均匀分布在锥体的表面上，如图 13-27 所示。与圆柱齿轮相对应，锥齿轮中有分度圆锥面、齿顶圆锥面、齿根圆锥面等。

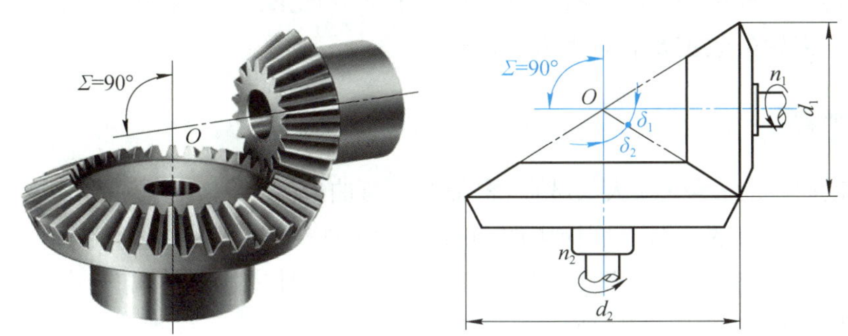

图 13-27　直齿锥齿轮的基本参数

（1）模数

直齿锥齿轮的模数同样由国家标准进行规定，一般可根据齿轮强度和结构要求进行选取。

（2）分度圆锥角

锥齿轮轴线与分度圆锥面所夹的锐角称为分度圆锥角，用 δ 表示。

（3）轴交角

相互啮合时两锥齿轮轴线之间的夹角称为轴交角，用 Σ 表示。通常采用 $\Sigma=90°$。即 $\delta_1+\delta_2=90°$。

（4）压力角、齿顶高系数及顶隙系数

国家标准规定，标准直齿锥齿轮的压力角 $\alpha=20^{\circ}$。正常齿的齿顶高系数 $h_a^*=1$，顶隙系数 $c^*=0.2$。

2. 直齿锥齿轮的几何参数

锥齿轮有大、小端之分，故直齿锥齿轮的参数分为大端参数和小端参数。为了方便计算和测量，将锥齿轮的大端参数作为标准参数。

三、锥齿轮的正确啮合条件

直齿锥齿轮传动的正确啮合条件为两个锥齿轮大端的模数和压力角分别相等且锥顶重合，即

$$\left.\begin{aligned} m_1=m_2=m \\ \alpha_1=\alpha_2=\alpha \end{aligned}\right\} \tag{13-14}$$

第七节　齿轮的失效形式

在齿轮传动过程中，若发生轮齿折断、齿面损坏等现象，齿轮失去了正常的工作能力，称为齿轮失效。齿轮失效主要有以下五种形式。

一、轮齿折断

齿轮传动时，轮齿承受很大的载荷，根部产生弯曲应力，在长期循环载荷的作用下，当弯曲应力超过材料允许的疲劳强度极限时，轮齿的根部将出现疲劳裂纹，随着裂纹的扩大，导致整个齿根折断，这种折断称为疲劳折断。轮齿受到短时过载或冲击作用而引起的突然折断，称为过载折断，如图 13-28a 所示。

过载折断常出现在没有良好润滑条件的开式齿轮传动中。

(a) 轮齿折断

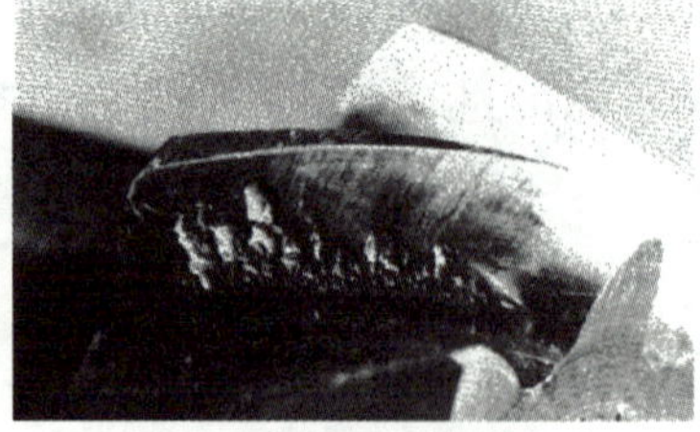

(b) 齿面疲劳点蚀

(c) 齿面磨损

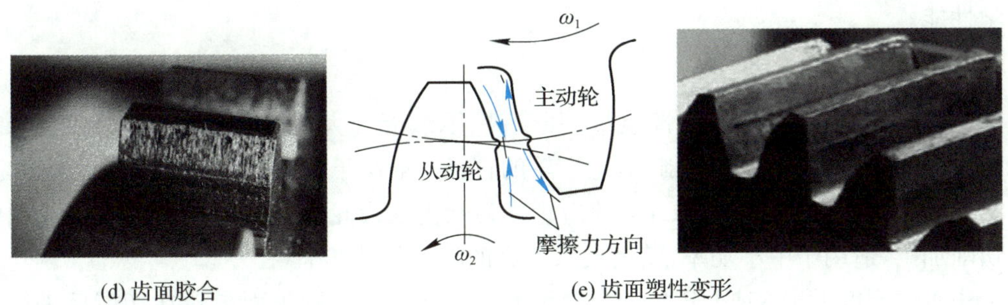

(d) 齿面胶合　　(e) 齿面塑性变形

图 13-28　齿轮的失效形式

二、齿面疲劳点蚀

齿轮传动时，若长期循环的交变应力超过材料的许用值，接触表面就会出现微小的疲劳裂度。在充分润滑的条件下，进入裂纹的润滑液受到密封高压的作用使齿面金属剥落而形成麻点状的凹坑，这种现象称为疲劳点蚀，如图 13-28b 所示。

齿面疲劳点蚀常出现在闭式齿轮的传动中。

三、齿面磨损

轮齿啮合表面落入金属屑、粉尘等物质，当润滑条件较差时，齿面材料被磨损，失去了渐开线齿廓的形状，如图 13-28c 所示。

齿面磨损常发生在润滑条件较差的开式齿轮传动中。

四、齿面胶合

相互啮合的金属齿面，在高速重载下表面压力和温度过高容易造成黏着，随着齿面的相对运动，较硬的齿面将较软的齿面撕成沟纹的现象称为齿面胶合，如图 13-28d 所示。

五、齿面塑性变形

如果齿轮的齿面硬度不高，当低速重载、冲击载荷或频繁起动时，轮齿表面在切向摩擦力的相互作用下，主动轮的表面被拉出凹槽变形，从动轮的表面被挤压出凸棱，破坏了正常的齿形，称为齿面塑性变形，如图 13-28e 所示。

第八节　齿轮的材料和结构

一、常用齿轮的材料

常用齿轮材料有锻钢、铸钢、铸铁和非金属材料。钢质齿轮要进行热处理，以改善齿轮的力学性能。

1. 锻钢

锻造齿轮的组织均匀、力学性能好、强度高、承载能力大，常用中碳结构钢和合金结构钢，如 45、40Cr。受锻造设备限制，锻造齿轮的直径一般小于 500 mm。

工作表面硬度不大于 350 HBW 的齿轮称为软齿面齿轮。软齿面齿轮在正火或调质后进行切削加工，适用于中小功率、精度要求不高的闭式传动。

工作表面硬度大于 350 HBW 的齿轮称为硬齿面齿轮。硬齿面齿轮在切齿后进行热处理，如表面淬火、渗碳后淬火，然后再磨削精加工。淬火后的齿轮表面硬度高，适用于重载、高速的机械传动。

2. 铸钢

当齿轮的直径大于 500 mm 时，由于锻造机械的砧座太窄，不能选用锻造，只能选择铸钢制造。铸钢齿轮的力学性能不如锻钢。

3. 铸铁

当低速、载荷不大时，可选用铸铁作为齿轮材料。

4. 非金属材料

在载荷较轻，转速较高的低噪声场合，如家用电器、办公器械，可选尼龙、塑料等非金属材料作为齿轮材料。

二、常用齿轮的轮辐结构

常用圆柱齿轮的结构由轮缘、轮辐和轮毂三部分组成。轮辐的结构根据齿顶圆的大小分为齿轮轴、实心齿轮、腹板式齿轮和轮辐式齿轮四种形式。

1）齿轮轴。当齿顶圆直径小于 2 倍轴孔时，将齿轮和轴做成一体，称为齿轮轴，如图 13-29a 所示。

2）实心齿轮。当齿顶圆直径小于 200 mm 时，采用实心式结构，如图 13-29b 所示。

3）腹板式齿轮。当齿顶圆直径在 200～500 mm 时，采用腹板式结构，如图 13-29c 所示。

4）轮辐式齿轮。当齿顶圆直径大于 500 mm 时，选用轮辐式结构，如图 13-29d 所示。

(a) 齿轮轴　(b) 实心齿轮　(c) 腹板式　(d) 轮辐式

图 13-29　轮辐结构

第九节 齿轮传动的润滑

齿轮在传动时将产生摩擦和磨损，造成能量损耗而使传动效率降低。因此，齿轮传动的润滑十分重要。润滑可以减小齿轮啮合处的摩擦损失，减少磨损，具有降低噪声、散热和防锈等作用。

齿轮传动润滑形式的选择应根据齿轮圆周速度的大小和开、闭式齿轮传动形式来决定。

一、开式、半开式齿轮传动的润滑

开式、半开式齿轮传动润滑采用人工周期性加油，润滑剂为润滑油或润滑脂。

二、闭式齿轮传动的润滑

齿轮传动的圆周速度 $v \leqslant 12$ m/s 时，应采用如图 13-30a 所示的油浴润滑方式。齿轮运转时把润滑油带到啮合齿面间，同时又将润滑油甩到箱壁上，借以散热并使轴承得到润滑。为了减小齿轮的运转阻力和油的温升，油浴润滑的油液高度不超过齿高的 3 倍，油液过高会增加齿轮传动的阻力，但最少不低于齿高的 1/3。

在多级齿轮传动中，可采用带油轮把润滑油带到没浸入油池的轮齿齿面上，如图 13-30b 所示。

齿轮传动的圆周速度 $v > 12$ m/s 时，由于离心力的作用，附在齿轮上的油将甩掉，齿面不能良好润滑。此外，齿轮搅油过于剧烈，使功率损失增大。应用油泵以一定的压力供油，借喷嘴将润滑油喷到齿面上，如图 13-30c 所示。

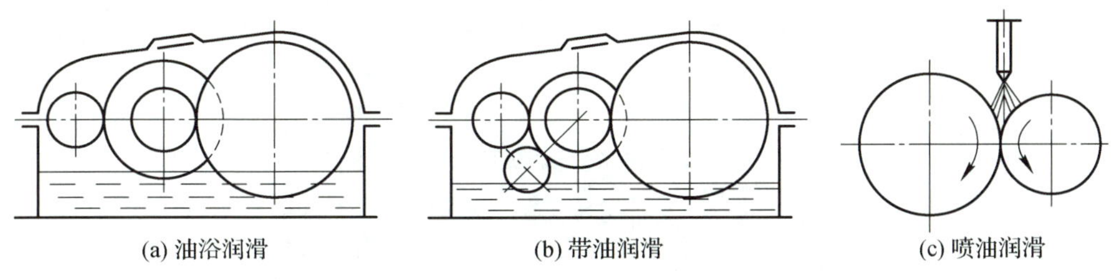

(a) 油浴润滑　(b) 带油润滑　(c) 喷油润滑

图 13-30　闭式齿轮的润滑

知识拓展　**汽车中哪些部件使用齿轮传动？**

在汽车中，齿轮传动广泛应用于变速器、差速器和转向系统等关键部件，主要用于传递动力、调节转速和改变旋转方向。与链条或同步带传动相比，齿轮传动具有高效、可靠、耐用的特点，特别适合于高负荷和高性能的场景。

1. 转向系统中的齿轮传动

在转向系统中，齿轮传动用于将驾驶员的转向力传递到车轮，确保精确的方向控制，如图 13-31 所示。现代汽车普遍采用齿轮齿条转向系统，通过齿轮和齿条的啮合，实现车轮的转向，如图 13-32 所示。如某品牌汽车的转向系统就是通过齿轮传动，将方向盘的旋转转化为车轮的转动，从而精准控制车辆的行驶方向。

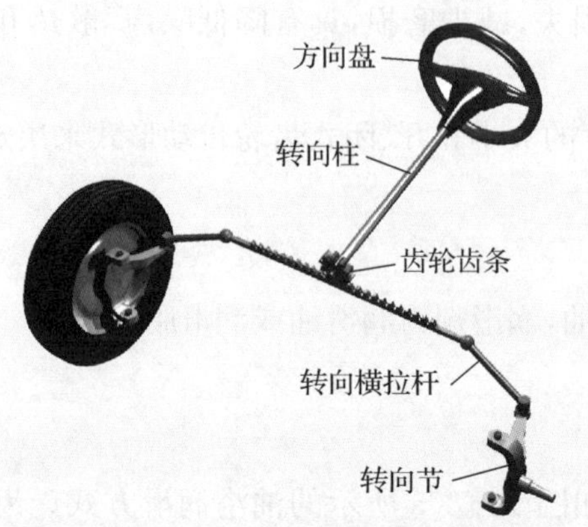

图 13-31　车辆转向系统

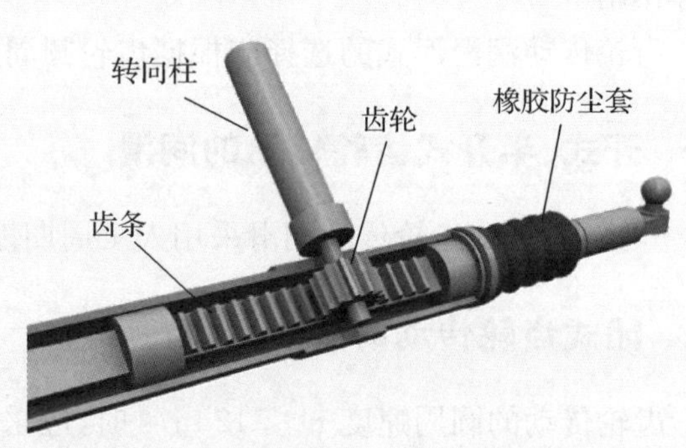

图 13-32　齿轮齿条转向器示意图

2. 变速器中的齿轮传动

变速器是齿轮传动的重要应用领域。通过不同齿轮组合，变速器实现了发动机转速与车速之间的转换。例如，图 13-33 所示自动变速器采用行星齿轮系统，能够根据驾驶需求在多个挡位之间平滑过渡。这种齿轮传动系统不仅提高了变速器的效率，还增强了燃油经济性和驾驶舒适性。

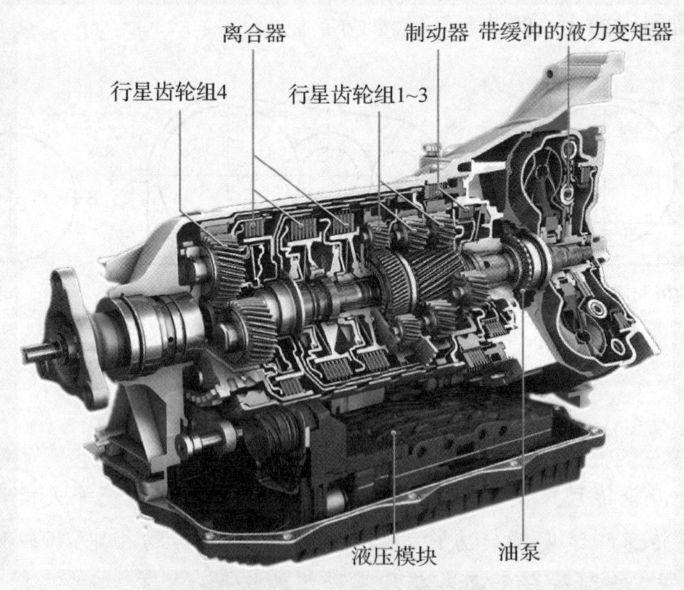

图 13-33　自动变速器示意图

3. 差速器中的齿轮传动

差速器中的齿轮传动确保了车辆在转弯时每个车轮的转速不同，从而提高了操控性和稳定性。以某汽车的四轮驱动系统为例，差速器通过精密设计的齿轮传动，将动力智能分配到前后驱动桥，确保在湿滑或崎岖的路面上保持卓越的牵引力，如图 13-34 所示。特别是在低摩擦环境下，差速器的齿轮传动使该车具备更好的通过性和稳定性。

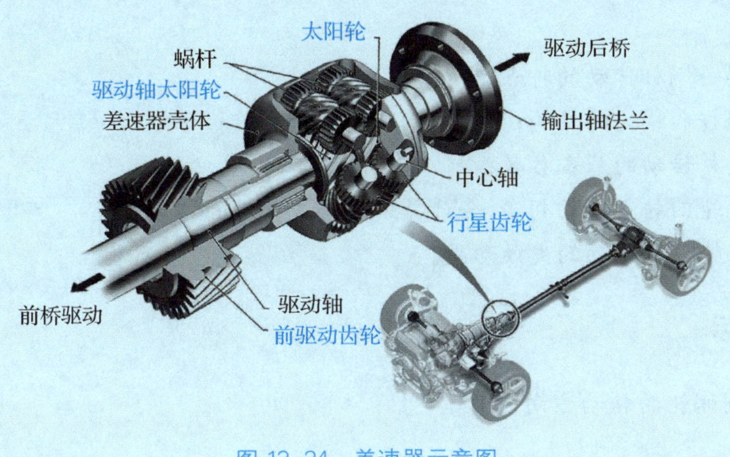

图 13-34 差速器示意图

单元十四　蜗杆传动

知识目标

(1) 了解蜗轮蜗杆传动的特点；

(2) 了解蜗杆和蜗轮的结构；

(3) 熟悉蜗杆传动的基本参数；

(4) 掌握蜗轮回转方向的判定，会计算蜗轮蜗杆传动的传动比；

(5) 了解蜗轮蜗杆传动的失效形式。

能力目标

能正确判别蜗轮的转动方向。

案例引入

蜗杆传动具有大传动比和自锁性等特点，因此在汽车中应用比较广泛。例如，托森差速器利用蜗轮蜗杆实现差速锁止功能，如图 14-1a 所示；汽车中常用的蜗轮蜗杆转向机，将方向盘的旋转运动转变为控制车轮摆动的直线运动，如图 14-1b 所示。

(a) 托森差速器

(b) 蜗轮蜗杆转向机

图 14-1　汽车中的蜗杆传动

第一节　蜗杆传动的组成、特点与类型

一、蜗杆传动的组成和特点

1. 蜗杆传动的组成

蜗杆传动由蜗杆、蜗轮和机架组成。主要用于空间两交错轴之间运动和动力的传递，如图 14-2 所示。通常蜗杆与蜗轮的轴线在空间交错成 90°，一般以蜗杆为主动件，蜗轮为从动件。

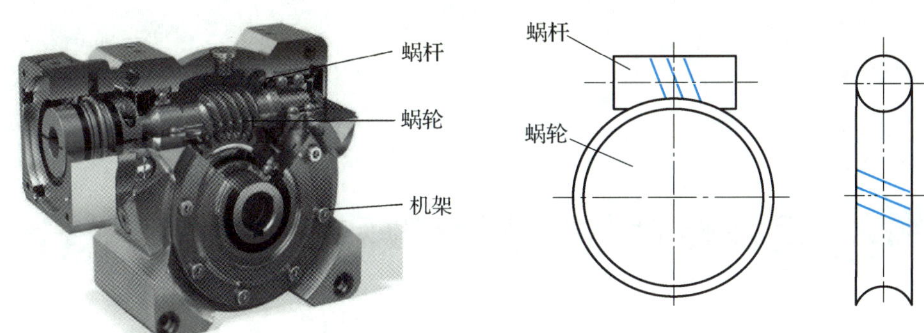

图 14-2　蜗杆传动组成

2. 蜗杆传动的特点

蜗杆传动既有齿轮传动的某些特点，又有区别于齿轮传动的特性。与齿轮传动相比，蜗杆传动具有以下几方面优点：

(1) 传动比大且准确，结构紧凑

一般蜗杆传动中，传动比 $i=10\sim80$。在分度机构中，传动比可达 600～1 000。如此大的传动比，若采用齿轮传动则需用多级传动，因此蜗杆传动具有结构紧凑的特点。此外，与齿轮传动相同，蜗杆传动也能提供准确的瞬时传动比。

(2) 传动平稳，噪声很小

蜗杆上的齿是连续的螺旋形齿，蜗杆与蜗轮一直处于连续啮合，因此传动平稳，噪声很小。

(3) 可实现自锁

当蜗杆的导程角 γ 小于材料的当量摩擦角时，蜗杆传动可实现单向自锁，即只能由蜗杆带动蜗轮，不能由蜗轮带动蜗杆转动。这一特性可用于需要自锁的起重设备中。但在蜗杆传动中，蜗轮与蜗杆之间的摩擦较大，造成传动效率较低，一般仅为 0.7～0.9，而能自锁的蜗杆传动，效率仅为 0.4 左右。为降低蜗轮与蜗杆之间的摩擦并减小磨损，提高传动效率和工作寿命，蜗轮通常选用价格昂贵的青铜合金等材料，因此使用成本较高。

二、蜗杆传动的类型

根据蜗杆外部形状的不同，蜗杆传动可分为圆柱面蜗杆传动、圆弧面蜗杆传动和锥面蜗杆传动三种，如图 14-3 所示。

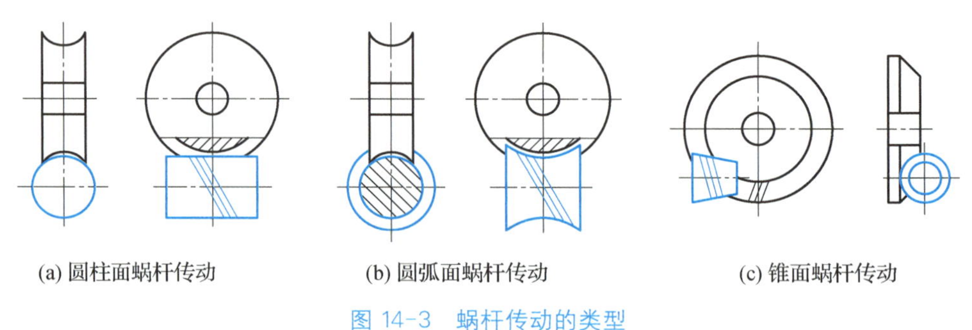

(a) 圆柱面蜗杆传动　(b) 圆弧面蜗杆传动　(c) 锥面蜗杆传动

图 14-3　蜗杆传动的类型

第二节　蜗杆传动的主要参数和尺寸计算

一、蜗杆传动的基本参数

如图 14-4a 所示，由于蜗杆的轴线与蜗轮的轴线呈空间交错，为了分析蜗杆传动的基本参数，取经过蜗杆的轴线并与蜗轮的轴线相垂直的剖面作为主平面来研究，如图 14-5 所示。在主平面中，蜗杆的形状相当于齿条，蜗轮相当于渐开线齿轮，如图 14-4b 所示。

动画

蜗杆传动

(a) 蜗杆传动　(b) 齿轮齿条传动

图 14-4　蜗杆传动与齿轮齿条传动

1. 模数 m

蜗杆的模数是指轴面模数，用 m_{x1} 表示；蜗轮的模数是指端面模数，用 m_{t2} 表示。

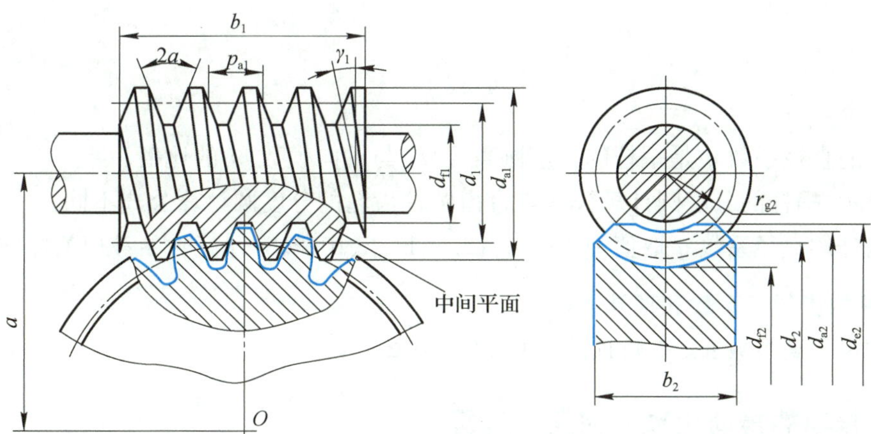

图 14-5　蜗杆传动的基本参数

2. 压力角 α

蜗杆的压力角是指轴向压力角，用 α_{x1} 表示；蜗轮的压力角是指端面压力角，用 α_{t2} 表示。

3. 蜗杆的升角 γ_1 和蜗轮的螺旋角 β_2

蜗杆的升角是指蜗杆的分度圆螺旋线的切线与端平面之间的夹角，用 γ_1 表示，如图 14-6 所示；蜗轮的螺旋角是指蜗轮的分度圆轮齿的旋向与轴线间的夹角，用 β_2 表示。

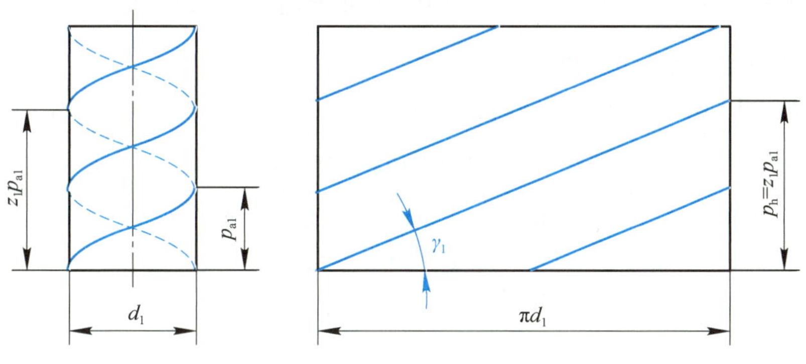

图 14-6　升角与齿距

4. 蜗杆分度圆直径 d_1 和蜗杆直径系数 q

将蜗杆的分度圆柱沿端面展开，即可得到如图 14-6 所示的展开图，图中 p_x 为齿距，γ 为导程角，z_1 为蜗杆的头数，按几何关系可以得出：

$$\tan\gamma_1=\frac{z_1 p_{x1}}{\pi d_1}=\frac{z_1\pi m}{\pi d_1}=\frac{z_1 m}{d_1} \tag{14-1}$$

令 $q=\dfrac{z_1}{\tan\gamma_1}$，称 q 为蜗杆的直径系数，所以

$$d_1=m\frac{z_1}{\tan\gamma_1}=mq \tag{14-2}$$

得出

$$q=\frac{d_1}{m} \tag{14-3}$$

即蜗杆的直径系数 q 是蜗杆的分度圆直径 d_1 与轴向模数 m 的比值。

特别提示：蜗杆的分度圆计算公式与直齿圆柱齿轮的分度圆计算公式不同。

常用蜗杆的直径系数 q 取值为 18、16、12.5、11.2、10、9、8，计算时参考相关标准资料。

5. 蜗杆的齿顶高系数和顶隙系数

蜗杆的齿顶高系数 $h_a^*=1$；顶隙系数 $c^*=0.2$。

二、蜗杆传动的传动比和几何尺寸计算

1. 蜗杆传动的传动比

传动比 i 为

$$i=\frac{n_1}{n_2}=\frac{z_2}{z_1} \tag{14-4}$$

蜗杆的头数 z_1 通常取 $z_1=1\sim4$，头数越少，越容易自锁，但效率越低；头数越多，加工越困难，但效率越高。

蜗轮齿数 z_2：根据 z_1 和传动比 i 来确定。一般推荐 $z_2=29\sim80$。

2. 蜗杆传动的几何尺寸计算

蜗杆传动的几何尺寸计算公式见表 14-1。

表 14-1　蜗杆传动的几何尺寸计算

名　称	符　号	计算公式		说　明
		蜗　杆	蜗　轮	
中心距	a	$a=\frac{d_1+d_2}{2}=\frac{m(z_1+z_2)}{2}$		
齿顶高	h_a	$h_{a1}=h_a^*m_{x1}$	$h_{a2}=h_a^*m_{t2}$	$h_a^*=1$
齿根高	h_f	$h_{f1}=(h_a^*+c^*)m_{x1}$	$h_{f2}=(h_a^*+c^*)m_{t2}$	$c^*=0.2$
全齿高	h	$h_1=h_{a1}+h_{f1}$	$h_2=h_{a2}+h_{f2}$	
分度圆直径	d	$d_1=m_{x1}q$	$d_2=m_{t2}z_2$	
蜗杆齿顶圆直径	d_{a1}	$d_{a1}=d_1+2h_{a1}$		
蜗轮喉圆直径	d_{a2}		$d_{a2}=d_2+2h_{a2}$	
齿根圆直径	d_f	$d_{f1}=d_1-2h_{f1}$	$d_{f2}=d_2-2h_{f2}$	
蜗杆分度圆导程角	γ_1	$\tan\gamma_1=z_1m_{x1}/d_1$		
蜗轮分度圆螺旋角	β_2		$\beta_2=\gamma_1$	
齿距	p	$p_{x1}=p_{t2}=\pi m$		

三、蜗杆传动的正确啮合条件

蜗杆与蜗轮正确啮合时，必须同时满足蜗杆的轴向模数与蜗轮的端面模数相等、蜗杆的轴向压力角与蜗轮的端面压力角相等、蜗杆的升角与蜗轮的螺旋角相等，且均为标准值。

即

$$\left.\begin{aligned} m_{x1} &= m_{t2} \\ \alpha_{x1} &= \alpha_{t2} \\ \gamma_1 &= \beta_2 \end{aligned}\right\} \tag{14-5}$$

四、蜗轮与蜗杆转向关系

1. 蜗杆或蜗轮旋向判断

蜗轮蜗杆旋向的判断利用右手法则。手心对着自己，四指顺着蜗杆或蜗轮轴线方向摆正，若齿向与右手拇指指向一致，则该蜗杆或蜗轮为右旋；反之，则为左旋。如图 14-7 所示。

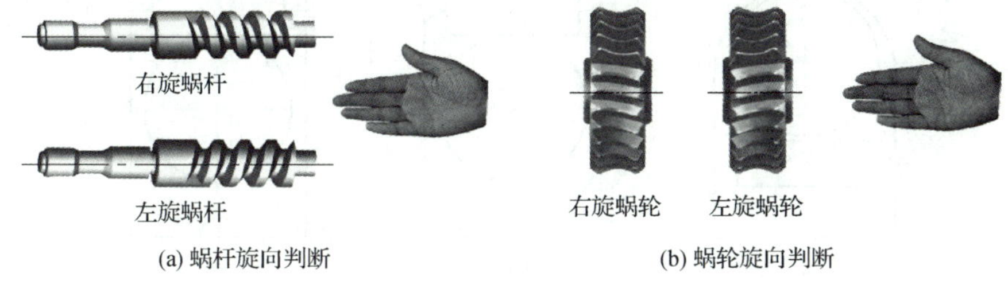

图 14-7　蜗杆或蜗轮旋向判断

2. 蜗轮回转方向判断

根据蜗杆转向判断蜗轮转向，可利用左、右手法则。左旋蜗杆用左手，右旋蜗杆用右手。用四指弯曲表示蜗杆的回转方向，拇指伸直代表蜗杆轴线，则拇指所指方向的相反方向即为蜗轮上啮合点的线速度方向。如图 14-8 所示。

图 14-8　蜗轮的回转方向判断

第三节　蜗杆传动的维护

一、蜗杆传动的润滑

蜗杆传动时，蜗轮与蜗杆的相对速度 v_s 大，传动效率低，为减少摩擦，加强散热，提高蜗杆的传动效率，防止轮齿胶合并减少磨损，延长蜗杆传动的工作寿命，需要进行良好的润滑。

蜗杆传动常用的润滑方式有油池润滑和喷油润滑。当滑动速度 v_s 在 5～10 m/s 时，蜗杆传动一般采用油池润滑。滑动速度 $v_s < 4$ m/s 时，蜗杆宜放置在蜗轮下方，且不宜浸油过深，如图 14-9a 所示；滑动速度 $v_s > 4$ m/s 时，为减少搅油损失，常将蜗杆放置在蜗轮上方，如图 14-9b 所示。当 v_s 在 10～15 m/s 时，蜗杆传动多采用喷油润滑，如图 14-9c 所示。

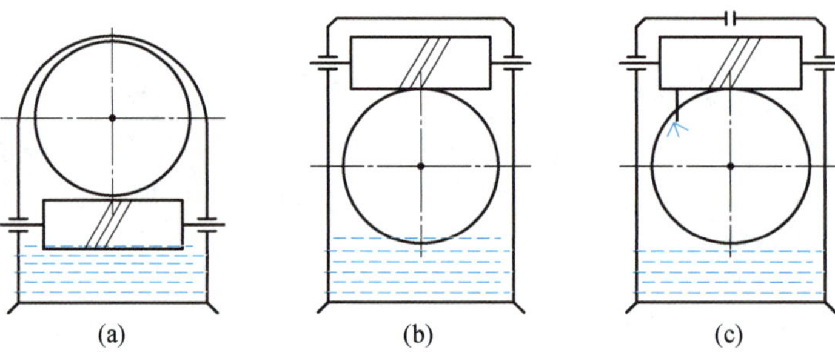

图 14-9　蜗杆传动的润滑

二、蜗杆传动的散热

蜗杆传动效率较低，发热量较大，润滑油温度升高很快，容易导致黏度下降，使润滑失效。因此，对连续运转的蜗杆传动，应根据情况采取适当的降温措施，以提高散热能力。

蜗杆传动中常用的降温方式有以下两种：

1）增加散热面积，合理设计箱体结构，铸出或焊接散热片；

2）在箱体外安装风扇，加速空气流通，如图 14-10a 所示；在箱体中安装蛇形冷却水管，利用循环水冷却，如图 14-10b 所示；采用压力油循环冷却，如图 14-10c 所示。

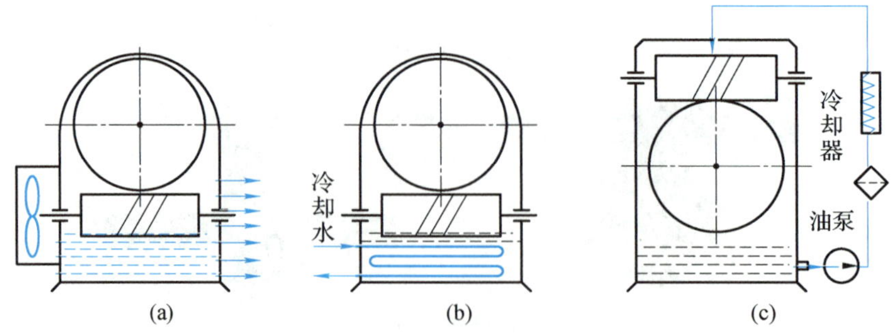

图 14-10　蜗杆传动的降温方式

第四节　蜗杆传动的失效与材料

一、蜗杆传动的失效形式

蜗杆传动的失效大多数发生在蜗轮的轮齿上。与齿轮传动类似，其失效形式有轮齿折断、齿面点蚀、齿面磨损以及齿面胶合等。

由于在蜗杆传动中，蜗轮与蜗杆啮合齿面间的相对滑动速度很高，摩擦力大，发热严重，故最容易出现的失效形式是齿面磨损、胶合。其中，闭式蜗杆传动的主要失效形式是齿面胶合，开式蜗杆传动的主要失效形式是齿面磨损。

二、蜗杆与蜗轮材料

由蜗杆传动的失效形式可知，蜗轮和蜗杆除了应具有足够的强度外，还应具有良好的减磨性、耐磨性和抗胶合能力。由于蜗杆啮合的次数比蜗轮多，故蜗杆材料的硬度应比蜗轮材料的硬度高。

1. 蜗杆材料

蜗杆齿面要求具有较高的硬度和较小的表面粗糙度，常用的材料有碳钢和合金钢。为提高蜗杆的齿面硬度，需要对其进行合理的热处理。蜗杆常用材料的性能、热处理方式及适用范围见表 14-2。

表 14-2　蜗杆常用材料的性能、热处理方式及适用范围

材料名称	牌号	热处理	齿面硬度	适用场合
渗碳钢	20Cr、20CrMnTi	渗碳淬火	58～63HRC	高速、大功率的重要蜗杆传动
淬火钢	42CrNi、40Cr、45	表面淬火	45～55HRC	平速度较高、功率较大的蜗杆传动
调质钢	40、45	调质	220～270HBW	低速、非重要蜗杆传动

2. 蜗轮材料

蜗轮多由青铜合金制造，一般可根据啮合时齿面间的相对滑动速度 v_s 进行选择。为节约成本，在低速传动中，蜗轮也可选用铸铁制造。蜗轮常用材料的性能及适用范围见表 14-3。

表 14-3　蜗轮常用材料的性能及适用范围

材料名称	典型牌号	性能特点	适用滑动速度	工作条件
铸造锡青铜	ZCuSn10Pb1	抗胶合能力强，减摩性好，但价格昂贵	$4\ m/s \leqslant v_s \leqslant 12\ m/s$	各类稳定载荷的重要场合

续　表

材料名称	典型牌号	性能特点	适用滑动速度	工作条件
铸造铝青铜	ZCuAl10Fe3Mn2	强度高，价格便宜，但抗胶合能力差	$v_s \leqslant 4$ m/s	中低载荷的场合
灰铸铁	HT200	价格便宜，抗胶合能力差	$v_s \leqslant 2$ m/s	低速、轻载场合

三、蜗杆与蜗轮的结构

1. 蜗杆结构

蜗杆螺旋部分的尺寸不大，故蜗杆常与轴做成一体，称为蜗杆轴，常用车削或铣削加工。其中，车制蜗杆上需要留有退刀槽，如图 14-11a 所示，这将导致轴径小于蜗杆的齿根圆直径，使蜗杆轴的刚度受到削弱；铣制蜗杆不需要退刀槽，且轴的直径可以大于蜗杆齿根圆的直径，如图 14-11b 所示，故其刚度较大。

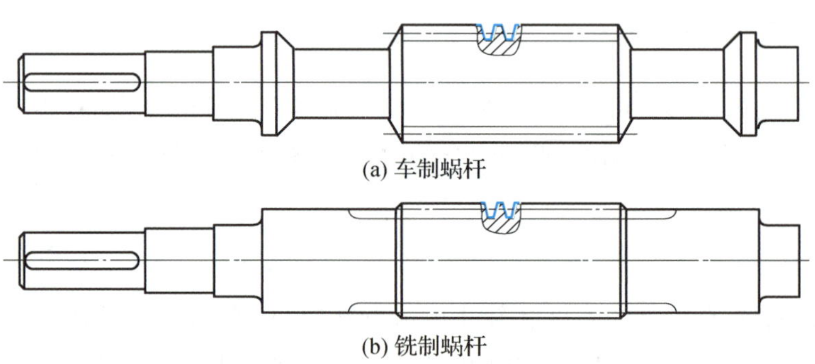

(a) 车制蜗杆

(b) 铣制蜗杆

图 14-11　蜗杆的结构形式

2. 蜗轮结构

蜗轮的结构形式有整体式和组合式两种。其中，整体式结构多用于铸铁蜗轮或小尺寸的青铜蜗轮，如图 14-12a 所示。对于尺寸较大的蜗轮，齿圈和轮芯通常采用不同材料，以节约贵重的青铜材料。如图 14-12b 所示为在铸铁轮芯上加铸青铜齿圈得到的拼铸式蜗轮，常用于批量制造；如图 14-12c 所示为青铜齿圈通过过盈配合装在铸铁轮芯上得到的压配式蜗轮，为了增加连接的可靠性，常在接缝处拧上螺钉。当蜗轮直径较大时，齿圈和轮芯可采用铰制孔用螺栓连接，如图 14-12d 所示。

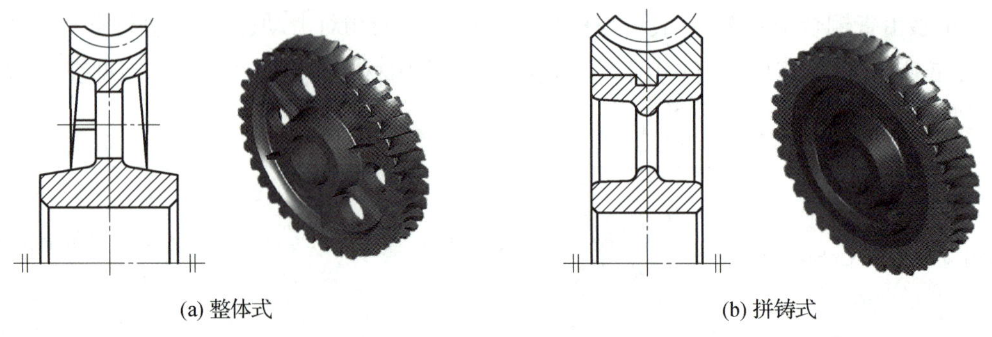

(a) 整体式　　(b) 拼铸式

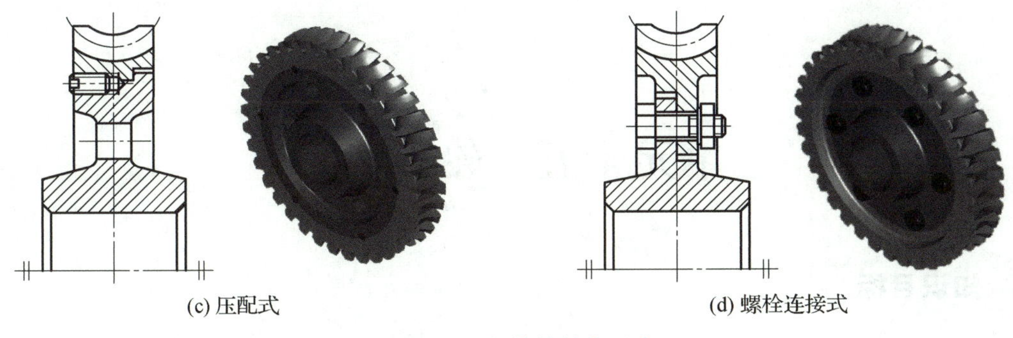

图 14-12　蜗轮的结构形式

知识拓展

蜗轮蜗杆机构在汽车车窗升降中的应用

蜗轮蜗杆机构在汽车车窗升降系统中应用广泛，主要通过电动机驱动蜗杆旋转，蜗杆再带动蜗轮运动，从而实现车窗的升降。蜗轮蜗杆机构的自锁特性确保了车窗在电动机停止后不会自行下滑，提供了高度的安全性和可靠性。

1. 蜗轮蜗杆的工作原理

在车窗升降系统中，电动机通过传动装置驱动蜗杆旋转，如图 14-13 所示。蜗轮与蜗杆啮合，蜗杆的旋转带动蜗轮转动，进而带动车窗升降机构工作。蜗轮蜗杆的设计使得电动机能够通过低速高扭矩的输出驱动车窗平稳升降，其自锁功能则确保电动机停止时车窗保持在所设定的位置，不会因外力或振动而自动下降。

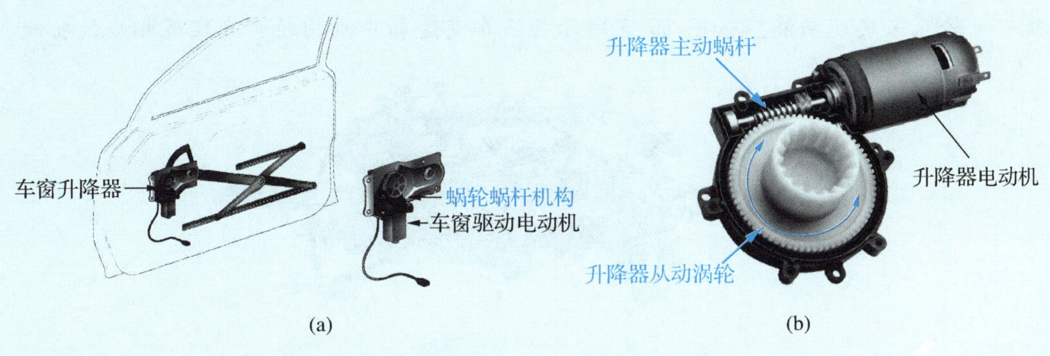

图 14-13　蜗轮蜗杆车窗升降系统示意图

2. 蜗轮蜗杆的优点

蜗轮蜗杆在车窗升降中的应用具有多重优势。首先，它提供大传动比和大扭矩，使得车窗升降过程更加平稳、高效。其次，蜗轮蜗杆的自锁特性避免了电动机停止后车窗的意外下滑，提高了安全性。此外，蜗轮蜗杆结构紧凑，能够适应狭小空间，并减少噪声，提升使用舒适性。

单元十五　轮　　系

知识目标

（1）了解轮系的概念；

（2）了解轮系的种类及分类；

（3）掌握定轴轮系的传动比计算。

能力目标

具有分析轮系中各齿轮转向及计算轮系传动比的能力。

案例引入

齿轮传动在机械中应用非常广泛，但是受轴距或传动比等因素的限制，在实际中仅有一对齿轮往往难以满足实际的需求，为满足需求往往采用一系列相互啮合的齿轮组成的传动系统——轮系来实现功能。如图 15-1 所示为汽车变速箱中利用轮系来实现相应的功能。

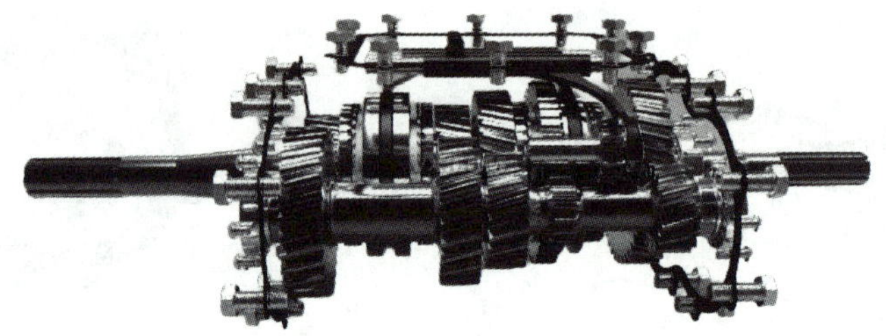

图 15-1　汽车变速箱

第一节　轮系的类型和功能

一、轮系的类型

轮系是由一系列啮合齿轮组成的传动系统。按照轮系中齿轮的轴线是否固定，将轮系分为定轴轮系和周转轮系两大类型。

1. 定轴轮系

在轮系中，如果所有齿轮的几何轴线相对于机架都是固定不动的，则称该轮系为定轴轮系。定轴轮系又分为平面定轴轮系和空间定轴轮系。图 15-2 所示为各齿轮轴线相互平行的平面定轴轮系，图 15-3 所示为各齿轮的轴线不都是相互平行的空间定轴轮系。

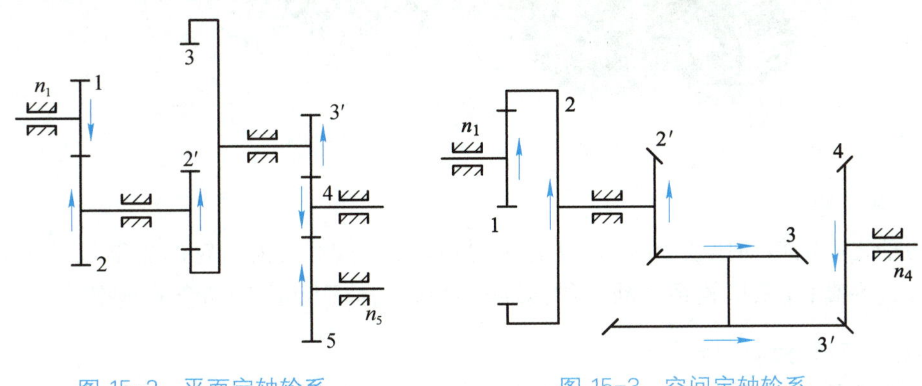

图 15-2　平面定轴轮系　　图 15-3　空间定轴轮系

2. 周转轮系

在轮系运动中，至少有一个齿轮的几何轴线相对机架的位置不固定的轮系称为周转轮系，其主要由太阳轮、行星轮、行星架和机架组成，如图 15-4 所示。

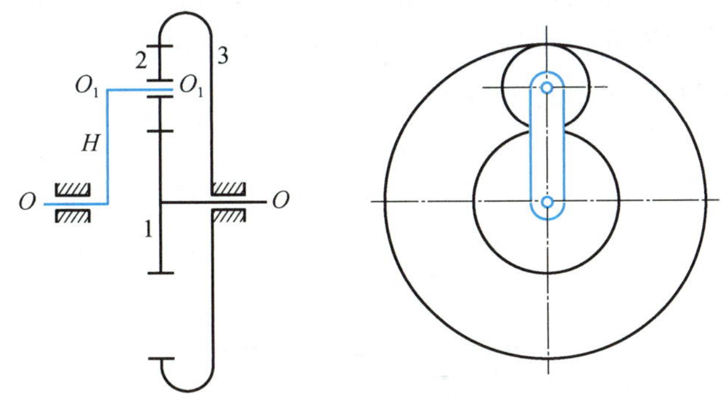

图 15-4　周转轮系

周转轮系中，轴线固定的齿轮称为太阳轮，如图 15-4 中的齿轮 1 和 3；既绕自身轴线转动又随着构件 H 一起绕太阳轮轴线回转的齿轮称为行星轮，如图 15-4 中的齿轮 2；构件 H 称为行星架。

周转轮系中，一个太阳轮固定，自由度 $F=1$ 的周转轮系称为行星轮系；两个太阳轮都可以转动，自由度 $F=2$ 的周转轮系称为差动轮系。本单元重点研究行星轮系。

二、轮系的功能

1. 实现相距较远的两轴间的传动

当相距较远的两轴间必须用齿轮传动时，采用齿轮系可缩小传动装置所占空间，节约材料，减轻质量。如图 15-5 所示，用四个小齿轮代替两个大齿轮进行传动，既可节约空间、材料，又能方便制造和安装。

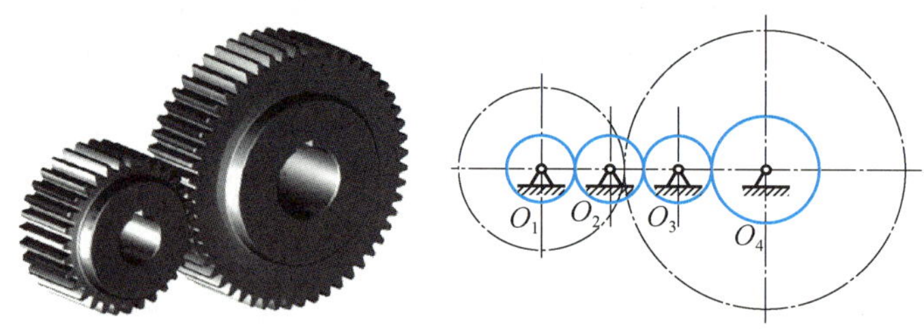

图 15-5　轮系实现长距离传动

2. 获得大的传动比

当两轴之间的传动比较大时，若仅有一对齿轮传动，不仅大齿轮的齿廓尺寸大，而且小齿轮啮合频率高；而采用轮系传动，可有效减小齿轮的体积和齿轮啮合的频率差。

3. 实现变速、换向和分路传动

采用轮系传动可满足汽车、机床等机械需要的不同转速和转向要求，如汽车的前进与倒退、机床主轴丝杠的正反转动等。

如图 15-6 所示，该变速箱可以看作平面定轴轮系，发动机的动力通过输入轴进入变速箱，经过轮系传动后经输出轴输出到差速器以驱动车轮转动。输出轴上的齿轮在空挡情况下可绕轴自由转动，套筒用来连接齿轮和输出轴。通过操纵换挡杆控制套筒以将不同齿轮与输出轴连接，从而实现不同转速的输出。在中间轴与输出轴之间增加一个换向齿轮后可实现输出轴的反向运动，即图中的倒挡 R。

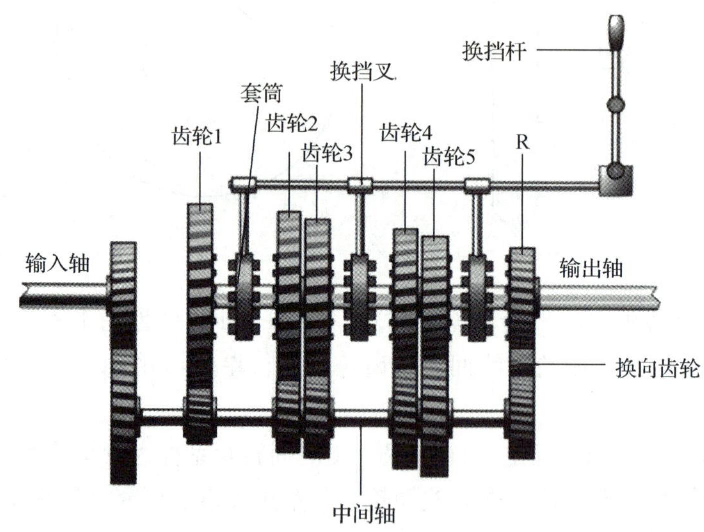

图 15-6　汽车变速箱

轮系既可以用于变速传动，也可以实现换向，如图 15-7 所示为车床走刀丝杠三星轮换向机构，是典型的采用轮系的换向机构，可实现轮系同向或反向运动。

动画

换向机构

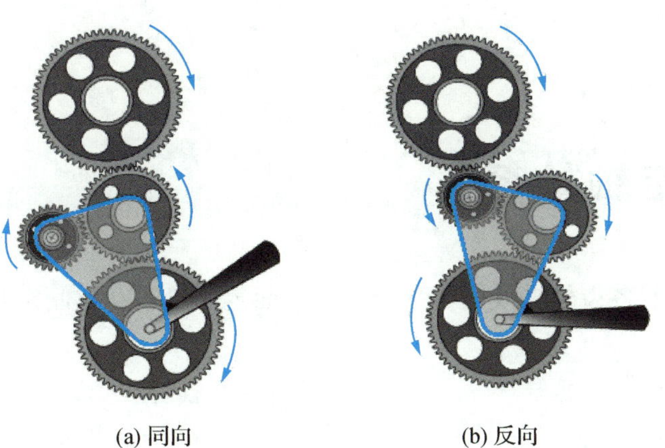

(a) 同向　　(b) 反向

图 15-7　三星轮换向机构

4. 实现运动的合成和分解

应用周转齿轮系的特点，可以将输入的两个运动合成为一个输出运动，也可以将输入的一个运动分解为两个输出运动。

视频

差速器工作原理

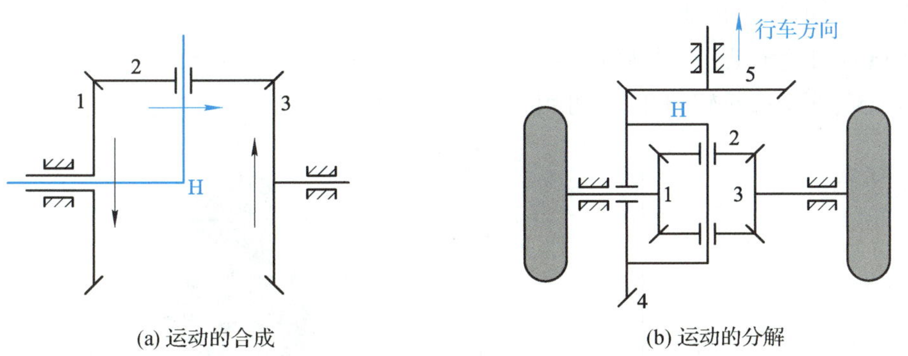

(a) 运动的合成　　(b) 运动的分解

图 15-8　轮系运动的合成和分解

利用齿轮系，还可实现分路传动，使一根主轴带动多根从动轴同时转动，驱动诸如润滑油泵、冷却风扇等附件同时工作，减少原动机的数量。

运动的合成是指将两个输入运动合成为一个输出运动。如图 15-8a 所示为行星架 H 的转速是轮 1、3 转速的合成。

运动的分解是指将一个输入运动分解为两个输出运动。如图 15-8b 所示为汽车后桥差速器中的差动轮系实现了运动的分解。汽车转弯时，发动机传递给齿轮 5 的运动通过差动轮系分别传递给左、右两个车轮，使车轮与地面间始终保持纯滚动，避免轮胎因车轮与地面的滑动摩擦而出现过度磨损。

第二节　定轴轮系

定轴轮系可按照各齿轮轴线是否平行分为平面定轴轮系和空间定轴轮系。

一、平面定轴轮系

1. 一对齿轮传动比的计算

一对齿轮传动可看作最简单的轮系传动。当一对圆柱齿轮啮合时，其传动比为

$$i_{12}=\frac{\omega_1}{\omega_2}=\frac{n_1}{n_2}=\mp\frac{z_2}{z_1} \tag{15-1}$$

外啮合时，从动轮与主动轮的转向相反，规定传动比 i 取“－”号；内啮合时，从动轮与主动轮的转向相同，规定传动比 i 取“＋”号。

（1）圆柱齿轮传动——外啮合

外啮合的两个齿轮转向相反，可用一对反向箭头表示，如图 15-9 所示。

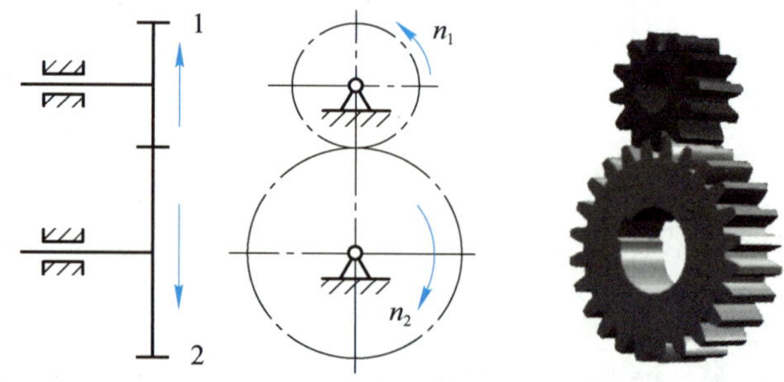

图 15-9　外啮合齿轮传动

（2）圆柱齿轮传动——内啮合

内啮合的两个齿轮转向相同，可用一对同向箭头表示，如图 15-10 所示。

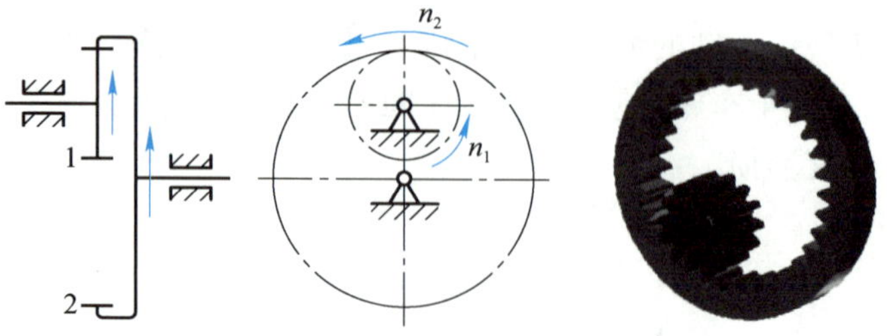

图 15-10　内啮合齿轮传动

(3) 圆锥齿轮传动

圆锥齿轮传动的两个齿轮，可用一对同时背离或指向啮合处的箭头来表示实际转向，如图 15-11 所示。

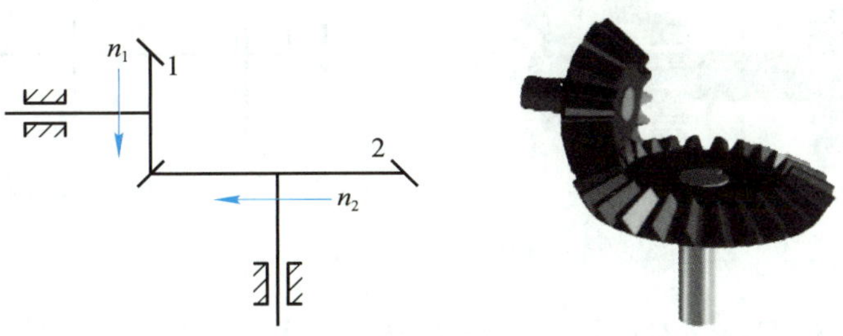

图 15-11　圆锥齿轮传动

(4) 蜗轮蜗杆传动

蜗杆传动中，可根据左(右)手定则来判断蜗杆、蜗轮的旋向和转向，如图 15-12 所示。

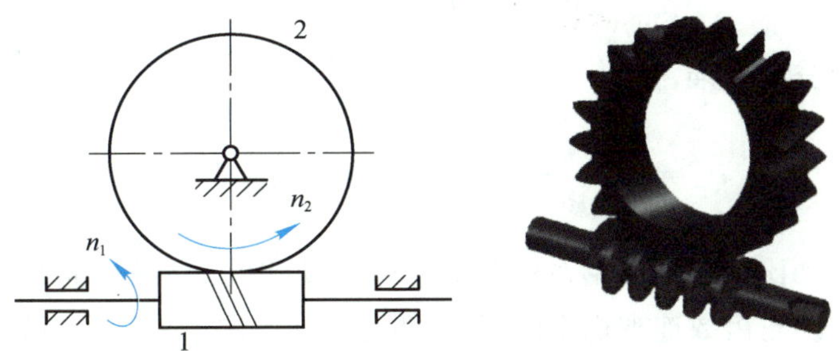

图 15-12　蜗轮蜗杆传动

(5) 同轴齿轮传动

同一轴上齿轮转向相同，则箭头同向，如图 15-13 所示。

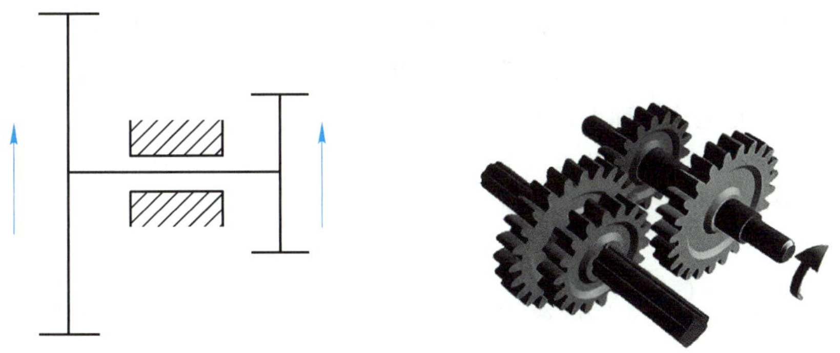

图 15-13　同轴齿轮

2. 定轴轮系传动比的一般计算公式

图 15-14 所示为汽车变速箱，该变速箱为平面定轴轮系，由三对定轴齿轮组成传动。

如图 15-14 所示，由齿轮 1 和齿轮 2、齿轮 5 和齿轮 6 组成传动，齿轮 3 和齿轮 4 在当前

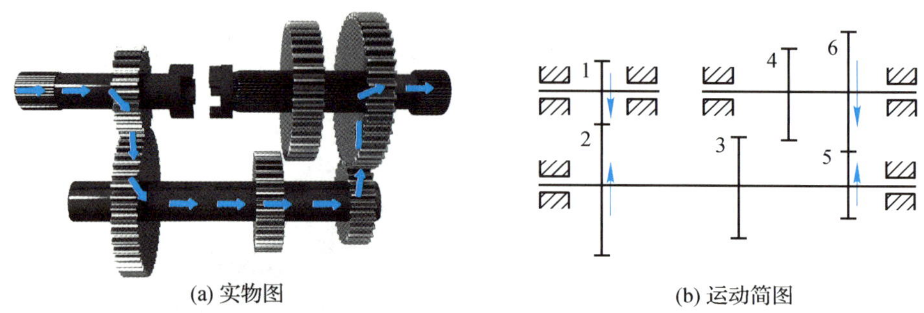

(a) 实物图　　(b) 运动简图

图 15-14　平面定轴轮系结构与运动简图

位置未参加传动，实际只有 2 对齿轮参与传动，故图中各对齿轮的传动比为

$$i_{12}=\frac{\omega_1}{\omega_2}=\frac{n_1}{n_2}=-\frac{z_2}{z_1} \tag{15-2}$$

$$i_{56}=\frac{n_5}{n_6}=-\frac{z_6}{z_5} \tag{15-3}$$

将以上两式的两边分别相乘，得

$$i_{16}=\frac{n_1}{n_2}\cdot\frac{n_5}{n_6}=\left(-\frac{z_2}{z_1}\right)\left(-\frac{z_6}{z_5}\right)=(-1)^2\frac{z_2z_6}{z_1z_5} \tag{15-4}$$

定轴轮系的传动比等于组成轮系中各对齿轮传动比的连乘积，也等于各对齿轮的从动轮齿数连乘积与主动轮齿数连乘积之比；首末两轮转向取决于外啮合齿轮的次数，“＋”表示两轮转向相同，“－”表示两轮转向相反。

定轴轮系传动比的正负还可在图上用画箭头的方法表示，根据主、从动轮的转向关系，依次画上不同的箭头方向，箭头方向相同时取正值，箭头方向相反时取负值。如图 15-10b 所示齿轮 7 与齿轮 1 的转向相同，所以传动比取正号；齿轮 6 与齿轮 5 和齿轮 7 同时啮合，既是前一级传动的从动齿轮，又是后一级传动的主动齿轮，齿轮 6 的齿数在传动比计算式的分子与分母中同时出现。齿轮 6 的齿数并不影响传动比的大小，但改变外啮合的次数，使传动比的正负号发生变化。故称齿轮 6 为惰轮或介轮。

定轴轮系的传动比可以归纳出以下的通式，用“1”代表第一主动齿轮，“k”代表最末的从动齿轮，“m”代表齿轮外啮合的次数，即

$$i_{1k}=\frac{n_1}{n_k}=(-1)^m\frac{z_2z_4z_6\cdots z_k}{z_1z_3z_5\cdots z_{k-1}}=(-1)^m\frac{\text{所有从动轮齿数连乘积}}{\text{所有主动轮齿数连乘积}} \tag{15-5}$$

二、空间定轴轮系

如图 15-15a 所示为汽车双离合变速器和主减速器，为空间定轴轮系。空间定轴轮是指含有锥齿轮、蜗杆蜗轮的定轴轮系，传动比的计算仍然应用定轴轮系传动比的计算公式，但传动比的正负号及各轮的转向不能用$(-1)^m$ 确定，只能用画箭头的方法确定各轮的转向，

如图 15-15b 所示。

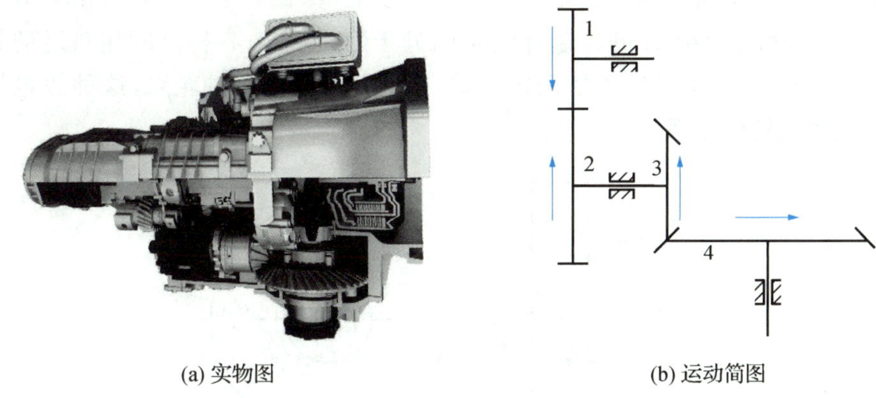
(a) 实物图　(b) 运动简图

图 15-15　空间定轴轮系双离合变速器和主减速器

第三节　行星轮系

一、行星轮系传动比的计算

行星轮系如图 15-16 所示，齿轮 2 由构件 H 支承，转动时除绕固定几何轴线 O_2 转动（自转）外，还随轴线 O_2 绕固定的几何轴线 O_1 转动（公转），故称为行星轮。支持行星轮的构件称为行星架，与行星轮相啮合且几何轴线固定不动的齿轮 1、齿轮 3 称为太阳轮。行星架 H 与太阳轮 1、齿轮 3 的轴线重合，否则行星轮系不能转动。

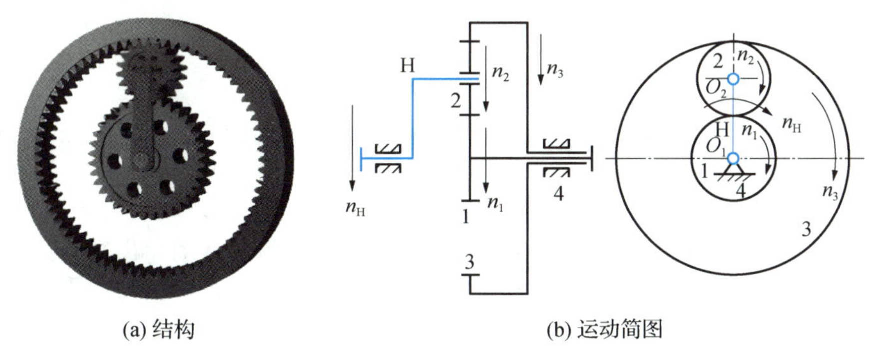
(a) 结构　(b) 运动简图

图 15-16　行星轮系

行星轮系中，由于行星架 H 的存在，行星轮既绕自身轴线转动，又绕太阳轮轴线转动，各轮间的传动比不再是简单地与齿数成反比，因此其传动比不能利用定轴轮系的计算方法。为了计算行星轮系的传动比，需要将其转化为定轴轮系。

用转化机构法计算行星轮系的传动比，具体方法如下：

假想给如图15-17所示的行星轮系加上一个与行星架的转速n_H大小相等、方向相反的公共转速($-n_H$)，则行星架H的转速合成为0，处于静止状态，各构件的相对运动关系也没有变化。这样，所有齿轮的轴线位置固定不动，得到了假想的定轴轮系，这种假想的定轴轮系称为行星轮系的转化轮系。

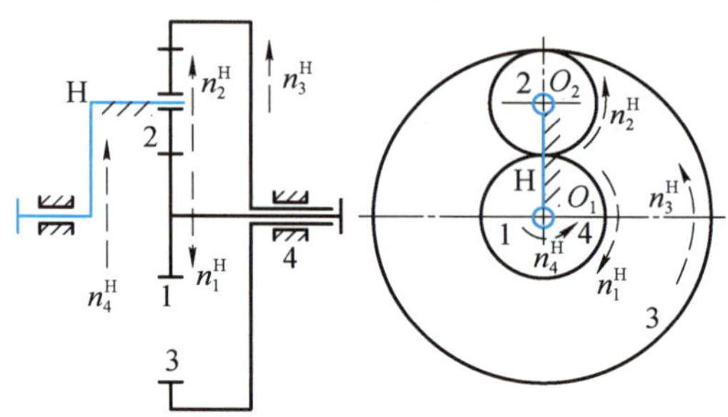

图15-17　转化轮系运动简图

在转化轮系中，各构件的转速见表15-1。

表15-1　转化轮系中各构件的转速

构件	行星齿轮系的转速	转化齿轮系的转速
中心轮1	n_1	$n_1^H=n_1-n_H$
行星轮2	n_2	$n_2^H=n_2-n_H$
中心轮3	n_3	$n_3^H=n_3-n_H$
行星架H	n_H	$n_H^H=n_H-n_H=0$
机架4	n_4	$n_4^H=n_4-n_H$

在转化轮系中，1、3两轮的传动比根据定轴轮系传动比的计算方法得到

$$i_{13}^H=\frac{n_1^H}{n_3^H}=\frac{n_1-n_H}{n_3-n_H}=(-1)^1\frac{z_2z_3}{z_1z_2}=-\frac{z_3}{z_1} \tag{15-6}$$

归纳出行星轮系传动比的计算通式，用“1”代表第一主动轮，用“k”代表最末的从动轮，可得

$$i_{1k}^H=\frac{n_1^H}{n_k^H}=\frac{n_1-n_H}{n_k-n_H}=\pm\frac{\text{从 1 轮到 }k\text{ 轮啮合齿轮中所有从动轮齿数连乘积}}{\text{从 1 轮到 }k\text{ 轮啮合齿轮中所有主动轮齿数连乘积}} \tag{15-7}$$

使用上述公式时需注意以下几点：

1) 转速n_1、转速n_k、转速n_H是代数量，代入公式时必须带入正负号。假定某一个方向为正号，与其相反的取负号。

2) 公式右边齿数连乘积之比的正、负号按转化轮系中1轮与k轮的转向关系确定。

3) 待求构件的实际转向由计算结果的正负号确定。

知识拓展　**你知道手动变速器的换挡过程吗?**

在手动变速器中,齿轮的换挡过程是实现不同车速和发动机转速匹配的关键。以三轴五挡手动变速器为例,其换挡主要通过变速器内的齿轮组来实现,根据挡位的不同,决定了发动机的转速与车轮的转速比例,如图 15-18 所示。

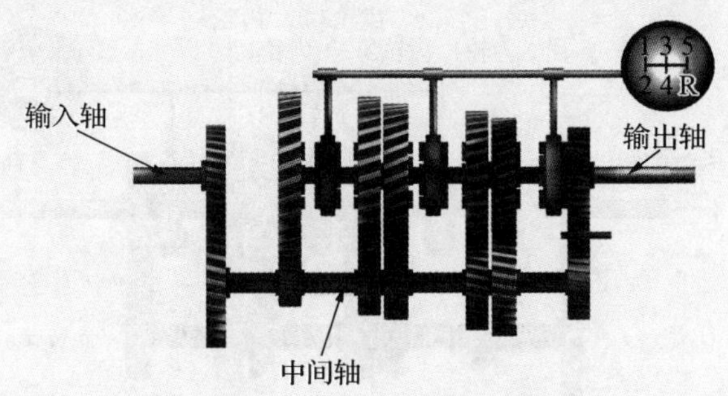

图 15-18　手动变速器示意图(一)

1. 变速器齿轮组结构

手动变速器包括多个齿轮组,每个挡位都有一对不同大小的齿轮,如图 15-19 所示。每当驾驶员换挡时,相应的齿轮会与输入轴或输出轴啮合,以改变车辆的动力传递方式。

1) 输入轴。连接发动机,负责将发动机的动力传递到变速器。

2) 中间轴。连接输入轴和输出轴齿轮,实现动力传递。

3) 输出轴。一端连接中间轴各齿轮,一端连接下一级传动,向后输出动力,驱动车辆行驶。

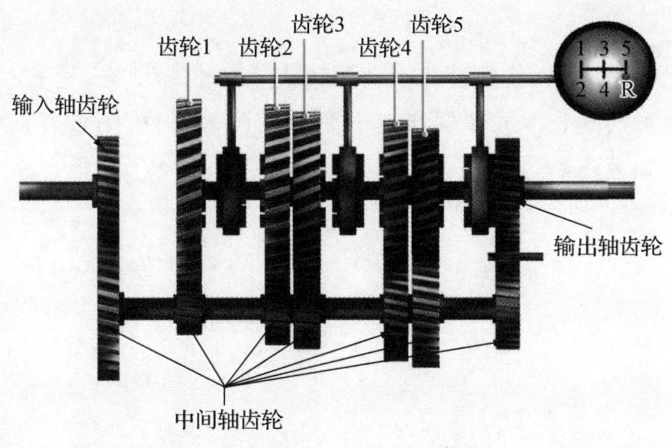

图 15-19　手动变速器示意图(二)

2. 换挡时齿轮的工作过程

换挡时,驾驶员通过换挡杆选择不同的挡位,变速器内部的齿轮会发生切换。以从四挡换到五挡为例,整个换挡过程如下(图 15-20):

1）换挡操作。当驾驶员踩下离合器并操作换挡杆时，变速器输出轴的齿轮会从当前挡位脱开，换到下一个挡位的齿轮。

2）齿轮连接。新的挡位齿轮与中间轴齿轮产生连接，并开始传递动力。不同的挡位有不同大小的齿轮，齿轮大小的变化决定了发动机转速与车速的比例。

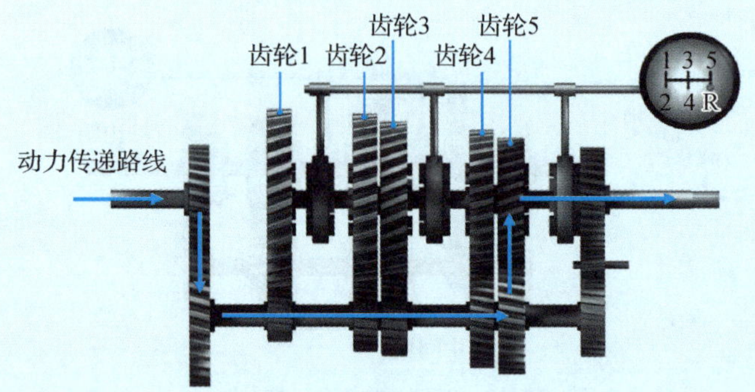

图 15-20 手动变速器五挡传递路线示意图

在五挡时，齿轮的传动比通常是最接近 1∶1 的（1～4 挡传动比大于 1）。这意味着发动机的转速和车轮的转速几乎一致。此时，中间轴齿轮接近输出轴齿轮，使得车速较高，适合高速行驶。

换挡时的齿轮变化：当驾驶员从四挡切换到五挡时，变速器会将输出轴四挡的齿轮脱开，并用较大的中间轴齿轮和五挡输出轴齿轮来连接，形成五挡的传动比。

3. 换挡的顺畅性

为了确保换挡顺畅，驾驶员需要在踩下离合器的同时，将换挡杆顺利移到目标挡位。换到五挡时，由于齿轮的大小匹配和传动比的设计，车辆可以平稳加速，稳定行驶。

在五挡手动变速器中，换挡过程涉及不同大小的齿轮啮合，这些齿轮的变化决定了发动机与车轮的转速比。在不同车速下使用不同的挡位，不仅可以保证驾驶平稳，同时还能提升燃油效率。

module 5
模块五

汽车轴系零件及连接

单元十六　轴

知识目标

（1）了解轴的用途和分类；
（2）了解轴的材料选用；
（3）理解轴的结构工艺特点。

能力目标

能正确识别轴的类型，并掌握轴的定位方式。

案例引入

轴的主要功能是支承旋转部件，并允许这些部件围绕其轴线进行旋转。轴是汽车中重要的传力零件，用来支持转动零件，并传递运动和转矩等。汽车中有曲轴、传动轴、半轴等。图 16-1 所示为轴在汽车中的应用。

(a) 分动器轴

(b) 汽车半轴

图 16-1　轴在汽车中的应用

第一节　轴的分类、作用和材料

一、轴的分类和作用

轴作为重要的机械零件，主要起到支承旋转零件，并传递运动和转矩的作用，如汽车转轴、发动机曲轴、减速器齿轮轴、机床转动主轴等。轴的种类很多，通常可根据形状、受载情况等对其进行分类。

1. 根据形状分类

(1) 直轴

直轴是轴上各段的轴线重合为一根直线的轴。其在汽车上应用较为广泛，例如汽车发动机配气机构中的摇臂轴(图 16-2)、变速器轴(图 16-3)、配气机构中用到的凸轮轴(图 16-4)。

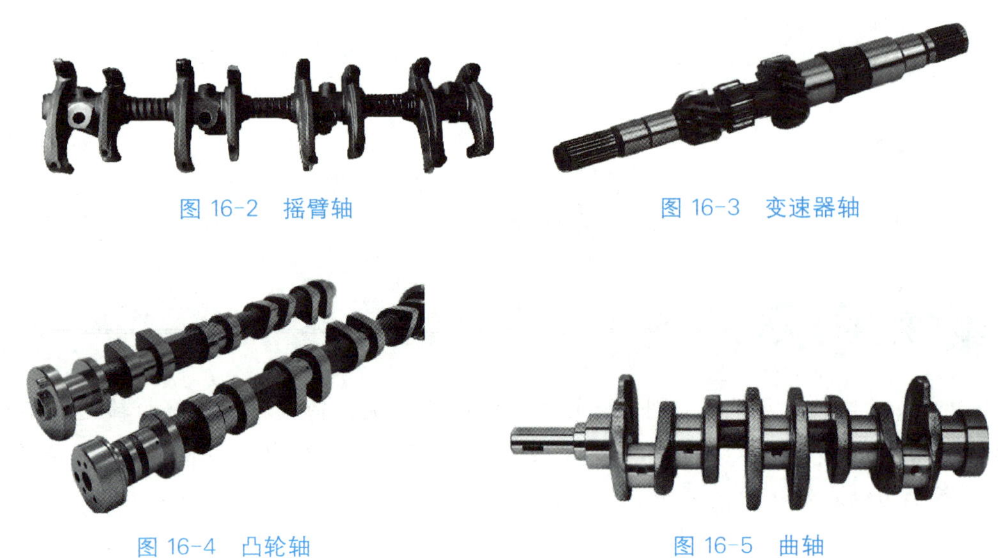

图 16-2　摇臂轴

图 16-3　变速器轴

图 16-4　凸轮轴

图 16-5　曲轴

(2) 曲轴

曲轴是轴上各段的轴线不重合的轴，如图 16-5 所示。曲轴承受连杆传来的力，将其转变为转矩并通过曲轴输出，驱动发动机上的其他附件工作。曲轴受到旋转质量的离心力、周期变化的气体惯性力和往复惯性力的共同作用，使曲轴承受弯曲扭转载荷。因此，要求曲轴应有足够的强度和刚度，轴颈表面还需耐磨、受力均匀、平衡性好。

曲轴可以通过连杆机构将旋转运动转化为往复直线运动，反之亦可。曲轴是活塞式发动机中的专用零件。

(3) 挠性轴

挠性轴由几层紧贴在一起的钢丝构成,可将扭矩灵活地传递到任意位置。如图 16-6 所示为汽车维修工具万向软轴和里程表软轴。此外,疏通下水道的机器也是应用钢丝软轴来工作的。

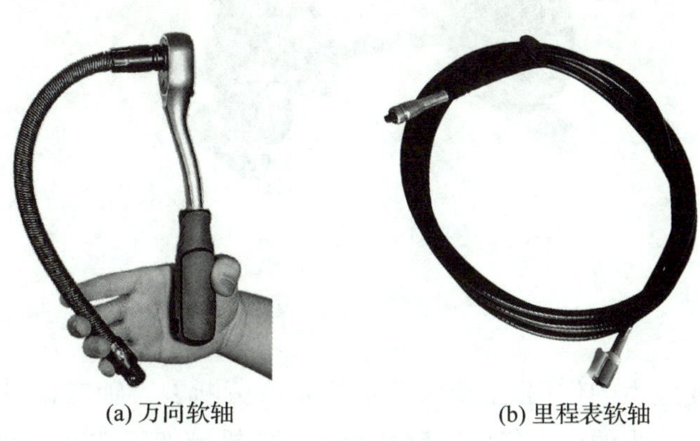

(a) 万向软轴　(b) 里程表软轴

图 16-6　软轴

2. 根据受载情况分类

(1) 转轴

转轴是能同时承受弯曲和扭转两种作用的轴。转轴是汽车轴类零件中最常用的轴,如汽车主减速器中的圆锥齿轮轴,如图 16-7 所示。

图 16-7　主减速器轴

(2) 传动轴

传动轴工作时主要承受扭矩的作用,不承受或承受较小弯矩。如连接汽车变速箱和驱动后桥的传动轴等,如图 16-8 所示。

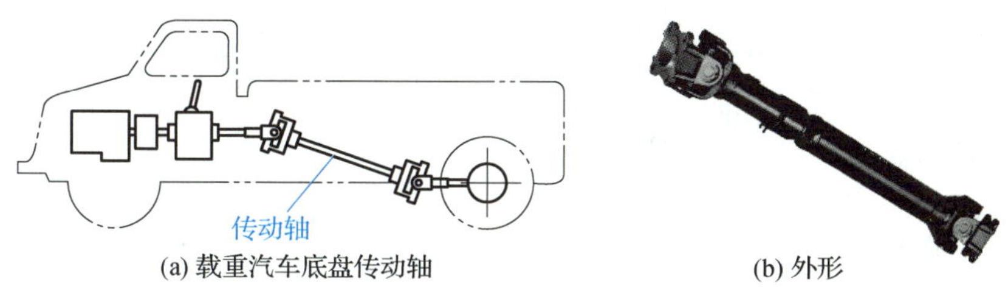

(a) 载重汽车底盘传动轴　(b) 外形

图 16-8　传动轴

（3）心轴

心轴工作时只承受弯矩作用而不能承受扭转作用，如图 16-9 所示的火车轮轴。

图 16-9　心轴

二、轴的材料

工作中轴受到交变应力的作用，主要失效形式是疲劳断裂。轴的材料应具有足够的强度、韧性、抗疲劳能力、较小的应力集中敏感性和良好的机械加工性能。轴的常用材料有优质碳素钢和合金钢。

1. 优质碳素钢

优质碳素钢具有较好的综合力学性能，价格低廉，对应力集中的敏感性较低。应用最多的是 45 钢。一般用途的轴，可进行调质或正火处理；对于受力较小的或不太重要的轴，可使用 Q235、Q275 等普通结构钢。

2. 合金钢

要求强度较高、尺寸较小或有其他特殊要求的轴，应采用合金钢做材料，常用 40Cr 或 35SiMn、40CrNi 等钢。合金钢比碳素钢具有更高的力学性能，热处理的变形更小；但价格较高，对应力集中敏感性强，一定要经过热处理。

3. 球墨铸铁

球墨铸铁具有较强的吸振性能，对应力集中不敏感，耐磨，价格低廉。常应用于铸造外形复杂的轴，如内燃机的曲轴。

常用轴的金属材料力学性能见表 16-1。

表 16-1　常用轴的金属材料力学性能

材料牌号	热处理	毛坯直径/mm	硬度/HBW	抗拉强度 R_m/MPa	屈服强度 R_{eL}/MPa	应用说明
Q235～Q275				149～610	235～275	用于不重要的轴
35	正火	≤100	149～187	520	270	用于一般的轴
	调质	≤100	156～207	560	300	
45	正火	≤100	170～217	600	300	用于强度高、韧性好的重要轴
		>100～300	162～217	580	360	
	调质	≤200	217～255	650	800	

续　表

材料牌号	热处理	毛坯直径/mm	硬度/HBW	抗拉强度 R_m/MPa	屈服强度 R_{eL}/MPa	应用说明
40Cr	调质	25	≤207	1000	800	用于强度高、冲击不大的重要轴
		≤100	241～286	750	550	
		>100～300		700	500	
35SiMn	调质	25	≤229	900	750	可代替 40Cr
		≤100	229～286	800	520	
		>100～300	217～269	750	450	
40MnB	调质	25	≤207	1 000	800	可代替 40Cr
		≤200	241～286	750	500	

第二节　轴的结构及工艺性

轴的结构形式有多种，良好的结构应满足以下要求：轴及轴上零件要有准确的定位和可靠的固定；轴上零件能方便地进行装拆和调整；受力合理，尽量减少应力集中；具有良好的加工工艺性。下面以阶梯轴为例，讨论轴的结构及工艺性。

一、轴的组成部分

阶梯轴主要由轴颈、轴环、轴头、轴身等部分组成，如图 16-10 所示。其中，轴上安装旋转零件（如齿轮、联轴器等）的轴段称为轴头；支承或安装轴承的轴段称为轴颈；连接轴头与轴颈的轴段称为轴身；轴上两段不同直径之间形成的用来固定零件的台阶端面称为轴肩；直径大于左、右两段的轴段称为轴环，其作用与轴肩相同。

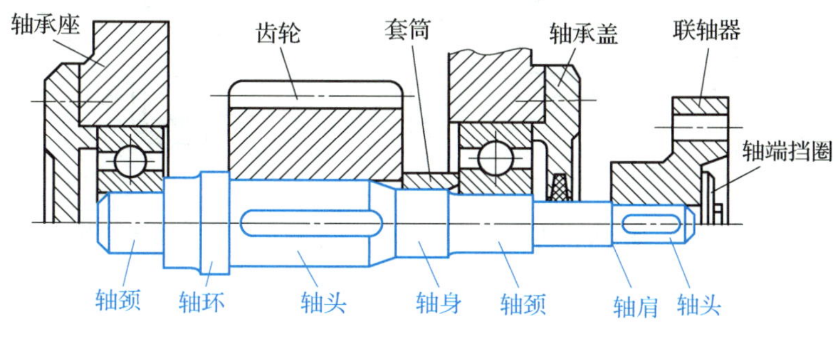

图 16-10　轴的组成部分

二、轴上零件的定位及固定

为保证轴的正常工作，轴上的零件必须准确定位和固定。其中，定位是指零件安装在轴上时应具有确定的位置，固定是指轴运转时零件在轴上应保持原有位置不动。轴上零件的定位及固定包括轴向和周向两种。

1. 轴向定位及固定

轴向定位及固定是为了保证轴上零件准确地固定在轴上现有的位置。由于装配和固定零件的需要，需要在轴上设置轴肩、轴环、键槽、倒角等结构。轴径变化处的台阶称为轴肩，两轴段之间凸出的中间圆环称为轴环，安装连接键的轴向长槽称为键槽，轴端的倒棱称为倒角。常用的方式有轴肩（轴环）、弹性挡圈、套筒、圆螺母、轴端挡圈、紧定螺钉（销）及圆锥形轴头等。

（1）轴肩和轴环定位

为了定位可靠，使零件能紧靠定位面，轴肩的过渡圆角半径 r 应小于轴上零件的倒角 C_1 或圆角半径 R，轴肩高度 h 可为（$0.07d+3$ mm）～（$0.1d+5$ mm），轴环宽度 $b=1.4h$，如图 16-11 所示。与滚动轴承相配合处的 h 值和 b 值参考轴承标准规定的安装尺寸。

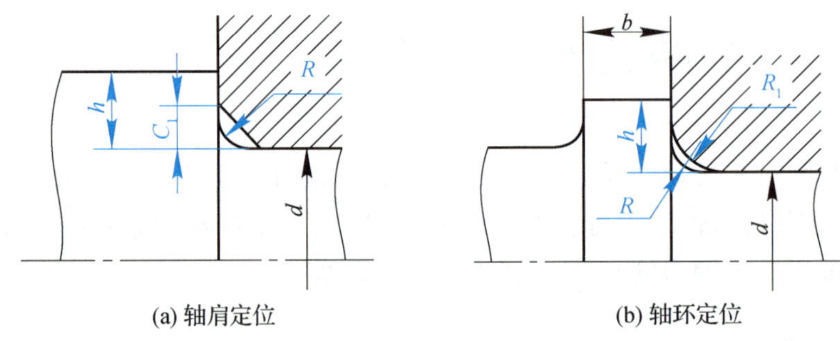

图 16-11　轴肩和轴环定位

（2）套筒和圆螺母定位

套筒定位（图 16-12a）用于轴上两零件的距离较小的场合。圆螺母定位（图 16-12b）用于轴上两零件距离较大的场合，由于需要在轴上切制螺纹，因此对轴的强度影响较大。

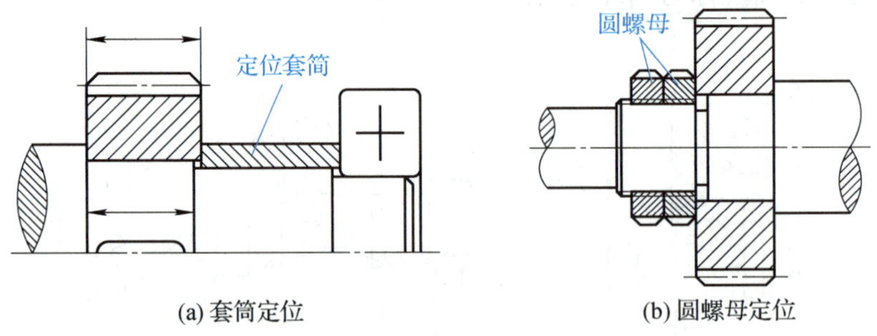

图 16-12　套筒和圆螺母定位

（3）轴端挡圈固定

当轴上零件位于轴端时，可用轴端挡圈和轴肩、轴端挡圈和圆锥面对零件进行双向固定，如图 16-13 所示。该方法简单可靠、拆装方便，多用于承受剧烈振动和冲击的场合。

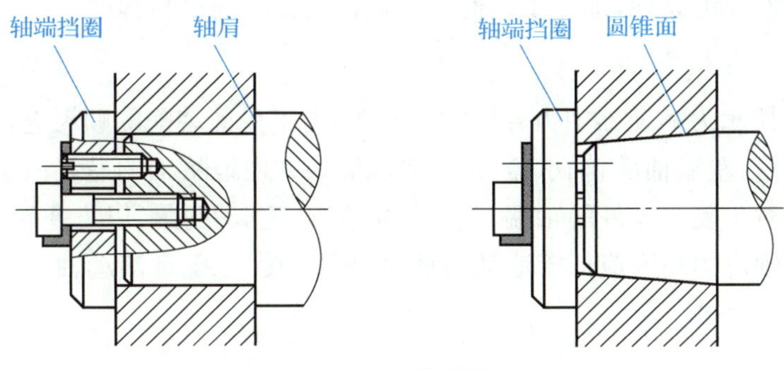

图 16-13 轴端挡圈固定

(4) 弹性挡圈和紧定螺钉固定

弹性挡圈和紧定螺钉固定的方法如图 16-14a 和图 16-14b 所示，常用于轴向力较小的场合。

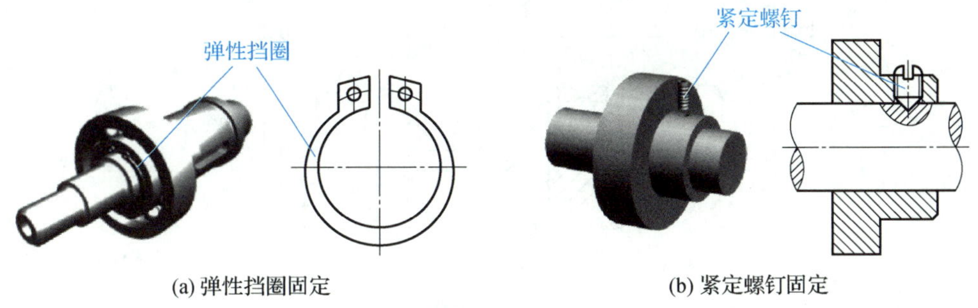

图 16-14 弹性挡圈和紧定螺钉定位

2. 周向定位及固定

轴上零件的周向定位及固定是为了保证零件与轴之间不发生相对转动，以便能准确地传递运动和动力。常用的周向固定方式包括平键连接、花键连接、销连接、型面连接和过盈连接等，如图 16-15 所示。

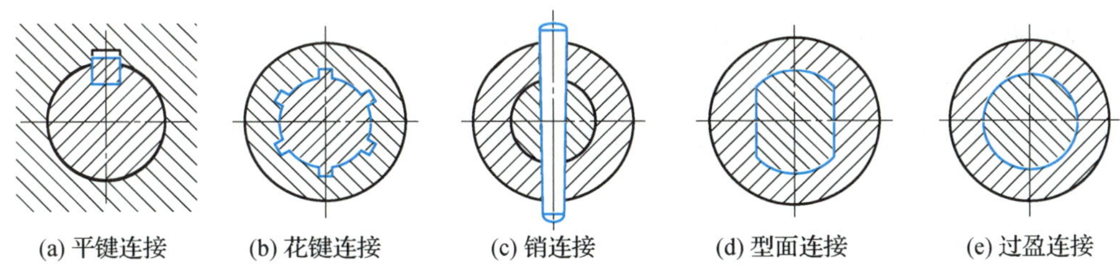

图 16-15 常用的周向固定方式

减速器中的齿轮或带轮等零件在轴上的周向固定通常采用平键连接或过盈连接实现，以传递较大的扭矩。对于轻载或不重要的场合可采用紧定销钉或销同时实现轴向和周向固定。

三、轴的结构工艺性

轴的结构工艺性包括装配工艺性和加工工艺性。其中，装配工艺性是指轴上零件在装配时固定的准确性及可靠性，加工工艺性是指轴在加工时的难易程度。

1. 装配工艺性

如图 16-16 所示为减速器中齿轮轴的装配图，为了保证装配的顺利进行，该轴设计成阶梯形，使齿轮、套筒、左端轴承、轴承盖、带轮等能够很方便地从轴的左端依次装配，右轴承从轴的右端装入。对于装有零件的轴端，装入端需要加工 45°倒角，以方便导入并避免划伤配件表面。套筒或轴肩的高度应低于滚动轴承的内圈高度，以保证滚动轴承的有效定位。

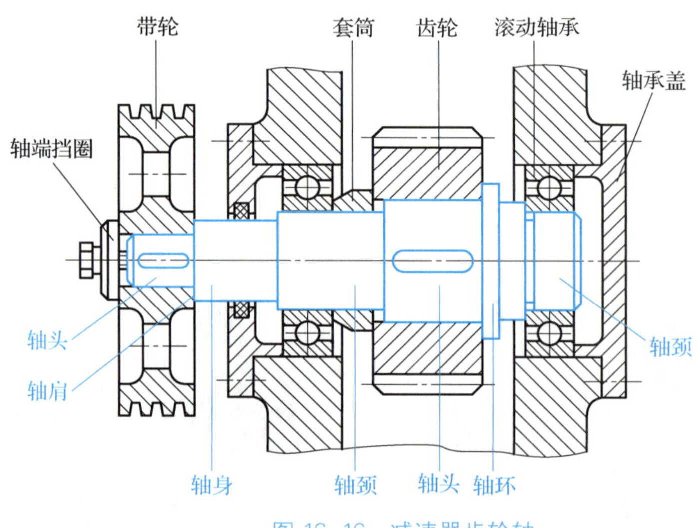

图 16-16 减速器齿轮轴

2. 加工工艺性

为了保证轴具有良好的加工工艺性，在进行轴的结构设计时，应注意以下几点工艺要求：

1）轴的结构应尽量简单，在保证足够定位的情况下，应尽量控制阶梯的数量，以减少加工的时间和应力集中。

2）轴上沿轴向有多个键槽时，应尽可能采用相同规格尺寸，并布置在同一条直线上，以避免加工时更换刀具和多次装夹。例如，图 16-16 中轴上的两个键槽尺寸相同且在一条直线上。

3）轴上直径发生变化的地方应设置圆弧过渡，如图 16-17a 所示，以减少应力集中，同一轴上的过渡圆角半径应尽量统一，以减少加工时所需刀具的种类和换刀时间。

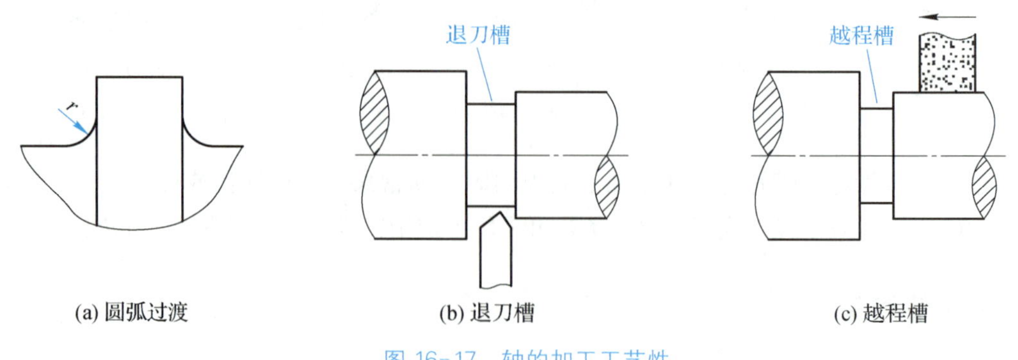

图 16-17 轴的加工工艺性

4）轴上有螺纹时，应设置退刀槽，如图 16-17b 所示。在需要进行磨削的轴段，应留有越程槽，如图 16-17c 所示。

知识拓展　你知道汽车传动轴吗？

汽车传动轴是连接发动机与驱动轮的关键部件，将发动机的动力传递至车轮，确保车辆正常行驶。汽车中的传动轴是由多个部件组成的，包括万向节、传动轴主体（轴管）、花键、联轴器和中间支承等，如图 16-18 所示。

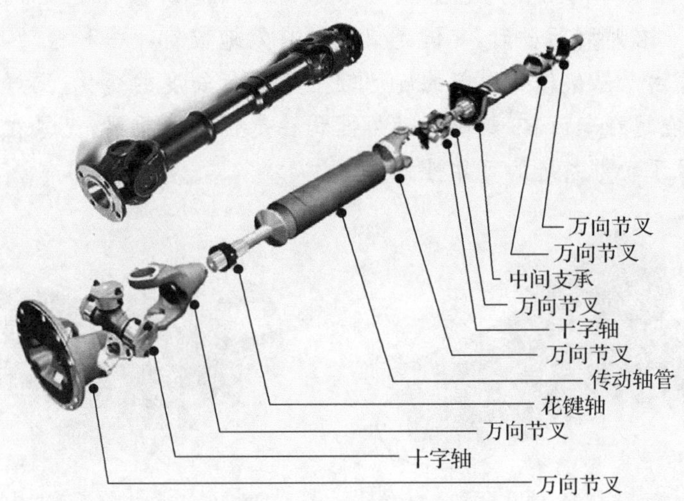

图 16-18　传动轴各部件名称示意图

1. 万向节

传动轴通过万向节连接发动机输出轴和驱动轴，如图 16-19 所示。万向节能够应对车轮升降和悬挂系统的动态变化，在复杂地形下可保持动力传递的连续性。特别是在越野行驶时，万向节的作用尤为重要，它保证了动力的稳定输出，不论车轮的角度如何变化。

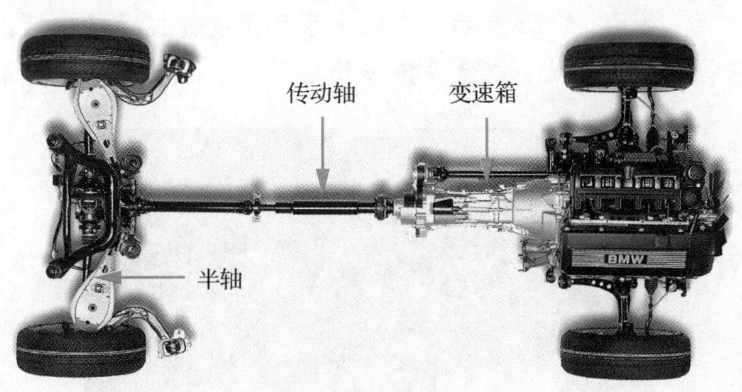

图 16-19　汽车传动轴示意图

2. 传动轴管

传动轴主体(轴管)是传递扭矩的主要通道,采用高强度钢材制成,并且设计为中空结构以减轻质量。这种设计确保了传动轴在高速行驶时的稳定性,并有效减少了燃油消耗。由于高扭矩的需求,传动轴主体需要承受大量的负载,因此材料和设计必须具备足够的刚性与强度。

3. 花键

传动轴两端的花键用于连接万向节和驱动轴,以确保扭矩的有效传递,如图 16-20 所示。在越野行驶时,花键不仅能够有效地应对冲击和振动,保持稳定的连接,还能够补偿由于悬架作用引起的传动轴上下平行长度的变化,更好地实现动力传递。对于高性能越野车而言,花键的耐久性和稳定性至关重要,尤其在崎岖不平的地形上,花键确保了动力系统的可靠性。

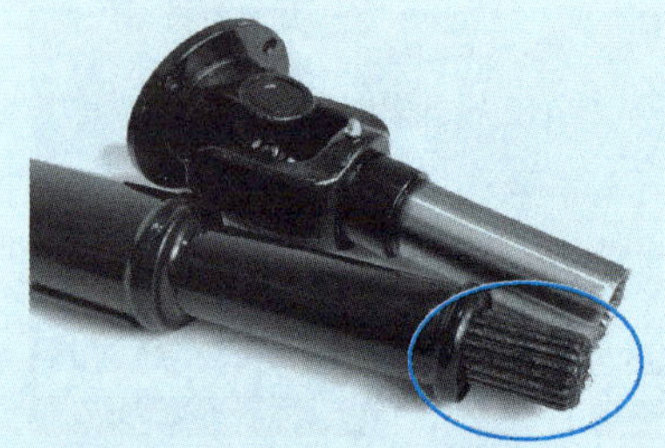

图 16-20　传动轴花键

图 16-21　十字形万向节

4. 十字形万向节

十字形万向节通常用于连接较长的传动轴部分,补偿两段传动轴之间的微小角度偏差,如图 16-21 所示。若车辆为四轮驱动系统,联轴器能够确保传动轴的各个部分协同工作,无论是高速巡航还是低速越野,都能维持平稳的动力输出。

5. 中间支承

为了防止长传动轴在高速行驶时发生弯曲或振动,一般四驱车辆的传动轴中间会设计中间支承系统,如图 16-22 所示。中间支承用于支撑传动轴中部,减少弯曲和振动,确保传动系统在复杂工况下依然保持平稳运行。它不仅提高了传动轴的刚性,还

图 16-22　中间支承系统

减少了由车速变化和崎岖路况引起的振动。

通过合理的部件设计，传动轴能够在各种路况下高效稳定地传递扭矩。不论在越野驾驶、长途行驶或高速巡航中，传动系统的可靠性和稳定性都能提供出色的牵引力和舒适的驾驶体验，确保车辆的高性能和安全性。

单元十七 轴 承

知识目标

(1) 掌握滑动轴承的类型和结构;
(2) 掌握轴瓦的结构及润滑;
(3) 了解滑动轴承材料的选用;
(4) 掌握滚动轴承和滑动轴承的类型和结构;
(5) 熟悉滚动轴承的代号;
(6) 了解滚动轴承的润滑和密封。

能力目标

(1) 能识别轴承的类型;
(2) 能利用手册查找轴承的参数。

案例引入

轴承是机械中支承轴或轴上回转零件的重要部件,可以说,轴要旋转都需要轴承来支撑。图 17-1a 所示为变速箱中用到的滚动轴承。如图 17-1b 所示,轴承的类型有很多,需根据它的使用条件来选用。

(a) 变速箱中用到的滚动轴承

(b) 轴承类型

图 17-1 轴承的应用

第一节　滚动轴承

轴承在机器中用于支承轴，保持轴的正常工作位置和旋转精度，并减小轴与轴承座间的摩擦和磨损。选择合适的轴承对提高机器的工作性能、使用寿命、承载能力和工作效率有着重要的意义。

按所能承受载荷方向的不同，轴承可分为向心轴承和推力轴承。根据轴承工作时摩擦性质的不同，轴承可分为滚动轴承和滑动轴承。其中，滚动轴承在工程实际中应用非常广泛，其参数已经标准化，大多由专门的厂家生产。

滚动轴承是带有滚动体的轴承，它将轴和轴座间的滑动摩擦变为滚动摩擦，从而大大减小摩擦力，提高轴的运转效率。滚动轴承具有摩擦阻力小、起动灵敏、效率高、润滑方便、互换性好等优点，其缺点是抗冲击能力较差，磨损后运行时容易产生较大噪声和振动，工作寿命较短。

(a) 实物图　　(b) 轴承所在位置

图 17-2　汽车轮毂轴承

轮毂轴承是汽车中至关重要的零部件之一，其主要功能是支撑车轮、承载重力，并为轮毂的转动提供精确引导，如图 17-2 所示。这种轴承不仅需要承受轴向载荷，还要承受径向载荷，因此在汽车行驶过程中起着至关重要的作用。

一、滚动轴承的结构

如图 17-3 所示，滚动轴承通常由外圈、滚动体（滚珠）、内圈、保持架和防尘盖等部分组成。外圈与轴承座相配合，起到支承作用；内圈与轴之间采用过盈配合，并随轴一起转动；滚动体（滚珠）在内、外圈的滚道中滚动，使内、外圈相互转动时产生滚动摩擦；保持架的作用是使滚动体均匀分布，防止滚动体脱落或相互碰撞；防尘盖的作用包括防止灰尘、泥沙、水和

图 17-3　滚动轴承的结构

其他杂质进入轴承室，从而保护轴承系统，延长其使用寿命。

常见的滚动体形状有球形、圆柱形、圆锥形、鼓形和滚针等，如图 17-4 所示。

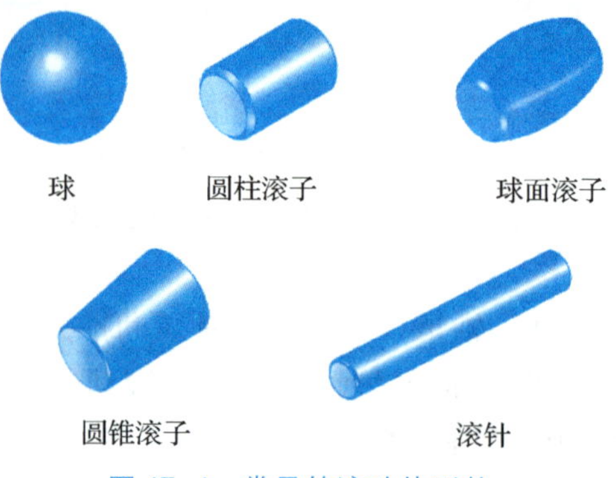

图 17-4　常见的滚动体形状

二、滚动轴承的类型

滚动轴承的类型很多，国家标准《滚动轴承　分类》(GB/T 271—2017)规定了滚动轴承的分类方法。

1. 按滚动体的形状分类

根据滚动体的形状不同，滚动轴承可分为球轴承和滚子轴承两大类。球轴承中滚动体为球形，它与内、外圈之间为点接触，故滚动时的摩擦力小，极限转速高，但容易磨损，承载力小；滚子轴承中滚动体为滚子，其形状包括圆柱形、圆锥形、鼓形、滚针等，它们与内、外圈之间为线接触，故滚动时摩擦力大，极限转速不高，但承载能力较强。

2. 按承受载荷的方向分类

轴承的径向平面(垂直于轴承轴心线的平面)与滚动体和外圈滚道接触点法线之间的夹角称为公称接触角，简称接触角，用 α 表示，如图 17-5 所示。轴承的接触角越大，轴承所能承受的轴向力越大，因此按承受载荷的方向分类也可看作按公称接触角的大小分类。

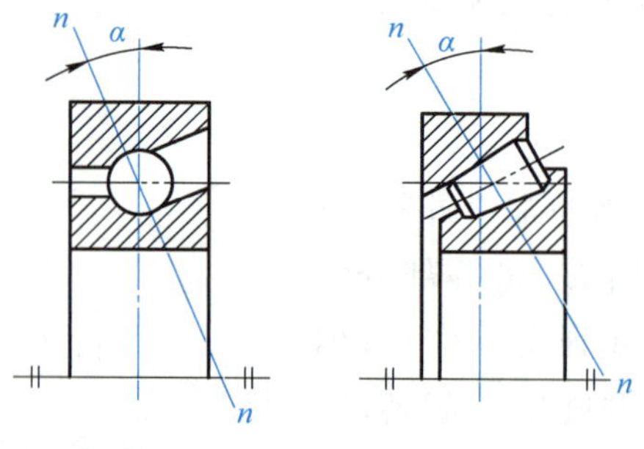

图 17-5　公称接触角

如图 17-6 所示，根据承受载荷方向或公称接触角不同，滚动轴承可分为向心轴承、推力轴承和向心推力轴承三种。

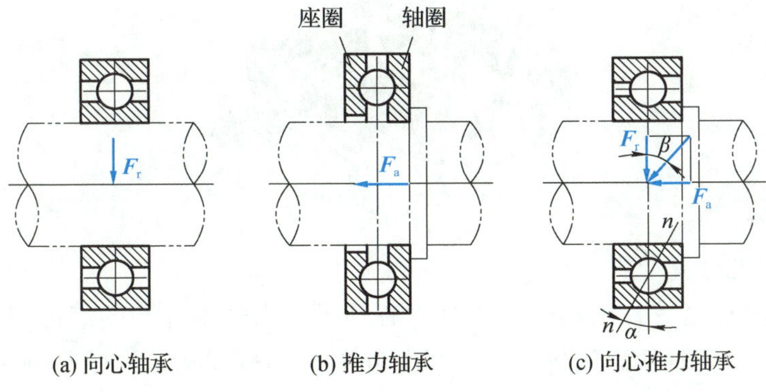

(a) 向心轴承　(b) 推力轴承　(c) 向心推力轴承

图 17-6　不同类型滚动轴承的承载情况

向心推力轴承所承受的径向载荷 $\boldsymbol{F}_r$ 与轴向 $\boldsymbol{F}_a$ 的合力与径向平面的夹角 β 称为载荷角，如图 17-6c 所示。

（1）向心轴承

主要承受径向载荷 $\boldsymbol{F}_r$，接触角为 $0° \leqslant \alpha \leqslant 45°$。其中，当 $\alpha = 0°$时，轴承只能承受径向载荷，如深沟球轴承、圆柱滚子轴承、滚针轴承等，如图 17-7 所示。

(a) 深沟球轴承　(b) 圆柱滚子轴承　(c) 滚针轴承

图 17-7　向心轴承

（2）推力轴承

主要承受轴向载荷 $\boldsymbol{F}_a$，接触角为 $45° < \alpha \leqslant 90°$。其中，当 $\alpha = 90°$时，轴承只能承受轴向载荷，称为轴向推力轴承，如推力球轴承、推力滚子轴承等，如图 17-8 所示。

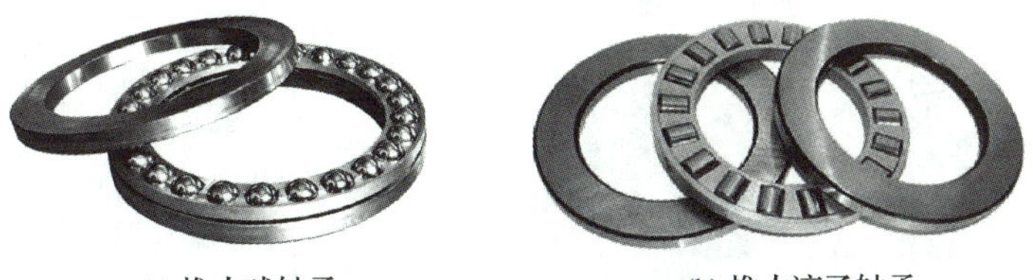

(a) 推力球轴承　(b) 推力滚子轴承

图 17-8　推力轴承

（3）向心推力轴承

同时能承受径向 $\boldsymbol{F}_r$ 和轴向载荷 $\boldsymbol{F}_a$，如圆锥滚子轴承（图 17-9）。

图 17-9　向心推力轴承

3. 按调心能力分类

具有自动调整轴心线位置的轴承称为调心轴承。当轴承外圈的滚道制成球面时，内圈可相对外圈偏转，二者轴线之间将产生一个夹角 θ，称为倾斜角。在轴与轴承座孔的轴线有不大的相对偏斜时仍能正常工作。倾斜角的大小标志着轴承自动调整轴心线位置的能力。按调心能力不同，轴承可分为调心轴承和非调心轴承，如图 17-10 所示。

(a) 调心球轴承

(b) 调心滚子轴承

图 17-10　调心轴承

常见滚动轴承的基本类型名称、代号、特点及应用见表 17-1。

表 17-1　常见滚动轴承的类型名称、代号、特点及应用

名称	简图	实物图	类型代号	主要特性及应用
双列角接触球轴承			0	能同时承受径向和双向的轴向载荷，相当于一对角接触球轴承背对背安装
调心球轴承			1	主要承受径向载荷，也可承受较小的轴向载荷，调心性好，适用于刚性较小以及难以对中的轴
调心滚子轴承			2	能承受很大的径向载荷和少量的轴向载荷，耐振动及冲击，能自动调心，加工要求高，常用于其他轴承不能胜任的重载

续 表

名称	简图	实物图	类型代号	主要特性及应用
圆锥滚子轴承			3	能同时承受较大的径向与轴向载荷，通常成对使用，内外圈可分离，游隙可调，装拆方便，适用于刚性较大的轴
双列深沟球轴承			4	具有深沟球轴承的特性，比深沟球轴承的承载能力和刚性更大，可用于比深沟球轴承要求更高的场合
推力球轴承			5	只能承受轴向载荷，且作用线必须与轴线重合；分为单、双向两种；高速时，因滚动体离心力大，球与保持架摩擦发热严重，寿命降低，故极限转速很低
深沟球轴承			6	主要承受径向载荷，也可承受一定的双向轴向载荷；摩擦系数最小，适用于刚性较大和转速高的轴。当转速很高而轴向载荷不太大时，可代替推力轴承使用
角接触球轴承			7	能同时承受径向载荷和轴向载荷；α 为 15°、25°和 40°，α 越大轴向承载能力也越大，通常成对使用，适用于刚性较大、跨距不大的轴
推力圆柱滚子轴承			8	能承受很大的单向轴向载荷，承载能力比推力球轴承大得多，适用于承受轴向载荷大而不需要调心的场合
圆柱滚子轴承			N	能承受较大的径向载荷但不能承受轴向载荷；由于线接触，承载能力大，耐冲击；适用于刚性很大、对中性良好的轴

三、滚动轴承代号

图 17-11 轴承标识

为了规范滚动轴承的制造、使用和维护，国家标准《滚动轴承 代号方法》(GB/T 272—2017)规定了一组轴承代号，用来表示各类滚动轴承的类型、结构、尺寸、公差等级和技术性能等特征。轴承代号一般印在轴承端面上，以方便识别，如图 17-11 所示。

滚动轴承的代号由基本代号、前置代号和后置代号三部分组成，用字母和数字表示，见表 17-2。

表 17-2 滚动轴承的代号组成

<table>
<tr><th>前置代号</th><th colspan="5">基本代号</th><th colspan="8">后置代号</th></tr>
<tr><td rowspan="3">轴承分部件代号</td><td>×</td><td>×</td><td>×</td><td>×</td><td>×</td><td rowspan="3">内部结构代号</td><td rowspan="3">密封与防尘结构代号</td><td rowspan="3">保持架及其材料代号</td><td rowspan="3">特殊轴承材料代号</td><td rowspan="3">公差等级代号</td><td rowspan="3">游隙代号</td><td rowspan="3">多轴承配置代号</td><td rowspan="3">其他代号</td></tr>
<tr><td rowspan="2">类型代号</td><td colspan="2">尺寸系列代号</td><td colspan="2" rowspan="2">内径代号</td></tr>
<tr><td>宽度系列代号</td><td>直径系列代号</td></tr>
</table>

1. 基本代号

基本代号包括内径代号、尺寸系列代号和类型代号。其中，尺寸系列代号又包括宽度系列代号和直径系列代号。它们从右向左依次排列。

(1) 轴承内径代号

表示轴承的内径，用基本代号右起第一、第二两位数字表示。滚动轴承内径代号的含义见表 17-3。

表 17-3 滚动轴承内径代号的含义

<table>
<tr><th colspan="2">轴承内径/mm</th><th>内径代号</th><th>示例</th></tr>
<tr><td colspan="2">0.6～10
(非整数)</td><td>直接用内径尺寸(单位为 mm)表示，在它与尺寸系列代号之间用“/”分开</td><td>轴承 618/2.5，内径 d=2.5 mm</td></tr>
<tr><td colspan="2">1～9(整数)</td><td>直接用内径尺寸(单位为毫米)表示，对深沟球轴承及角接触轴承 7、8、9 等直径系列，内径与尺寸系列代号之间用“/”分开</td><td>轴承 625/5，内径 d = 5 mm</td></tr>
<tr><td rowspan="4">10～17</td><td>10</td><td>00</td><td rowspan="4">轴承 6201，内径 d = 12 mm</td></tr>
<tr><td>12</td><td>01</td></tr>
<tr><td>15</td><td>02</td></tr>
<tr><td>17</td><td>03</td></tr>
<tr><td colspan="2">20～495
(22、28、32 除外)</td><td>04～99(代号数字×5 即为内径)</td><td>轴承 23209，内径 d = 9×5 mm = 45 mm</td></tr>
<tr><td colspan="2">500 及 22、28、32</td><td>直接用公称内径(单位为 mm)表示，在它与尺寸系列代号之间用“/”分开</td><td>轴承 230/500，内径 d=500 mm
轴承 62/28，内径 d = 28 mm</td></tr>
</table>

(2) 尺寸系列代号

包括直径和宽(高)度系列代号,分别用基本代号右起第三、四位数字表示。其中,直径系列代号表示内径相同而外径和宽度不同的轴承系列,如图 17-12 所示;宽(高)度系列代号表示内、外径相同而高(宽)度不同的轴承系列,如图 17-13 所示。滚动轴承尺寸系列代号的含义见表 17-4。

表 17-4　滚动轴承尺寸系列代号的含义

直径系列代号		向心轴承								推力轴承			
		宽度系列代号(依次递增)								高度系列代号(依次递增)			
		8 特窄	0 窄	1 正常	2 宽	3 特宽	4 特宽	5 特宽	6 特宽	7 特低	9 低	1 正常	2 正常
		尺寸系列代号											
外径尺寸依次递增↓	7 超特轻	—	—	17	—	37	—	—	—	—	—	—	—
	8 超轻	—	08	18	28	38	48	58	68	—	—	—	—
	9 超轻	—	09	19	29	39	49	59	69	—	—	—	—
	0 特轻	—	00	10	20	30	40	50	60	70	90	10	—
	1 特轻	—	01	11	21	31	41	51	61	71	91	11	—
	2 轻	82	02	12	22	32	42	52	62	72	92	12	22
	3 中	83	03	13	23	33	—	—	—	73	93	13	23
	4 重	—	04	—	24	—	—	—	—	74	94	14	24
	5 特重	—	—	—	—	—	—	—	—	—	95	—	—

注意:在轴承尺寸系列代号中,直径和宽(高)度代号并不代表具体的直径和宽(高)度数值。其中,直径系列代号不能省略;对于宽度系列代号,大多数窄系列轴承的代号 0 可以省略,但窄系列的圆锥滚子轴承和调心滚子轴承不可省略。

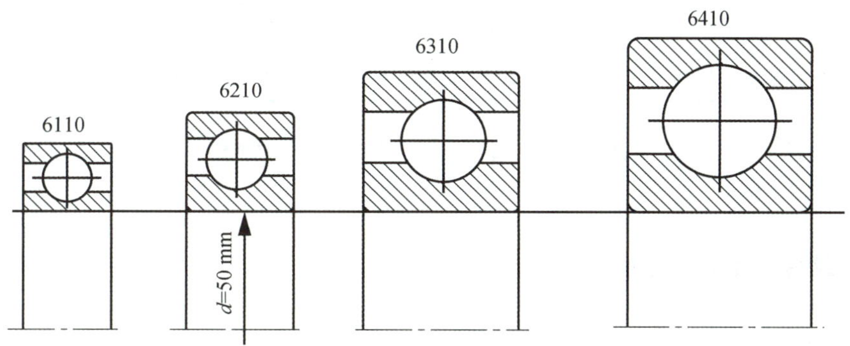

图 17-12　直径系列对比

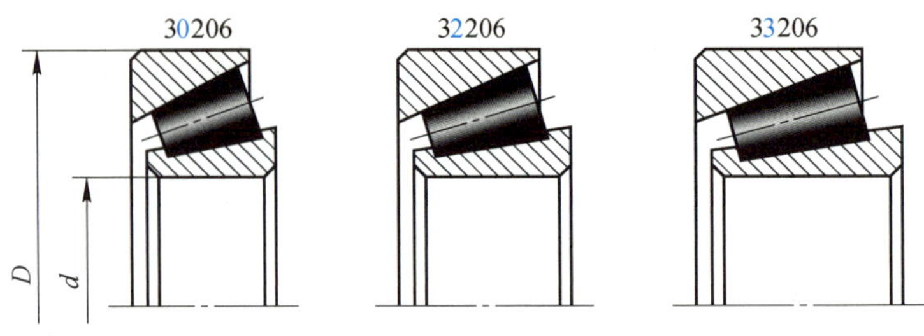

图 17-13 宽度系列对比

(3) 类型代号

代表轴承的类型,用基本代号中右起第 5 位数字或字母表示。常见滚动轴承的类型代号见表 17-1。其中,类型代号 0 可省略不标。

2. 前置代号和后置代号

前置代号和后置代号是轴承在结构形状、尺寸、公差、技术要求等有改变时,在基本代号前后增加的补充代号。

(1) 前置代号

代表轴承的分部件,用字母表示。前置代号的含义见表 17-5,没有分部件的轴承不用标注。

表 17-5 滚动轴承前置代号

代号	含义	示例	代号	含义	示例
L	可分离的内圈或外圈	LNU207	K	带滚子和保持架组件	K81107
R	不带可分离内圈或外圈(滚针轴承仅适用于 NA 型)	RNU207 RNA6904	WS	推力圆柱滚子轴承座圈	WS81107
			GS		GS81107

(2) 后置代号

代表轴承的内部结构、公差等,用字母和数字表示,见表 17-6。

表 17-6 滚动轴承的后置代号

后置代号							
1	2	3	4	5	6	7	8
内部结构	密封与防尘结构	保持架及其材料	轴承材料	公差等级	游隙	配置	其他

详细前置、后置代号的含义及表示方法参见国标《滚动轴承 代号方法》(GB/T 272—2017)。

四、滚动轴承的润滑及密封

1. 滚动轴承的润滑

适当的润滑剂将减少轴承部件内部滑动表面之间的摩擦,并减少滚动元件与滚道的金属接触,减少摩擦磨损,延长滚动轴承的使用寿命,因此需要对滚动轴承进行充分合理的润滑。此外，润滑还具有冷却降温、吸收振动、防锈和降低噪声等作用。

滚动轴承的润滑剂分为润滑油和润滑脂两种。选择润滑油还是润滑脂，取决于滚动轴承的转动速度。

1）当滚动轴承的轴径速度 $v < 4 \sim 5$ m/s 时，选用润滑脂润滑。润滑脂润滑的优点是一次填充可运转较长的时间，且润滑脂不容易流失。但润滑脂填充不是越多越好，过多的润滑脂成为转动的阻力被甩出，且容易变质。一般只要填满空间的 1/3～1/2 即可。

2）当滚动轴承的轴径速度较高时，应选用润滑油润滑。润滑油润滑的优点是液体的摩擦阻力小，具有散热和冷却的效果。润滑的方式可采用浸油润滑和飞溅润滑，浸油润滑的油面高度要低于最下方滚动体的中心，以免油面过高造成过度搅动润滑油，使油液发热。

2. 滚动轴承的密封

为防止外部环境中的灰尘、水分、油污等杂质进入轴承内部，并阻止轴承内润滑剂的流失，滚动轴承需要进行合理的密封。

滚动轴承常用的密封方式有接触式密封、非接触式密封和组合式密封三类。

（1）接触式密封要求

接触式密封适于低速，如图 17-14 所示。

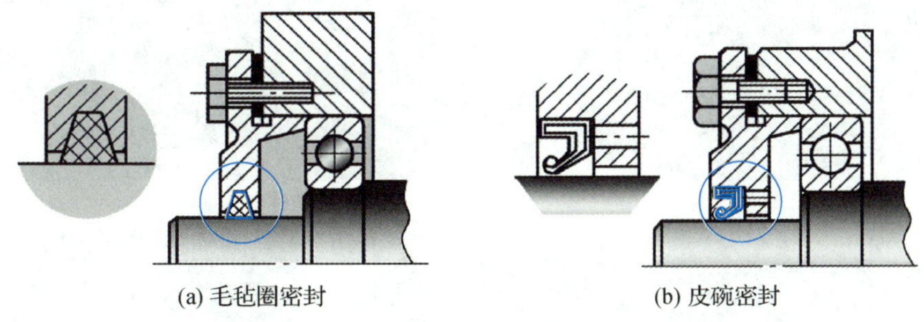

(a) 毛毡圈密封　(b) 皮碗密封

图 17-14　接触式密封

（2）非接触式密封

非接触式密封与轴不直接接触，适合于高速工作，如图 17-15 所示。

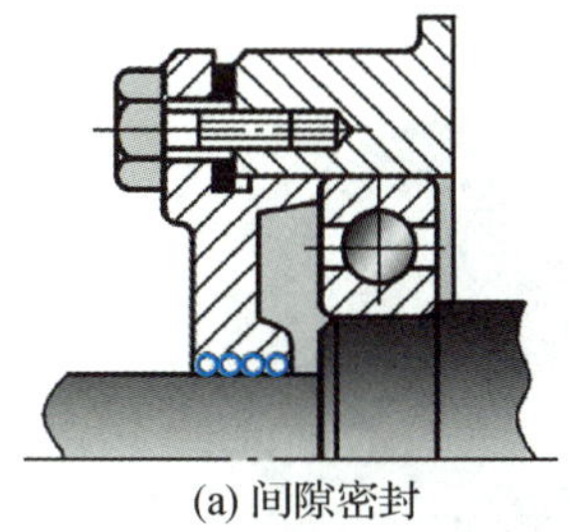

(a) 间隙密封　(b) 曲路密封：径向　(c) 曲路密封：轴向

图 17-15　非接触式密封

（3）组合式密封

组合式密封采用两种以上的密封形式组合在一起，密封效果更好，如图 17-16 所示。

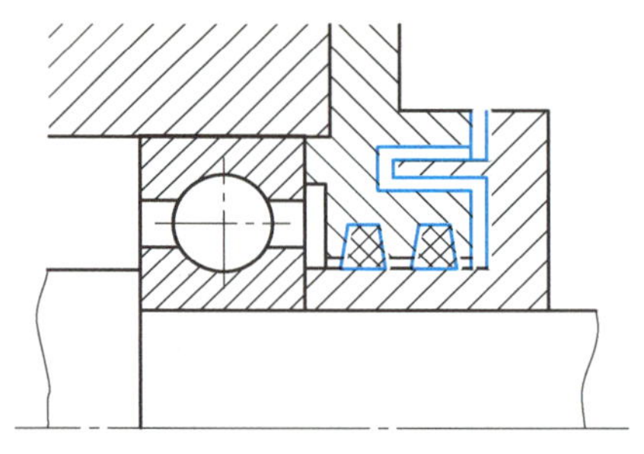

图 17-16　组合式密封

五、滚动轴承的失效

影响滚动轴承使用寿命的主要因素有载荷情况、润滑情况、装配情况、环境条件及材质或制造精度等。

滚动轴承常见的失效形式有疲劳点蚀、塑性变形和磨粒磨损等，如图 17-17 所示。

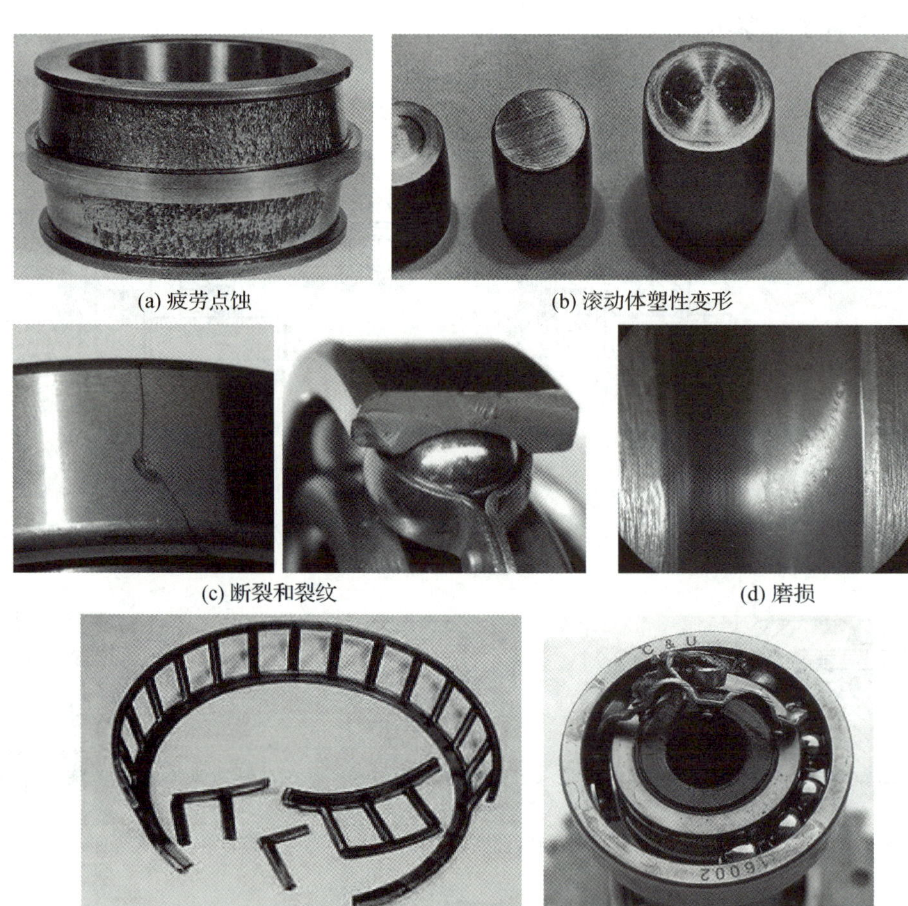

(a) 疲劳点蚀　(b) 滚动体塑性变形

(c) 断裂和裂纹　(d) 磨损

(e) 保持架断裂

图 17-17　滚动轴承的失效

1. 疲劳点蚀

在有一定的润滑条件下，由于滚动体沿着滚动轴承的内表面滚动，相互接触的表面产生循环接触应力变化，经过一定的循环运动次数后，套圈表层下形成微观裂纹，润滑油沿裂纹渗入到座圈里。当润滑油受到挤压导致压力升高后，将挤裂表层的金属，出现点蚀现象。如果滚动轴承的润滑不好，则不会产生疲劳点蚀，而是发生磨损。

2. 塑性变形

在静载荷和冲击载荷的作用下，其强度超过滚动轴承材料所允许的极限值，造成滚动体或座圈滚道上出现不均匀的塑性变形凹坑，使滚动体不能正常在滚道上运转。座圈的塑性变形多发生在转速极低或摆动的滚动轴承中。

3. 磨粒磨损

滚动轴承在密封条件较差或多尘的条件下工作，由于粉尘或磨粒进入滚动轴承的滚道内，使滚动体与滚道之间产生磨粒磨损。在润滑条件较差时，转速越高，磨损越严重。所以，应当注意滚动轴承的密封保护与润滑油的清洁。此外，不正确地安装、拆卸及操作，也会造成滚动轴承元件的破裂。

第二节 滑动轴承

滑动轴承在工作时与轴之间发生滑动摩擦，它具有结构简单、安装方便、噪声小、抗震性能好、承载能力强和工作寿命长等优点，因而广泛地应用于汽轮机、精密机床和重型机械等设备中。

一、滑动轴承的类型和结构

根据承受载荷方向的不同，滑动轴承可分为主要承受径向载荷的径向滑动轴承和主要承受轴向载荷的止推滑动轴承。

1. 径向滑动轴承

径向滑动轴承又称为向心滑动轴承，工作时主要承受径向载荷，其结构形式有整体式、剖分式和调心式三种。

（1）整体式径向滑动轴承

如图 17-18 所示，整体式径向滑动轴承由轴承座和轴承套组成，轴套上设有油孔，内表面开有轴向油道，将润滑油分配到摩擦表面进行润滑。汽车发动机中的连杆小头、转向节衬套采用的就是整体式径向滑动轴承，如图 17-19 所示。

图 17-18 整体式径向滑动轴承

(a) 连杆小头　　(b) 转向节衬套

图 17-19　整体式滑动轴承在汽车中的应用

整体式径向滑动轴承具有结构简单、制造成本低等优点，但轴瓦磨损后，轴颈与轴瓦间的间隙无法调整，必须重新更换轴瓦，且装拆时轴或轴承需轴向移动，给装拆带来不便，故适用于轻载、低速且不需经常装拆的场合。

（2）剖分式径向滑动轴承

如图 17-20 所示，剖分式径向轴承主要由轴承座、上下轴瓦、轴承盖及连接螺栓等组成。其中，上、下两片半圆形轴瓦可合并成两个圆筒形的轴瓦，螺栓将轴承盖和合并后的轴瓦紧固在轴承座上。轴承盖和轴承座的剖分面通常加工成阶梯状，以防止轴承盖与轴承座之间发生相对错动，并能方便装配时的对中。上、下轴瓦之间可安装垫片，以方便轴瓦磨损后调整轴颈与轴瓦之间的间隙。汽车发动机中采用剖分式径向滑动轴承的部位有活塞连杆大头(图 17-21a)、曲轴主轴承和主轴承盖(图 17-21b)。

图 17-20　剖分式径向滑动轴承

剖分式径向滑动轴承，这种可拆分的结构可方便更换轴瓦，轴承间隙可以调整，但结构复杂，制造费用高。

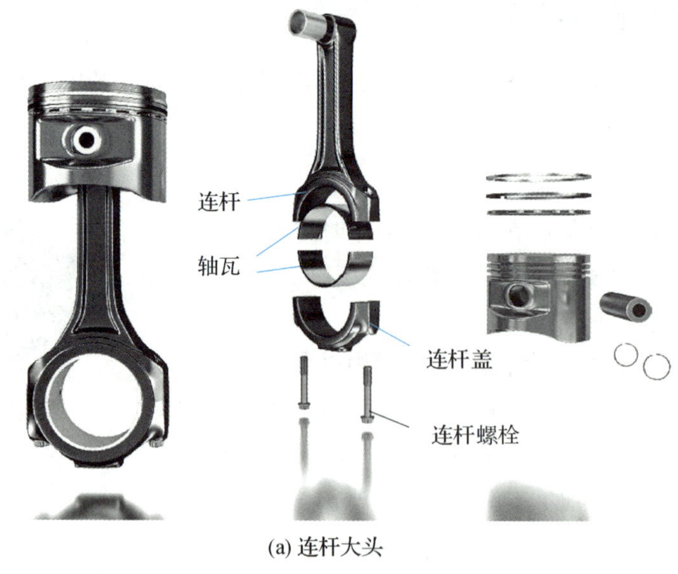

(a) 连杆大头

(b) 曲轴主轴承和主轴承盖

图 17-21　剖分式滑动轴承在汽车中的应用

(3) 调心式径向滑动轴承

调心式径向滑动轴承主要由轴承盖、轴瓦及轴承底座等组成，如图 17-22 所示。其中，轴瓦分别与轴承盖和轴承座之间形成球面配合，从而能相对轴承座在一定范围内摆动，自动调整以适应轴的变形。调心式径向滑动轴承适用于支承跨距较大或多支点的长轴。

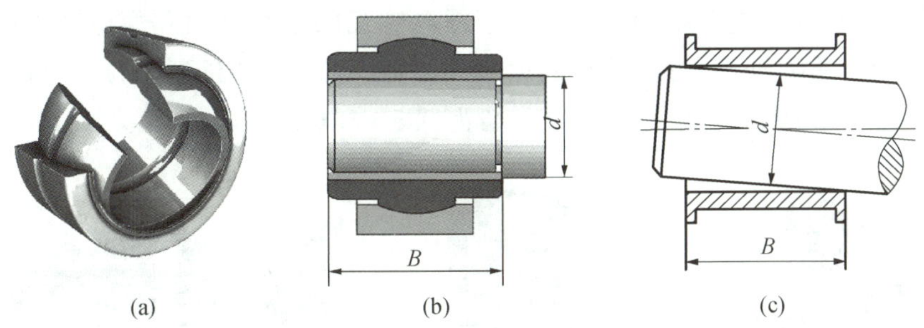

(a)　(b)　(c)

图 17-22　调心式径向滑动轴承

2. 止推滑动轴承

止推滑动轴承是用于承受轴向推力并限制轴做轴向移动的滑动轴承。止推滑动轴承由轴承座和止推轴颈组成，一般分为单环式、多环式和空心式三种。汽车发动机上曲轴中部所用的止推滑动轴承（又称为止推片）如图 17-23 所示，它就是典型的单环式止推滑动轴承。单环式止推滑动轴承利用轴颈的环形端面止推，并且可以利用纵向油槽输入润滑油进行润滑。

图 17-23　止推滑动轴承

止推滑动轴承的止推面可采用轴的端面或轴环的轴肩，常见止推面的形式有实心、空心、单环形和多环形四种，如图 17-24 所示。其中，多环形轴颈能承受较大的双向轴向载荷。

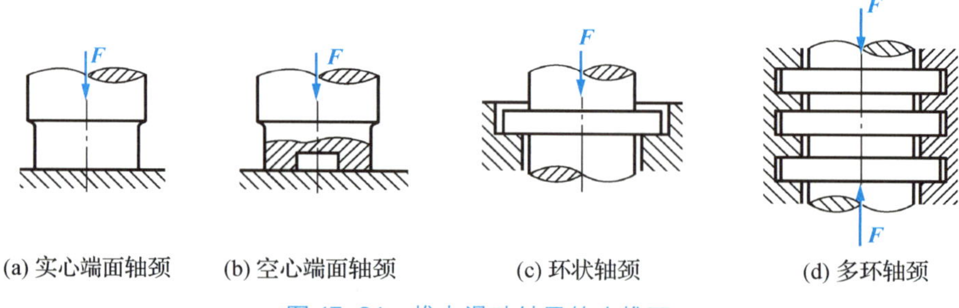

图 17-24　推力滑动轴承的止推面

二、轴瓦的结构及滑动轴承的材料

滑动轴承中轴瓦与轴直接接触并发生滑动摩擦，因此轴瓦的结构设计及选材对滑动轴承的工作效率、承载能力及使用寿命有着重要的影响。

1. 轴瓦的类型

常用的轴瓦有整体式和剖分式等形式，如图 17-25a 和图 17-25b 所示，它们分别应用于整体式滑动轴承和剖分式滑动轴承中。为了提高轴瓦的承载能力和摩擦性质，并节约贵重的减磨材料，对于重要轴承，可在轴瓦的内表面浇铸一层或两层很薄的减磨材料(如巴氏合金等)，如图 17-25c 所示，轴承衬的厚度一般为 0.5～0.6 mm。

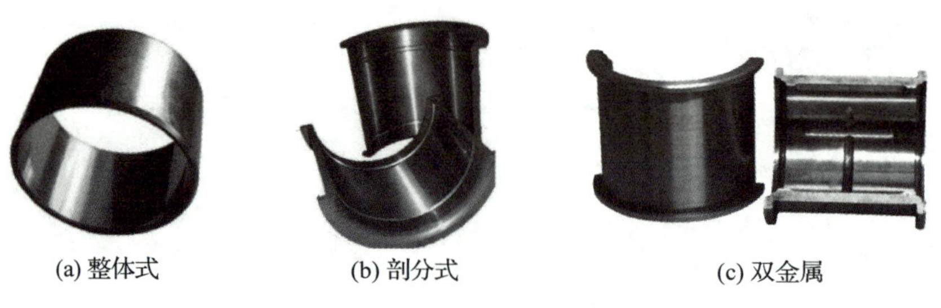

图 17-25　轴瓦类型

2. 轴瓦的油孔和油槽

轴瓦工作时，需要向轴瓦工作表面注入足够的润滑油，以减少工作表面与轴表面之间的摩擦。为了使润滑油顺利地进入并布满整个轴瓦工作面，应在轴瓦上开设油孔和油槽。常见轴瓦油孔和油槽的形式如图 17-26 所示。

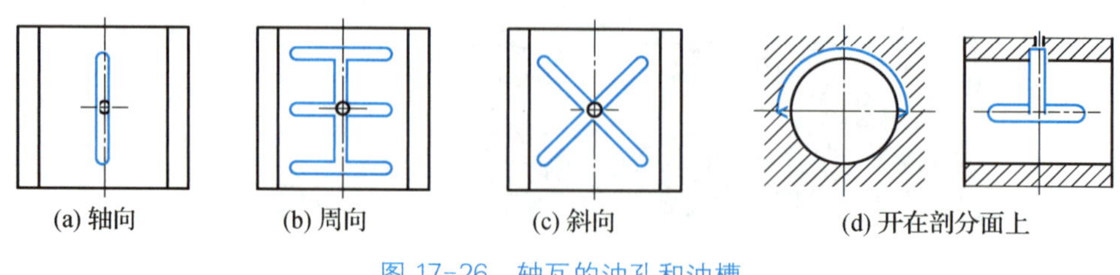

图 17-26　轴瓦的油孔和油槽

需要注意的是，油孔和油槽一般应开在轴瓦的非承载区，否则会破坏承载区油膜的连续性，降低油膜的承受能力。同时，油槽不能贯穿轴瓦，其轴向长度一般为轴瓦宽度的 80%，以免油从油槽端部大量流失。

3. 轴承材料

通常将轴瓦的材料和轴衬的材料称为轴承材料。轴瓦作为滑动轴承中的重要零件，其主要失效形式为磨损和胶合，有时也会出现疲劳破坏和刮伤等。根据上述失效形式，并结合滑动轴承的工作特点，可知轴承材料应具有以下特性：良好的减摩性和耐磨性、足够的强度和塑性、良好的导热性和抗腐蚀性、优异的抗胶合性。

（1）铸造轴承合金

主要分锡基、铅基、铜基和铝基轴承合金四类。

1）铸造锡基和铅基轴承合金减摩效果最理想，但价格昂贵，并且机械强度较低，不能在高温条件下工作，故适宜做轴承衬的材料。

2）铸造铜基轴承合金的强度高，承载能力大，耐磨性和导热性比锡基和铅基轴承合金好。具体介绍如下：

① 锡青铜：减摩性、耐磨性最好，应用较广，强度高，适于中速、重载轴承。

② 铅青铜：抗胶合能力强，可承受较大的冲击载荷，适于高速、重载轴承。

③ 铝青铜：强度和硬度较高，抗胶合能力差，最宜用于润滑充分的低速、重载轴承。

④ 黄铜：适于低速、中载轴承。

3）铸造铝基轴承合金的强度高，导热性好，耐磨蚀；要求轴颈表面淬硬、磨光；其跑合性、顺应性和嵌藏性较差。

上述铸造轴承合金的典型牌号、性能及应用见表 17-7。

表 17-7 铸造轴承合金的典型牌号、性能及应用

材料	牌号	[p]/MPa	[v]/(m·s^{-1})	[pv]/(MPa·m·s^{-1})	应用
锡基合金	ZSnSb11Cu6	25	80	20	高速、重载的重要轴承轴瓦的减摩层。变载荷下易疲劳，价高
	ZSnSb8Cu4				
铅基合金	ZPbSb16Sn16Cu2	12	12	10	中速、中载的轴承轴瓦的减摩层。不宜受显著冲击
	ZPbSb15Sn5Cu3Cd2	5	8	5	
铜基合金	ZCuSn10P1	15	10	15	中速、中载及变载荷的轴承
	ZCuSn5Pb5Zn5	8	3	15	用于中速、中载的轴承
	ZCuPb30	25	12	30	高速、重载的轴承，能承受变载荷和冲击载荷
	ZCuAl9Fe4Ni4	15	4	12	制作在海洋环境中工作的轴承
铝基合金	20%铝锡合金	34	14		高速、中载及重载的轴承

(2) 粉末冶金材料

用钢、铁、石墨等粉末经压制、烧结而成的多孔隙轴瓦材料。使用前,先把轴瓦浸入加热的油中数小时,使孔隙中充满润滑油。当轴承工作时,在轴颈转动的抽吸作用和轴承发热时的膨胀作用下,油自动进入摩擦表面;当轴承停止工作时,因毛细管作用,油又被吸入孔隙内。用这种材料制成的轴承通常称为粉末冶金轴承或含油轴承。这种轴承的注油周期性长,没有油污外溢,因此特别适用于较低速度、加油不便和不允许有油污污染的场合,如食品机械、纺织机械中。

(3) 非金属材料

石墨、橡胶、塑料等都可用作轴承材料。石墨本身属于固体润滑剂,故石墨轴承有自润滑作用;橡胶具有较大的弹性,能减轻振动使运转平稳,橡胶轴承可用水润滑;塑料的热导性很低,吸收水分后会发生膨胀,故要求塑料轴承有较大的间隙。

三、滑动轴承常见失效形式

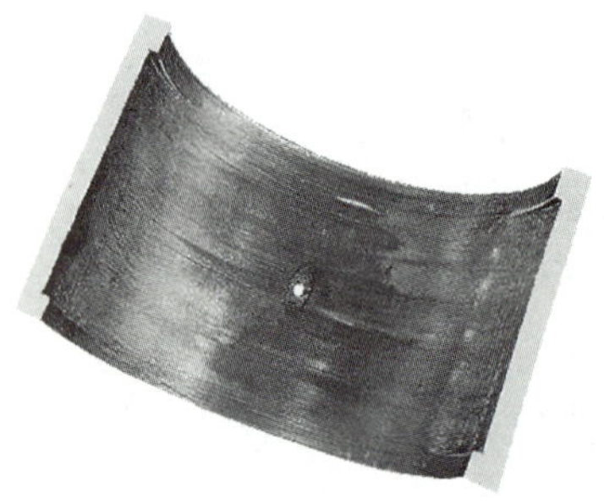

图 17-27　轴瓦磨损

1. 磨粒磨损

进入轴承间隙的硬颗粒物(如灰尘、砂砾等)有的嵌入轴承表面,有的游离于间隙中并随轴一起转动,它们都将对轴颈和轴承表面起到研磨作用,从而引起磨损,如图 17-27 所示。在发动机运转、停止或轴颈与轴承发生边缘接触时,轴承的磨损加剧,轴承间隙变大,使用寿命缩短。

2. 刮伤

进入轴承间隙的硬颗粒或轴颈表面粗糙的轮廓峰顶,在轴承上划出线状伤痕,导致轴承因刮伤而失效,如图 17-28 所示。

图 17-28　轴瓦刮伤

图 17-29　轴瓦胶合

3. 胶合(也称为烧瓦)

轴承温升过高,载荷过大,油膜破裂时,或在润滑不良的情况下,轴颈和轴承的相对运动表面材料发生黏附和迁移,造成轴承损坏,有时甚至可能导致相对运动的中止,如图 17-29 所示。

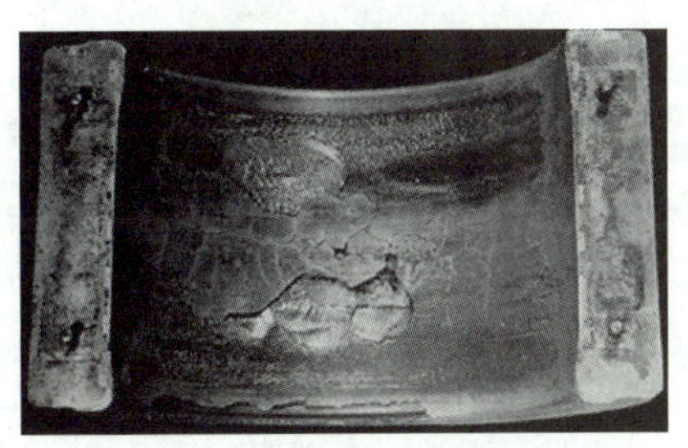
图 17-30 轴瓦疲劳剥落

4. 疲劳剥落

在载荷的反复作用下，轴承表面将出现与滑动方向垂直的疲劳裂纹，当裂纹向轴承衬与衬背结合面扩展后，造成轴承衬材料的剥落，称为疲劳剥落，如图 17-30 所示。

5. 腐蚀

润滑油在使用中会不断氧化，所生成的酸性物质对轴承材料有腐蚀性，易造成腐蚀性点状剥落，如图 17-31 所示。

图 17-31 轴瓦腐蚀

四、滑动轴承的润滑

1. 润滑剂

滑动轴承工作时需要进行充分的润滑，其目的是减小摩擦，降低轴承部件的磨损，同时兼具冷却、吸振、防锈和降低噪声等功能。滑动轴承的常用润滑剂有润滑油、润滑脂、固体润滑剂及气体润滑剂等。其中，润滑油和润滑脂的应用最广。

润滑油的性能主要由黏度来表示。在为轴承选择润滑油时，应综合考虑承受的载荷、滑动速度、工作温度及摩擦表面状况等条件，一般可参考以下选用原则：

1）工作在压强大、冲击强及交变载荷等条件下时，黏度值应高一些。

2）工作转速高、压强小时，润滑油的黏度值应低一些；反之，黏度值应高一些。

3）工作温度高时，黏度值应高一些；反之，黏度值可低一些。

4）摩擦表面粗糙或未经跑合时，黏度值应高一些。

润滑脂的性能主要由针入度和滴点来表示。滑动轴承在选用润滑脂时，应综合考虑轴承工作温度、抗水性、机械安定性等条件。承载要求高时，应选择针入度小的润滑脂；相对滑动速度大且温度高时，应选择针入度大的润滑脂。

2. 润滑方法

滑动轴承的润滑方法有很多，按给油方式可分为间歇供油润滑和连续供油润滑。其中，间断供油润滑常用于低速、轻载或间歇工作等不重要场合的滑动轴承。连续供油润滑多用于高速、重载等重要场合的滑动轴承。常用的连续供油润滑方法有滴油润滑、飞溅润滑和压力油润滑等。

（1）滴油润滑

滴油润滑需要采用弹簧盖油杯或针阀式油杯。弹簧盖油杯利用毛细管的虹吸作用将润滑油连续送到轴承工作表面，但无法改变送油量，如图 17-32a 所示；针阀式油杯可通过调节螺母改变供油量，且可通过上部的手柄控制润滑油的通断，如图 17-32b 所示。

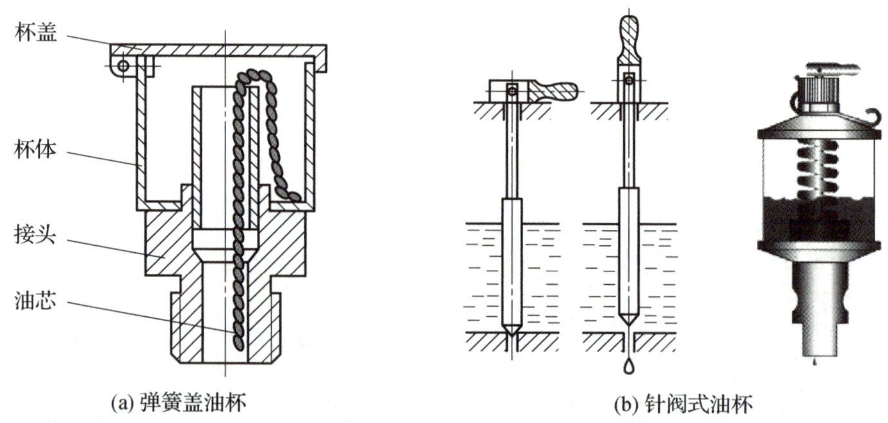

图 17-32　滴油润滑所用的装置

（2）飞溅润滑

飞溅润滑利用传动齿轮或甩油环将润滑油带到轴承工作面，如图 17-33 所示，这种润滑方法仅用于水平轴，且轴径>50 mm 的中速和高速轴承，油环的直径一般比轴大 1.5～2 倍，如减速器、内燃机等机械设备中的轴承。

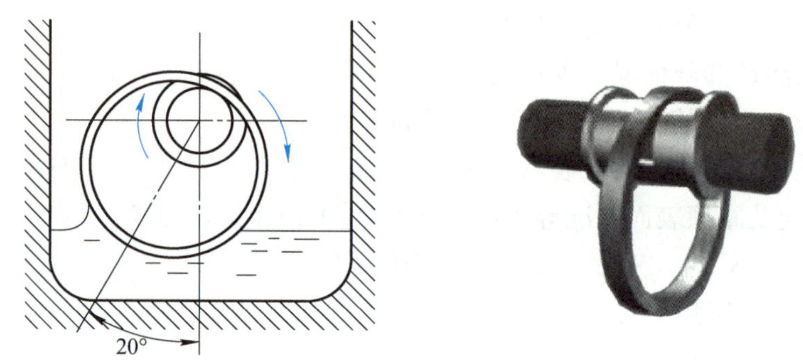

图 17-33　飞溅润滑

（3）压力油润滑

压力油润滑利用油泵将润滑油强制送入轴承进行润滑，润滑油经过轴承流回油箱，可以重复使用，如图 17-34 所示。压力油润滑可调整供油量，并能对轴承上某点实现集中润滑，故适用于高速、重载、振动和交变载荷等工作条件下的轴承。

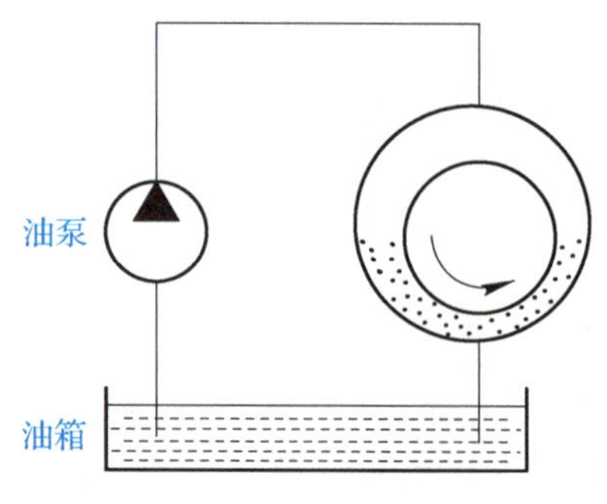

图 17-34　压力油润滑

知识拓展　你知道汽车发动机曲轴采用哪种类型的轴承吗？

固定发动机曲轴（图 17-35）时采用滑动轴承而非滚动轴承，主要是基于发动机工作时的特殊要求。发动机运行过程中，曲轴需要承受周期性的高负荷和高速旋转，同时还要应对复杂的冲击和振动曲轴轴瓦如图 17-36 所示。

图 17-35　发动机曲轴

图 17-36　曲轴轴瓦

滑动轴承具有优异的承载能力，能够适应曲轴在高速运转时的巨大压力，同时其良好的油膜润滑特性可以有效减少磨损，提高轴承的使用寿命。在高温、高压的工况下，滑动轴承能够保持稳定的性能，不易因温度变化而失效。

此外，滑动轴承的结构较为简单，易于安装和维护。在发动机的紧凑空间内，滑动轴承的设计可以更好地适应曲轴的动态运动，减少运动阻力，提高传动效率。而且，滑动轴承的吸振能力较强，可以有效降低发动机运转时的噪声和振动，提升驾驶舒适性。

相比之下，滚动轴承虽然具有较低的摩擦系数和较高的旋转精度，但在高速、高负荷及频繁冲击的条件下，滚动轴承的滚动元件容易产生磨损和疲劳，导致轴承寿命缩短，且噪声和振动问题相对突出。同时，滚动轴承的结构较为复杂，对维护要求较高，不太适合发动机恶劣的工作环境。

单元十八　联轴器与离合器

知识目标

(1) 熟悉联轴器和离合器的功用、分类及特点；

(2) 理解联轴器与离合器的区别；

(3) 掌握几种常用联轴器和离合器的结构及使用场合。

能力目标

能识别联轴器的类型，掌握汽车离合器的应用。

案例引入

汽车起动之后，发动机不停地转动，但在行驶的过程中速度要不断变化，有时候还要停下来，又要求不能熄火，这就要求发动机与变速器之间有一种装置来控制汽车的运动，这种在运动过程中随时分离和结合的装置称为离合器，它在机械行业中非常重要。还有一种装置，只需要将两轴连接起来，不需要随时分离和结合，这种装置称为联轴器。离合器和联轴器如图 18-1 所示。

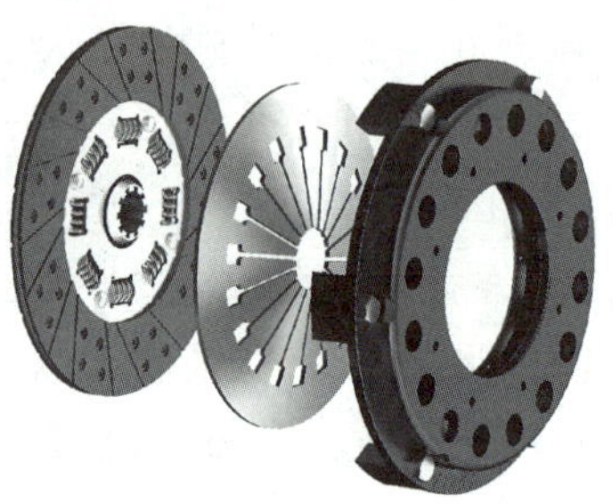

(a) 离合器

(b) 联轴器

图 18-1　离合器和联轴器

第一节　联轴器

在各种机械中，人们经常需要将不同机构的轴连接起来，以传动运动和动力。机械中的这种连接称为轴间连接。轴间连接需要用到联轴器和离合器。

联轴器和离合器是连接两轴，使其一起回转并传递转矩的一种机械装置。在如图 18-2 所示的汽车传动系统中，发动机转轴的动力经离合器输出到传动轴，传动轴与车轮之间通过万向联轴器连接。值得注意的是，当两轴用联轴器连接时，须机器停转后才能将它们拆卸和分离；而当两轴用离合器连接时，可在机器运转过程中随时使二者分离或结合。

联轴器和离合器的种类很多，其中大多数的结构和形式已经标准化，可根据需要进行选用。

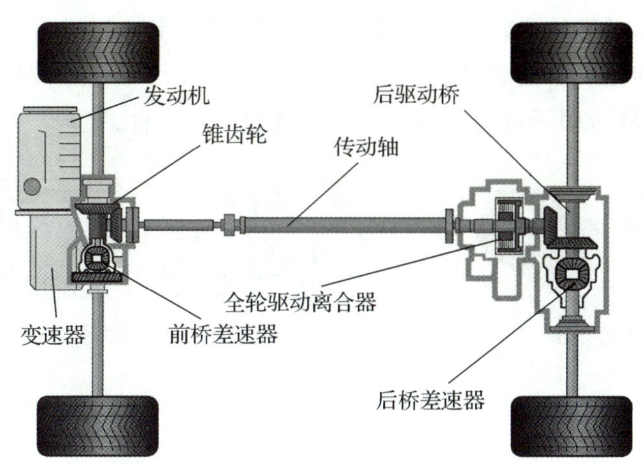

图 18-2　汽车传动系统示意图

联轴器主要用于连接两轴，并传递运动和动力，有时也可作为传动系统中的安全装置，以防出现过载现象。联轴器能够补偿所连两轴由于制造及安装误差、承载后零件变形、轴承磨损及温度变化等原因产生的相对位移，如图 18-3 所示。

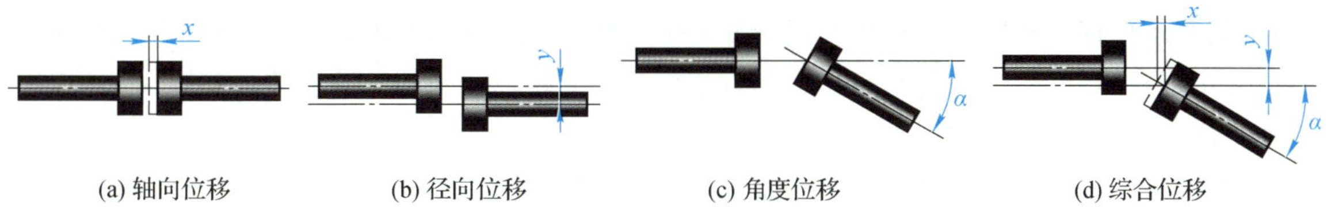

图 18-3　轴线偏移形式

联轴器的种类有很多，按是否含弹性元件可分为刚性联轴器和弹性联轴器。刚性联轴器又可分为固定式和可移式两类。其中，可移式刚性联轴器能够补偿两轴间的相对位移，而固定式则无法补偿。弹性联轴器可利用内部的弹性元件补偿轴间相对位移，同时还有缓冲减振的功能。

一、固定式刚性联轴器

常用的固定式刚性联轴器有套筒联轴器和凸缘联轴器等。这类联轴器结构简单、制造容易、承载能力大、成本低，但没有补偿轴线偏移的能力，常用于载荷平稳、转速稳定、两轴对中良好的场合。

1. 套筒联轴器

套筒联轴器如图 18-4 所示，套筒用键或销连接。其结构简单、径向尺寸小，但对轴的同心度要求较高。用键连接的套筒联轴器传递的扭矩较大，用销连接的套筒联轴器传递的扭矩较小。销连接的套筒联轴器选用圆柱销过渡配合，需将轴和套筒联轴器一起配钻。

套筒联轴器与所连接的两轴端之间分别用键或销连接成一体，从而将两轴紧固在一起。其中，采用键连接时，轴可传递较大的扭矩，但轴向需用紧定螺钉进行固定；采用销连接时，轴只能传递较小的转矩。套筒联轴器的结构简单而紧凑，容易制造，但装拆不方便，两轴的对中精度要求较高，故适用于低速、轻载、安装精度较高的场合。

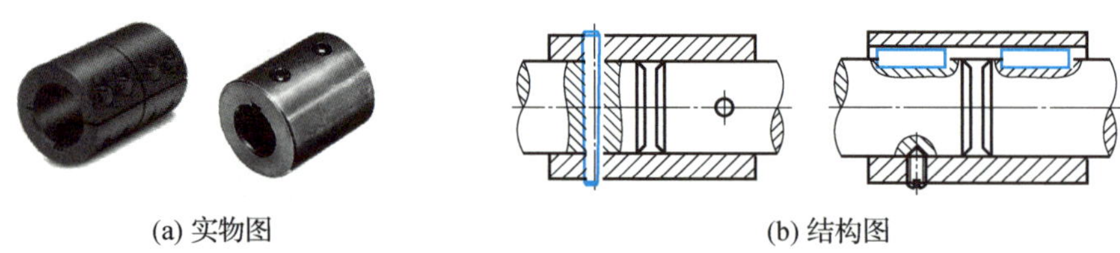
(a) 实物图　　(b) 结构图

图 18-4　套筒联轴器

2. 凸缘联轴器

凸缘联轴器实物如图 18-5a 所示，两轴用键与半凸缘联轴器连接后，再用螺栓把两半凸缘联轴器连接在一起。其结构简单、可传递较大的扭矩，但径向尺寸相对较大，对轴的同心度要求较高。

凸缘联轴器对两轴的对中精度要求较高，一般采用以下两种对中方式：一种是用配合螺栓对中(GY 型)，如图 18-5b 所示，两个凸缘半联轴器上的螺栓孔需铰制，工作时依靠螺栓的剪切和螺栓杆与孔壁间的挤压传递转矩；另一种是用凸肩和凹槽进行对中(GYS 型)，如图 18-5c 所示，利用普通螺栓连接，工作时依靠两个半联轴器间的摩擦力传递转矩。这种对中方式的精度高，但装拆时，轴需进行径向移动。

凸缘联轴器结构简单，连接可靠，刚性好，安装和维护方便，工作时能传递较大的扭矩，但对于两轴的对中性要求较高。故凸缘联轴器多用于转速不高、载荷变化平稳及对中精度良好的场合。

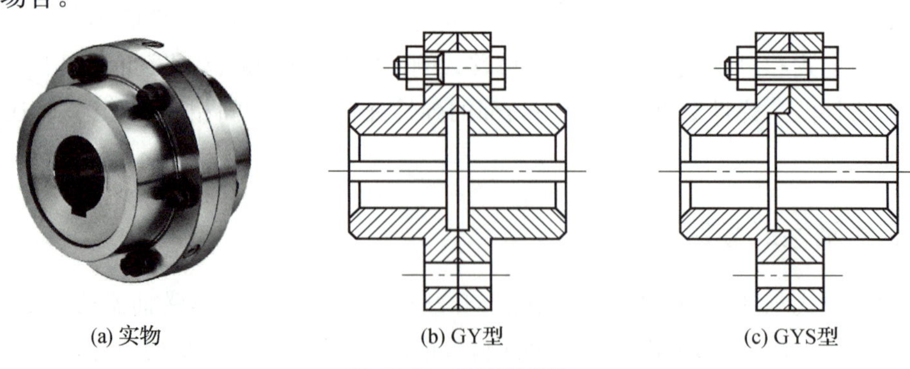
(a) 实物　　(b) GY型　　(c) GYS型

图 18-5　凸缘联轴器

二、可移式刚性联轴器

常用的可移式刚性联轴器有十字滑块联轴器、齿式联轴器、万向联轴器等。

1. 十字滑块联轴器

如图 18-6 所示，十字滑块联轴器由两个端面开有径向凹槽的半联轴器和两端各有凸榫（两端榫头互相垂直）的十字滑块构成。工作时，十字滑块随两轴转动，同时滑块上的两榫可在两个半联轴器的凹槽中滑动，以补偿两轴间的径向位移。

十字滑块联轴器具有结构简单、制造方便、可补偿两轴间综合偏移等优点，但十字滑块会产生偏心转动，故适用于低速、无剧烈冲击、轴线相对位移较大的场合。

动画

十字滑块联轴器

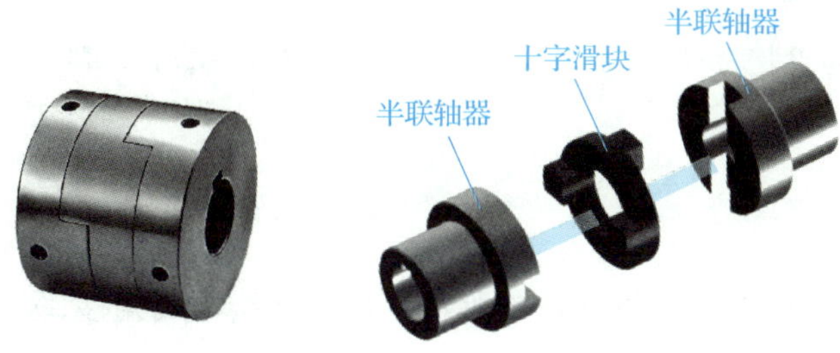

图 18-6　十字滑块联轴器

2. 齿式联轴器

如图 18-7 所示，齿式联轴器由两个带有内齿的凸缘外壳和两个带外齿的内套筒组成。工作时靠内、外齿间的啮合传递扭矩，但应保证齿轮间充分的润滑。通常将外齿球面齿侧制成鼓形并保持较大的齿侧间隙，以补偿两轴间的径向位移。

动画

齿式联轴器

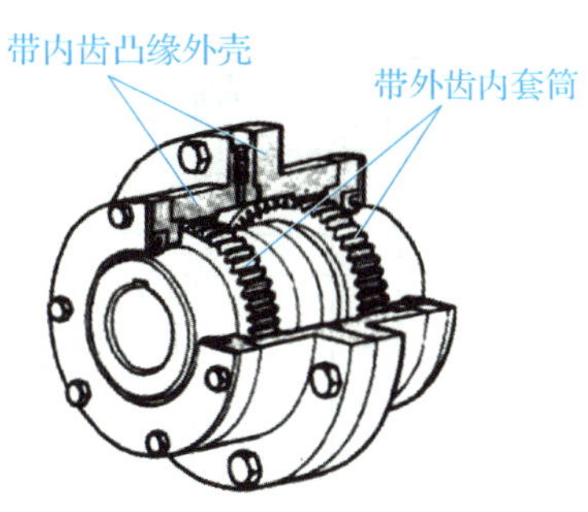

图 18-7　齿式联轴器

齿式联轴器工作可靠、安装精度要求不高、承载能力强，但结构复杂、制造成本高，适用需频繁起动、经常正反转的重型机械中。

3. 万向联轴器

万向联轴器是汽车万向传动装置中实现变角度传动的一种联轴器，图 18-8a 所示为一种应用广泛的万向联轴器——单十字轴万向联轴器，分别装在两轴端的叉形万向接头中，与十字轴间通过滚针轴承连接。万向联轴器由两个叉形套筒和一个十字形轴组成，叉形套筒与两轴间一般采用销连接，且套筒可绕十字轴转动，从而允许两轴间产生较大夹角 α（40°～45°）。单十字万向联轴器工作时，由于夹角的存在，当主动轴做等角速度转动时，从动轴将做变角速度转动，从而在传动时引起附加载荷。为克服这一缺点，可将两个单十字万向联轴器串联起来，得到双十字万向联轴器，如图 18-8b 所示，这样能够保证两轴同步转动。

(a) 单十字轴万向联轴器

(b) 双十字万向联轴器

图 18-8　万向联轴器

三、弹性联轴器

弹性联轴器是靠联轴器内弹性元件的弹性变形来补偿轴线偏移、缓冲吸振。

1. 弹性套柱销联轴器

弹性套柱销联轴器如图 18-9 所示，锥端柱销固定在左半联轴器上，柱销上的橡胶弹性套伸入右半联轴器的孔中，传递两轴的扭矩。弹性套具有一定的弹性，能补偿两轴线较小的偏移。其结构简单，安装方便，尺寸小，质量轻。适用于冲击载荷不大的中小功率传动中，如铣床主电动机与主轴箱的连接，用于消除振动对加工表面质量的影响。

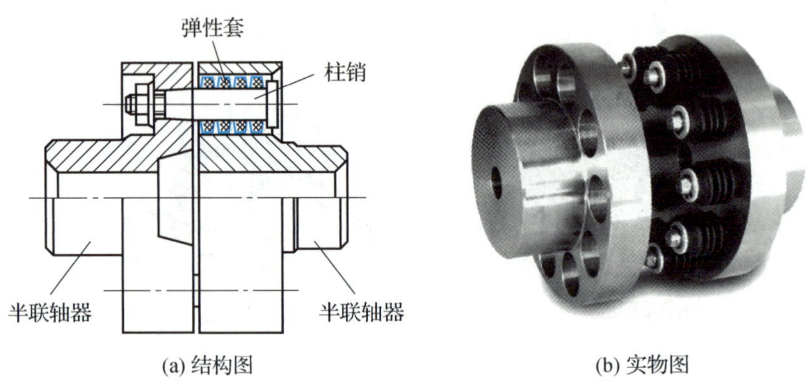

(a) 结构图　　(b) 实物图

图 18-9　弹性套柱销联轴器

2. 弹性柱销联轴器

弹性柱销联轴器如图 18-10 所示，将非金属材料制成的柱销置于两半联轴器凸缘的孔中，以实现两轴的连接。柱销通常用一定弹性的尼龙制成，利用尼龙柱销用于传递扭矩和补偿轴线偏移。为了防止柱销滑出，在柱销两端配置挡板。

弹性柱销联轴器的优点有能够传递较大的转矩、结构简单、成本低廉，且具有一定的补偿两根轴轴线偏移的能力以及吸振和缓冲的能力；它的主要缺点是由于柱销材料的缘故，其

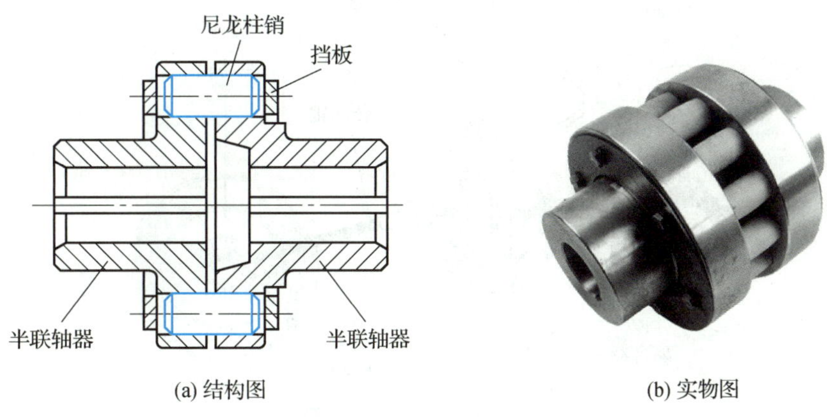

(a) 结构图　　(b) 实物图

图 18-10　弹性柱销联轴器

工作温度受到限制。弹性柱销联轴器一般用于起动、换向频繁的高速轴之间的连接，其结构简单，制造容易，装拆方便，耐磨性好。适用于转矩较大的中低速传动轴。

3. 蛇形弹簧联轴器

蛇形弹簧联轴器如图 18-11 所示，由两个带外齿圈的半联轴器 1、3 和齿间的蛇形弹簧 2 组成，每一个齿圈上有 50～100 个齿，齿间的弹簧为 1～3 层，为方便安装分成 6～8 段。蛇形弹簧联轴器的补偿轴线偏移能力强，适用于大功率的传动。

动画

蛇形弹簧联轴器

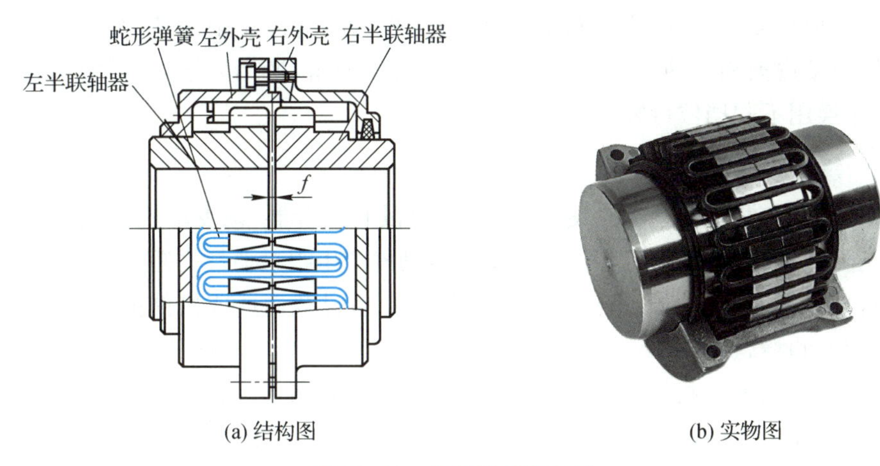

(a) 结构图　　(b) 实物图

图 18-11　蛇形弹簧联轴器

第二节　离合器

离合器是汽车传动系中的重要总成，是通过操纵机构，依靠主、从动部件之间的摩擦，使发动机与变速器暂时分离和逐渐接合（图 18-12），常用的离合器是单片或多片摩擦式离合器。

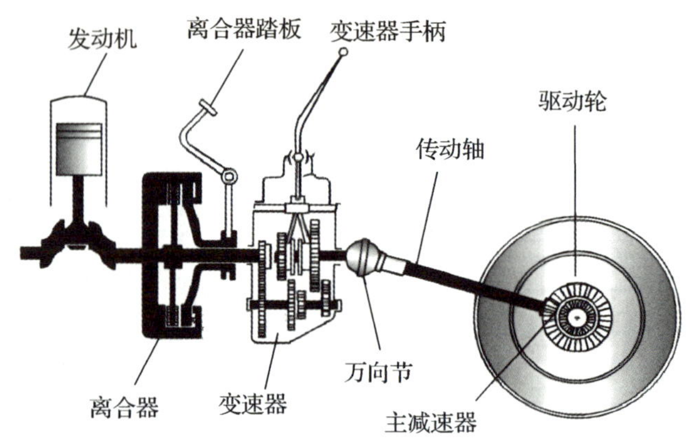

图 18-12 离合器的功能

一、离合器的功用

1. 保证汽车起步平稳

汽车起步是完全从静止状态转变到行驶状态的过程，在发动机发动后，汽车起步前，驾驶员用踏板将离合器分离，使发动机与传动系脱开，再将变速器挂上挡位，然后使离合器逐步接合。

2. 保证换挡工作平顺

汽车行驶过程中，为了适应不断变化的行驶状况，变速器需要经常换用不同挡位工作。换挡前必须将离合器分离，以便中断动力，使原挡位的啮合齿轮副脱开，并使变速器待接合部位的圆周速度逐渐相等（同步），以减轻其啮合时的冲击，换挡完毕后，再使离合器逐渐接合，以使汽车换用不同挡位行驶。

3. 防止传动系统过载

当汽车紧急制动时，驱动车轮突然减速，如果没有离合器，则发动机将因和传动系刚性连接而急剧降低转速，使发动机和传动系中的运动件产生很大惯性力矩（其数值将远远超过发动机正常工况下所发生的最大扭矩），从而使传动系过载而造成机件损坏。有了离合器，即使在紧急制动时驾驶员来不及分开离合器，由于离合器的主从动部分间的摩擦只能传递一定大小的扭矩（为发动机输出额定扭矩的 1.4～2 倍），当惯性力矩超过此数值时，离合器则打滑，从而消除了传动系过载的可能。因此，离合器限制了传动系可能承受的最大扭矩，同时防止了传动系过载。

二、离合器的要求

离合器的要求具体如下：

1）保证能传递发动机发出的最大转矩，并且还有一定的传递转矩余力。

2）能做到分离时，彻底分离，接合时柔和，并具有良好的散热能力。

3）从动部分的转动惯量尽量小一些。这样，在分离离合器换挡时，与变速器输入轴相连部分的转速就比较容易变化，从而减轻齿轮间冲击。

4）具有缓和转动方向冲击，衰减该方向振动的能力，且噪声小。

5）压盘压力和摩擦片的摩擦系数变化小，工作稳定。

6）操纵省力，维修保养方便。

三、离合器的类型

按照离合的原理可分为牙嵌式离合器和摩擦式离合器。

1. 牙嵌式离合器

牙嵌式离合器由两个端面带牙的半离合器组成，如图 18-13 所示。其中，半离合器与轴之间采用平键连接。工作时，移动操纵滑环使半离合器沿轴向移动，从而控制离合器的接合或分离。当两个半离合器端面的牙相互嵌合时即可传递运动和扭矩。为方便对中，在主动轴端的半离合器中安装有对中环，从动轴端可在对中环内自由移动。

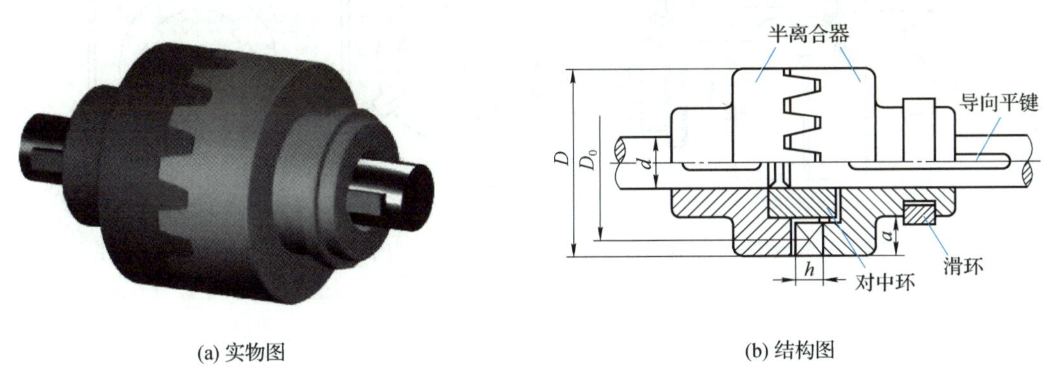

(a) 实物图　　(b) 结构图

图 18-13　牙嵌式离合器

牙嵌式离合器中常用的牙形有三角形、矩形、梯形等，如图 18-14 所示。其中，三角形牙常用于传递中、小转矩的低速离合器；梯形牙能够自动补偿磨损后产生的牙侧间隙，因而具有广泛的应用；锯齿形具有很高的强度和承载能力，但只能单向工作。

(a) 三角形齿　　(b) 矩形齿　　(c) 梯形齿

图 18-14　牙嵌式离合器常用的牙形

牙嵌式离合器结构简单、尺寸紧凑，能传递较大的扭矩，安装后无需经常调整，但接合时存在冲击和噪声，故多用于低速或静止状态接合的场合。

2. 摩擦式离合器

（1）按从动盘的数目分类

可分为单片式离合器和多片式摩擦离合器。单片式只有一个从动盘。多片式有两个或以上摩擦片，摩擦片数目多，可传递的转矩较大。

（2）按压紧弹簧的结构形式分类

可分为螺旋弹簧离合器和膜片弹簧离合器。

摩擦式离合器是通过摩擦盘接触面之间的摩擦力来传递运动和动力的。常用的摩擦式离合器为多片摩擦离合器，其结构如图 18-15a 所示。外轮鼓 2 内通过花键连接有外摩擦片 5，如图 18-15b 所示，并可与主动轴一起转动；套筒 3 上通过花键连接有内摩擦片 6，如图 18-15c 所示，并可带动从动轴一起转动。当滑环 9 向左移动时，杠杆 10 通过压板 4 将内、外摩擦片压紧，离合器进入接合状态，两组摩擦片之间的摩擦力使主动轴和从动轴一起转动。摩擦式离合器实物如图 18-16 所示。

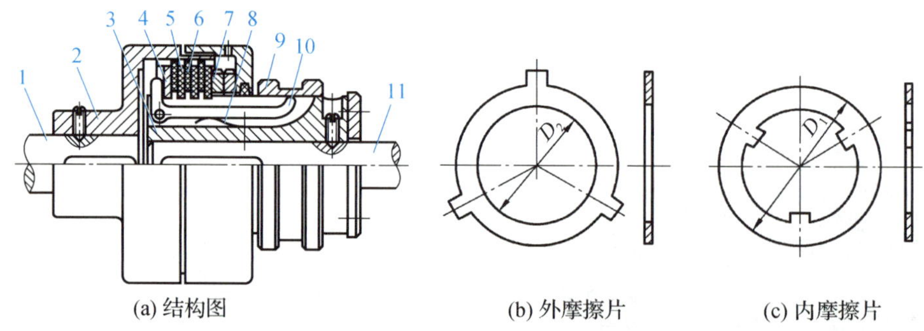

(a) 结构图　(b) 外摩擦片　(c) 内摩擦片

1—主动轴；2—外鼓轮；3—套筒；4—压板；5—外摩擦片；6—内摩擦片；7—调节螺母；8—弹簧；9—滑环；10—杠杆；11—从动轴。

图 18-15　摩擦式离合器结构

与牙嵌式离合器相比，摩擦式离合器（图 18-16）能在任何转速差时实现两轴的接合或分离，并能有效减小接合时的振动和冲击，并在转矩过大时通过打滑实现过载保护。其缺点主要有结构复杂，制造成本高，工作时容易造成发热和磨损。摩擦式离合器适用载荷范围大，应用广泛。例如，在汽车传动系统中，通常采用摩擦式离合器实现发动机转轴与变速箱输入轴之间的接合与分离。如图 18-17a 所示，踩下离合前，摩擦盘 1 在压盘 2 的作用力下，

动画

离合器
工作原理

图 18-16　摩擦式离合器实物图

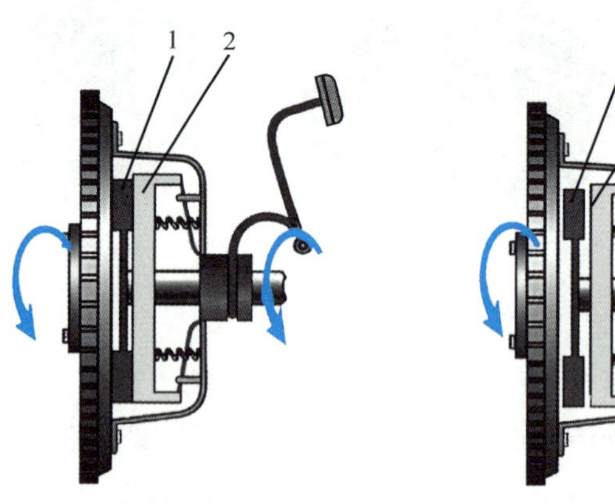

(a) 离合器结合状态　(b) 离合器分离状态

1—摩擦盘；2—压盘。

图 18-17　摩擦式离合器工作原理

迫使摩擦盘与飞轮一起转动，传递动力。如图 18-17b 所示，踩下离合后，在分离器的作用下，压盘向右移动，摩擦盘与飞轮分离，中断动力传递。

知识拓展

你知道手动挡汽车离合器具体的工作过程吗？

手动挡汽车离合器的工作过程是实现发动机与变速箱之间动力连接与切断的关键环节，如图 18-18 所示。当驾驶员踩下离合器踏板时，离合器内部的弹簧被压缩，使得离合器压盘与摩擦片之间的压力减小，从而实现发动机与变速箱的分离。此时，发动机的动力输出被切断，车辆可以减速或者停车，同时避免了发动机与变速箱齿轮的直接磨损。

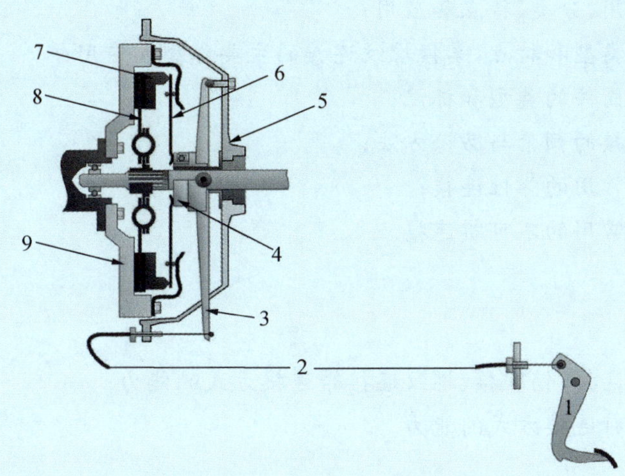

1—离合器踏板；2—离合器拉线；3—离合器拨叉；4—分离轴承；5—离合器盖；6—膜片弹簧；7—压盘；8—从动盘；9—飞轮。

图 18-18　手动挡汽车离合器

当需要恢复动力输出时，驾驶员逐渐松开离合器踏板。在踏板释放的过程中，弹簧逐渐恢复形变，离合器压盘重新压紧摩擦片，使得发动机与变速箱重新连接。在离合器踏板抬起至半联动位置时，离合器主动盘与从动盘之间的摩擦力逐渐增加并传递动力。此时，驾驶员需要配合油门控制，确保车辆平稳起步，避免因离合器接合过快导致的车辆抖动或熄火。

在车辆行驶过程中，当换挡时驾驶员需要快速踩下离合器踏板，切断动力输出，以减小变速齿轮的冲击载荷，保护传动系统。完成换挡后，再次缓慢松开离合器踏板，使离合器重新结合，恢复动力输出。整个过程中，离合器的工作状态分为全联动、半联动和不联动三种，驾驶员需要根据实际驾驶情况灵活掌握离合器踏板的操作，以保证车辆平稳、顺畅地行驶。

单元十九　连　　接

知识目标

(1) 掌握键连接的作用、特点、类型和应用;
(2) 掌握销的作用、分类、特点和应用;
(3) 掌握螺纹的类型和特点,掌握螺纹连接的主要类型和应用;
(4) 掌握螺纹紧固件的类型和标记;
(5) 学会螺纹连接的预紧与防松方法;
(6) 了解汽车上常用的弹性连接;
(7) 了解汽车上常用的不可拆连接。

能力目标

(1) 具有识别键连接、销联接、螺纹连接等连接方式的能力;
(2) 具有分析各种连接方式的能力。

案例引入

汽车的机械部分通常由若干零部件组成,而零部件间需要有一定形式的连接才能构成一定功能的机构。有些连接是不可以拆卸的,有些连接是可以拆卸的。例如,轴和轮毂之间常采用键连接,如图 19-1 所示。

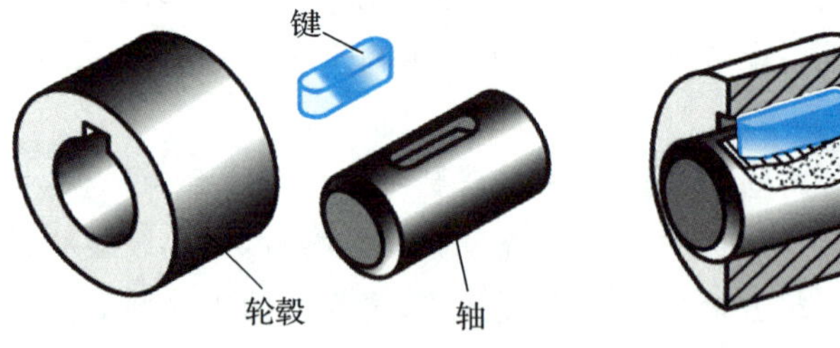

图 19-1　键连接

第一节　键连接

连接件是将两个或两个以上零件合成一体的结构。通常根据机器制造、安装、维修等不同要求，采用以下几种不同的连接方法：

1）可拆连接。当拆开连接时，无需破坏或损伤连接中的任何零件，这种连接称为可拆连接，如螺纹连接、键连接和销连接等。

2）不可拆连接。当拆开零件时，至少要破坏或损伤连接中的一个零件，这种连接称为不可拆连接，如胶结、铆接和焊接等。

3）过盈连接。利用包容件和被包容件之间的过盈量，将两个零件连接成一体，这种连接称为过盈连接，其既可以做成可拆的连接，也可以做成不可拆的连接。

键连接是一种可拆连接。键用于连接轴和轴上的传动件（如齿轮、带轮等），使轴和传动件一起转动，以传递扭矩和旋转运动。

键是标准件，键有普通平键、半圆键和楔键等，常用的是普通平键。如图 19-2 所示为普通平键连接步骤，在轴和轮毂上分别加工出键槽，装配时先将键嵌入轴的键槽内，再将轮毂上的键槽对准轴上的键，将轮子装在轴上。传动时，轴和轮子便一起转动。

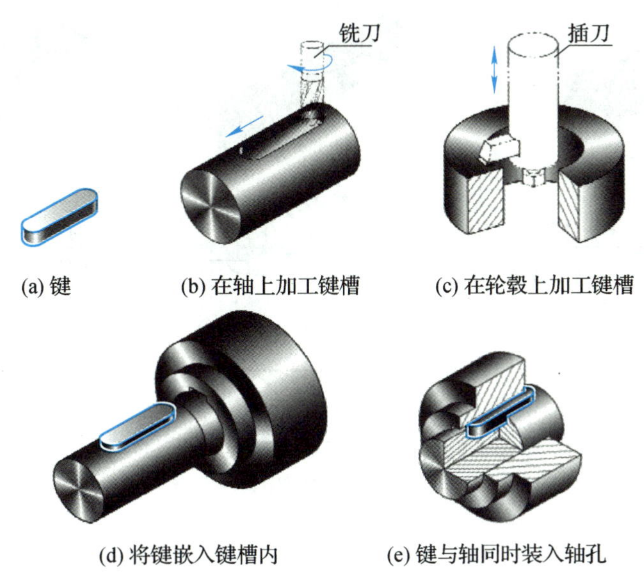

图 19-2　普通平键连接步骤

一、键连接的类型

键的种类很多，根据键在连接中的松紧状态，键连接可分为松键连接和紧键连接两大类。其中，松键连接包括普通平键、导向平键、滑键、花键和半圆键五种连接；紧键连接包括楔键和切向键两种连接。在键连接中，普通平键应用最广。

1. 松键连接

（1）普通平键连接

如图 19-3 所示为普通平键连接，可以看出其上表面与键槽的底面之间留有一定空隙，两个侧面为工作面，故对中性好、结构简单、拆卸方便。如图 19-4 所示，根据形状不同，平键又可分为圆头平键（A 型）、方头平键（B 型）和半圆头平键（C 型）三类。其中，圆头平键的应用最为广泛，方头平键需用螺钉固定，半圆头平键多用于轴端连接。

动画

键连接

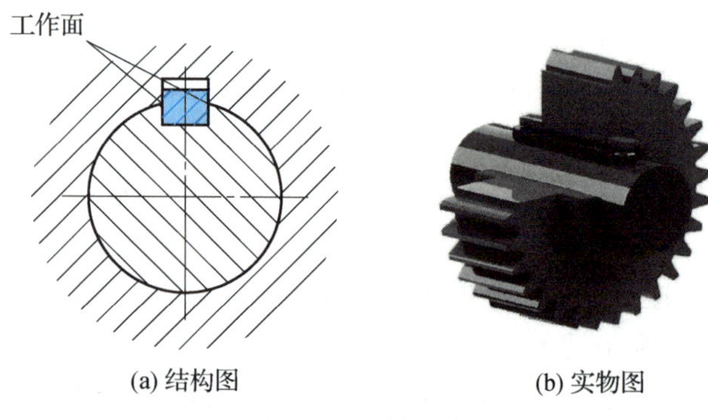

(a) 结构图　(b) 实物图

图 19-3　键连接

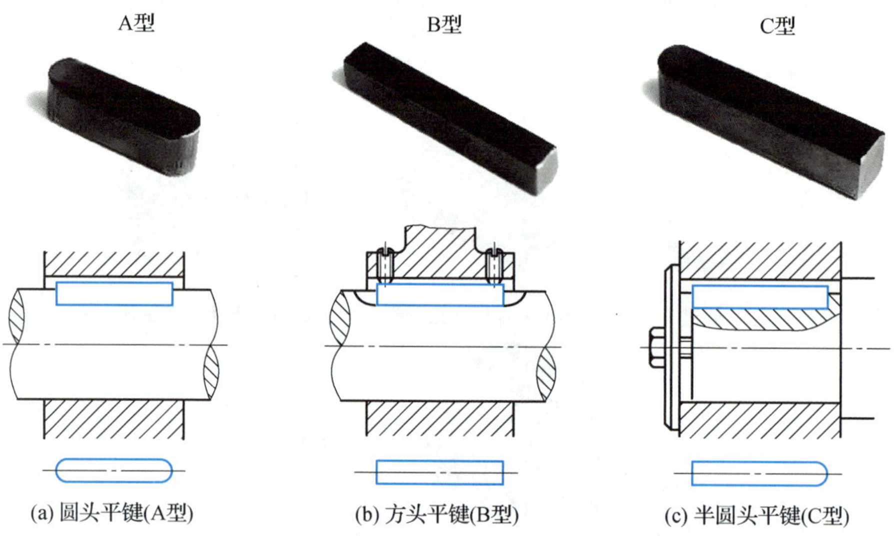

(a) 圆头平键(A型)　(b) 方头平键(B型)　(c) 半圆头平键(C型)

图 19-4　普通平键

普通平键一般用中碳钢制成，常用 45 钢。

（2）导向平键与滑键连接

导向平键和滑键用于动连接，轴与轮毂之间能相对轴向移动。

如图 19-5 所示为导向平键连接，由于导向平键尺寸较长，一般用螺钉将键固定在轴上，工作时轮毂可沿轴向移动。

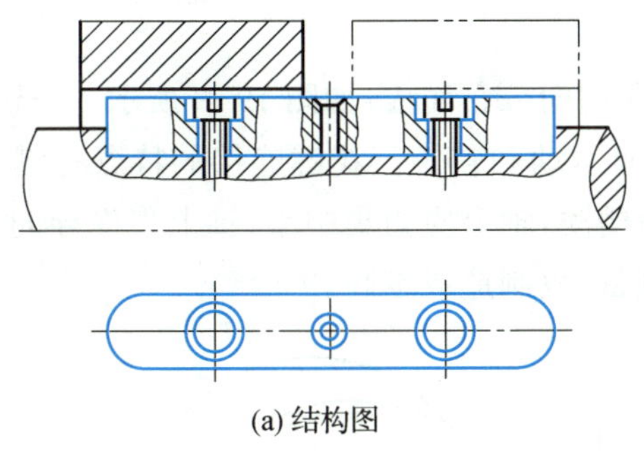

(a) 结构图

(b) 实物图

动画

导向平键

图 19-5 导向平键连接

如图 19-6 所示手动变速机构中带滑移齿轮的Ⅰ轴与Ⅱ轴的连接即属于此情况，通过齿轮的滑移，汽车可获得不同的前进速度和倒退速度。

图 19-6 手动变速机构

当零件滑移的距离较大时，因所需导向平键的长度过大，制造困难，故宜采用滑键连接，滑键比较短，固定在轮毂上，随轮毂在轴上键槽内滑动。滑键有单勾头滑键（图 19-7）和双勾头滑键（图 19-8）两种。滑键主要用于轴上零件移动量较大的场合，如车床光杠与溜板箱之间的连接。

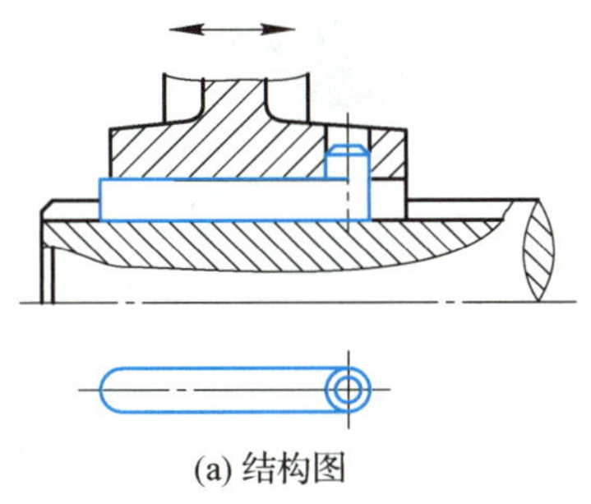

(a) 结构图

(b) 实物图

图 19-7 单勾头滑键

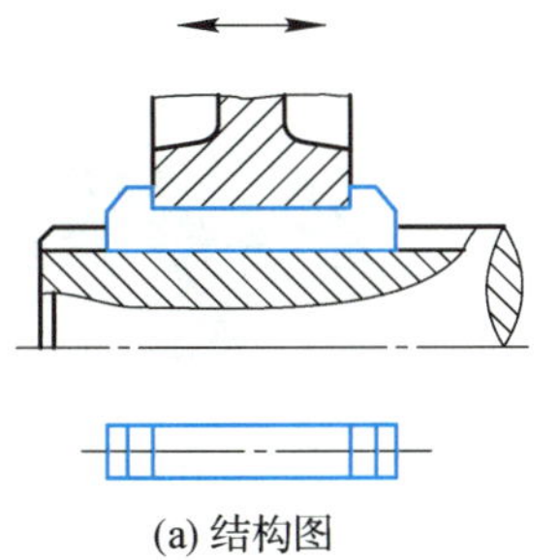

(a) 结构图

(b) 实物图

动画

双勾头滑键

图 19-8 双勾头滑键

（3）花键连接

花键由多个键齿和键槽在轴和轮毂孔周向分布而成，如图 19-9 所示。花键连接工作时依靠键齿侧面与键槽侧面的相互挤压传递运动和转矩。花键连接的特点有键齿均匀分布，工作面积大，承载能力强，且受力均匀；齿槽浅，轴上应力集中小；轴上零件导向性好，定心精度较高。但花键加工难度大，需要专用设备，故制造成本高。

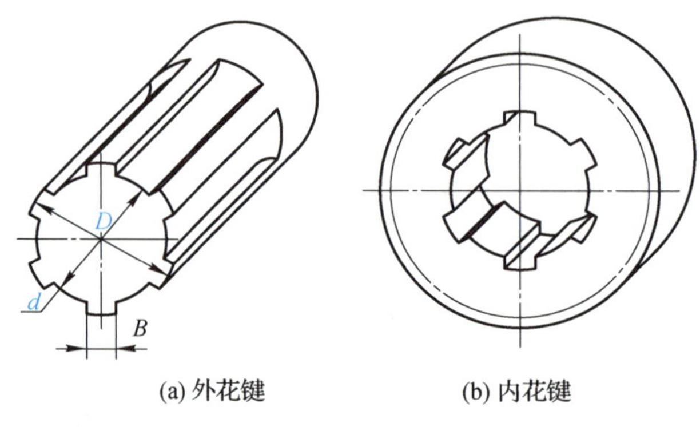

(a) 外花键　　(b) 内花键

图 19-9　花键连接

如图 19-10 所示为汽车上的变速器轴和传动轴的花键连接。

(a) 变速器轴　　(b) 传动轴

图 19-10　汽车上的变速器轴和传动轴的花键连接

（4）半圆键连接

半圆键连接，工作面为两个侧面。装配时，半圆键可在键槽内绕自身轴线转动，以适应轮毂的倾斜角度，因而具有良好的装配性。但弧形键槽对轴的强度削弱较大，故多用于轴端、轻载的场合，如图 19-11 所示。

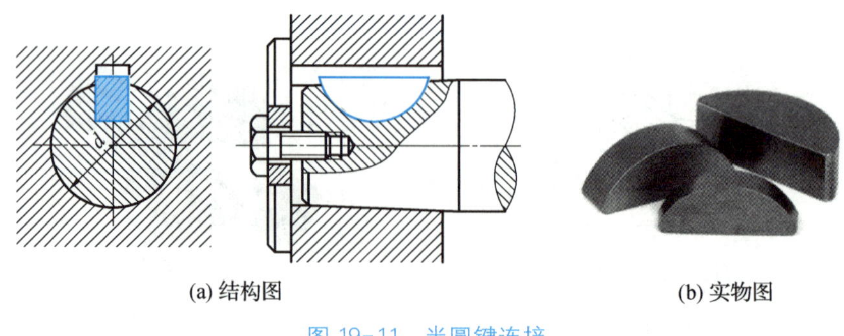

(a) 结构图　　(b) 实物图

图 19-11　半圆键连接

2. 紧键连接

(1) 楔键连接

楔键连接中，楔键的上表面和键槽都开有 1∶100 斜度，如图 19-12 所示。按照结构不同，楔键连接可分为普通楔键连接和钩头楔键连接。楔键的上、下面为工作表面，左、右侧面平行，并与轮毂间有间隙。装配时依靠外力压进键槽，通过上、下面分别与轮毂和键槽工作面间的摩擦传递扭矩，并能承受较小的轴向力。由于装配楔键时会产生偏心，降低了定心精度，故楔键连接适用于低速、轻载、旋转精度要求不高的场合。

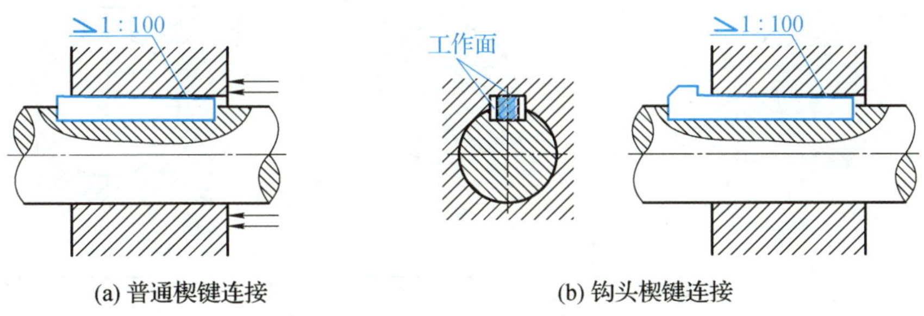

图 19-12　楔键连接

(2) 切向键连接

如图 19-13a 所示，切向键由一对斜度为 1∶100 的楔键沿斜面拼合而成。其工作面为拼合后相互平行的两个窄面，单个切向键只能传递单向扭矩，如图 19-13b 所示。传递双向扭矩时，必须使用一对方向相反、在周向呈 120°布置的切向键，如图 19-13c 所示。由于切向键连接对轴强度的削弱较大，故多用于直径大于 100 cm 的轴，如飞轮、皮带轮轴等，如图 19-13d 所示为切向键安装实物图。

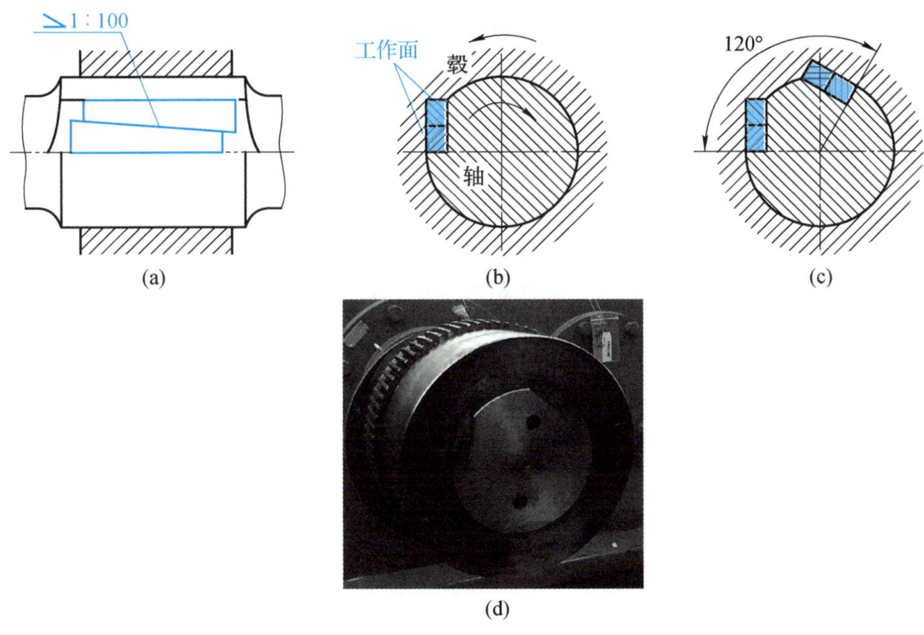

图 19-13　切向键连接

二、普通平键连接的选用

普通平键在机械中应用十分广泛，其结构和尺寸已经标准化。在设计平键连接时，首先根据工作要求选择合适的平键类型（普通平键和键槽的尺寸标注如图 19-14 所示）；然后根据连接处的轴颈 d 从国家标准中选取对应平键的宽度 b 和高度 h，再根据轮毂宽度在标准长度系列中选择合适的键长 L，注意 L 应比轮毂宽度略小，具体见表 19-1。

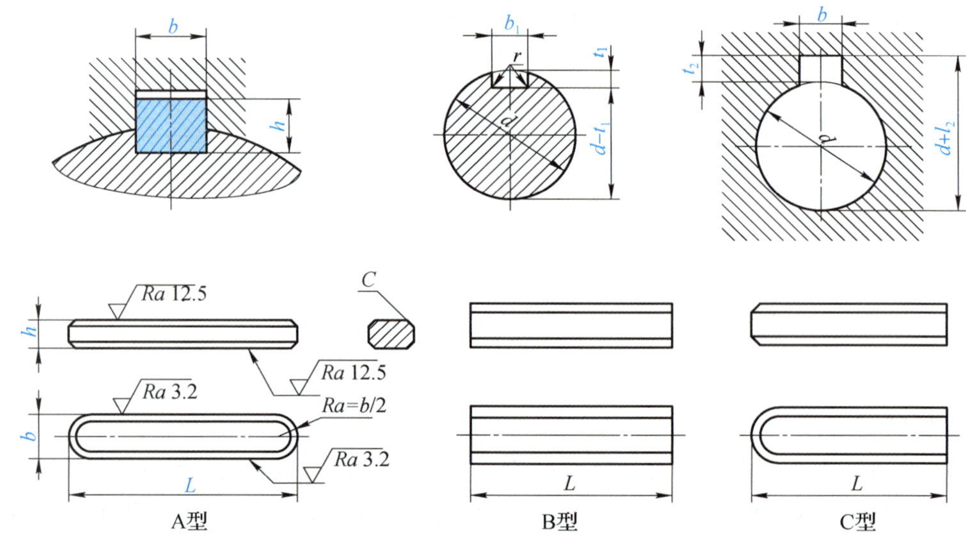

图 19-14　普通平键和键槽的尺寸标注

表 19-1　普通平键、导向平键和键槽的剖面尺寸及公差　　（单位：mm）

轴	键			键槽										
公称直径 d	b (h9)	h (h11)	L (h14)	宽度 b					深度				半径 r	
				极限偏差					轴 t_1		毂 t_2			
				较松键连接		一般键连接		较紧键连接						
				轴 H9	毂 D10	轴 N9	毂 JS9	轴和毂 P9	公称尺寸	极限偏差	公称尺寸	极限偏差	最小	最大
>10～12	4	4	8～45	+0.030 0	+0.078 +0.030	0 −0.030	±0.015	−0.012 −0.042	2.5	+0.1 0	1.8	+0.1 0	0.08	0.16
>12～17	5	5	10～56						3.0		2.3		0.16	0.25
>17～22	6	6	14～70						3.5		2.8			
>22～30	8	7	18～90	+0.036 0	+0.098 +0.040	0 −0.036	±0.018	−0.015 −0.051	4.0	+0.20 0	3.3	+0.20 0		
>30～38	10	8	22～110						5.0		3.3		0.25	0.40
>38～44	12	8	28～140	+0.043 0	+0.120 +0.050	0 −0.043	±0.0215	−0.018 −0.061	5.0		3.3			
>44～50	14	9	36～160						5.5		3.8			
>50～58	16	10	45～180						6.0		4.3			
>58～65	18	11	50～200						7.0		4.4			

续 表

<table>
<tr><th>轴</th><th colspan="3">键</th><th colspan="11">键 槽</th></tr>
<tr><th rowspan="4">公称直径
d</th><th rowspan="4">b
(h9)</th><th rowspan="4">h
(h11)</th><th rowspan="4">L
(h14)</th><th colspan="5">宽度 b</th><th colspan="4">深 度</th><th colspan="2" rowspan="3">半径 r</th></tr>
<tr><th colspan="5">极限偏差</th><th colspan="2" rowspan="2">轴 t_1</th><th colspan="2" rowspan="2">毂 t_2</th></tr>
<tr><th colspan="2">较松键连接</th><th colspan="2">一般键连接</th><th>较紧键连接</th></tr>
<tr><th>轴 H9</th><th>毂 D10</th><th>轴 N9</th><th>毂 JS9</th><th>轴和毂 P9</th><th>公称尺寸</th><th>极限偏差</th><th>公称尺寸</th><th>极限偏差</th><th>最小</th><th>最大</th></tr>
<tr><td>>65～75</td><td>20</td><td>12</td><td>56～220</td><td rowspan="4">+0.052
0</td><td rowspan="4">+0.149
+0.065</td><td rowspan="4">0
−0.052</td><td rowspan="4">±0.026</td><td rowspan="4">−0.022
−0.074</td><td>7.5</td><td rowspan="4">+0.20
0</td><td>4.9</td><td rowspan="4">+0.20
0</td><td rowspan="4">0.40</td><td rowspan="4">0.60</td></tr>
<tr><td>>75～85</td><td>22</td><td>14</td><td>63～250</td><td>9.0</td><td>5.4</td></tr>
<tr><td>>85～95</td><td>25</td><td>14</td><td>70～280</td><td>9.0</td><td>5.4</td></tr>
<tr><td>>95～110</td><td>28</td><td>16</td><td>80～320</td><td>10.0</td><td>6.4</td></tr>
<tr><td>L 系列</td><td colspan="14">6，8，10，12，14，16，18，20，22，25，28，32，36，40，45，50，56，63，70，80，90，100，110，125，140，160，180，200，220，250，280，320，360，400，450，500</td></tr>
</table>

注：1. 在工作图中，轴槽深用 t_1 或 $(d-t_1)$ 标注，但 $(d-t_1)$ 的偏差应取负号；毂槽深用 t_2 或 $(d+t_2)$ 标注；轴槽的长度公差用 h14 标注。

2. 较松键连接用于导向平键；一般键连接用于载荷不大的场合；较紧键连接用于载荷较大、有冲击和双向转矩的场合。

3. 轴槽对轴的轴线和轮毂槽对孔的轴线的对称度公差等级，一般按 GB/T 1184—1996 取为 7～9 级。

第二节 销连接

一、销的类型

销是标准件，销连接是一种可拆连接。

销的形式很多，根据销的形状分，常用的有圆柱销、圆锥销和开口销三大类，它们的尺寸参数均已标准化，在设计时可根据需要查阅相关标准手册。

1. 圆柱销

如图 19-15 所示，圆柱销利用微量过盈固定在销孔中，经过多次拆装后，连接的紧固性及精度降低，故只宜用于不常拆卸处。

2. 圆锥销

如图 19-16 所示，圆锥销标准锥度为 1∶50，有些圆锥销的中部切有凹槽，可防止圆锥销轴向窜动。圆锥销拆装比圆柱销方便，多次拆装对连接的紧固性及定位精度影响较小，因此应用广泛。

图 19-15　圆柱销

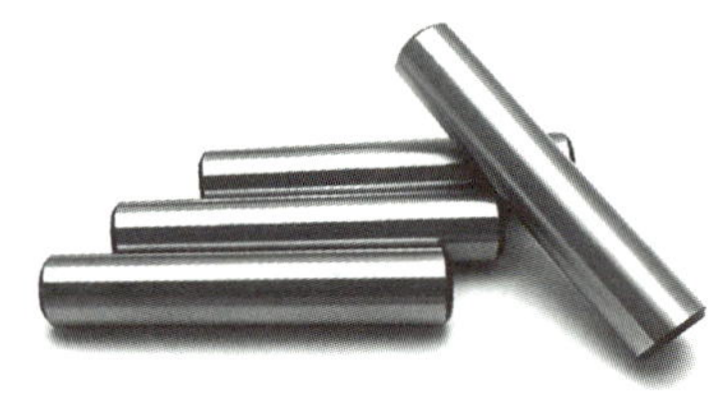
图 19-16　圆锥销

3. 开口销

如图 19-17 所示，开口销常与槽形螺母相配合来防止螺纹连接的松动。

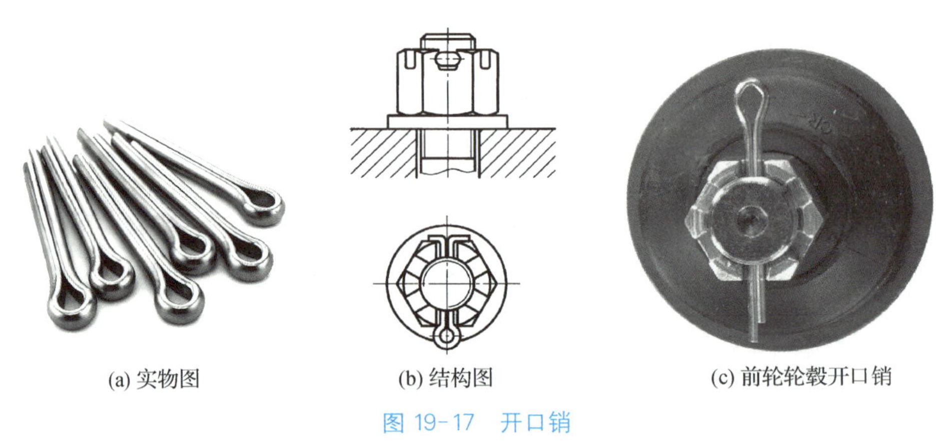
(a) 实物图　(b) 结构图　(c) 前轮轮毂开口销
图 19-17　开口销

二、销连接

销连接在工程中应用较为广泛，根据销连接的用途，销可分为定位销、连接销和安全销。

1. 定位销

用于固定零件间的相互位置，这类销称为定位销。定位销通常不能承受载荷或承受很小的载荷，其直径一般根据结构的需要确定，数目一般不低于 2 个。汽车上应用的定位销有很多，如发动机缸体上就有定位销，如图 19-18 所示。

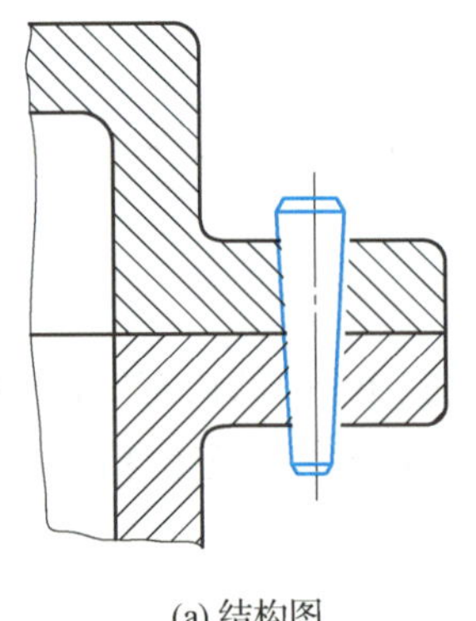
(a) 结构图

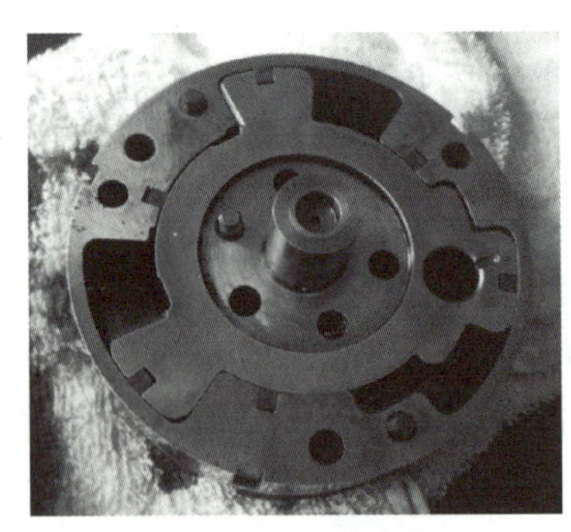
(b) 发动机定位销

图 19-18　定位销

2. 连接销

用于轴与轮毂或其他零件连接，可传递不大的转矩，这类销称为连接销。起连接作用的销有两类：销轴和带孔销。销轴一般在机器的密封连接处，起到定位的作用，如图 19-19 所示。带孔销通常用于两构件铰接处，并用开口销锁定。带孔销的拆卸十分方便，汽车的加速踏板、制动踏板及有些汽车操纵装置中连接杆的销轴都属于这类零件。汽车上起销轴作用的销也有不少，有的并不是标准件。例如，汽车转向桥上的主销（图 19-20）、发动机活塞销（图 19-21）就属于此类。

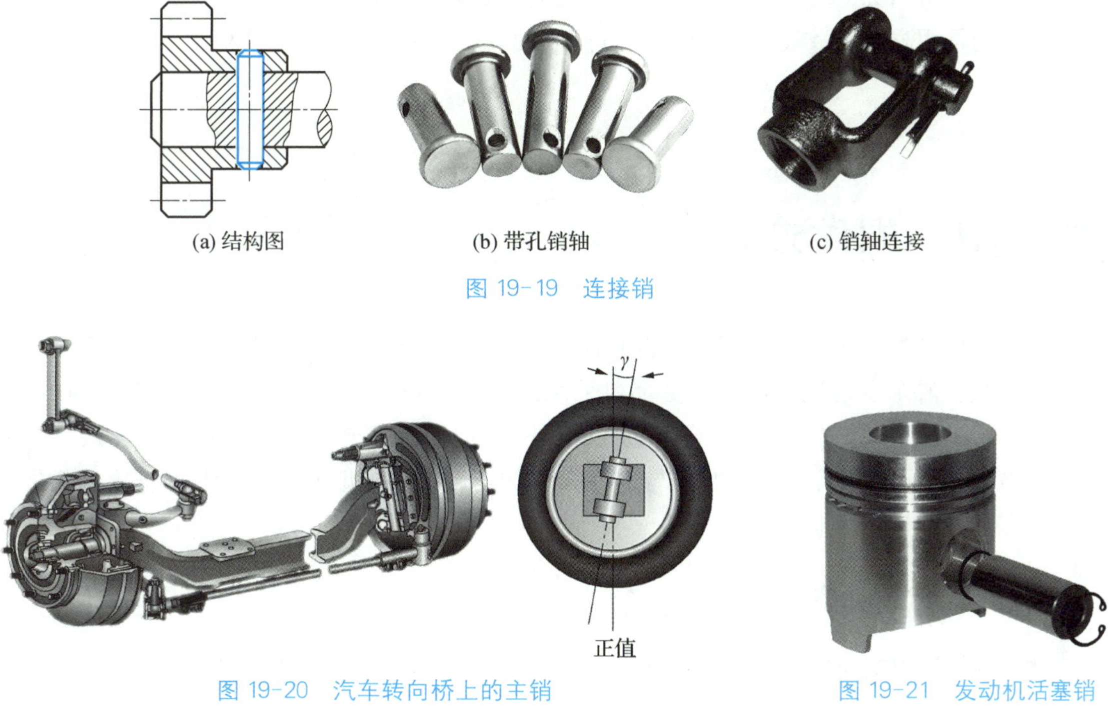

(a) 结构图　(b) 带孔销轴　(c) 销轴连接

图 19-19　连接销

图 19-20　汽车转向桥上的主销

图 19-21　发动机活塞销

3. 安全销

安全销主要用于机器和传动装置的过载保护，其结构如图 19-22a 所示。如图 19-22b 所示为飞机起落架安全销，是用于防止起落架意外收上的专用设备。

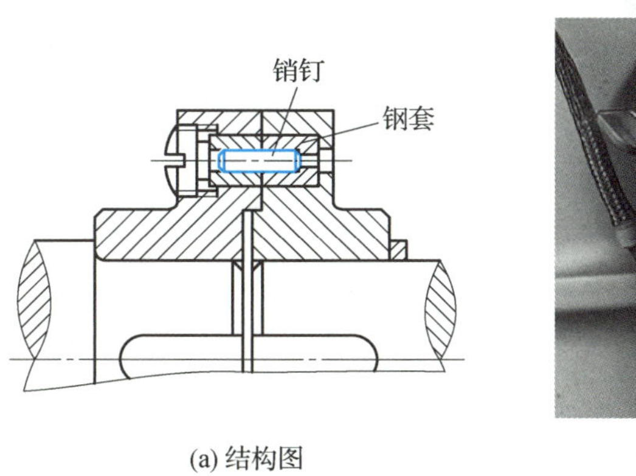

(a) 结构图

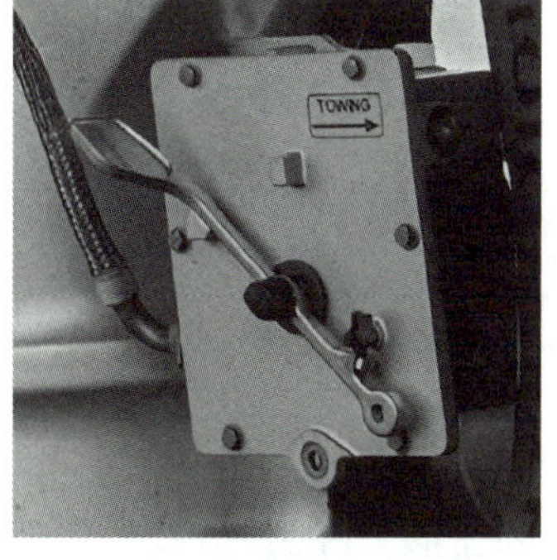

(b) 起落架安全销

图 19-22　安全销

安全销不是标准件，通常依据额定载荷来设计。当传递的横向力或转矩超过额定载荷时，销就会被切断，从而使被连接件免遭损坏。为了起到过载保护作用，必要时还可在安全销上切出槽口，并应考虑切断后不易飞出。

三、销的材料

销的常用材料为 35 钢或 45 钢。

开口销的常用材料为低碳钢。

安全销的材料为 35、45、50、T8A、T10A 等，热处理后硬度为 30～36HRC。

销套的常用材料为 45、35SiMn、40Cr 等，热处理后硬度为 40～50HRC。

第三节　螺纹连接

螺纹连接是汽车中广泛应用的可拆卸连接方式，具有结构简单、连接可靠、装拆方便、成本低等特点。汽车发动机的许多部位都要采用螺纹连接，如气门室盖与气缸盖上平面的连接、气缸盖与气缸体的连接、油底壳与气缸体下平面的连接、凸轮轴盖与汽缸盖的连接、曲轴轴承盖与气缸体的连接、连杆轴承盖与连杆大头的连接、发动机侧盖与机体的连接。此外，汽车的底盘也应用了大量的螺纹连接。

一、连接用螺纹类型

常用的螺纹包括连接螺纹和传动螺纹。其中，连接螺纹常用普通螺纹和管螺纹(表 19-2)。

表 19-2　常用连接螺纹的牙形

普通螺纹	管螺纹

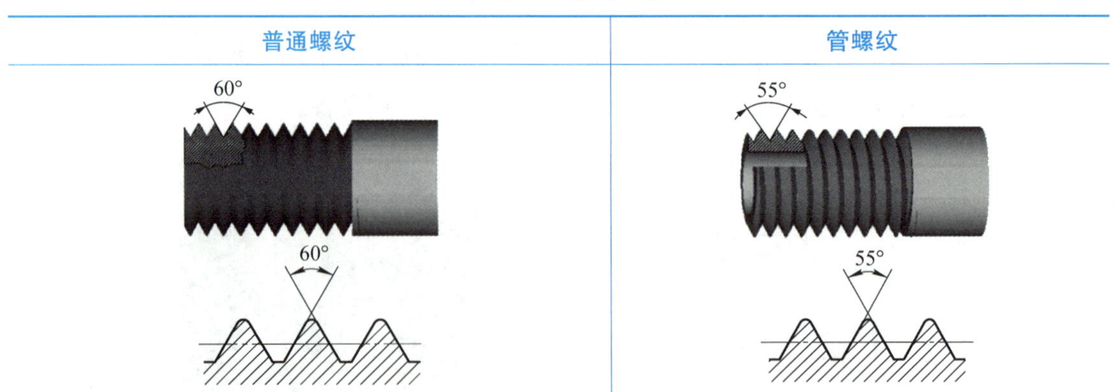

1. 普通螺纹

普通螺纹的牙形为等边三角形，牙形角为 60°。如图 19-23 所示，对于同一公称直径，按螺距的大小可分为粗牙普通螺纹和细牙普通螺纹。粗牙普通螺纹常用于一般连接；细牙螺纹自锁性好，强度高，常用于细小、薄壁零件，或常用于受冲击、振动零件和变载荷的连接，有时也用于微调机构。

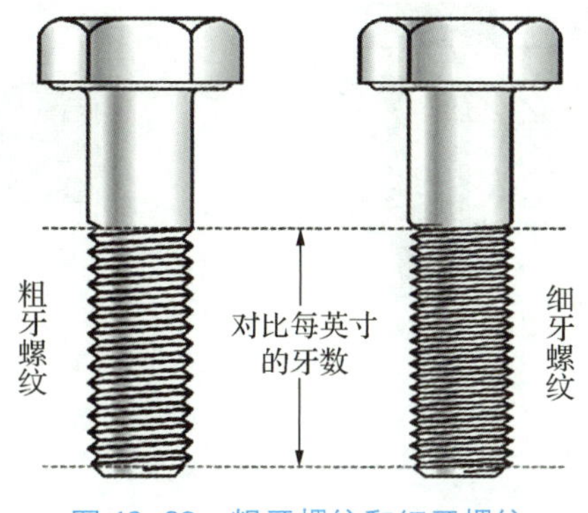

图 19-23 粗牙螺纹和细牙螺纹

2. 管螺纹

普通螺纹的牙形为等边三角形，牙形角为 55°。适用于管子、管接头、旋塞、阀门等螺纹连接件。非螺纹密封的管螺纹本身不具有密封性，若要求连接后具有密封性，可压紧被连接件螺旋副外的密封面，也可在密封面间添加密封物；用螺纹密封的管螺纹在螺纹旋合后，利用本身的变形即可保证连接的密封性，不需要任何填料，密封简单。

3. 常用螺纹连接件

螺纹连接件是指起连接和紧固作用的零件。如图 19-24 所示，常用的螺纹连接件有螺栓、双头螺柱、螺钉、螺母、垫圈等。它们的结构、尺寸都已标准化，使用时可从相应的标准中查出所需的结构尺寸。

(a) 开槽圆柱头螺钉

(b) 圆柱头内六角螺钉

(c) 沉头十字槽螺钉

(d) 开槽无头紧定螺钉

(e) 六角头螺栓

(f) 双头螺柱

(g) 圆螺母

(h) 六角开槽螺母

(i) 平垫圈

(j) 弹簧垫圈

图 19-24 常用的螺纹连接件

二、螺纹的连接类型

常用的螺纹连接有螺栓连接、螺柱连接和螺钉连接。

1. 螺栓连接

螺栓的杆部为圆柱形，一端与六角形或圆形头部连成一体，另一端制成普通螺纹，中间段为没有螺纹的圆柱体。连接零件时，螺栓穿过被连接件的通孔，用垫片、螺母把螺栓锁紧，如图 19-25 所示。普通螺栓连接的工件内孔大于螺栓的杆径，为杆径的 1.1 倍，螺栓容易穿过连接孔。螺栓的头部形状以外六角、内六角和圆头的形状较多。

动画

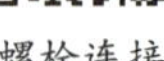

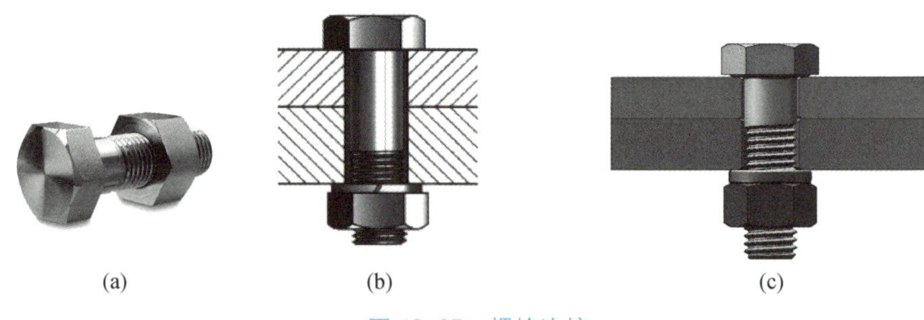

图 19-25　螺栓连接

2. 螺柱连接

有些被连接件的厚度较大，不方便做成通孔，就直接在被连接件上做出内螺纹。连接时去掉螺栓的头部在螺栓的圆柱体上做出外螺纹，成为双头螺柱，将双头螺柱的一端拧入被连接件内螺纹中，再与另一被连接件相连接，如图 19-26 所示。

动画

螺柱连接

图 19-26　螺柱连接

3. 螺钉连接

螺钉连接按用途可分为连接螺钉和紧定螺钉两种，前者用于连接零件，后者用于固定零件。

（1）连接螺钉

用于受力不大和经常拆卸的场合。如图 19-27 所示，装配时将螺钉直接穿过被连接零件上的通孔，再拧入另一被连接零件上的螺孔中，靠螺钉头部压紧被连接零件。

动画

螺钉连接

(a)

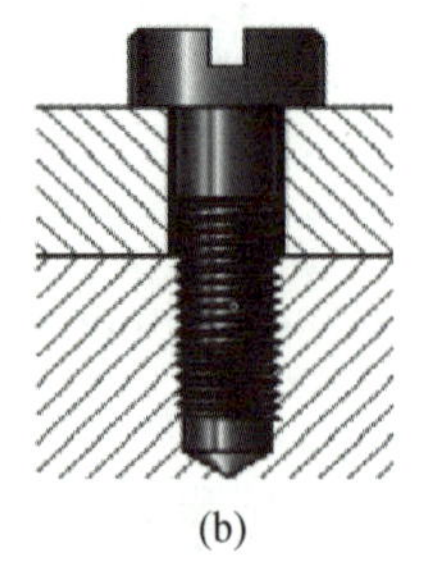

(b)

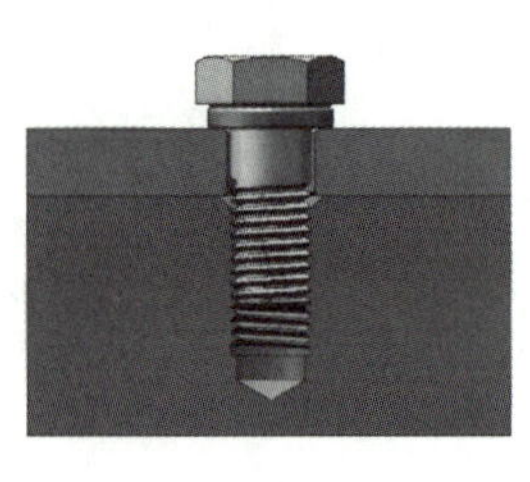

(c)

图 19-27　螺钉连接

（2）紧定螺钉

紧定螺钉用来固定两个零件的相对位置，使它们不产生相对运动。如图 19-28 所示，轴和齿轮（图中齿轮仅画出轮毂部分），用一个开槽锥端紧定螺钉旋入轮毂的螺孔，使螺钉端部的 90°锥顶与轴上的 90°锥坑压紧，从而固定了轴和齿轮的相对位置。

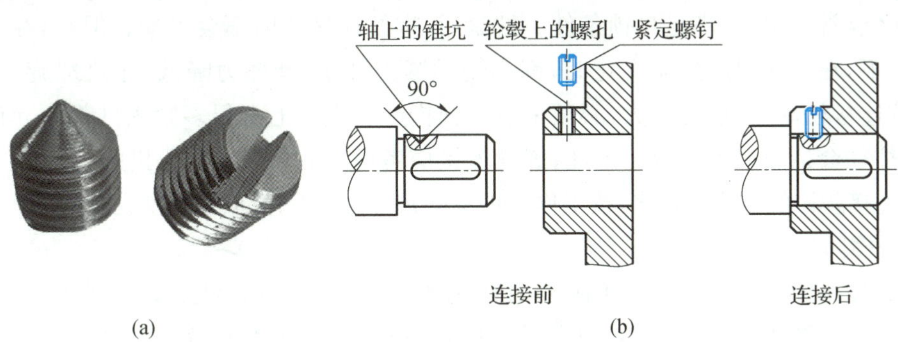

图 19-28　紧定螺钉连接

动画

紧定螺钉连接

螺纹连接在机械设备中应用广泛，在汽车中大量存在。例如发动机主轴承盖使用螺柱连接对主轴承盖进行紧固，制动系统中的制动盘使用螺钉连接对制动盘进行定位，如图 19-29 所示。

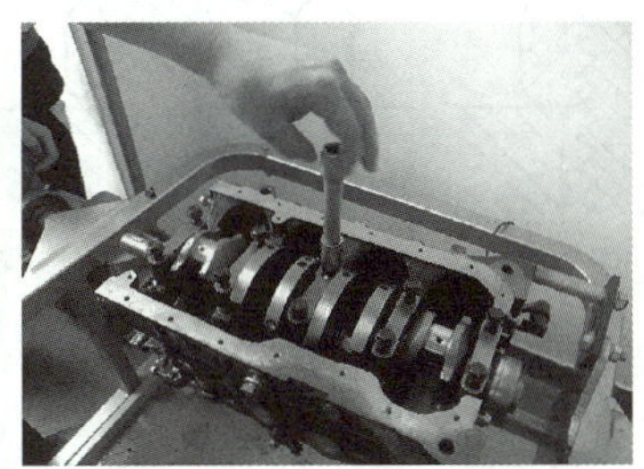

(a) 曲轴轴承固定

(b) 制动轮毂固定

图 19-29　螺纹连接在汽车中的应用

三、螺纹连接的预紧与防松

1. 螺纹连接的预紧

在承受工作载荷之前，一般需要拧紧螺纹连接，拧紧可提高连接的紧密性、紧固性和可靠性。预紧力过大，螺栓可能被拧断，螺纹牙可能被剪断而滑扣，被连接件可能被压碎；预紧力过小，紧固件可能松脱，螺栓疲劳寿命下降，被连接件可能出现滑移或分离。因此，常采用指针式测力矩扳手或预置式定力矩扳手控制拧紧力矩，从而控制预紧力，如图 19-30 所示。

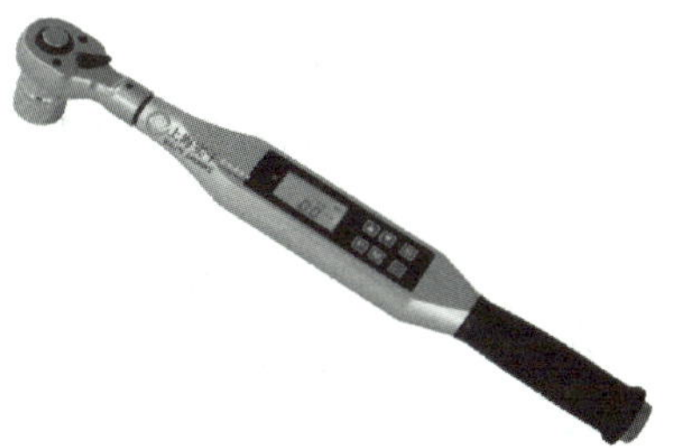

图 19-30　测力矩扳手

汽车发动机缸盖的螺栓属于有紧密性要求的螺栓，其他如曲轴主轴承盖螺栓、进排气管螺栓、连杆螺栓等都要求控制预紧力。不同发动机的拧紧力矩在设计时根据总拉力及螺栓强度等因素计算出了规定的数值。例如，上海桑塔纳轿车发动机气缸盖拧紧时需要 4 次完成，第一次拧紧力矩为 40 N·m，第二次拧紧力矩为 60 N·m，第三次拧紧力矩为 75 N·m，第四次继续转 90°。在操作时，可选用力矩扳手严格按照要求拧紧。

2. 螺纹连接的防松

连接螺纹常为单线，满足自锁条件。拧紧后，螺纹连接一般不会松动。但是，在变载荷、冲击、振动下，在工作温度急剧变化时，都会使预紧力减小，摩擦力降低，导致螺旋副相对转动，使螺纹连接松动，其危害很大，必须采取防松措施。汽车上有很多紧固件都不允许松脱，如果松脱往往会造成严重事故。因此，螺栓连接应考虑采取可靠的防松措施。

螺纹连接防松的方法有很多，按工作原理不同常可分为摩擦防松、机械防松、不可拆防松。

(1) 摩擦防松

摩擦放松是使螺旋副中产生不随外力变化的正压力，以形成阻止螺旋副相对转动的摩擦力的方法。如图 19-31 所示，对顶螺母防松效果较好；金属锁紧螺母次之；弹簧垫圈效果较差，这种方法用于机械外部静止构件的连接，以及防松要求不严格的场合。

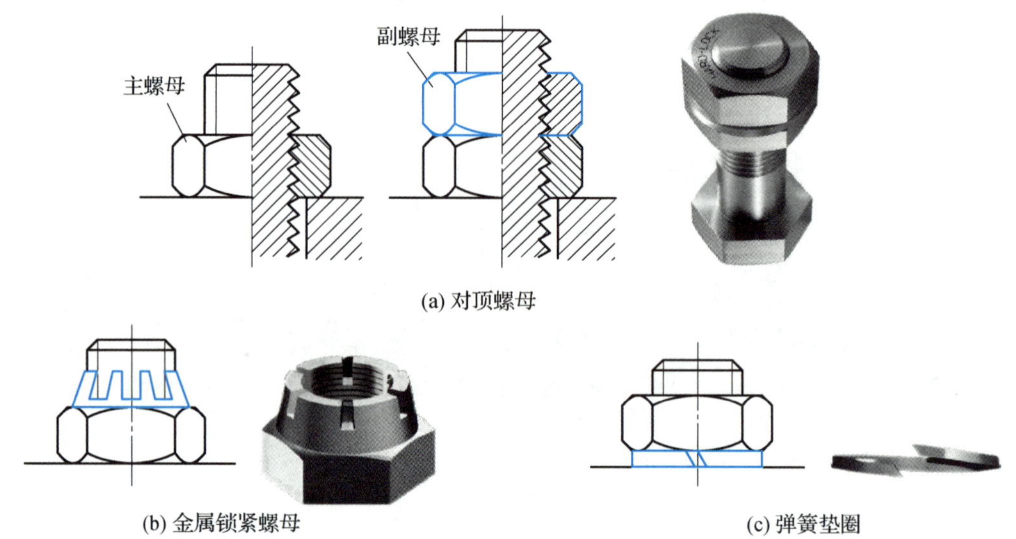

(a) 对顶螺母

(b) 金属锁紧螺母

(c) 弹簧垫圈

图 19-31　摩擦防松

(2) 机械防松

主要有开槽螺母与开口销、圆螺母与止动垫圈、止动垫片、串联钢丝等，如图 19-32 所示。

(a) 开口销与槽型螺母防松

图 19-32 机械防松

(3) 不可拆防松

在螺旋副拧紧后,采用端铆、冲点、焊接、胶接等措施,是螺纹连接不可拆的方法(图 19-33)。这种方法简单可靠,适用于装配后不再拆卸的连接。

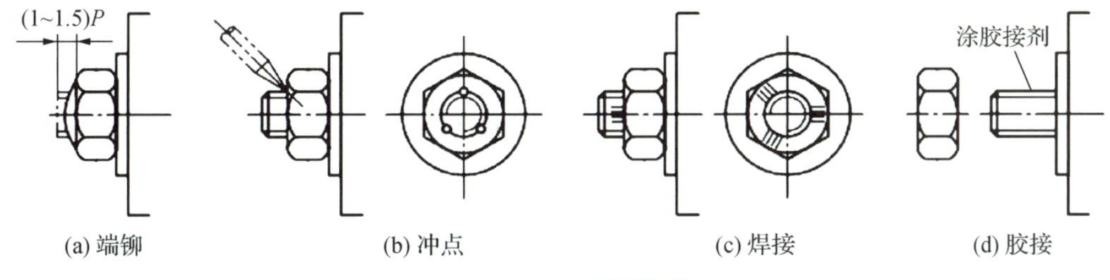

图 19-33 不可拆防松

第四节 弹性连接

汽车上许多部位都使用弹性连接,使用的弹簧包括钢板弹簧、螺旋弹簧、扭杆弹簧、气体弹簧、汽车座椅弹簧、发动机气门弹簧、离合器分离轴承弹簧、离合器从动盘的弹簧(周布螺旋弹簧和膜片弹簧)、制动系真空助力泵回位弹簧、制动系制动蹄回位弹簧、气压制动气室圆锥回位弹簧等。如图19-34所示为汽车悬架使用部分弹簧。

图19-34 汽车悬架使用部分弹簧

一、弹性连接及作用

1. 弹性连接

受载后产生变形,卸载后通常立即恢复原有形状和尺寸的零件,称为弹性零件。汽车上各种类型的弹簧都是弹性零件,如钢板弹簧、螺旋弹簧等。在汽车底盘车架和车轮之间,主要是依靠装在它们之间的弹性零件实现连接的。这种依靠弹性零件实现被连接件在有限相对运动时仍保持固定联系的动连接,称为弹性连接。

2. 弹性连接的作用

(1) 缓冲吸振

以改善被连接件的工作平稳性。如汽车减振弹簧和各种缓冲器用的弹簧锁构成的弹性连接。

(2) 控制运动

以适应被连接件的工作位置变化。如离合器从动盘的周布螺旋弹簧和膜片弹簧,以及发动机气门弹簧所构成的弹性连接。

(3) 储能输能

以提供被连接件运动所需动力。如机械式钟表中的发条弹簧、自动变速器制动器弹簧所构成的弹性连接。

(4) 测量载荷

以标志被连接件所受外力的大小。如测力器和弹簧秤中的弹簧所构成的弹性连接。

二、弹簧的类型

弹簧是最常用的弹性零件,其类型很多,下面仅介绍汽车上一些常用的弹簧。

从弹簧的外形看,有钢板弹簧、螺旋弹簧、扭杆弹簧及空气弹簧等。由于弹簧一般在变载荷下使用,因此要求弹簧具有足够的韧性和塑性。

1. 钢板弹簧

钢板弹簧由若干片长度不等的条状合金弹簧钢片叠加而成，构成一根弹性梁，如图 19-35 所示。其中最长的一片合金弹簧钢片称为主片，其两端卷成卷耳，内装衬套，以便用弹簧销与固定在车架上的支架或吊耳做铰链连接，常用作车辆减振弹簧。

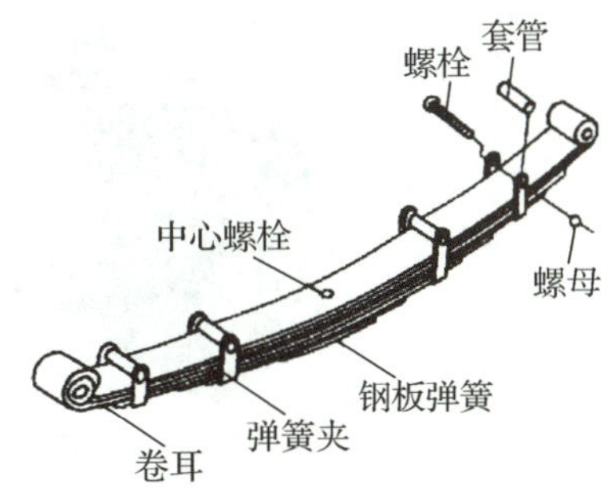

图 19-35 钢板弹簧

2. 螺旋弹簧

螺旋弹簧是用金属弹簧丝按螺旋线卷绕而成，结构简单，制造方便，可以有较大的变形位移。螺旋弹簧有拉伸弹簧、压缩弹簧及扭转弹簧等几种，如图 19-36 所示。

图 19-36 螺旋弹簧

图 19-37 减振弹簧

由于螺旋弹簧只能承受垂直载荷，且变形时不产生摩擦力，所以悬架中必须装有减振器和导向机构，如图 19-37 所示。

3. 扭杆弹簧

扭杆弹簧是由弹簧钢制成的杆件。一端固定在车架上，另一端固定在悬架的摆臂上。摆臂与车轮相连，当车轮跳动时，摆臂绕扭杆轴线摆动，使扭杆产生扭转弹性变形，以保证车轮与车架的弹性联系，如图 19-38 所示。

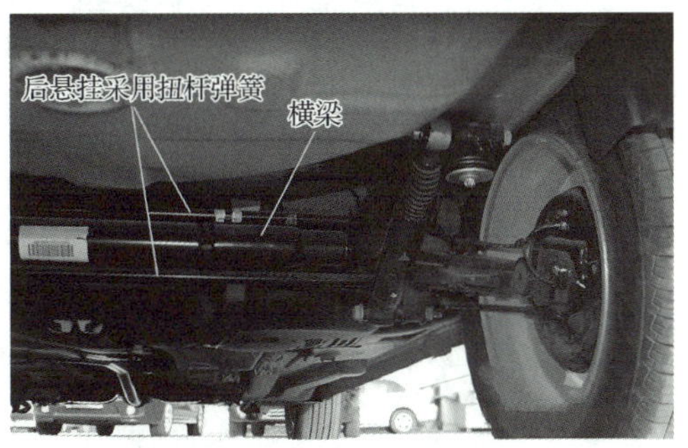

图 19-38 轿车横向稳定杆

4. 空气弹簧

空气弹簧是在密闭的柔性容器中充满压缩空气，利用空气的可压缩性实现弹簧功能的非金属弹簧，其高度、刚度可以控制和调节，能适应多种载荷需要，吸收高频振动的能力强，其在车辆的悬挂系统中能起到很好的缓冲吸振作用，如图 19-39 所示。

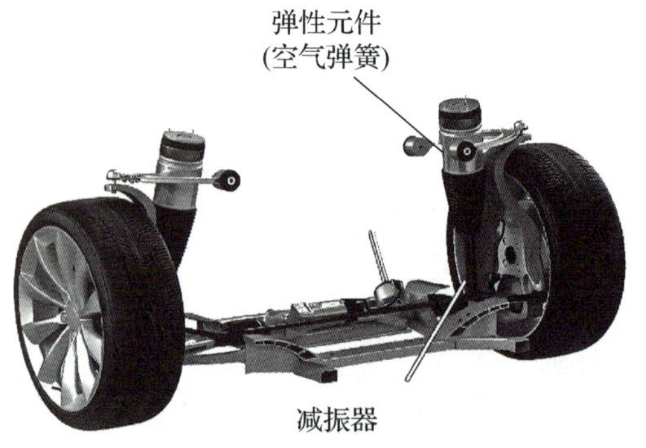

图 19-39　汽车空气弹簧

三、弹簧的材料

弹簧的材料应具有较高的弹性极限、疲劳极限和冲击韧性。

钢板弹簧的材料一般用硅锰钢(60Si2Mn 和 55Si2Mn)，气门弹簧的材料一般用 65Mn、60Si2A、50CrVA 等冷拔钢丝制造。

第五节　不可拆连接

一、焊接

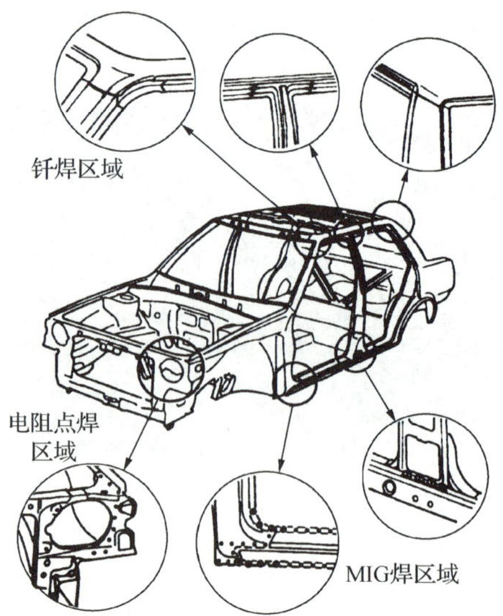

图 19-40　汽车焊接方法

焊接主要利用局部加热的方法使两个以上的金属元件在连接处形成原子间的结合而构成不可拆卸的整体。

焊接是汽车整体车身中最常用的连接方式，通过焊接可将车身纵梁、横梁、车顶、地板、门槛和立柱等众多钣金件连接在一起，具有生产效率高、不受形状限制、焊接后可保持车身的整体性、不增加车身质量、对空气和水的密封性能好等优点。根据焊接工艺、作业方式、焊接温度等，焊接可分为压焊、熔焊和钎焊，如图 19-40 所示。

二、铆钉连接

铆钉连接是利用具有钉杆和预制头的铆钉通过被连接件的预制孔，利用铆枪施压再制出另一端的铆头构成不可拆卸的连接。铆钉连接主要用于不同材质、厚度等部位，在汽车上常用于车架、车身蒙皮、铝板等部位的连接，如图 19-41 所示。

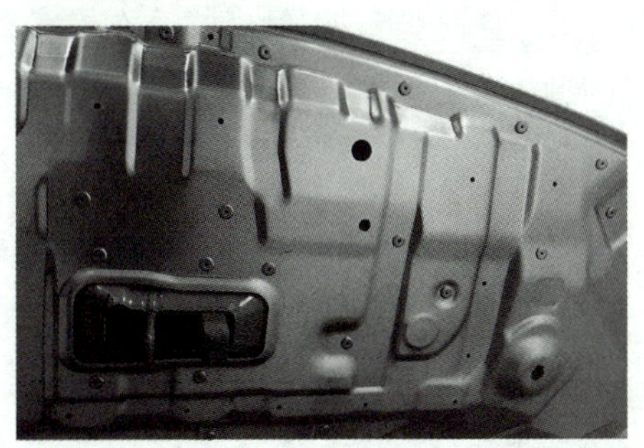

图 19-41　车身铆接工艺

三、黏结

黏结是用胶黏剂直接涂在被连接的零件表面上，固化后将其黏合为一体的连接方式。黏结具有密封、降噪、防腐及防止异响等特点，通常需要与螺栓、电阻电焊、铆接、折边咬接等连接方式配合使用，如图 19-42 所示。黏结常用于汽车车身的内外层钣金件折边咬接部位，铝板结构件的连接部位，车顶、地板、立柱、前后挡泥板、纵梁和横梁等双层或多层需要密封的连接部位，以及装饰车身外观及固定一些橡胶密封条、玻璃绒槽等。

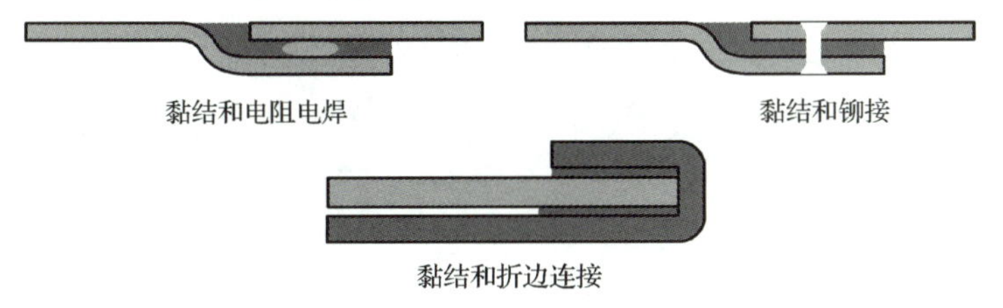

图 19-42　黏结连接

知识拓展　**你知道汽车的弹性连接主要应用于哪些部件吗?**

弹性连接主要应用在悬架系统(图 19-43)中。悬架系统是汽车的关键组成部分，主要由弹性元件、导向机构以及减振器构成。悬架系统一端固定在车架上，一端固定在车轴(车轮)上。

其主要作用是传递车轮与车身之间的力和力矩，如支撑力、制动力和驱动力，弹性元件主要缓和由不平路面传给车身的冲击载荷，减振器则衰减由此引起的振动，确保汽车行驶的平顺性和

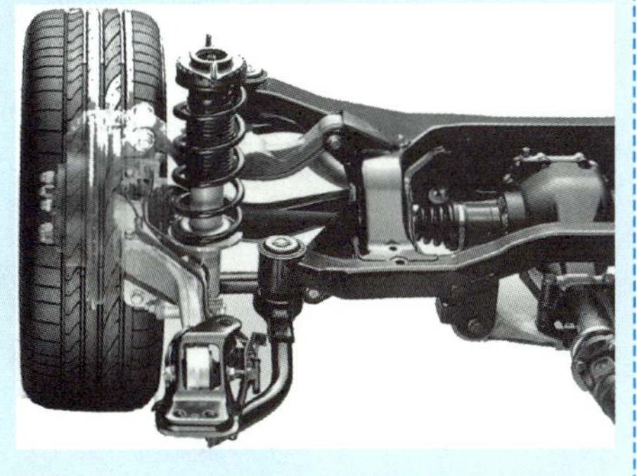

图 19-43　悬架系统

乘员舒适性。此外，导向机构决定车轮相对于车身的运动特性。总体来讲，悬架关乎汽车的操控稳定性，影响车辆在转弯、制动和加速时的表现。

家用轿车主要使用的弹性元件是螺旋弹簧。这些弹簧结构简单、质量轻，能够有效地吸收和缓冲来自路面的冲击，同时保持车轮与地面的良好接触，提升乘坐体验和操控性能。在一些高级轿车中，空气弹簧也会被应用在空气悬架系统（图 19-44）中，其可以调整刚度，以适应不同的行驶条件。

图 19-44　空气悬架系统

module 6
模块六

汽车液压传动

单元二十　液压传动

知识目标

(1) 了解液压传动系统的基本工作原理；
(2) 了解液压传动系统的组成和特点；
(3) 掌握常用液压元件的图形符号。

能力目标

能读懂液压结构图。

案例引入

液压传动的应用很广，汽车自动变速器（图 20-1a）和汽车制动系统（图 20-1b）、无级变速器都是液压传动的典型实例。

(a) 汽车自动变速器

(b) 汽车制动系统

图 20-1　汽车液压传动的应用

第一节　液压传动的基本知识

液压传动是利用密封系统中的受压液体为工作介质来传递运动和动力的传动形式。与其他类型的传动相比，有许多突出的优点，所以得到广泛的应用。

一、液压系统的工作原理

下面以液压千斤顶(图 20-2)为例，介绍液压传动的工作原理。常用的手动液压千斤顶是一个简单的液压装置。

动画

液压千斤顶的工作原理

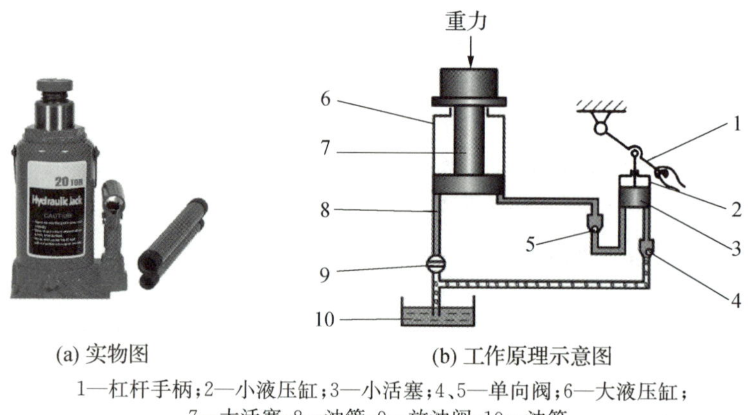

(a) 实物图　　(b) 工作原理示意图

1—杠杆手柄；2—小液压缸；3—小活塞；4、5—单向阀；6—大液压缸；7—大活塞；8—油管；9—放油阀；10—油箱。

图 20-2　液压千斤顶

液压千斤顶由手柄、液压缸、活塞、单向阀、放油阀和油箱等组成。如图 20-2b 所示，当提取手柄 1，小活塞 3 向上运动，在小液压缸 2 下部形成局部真空，压力差将液压油从油箱吸入小液压缸 2；当压下手柄时，小活塞 3 向下移动，小液压缸 2 中油压升高，单向阀 4 关闭，压力油通过单向阀 5 流入大液压缸 6，从而推动活塞 7 向上运动顶起重物。不断反复提压手柄，即可将重物顶起至所需高度。打开放油阀时，液压缸的油液经放油阀流回油箱，重物同活塞一起下降。

从以上液压千斤顶的工作过程可以看出，液压传动以液体为工作介质，利用液体的压力，通过容积的变化实现动力传递。首先将手柄(或泵)的机械能转换为液体的压力能，然后通过液压缸将液体的压力能转换为机械能，以推动负载运动。

二、液压传动的组成

一个完整的液压传动系统由以下五个部分组成。

1. 动力部分

动力部分是把机械能转换成液压能的动力装置，其作用是向液压传动系统提供压力油。常用动力装置是液压泵，液压泵是液压传动系统的心脏部分。

2. 执行部分

执行部分是把液压能转换成机械能，驱动工作机构的执行装置。

3. 控制部分

控制部分是调节液压传动系统中油液的压力、流速、流量和活塞运动方向的装置。常用的控制装置有压力阀、调速阀、流量阀和换向阀。

4. 辅助部分

辅助部分将前面三个部分连接在一起组成一个系统，保证液压传动系统正常工作的辅助装置是液压传动系统不可缺少的组成部分，起到储油、过滤、测量和密封的作用。常用的辅助装置有滤油器、管件、密封件、热交换器、油箱等。

5. 工作介质

系统中用来传递能量的物质，即液压油。

三、液压传动的特点

1. 液压传动的优点

1）液压传动装置和其他类型的传动装置相比，在同等功率条件下，体积小、质量轻，因此惯性小、动作灵敏，可实现频繁起动和换向。

2）容易实现无级调速，调速范围较大。

3）容易实现过载保护，一般装有安全阀便可防止过载。运转平稳，容易吸收冲击和振动。

4）液压传动能在各种方位传动，容易实现往复传动。由于其体积小、传递的功率大，可在较小的空间内传递复杂的运动形式。这些特点使液压传动在组合机床和自动线中应用十分普遍。

5）操作简单，便于实现自动化，特别是和电气控制系统组成电液复合系统时上述优点更明显。

6）液压元件易于标准化、系列化、通用化，便于推广使用。

2. 液压传动的缺点

1）由于工作液体不可避免会有漏损，油液具有微小的可压缩性，管路会产生弹性变形，液压传动不宜用于传动要求严格的传动系统。

2）要求制造的工艺水平较高；使用维护也要有较高的技术水平。

3）当油温和载荷变化较大时不易保持负载运动速度的稳定性。油液的污染对液压系统的性能影响非常显著。

4）油液在管路中流动会产生压力损失，当管路较长时压力损失较大、传动效率降低，因此液压传动不宜用于远距离传动。

四、液压传动系统的图形符号

为简化液压原理图的绘制，国家标准规定符号只表示元件的职能，不表示元件的结构和参数，并以静止状态或零位状态来表示，如图 20-3 所示。

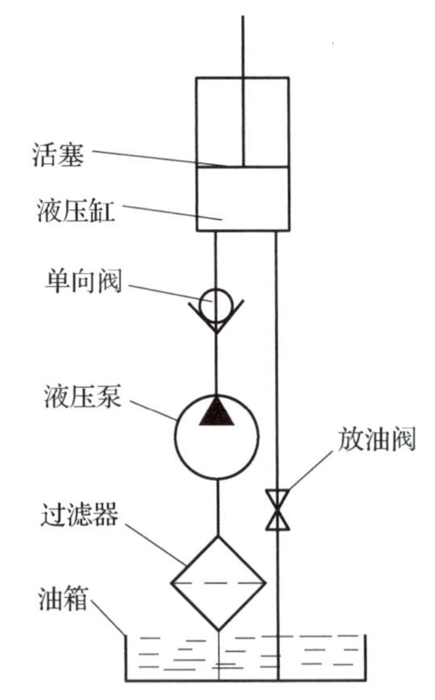

图 20-3　液压传动系统的图形符号

第二节　液压传动的基本参数

一、压力

在如图 20-3 所示的液压传动系统中，活塞单位面积上所受到的压力为

$$p=\frac{F}{S} \tag{20-1}$$

式中　p——液体的压力，单位为 MPa；

F——作用在液体表面的外力，单位为 N；

S——液体表面承压面积，单位为 mm^2。

在液压传动系统的密闭容器内，由外力作用产生的压力，通过液体等值不变地传递到液体中各点，称为静压力传递原理，即帕斯卡原理。液压传动的理论基础有液体的不可压缩性与流动连续性以及帕斯卡原理。

二、流量

流量是指单位时间内流过某管道截面的液体的体积，即

$$q=\frac{V}{t}=Sv \tag{20-2}$$

式中　V——液体的体积，单位为 mm^3；

t——时间，单位为 min；

S——活塞有效面积，单位为 mm^2；

v——活塞移动速度，单位为 mm/min；

q——流量，单位为 m^3/min 或 mm^3/min。

从式(20-2)得出，活塞的移动速度 v 取决于进入液压缸液体的流量 q，与流体的压力大小无关。流量 q 多，活塞的移动速度 v 快；流量 q 少，活塞的移动速度 v 慢。

三、流速

流速是指液体质点在单位时间内流过的距离。由于液体具有黏性，流动时同一截面上各质点的速度不可能完全相同，因此通常以平均流速进行计算。平均流速为通过截面的流量除以截面面积，即

$$v=\frac{q}{S} \tag{20-3}$$

式中　v——液体的平均流速，单位为 m/s；

q——流入液压缸或管道的流量，单位为 m^3/s；

S——有效作用面积或管道截面面积，单位为 m^2。

四、功率

功率是指单位时间内所做的功，即

$$P=Fv=pSv=pq \tag{20-4}$$

式中　P——功率，单位为 kW；

p——液体的压力，单位为 MPa；

q——流量，单位为 m^3/min。

可见，液压传动的功率 P 等于液体的压力 p 与流量 q 的乘积。压力 p 和流量 q 是液压传动中两个最基本且最重要的参数。

知识拓展　**你知道汽车制动踏板怎样实现省力的吗?**

在现代汽车中，制动系统（图 20-4）的设计旨在提高安全性同时减轻驾驶员在制动时的劳动强度。

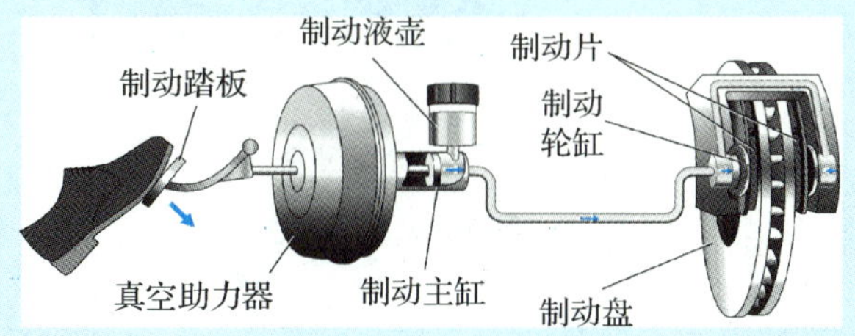

图 20-4　汽车制动系统

当驾驶员踩下制动踏板时，首先激活制动主缸。制动踏板通过杠杆作用将驾驶员的力作用于制动主缸中的活塞，压缩其中的制动液产生高压。这种高压液体被迅速传递至车轮附近的制动轮缸，让制动片与制动盘相互挤压摩擦，实现车辆制动。

制动系统能够那么轻松地被踩下，源于真空助力器的作用，但制动系统中的主缸（图 20-5）和轮缸（图 20-6）的直径差异对制动力的大小也有很大影响。

图 20-5　制动主缸

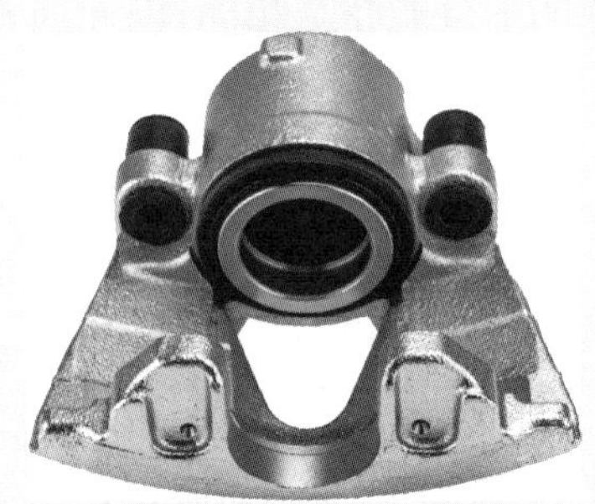

图 20-6　制动轮缸

制动主缸与制动轮缸的直径设计差异对省力效果至关重要。一般而言，制动主缸的直径较小，而制动轮缸的直径较大。这种设计源于帕斯卡原理，若制动主缸直径为 30 mm，而制动轮缸直径为 80 mm，那么轮缸的面积是主缸的 7 倍左右，从而施加在制动主缸上的力会在制动轮缸中放大 7 倍，显著减少驾驶员所需施加的力量。

真空助力器对制动器起到了重要作用，它利用发动机运行时产生的负压，帮助增加制动踏板上的力，如图 20-7 所示。在驾驶员踩下制动踏板时，真空助力器中的负压会帮助拉动一个活塞或膜片，这个活塞或膜片再将力传递到制动主缸。这样，即使在驾驶员只施加少量力的情况下，系统也能生成足够的压力来实现强效的制动。这不仅提高了制动效率，还大大减轻了驾驶员在紧急情况下的负担。

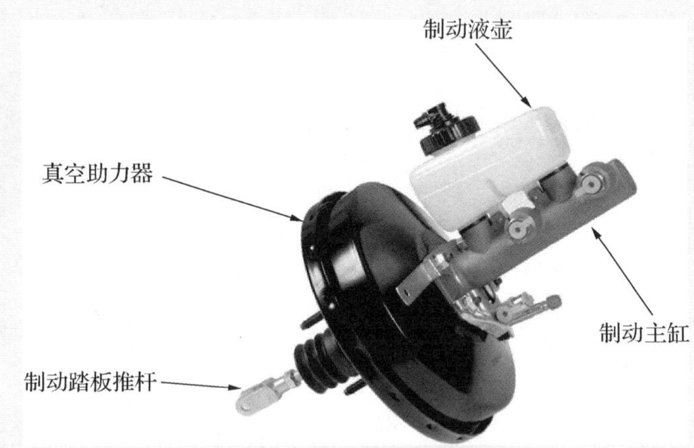

图 20-7　真空助力器

通过制动主缸与制动轮缸的直径设计差异以及真空助力器的加持，现代汽车的制动系统能够以较小的驾驶员输入实现强大的制动力。这种设计不仅增强了车辆的安全性，也提高了驾驶的舒适性，使制动过程更加轻松，尤其是在需要快速反应的紧急制动场合尤为重要。

单元二十一　液压元件

知识目标

（1）了解各个液压元件的结构；
（2）掌握各个液压元件的工作原理；
（3）了解液压常用辅助元件的相关知识；
（4）掌握液压元件的应用场合及图形符号。

能力目标

能分析液压泵、液压缸、液压阀的工作原理和应用。

案例引入

在现代汽车中，如汽车转向、制动系统中用到很多液压泵、液压阀。随着前置前驱的推广和宽低截面轮胎的使用，在转向过程中所需克服的前轮阻力相应增加，仅依靠人力来实现转向非常费力。而液压转向系统的利用，可以保证汽车动力转向系统安全可靠、转向灵敏，如图 21-1 所示。

图 21-1　汽车助力转向装置

第一节　液压泵

液压泵是液压传动系统的动力元件，其作用是将电动机的机械能转换成液压油的压力能，并向液压传动系统提供具有一定压力和流量的液压油，作为系统的动力源。液压泵是一种能量转换的装置。

一、液压泵的工作原理

如图 21-2 所示为单柱塞式液压泵，电动机带动凸轮 1 做顺时针转动，由于凸轮圆周上各点到转动中心的距离不等，在凸轮 1 和弹簧 3 的作用下，柱塞 2 在缸体的柱塞孔内左、右往复移动，缸体与柱塞之间构成可变容积的密封工作腔。当柱塞 2 右移时，工作腔容积变大，形成局部真空，油液在大气压力的作用下经过单向阀 5 进入工作腔内，液压泵完成吸油的过程；当柱塞 2 左移时，单向阀 5 关闭，工作腔容积变小，油液受到挤压，经过单向阀 6 压入系统，液压泵完成压油的过程。凸轮不停转动，液压泵就不断地完成吸油和压油的过程。

动画

液压泵的工作原理

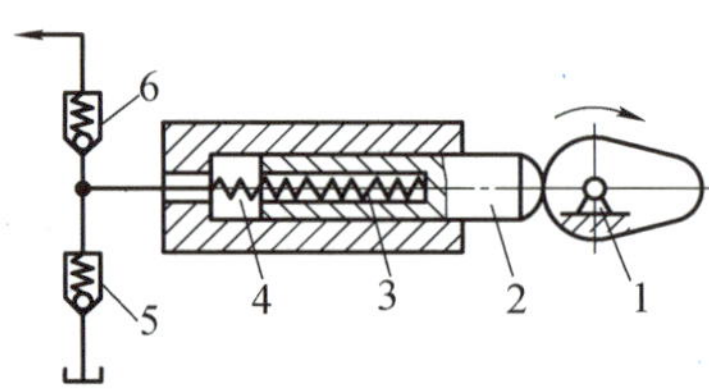

1—凸轮；2—柱塞；3—弹簧；4—密封工作腔；5、6—单向阀。

图 21-2 液压泵的工作原理

由此得出，液压泵是依靠密封工作腔容积变化的原理来工作的，所以称为容积式液压泵。液压泵正常工作的必要条件有以下几个：

1）具有周期性变化的密封容积；

2）具有配流装置，能完成吸油和压油功能；

3）油箱必须与大气相通。

二、液压泵的种类

液压泵按结构形式分为齿轮泵、叶片泵、柱塞泵、螺杆泵；按流量能否调节分为定量泵和变量泵；按输出油的方向能否改变分为单向泵和双向泵。液压泵的图形符号如图 21-3 所示。

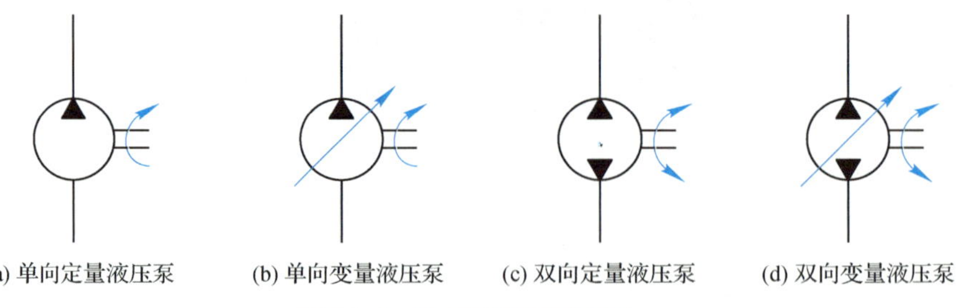

(a) 单向定量液压泵　(b) 单向变量液压泵　(c) 双向定量液压泵　(d) 双向变量液压泵

图 21-3 液压泵的图形符号

1. 齿轮泵

(1) 外啮合齿轮泵

齿轮泵以外啮合的齿轮泵应用最广，外啮合齿轮泵的结构和工作原理如图 21-4 所示。

齿轮泵内有一对相互啮合的少齿数外齿轮，齿轮密封在泵体的工作腔内，啮合线把啮合齿轮分为互不相通的两个区域。当齿轮按原理图中的方向转旋时，左方的吸油腔由于相互啮合的轮齿逐渐脱开，使齿槽空间逐渐增加，密封工作容积逐渐增大，形成部分真空，油箱中的油液在外界大气压力的作用下，经吸油管进入吸油腔充满齿槽。随着齿轮的转动，油液被带到右方的压油腔内，由于齿轮的逐渐啮合，使密封工作腔的容积不断减小，油液被挤出，从压油口进入压力管路供液压系统使用。

动画

外啮合齿轮泵

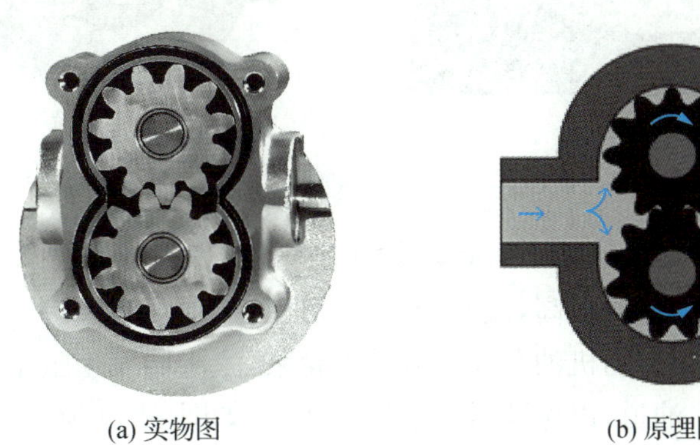

(a) 实物图　　(b) 原理图

图 21-4　外啮合齿轮泵

外啮合齿轮泵的主要优点有结构简单紧凑，制造方便，价格低廉；工作可靠，自吸性能好；转速范围大。主要缺点有输油量不均，流量脉动大，噪声大；流量不能调节，只能用作定量泵。另外，外啮合齿轮泵在使用中存在泄漏、困油和径向不平衡等现象。如图 21-5 所示为汽车齿轮式机油泵。

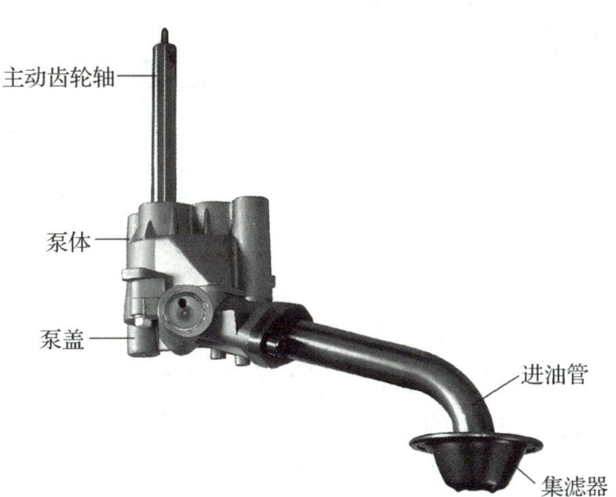

图 21-5　汽车齿轮式机油泵

(2) 内啮合齿轮泵

如图 21-6 所示，内啮合齿轮泵是采用齿轮内啮合原理，内外齿轮节圆紧靠一边，另一边被泵盖上“月牙板”隔开。主轴上的主动内齿轮带动外齿轮同向转动，在进口处齿轮相互分离形成负压而吸入液体，齿轮在出口处不断嵌入啮合而将液体挤压输出。这种独特结构，特别适用于输送黏度大的介质。

动画

内啮合齿轮泵

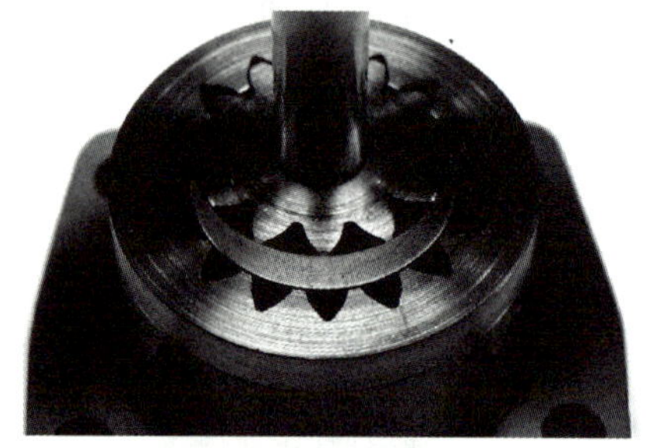

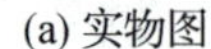

(a) 实物图

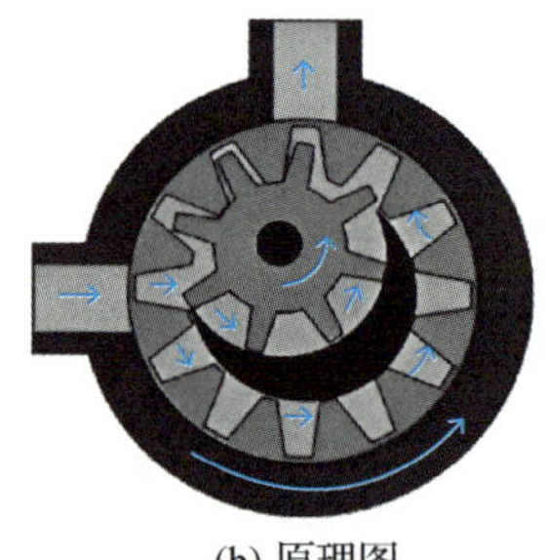

(b) 原理图

图 21-6　内啮合齿轮泵

内啮合齿轮泵具有结构紧凑、无困油现象、输送平稳、效率高、噪声小、使用寿命长的优点。缺点是齿形复杂，加工精度要求高，成本较高，且对流体温度和黏度有一定限制。

目前，汽车的润滑系统安装的机油泵大多数是齿轮泵，滤清器发生阻塞时，旁通阀打开，机油不经滤清器直接进入主油道，以保证对各部件的润滑，如图 21-7 所示。

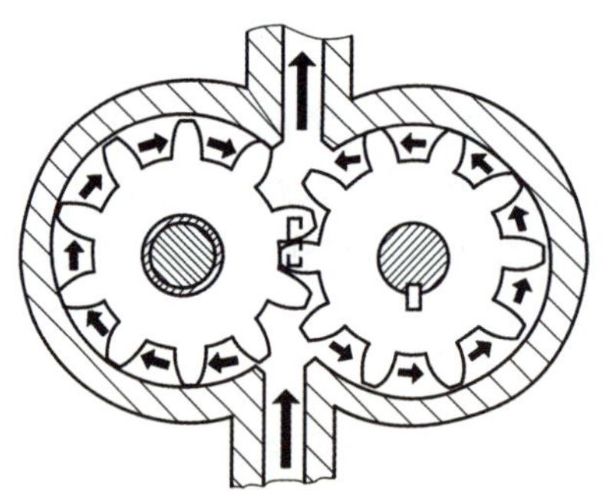

(a) 汽车润滑系统机油泵结构

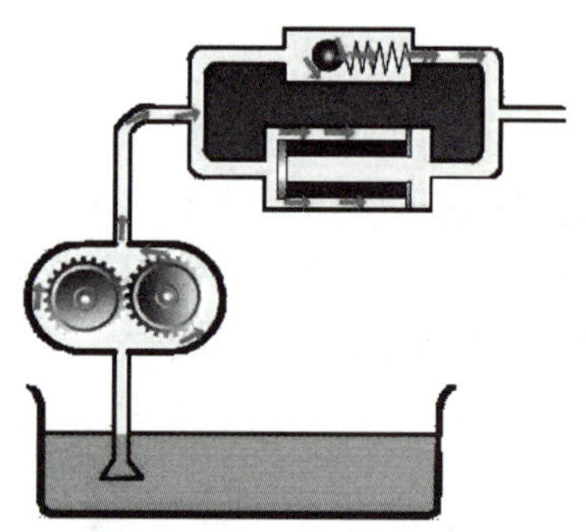

(b) 润滑系统结构原理图

图 21-7　汽车润滑系统

2. 叶片泵

(1) 单作用叶片泵

如图 21-8 所示，单作用叶片泵主要由具有圆形内表面的转子、定子和装在定子径向槽中可自由滑动的叶片所组成，在定子、转子、叶片和两侧配油盘之间形成多个密封的工作空间。当转子做逆时针旋转时，右侧的吸油腔叶片间的工作空间逐渐增大，油液被吸入油箱；左侧的压油腔的叶片逐渐压进滑槽内，工作空间逐渐缩小，油液被压出压油口。在吸油腔与压油腔之间有一段封油区，把吸油腔和压油腔隔开。转子每转一周，每个工作空间完成一次吸油和压油的过程，称此叶片泵为单作用式叶片泵。转子受到径向液压不平衡作用力，故又称为非平衡式叶片泵，其轴承负载较大。

单作用叶片泵的结构较齿轮泵复杂，工作压力较大，最高可达 6.3 MPa，且工作平稳，噪声小，使用寿命较长。该叶片泵广泛应用于机械制造设备的中低压液压系统。

动画

单作用叶片泵

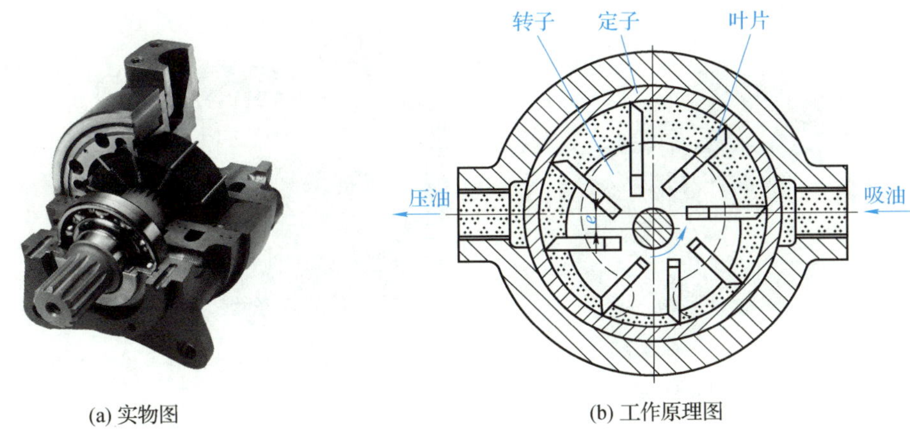

(a) 实物图 (b) 工作原理图

图 21-8 单作用叶片泵

单作用叶片泵的定子和转子的中心不重合，有一偏心距 e（图 21-8b）。如果在运转中可以改变偏心距的大小，就能改变输出的油量，这时定量叶片泵就变成了变量叶片泵。

（2）双作用叶片泵

双作用叶片泵作用原理和单作用叶片泵相似，不同之处只在于定子表面是由两段长半径圆弧、两段短半径圆弧和四段过渡曲线八个部分组成，且定子和转子是同心的。在如图 21-9 所示的转子顺时针方向旋转的情况下，密封工作腔的容积在左上角 A 处和右下角处 C 处逐渐增大，为吸油区；在右上角 B 处和左下角 D 处逐渐减小，为压油区。吸油区和压油区之间有一段封油区将它们隔开。这种泵的转子每转一周，每个密封工作腔完成吸油和压油动作各两次，所以称为双作用叶片泵。泵的两个吸油区和两个压油区是径向对称的，作用在转子上的液压力径向平衡，所以又称为平衡式叶片泵。

动画

双作用叶片泵

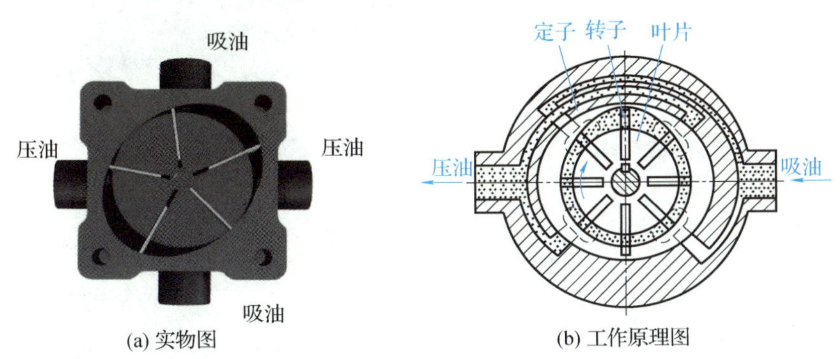

(a) 实物图 (b) 工作原理图

图 21-9 双作用叶片泵

双作用叶片泵的瞬时流量是脉动的，当叶片数为 4 的倍数时脉动率小。因此，双作用叶片泵的叶片数一般都取 12 或 16。但只能作为定量泵，且结构较复杂，制造比较困难。

如图 21-10 所示为汽车转向助力泵就是双作用叶片泵。

3. 柱塞泵

柱塞泵是利用密封容积变化的原理完成吸油和压油的过程。如图 21-11 所示为单个柱塞泵的工作原理图。柱塞泵内的柱塞在弹簧的作用下和偏心轮接触，偏心轮做顺时针转动

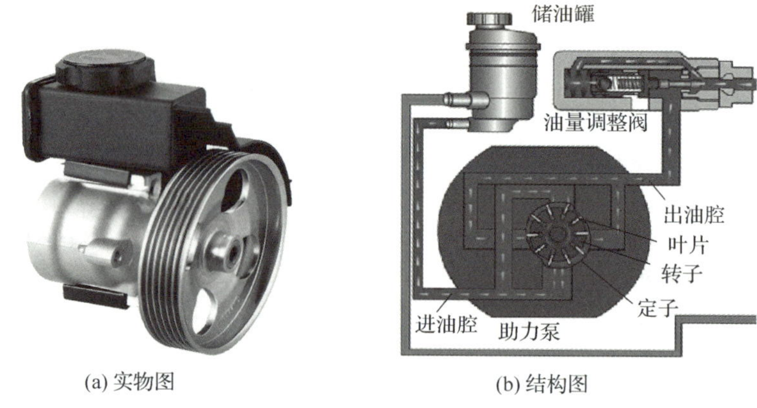

(a) 实物图　(b) 结构图

图 21-10　汽车转向助力泵

时，柱塞做左、右运动。当柱塞做向左运动时，柱塞右面的空间逐渐增大，形成局部真空，右侧进油管的油液在大气压力的作用下，推开进油阀的钢珠弹簧进入到泵体内；当柱塞做向上运动时，柱塞顶面的密封容积逐渐减小，泵体内的油液受到压缩产生一定的压力，油液推开出油阀的钢珠弹簧进入液压传动系统中。偏心轮每转动一转，完成一次吸油和压油的过程。若偏心轮连续转动，单个柱塞泵就可以不断地向液压传动系统供油。

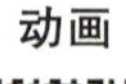

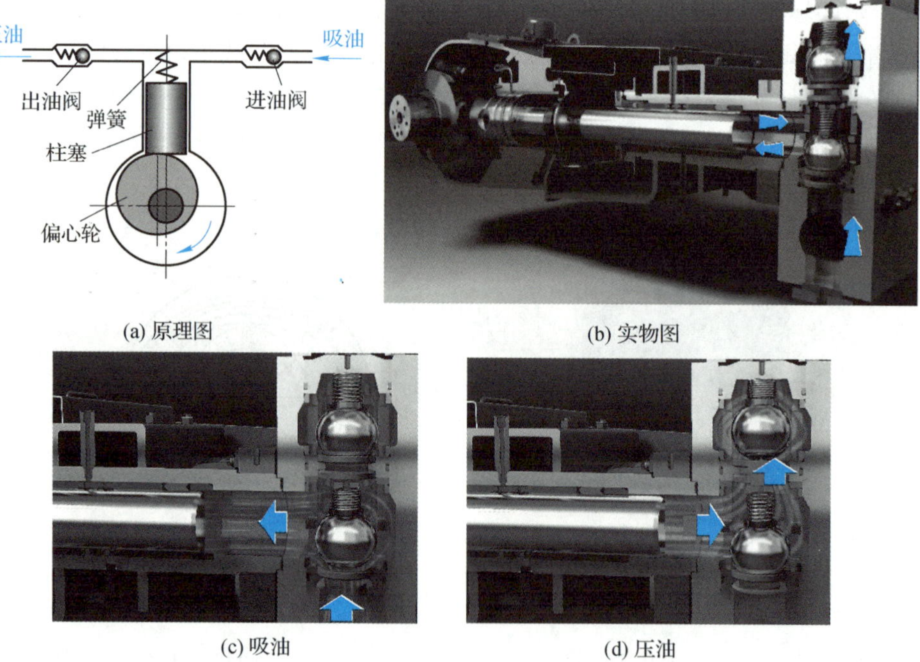

(a) 原理图　(b) 实物图

(c) 吸油　(d) 压油

图 21-11　单个柱塞泵的工作原理图

柱塞泵一般由多个柱塞组成，按柱塞与转子的位置不同，可分为轴向柱塞泵和径向柱塞泵两种。

（1）轴向柱塞泵

轴向柱塞泵按泵的传动轴相对于缸体中心线是否倾斜可分为直轴式轴向柱塞泵和斜轴

式轴向柱塞泵两种。轴向柱塞泵柱塞平行于驱动轴布置，沿着垂直于驱动轴的轴线来回移动。斜轴式轴向柱塞泵柱塞与驱动轴成一定角度布置，以倾斜的方式来回移动。

如图 21-12 所示，带有吸油口和压油口的配流盘及斜盘均固定不动，斜盘 3 与传动轴 1 轴线有一个夹角。柱塞装在回转缸体的轴向柱塞孔中，在根部弹簧或液压力的作用下，柱塞的球形端头与斜盘紧密接触。缸体每回转一周，每个柱塞各完成吸油、压油一次。改变斜盘的倾角，即可以改变柱塞泵的排量。

视频

轴向柱塞泵

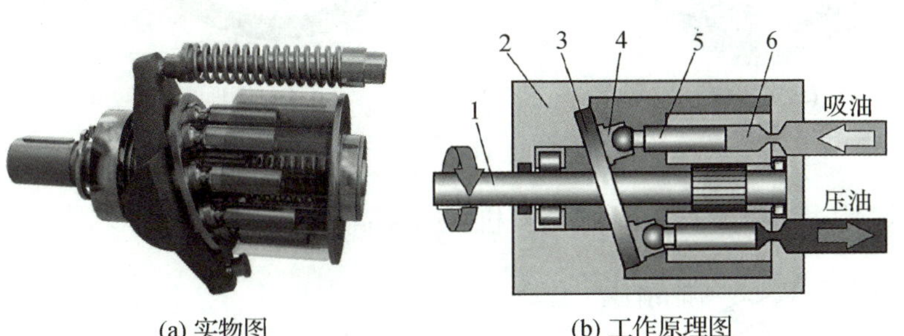

(a) 实物图　(b) 工作原理图

1—传动轴；2—缸体；3—斜盘；4—滑靴；5—柱塞；6—柱塞孔。

图 21-12　轴向柱塞泵

如图 21-13 所示，汽车摆盘式空调压缩机即利用摆盘倾角增大来增加制冷量，是直轴式轴向柱塞泵。如图 21-14 所示为斜轴式轴向柱塞泵。

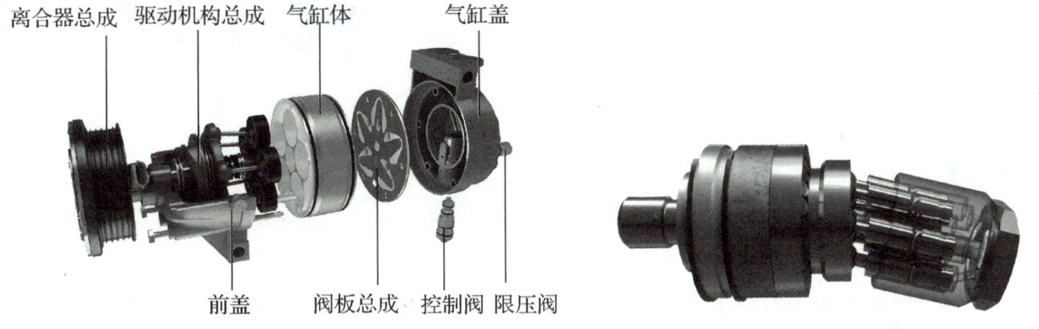

图 21-13　汽车摆盘式空调压缩机　　图 21-14　斜轴式轴向柱塞泵

轴向柱塞泵结构紧凑，密封性能好，在高压下有较高的容积效率，且流量方便，但其结构复杂、制造精度要求高、对油液污染敏感，一般用于高压、大流量、大功率和流量需要调节的液压系统。

（2）径向柱塞泵

径向柱塞泵的柱塞分布在转轴的径向方向，柱塞与转轴相互垂直；其转子孔内装有衬套，随转子一起旋转，衬套中的配油轴不动。转子每转一周，柱塞在每个径向孔内吸油、排油各一次，改变偏心距 e 可改变径向柱塞泵的排量，如图 21-15 所示。

如图 21-16 所示，当偏心凸轮旋转，推动活塞产生往复运动，完成吸油、压油。由于偏心凸轮的偏心量固定，所以这种结构的径向柱塞泵一般为定量泵。

在某些紧凑型工业铲车中，驻车制动系统的制动发动机就是一个径向柱塞泵，如

视频

径向柱塞泵

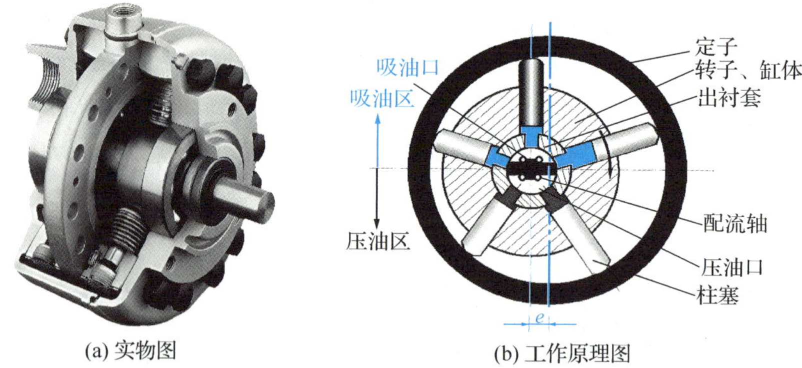

(a) 实物图　　(b) 工作原理图

图 21-15　径向柱塞泵

图 21-17 所示，其功率密度高，结构紧凑，机械效率高。

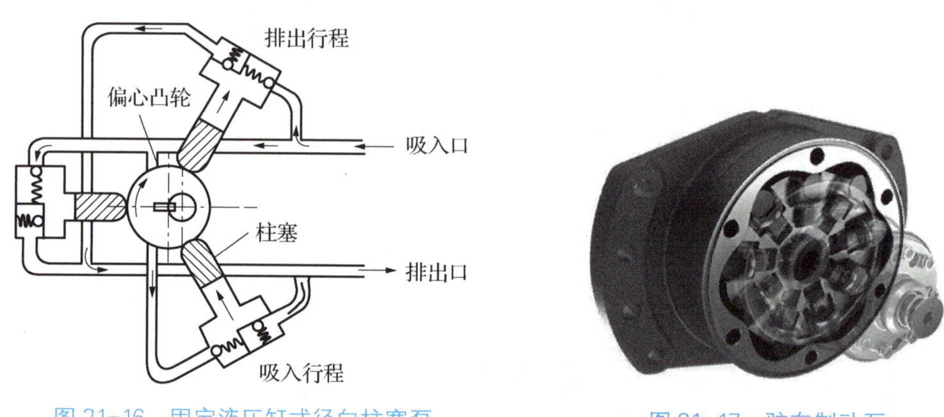

图 21-16　固定液压缸式径向柱塞泵　　图 21-17　驻车制动泵

4. 螺杆泵

螺杆泵主要由轴、螺旋叶片和外壳组成，其工作原理是依靠螺杆与衬套相互啮合，在吸入腔和排出腔产生容积变化来输送液体。

如图 21-18 所示为双螺杆泵，螺杆的啮合线把主动螺杆和从动螺杆的螺旋槽分割成多个相互隔离的密封工作腔。随着主动螺杆的转动，密封工作腔一个接一个地在左端形成，不断地从左端向右端移动，并在右端消失，这样就完成了吸油与压油的过程。吸油口与压油口之间的距离越长，密封越好，泵的额定压力就越高。

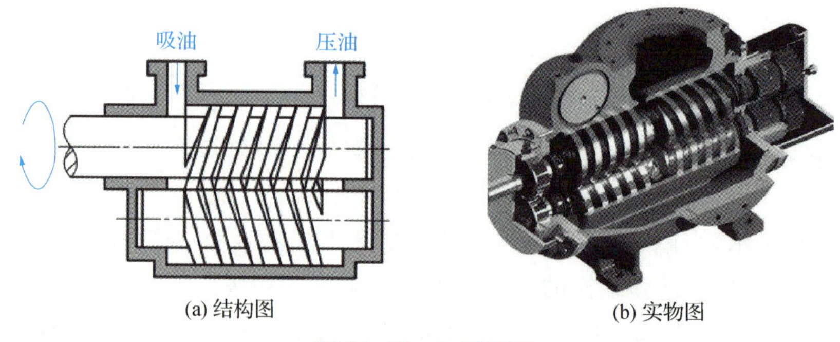

(a) 结构图　　(b) 实物图

图 21-18　双螺杆泵

螺杆泵的结构简单、紧凑，体积小、质量轻，运转平稳、噪声小。但是，螺杆的形状复杂，加工较困难。

第二节　液压缸

液压缸是液压传动系统中的执行元件，是完成液体压力能转换成机械能的装置，用于实现传动系统执行元件的直线往复运动或摆动。其结构简单，工作可靠，应用广泛。

常用的液压缸分为活塞式、柱塞式和摆动式三种。

一、液压缸类型

1. 活塞式液压缸

(1) 双活塞杆式液压缸

双活塞杆式液压缸如图 21-19 所示。固定在活塞上的双活塞杆从液压缸的两侧伸出，两活塞杆的直径相等，活塞两端的有效工作面积相等。当流入两腔的液压油的流量、压力一定时，活塞或缸体往返两个方向的运动速度和推力相等。

动画
双活塞杆式液压缸

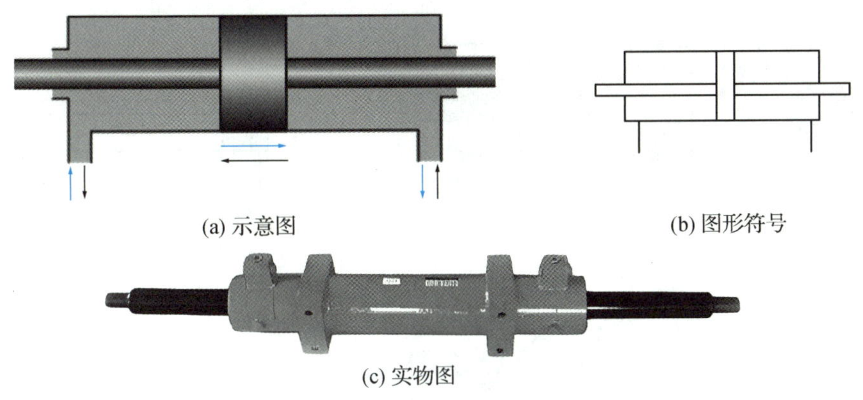

(a) 示意图　　(b) 图形符号

(c) 实物图

图 21-19　双活塞杆式液压缸

双活塞杆式液压缸的推力 F 为

$$F=S_1(p_1-p_2)=\frac{\pi}{4}(D^2-d^2)(p_1-p_2) \qquad (21\text{-}1)$$

式中　S_1——活塞的有效工作面积，单位为 mm^2；

D——活塞的直径，单位为 mm；

d——活塞杆的直径，单位为 mm；

p_1——进油腔的压力，单位为 MPa；

p_2——回油腔的压力，单位为 MPa。

如进入油缸内的流量为 q，则工作台的运动速度为

$$v=\frac{4q}{\pi(D^2-d^2)} \tag{21-2}$$

式中　q——流量，单位为 mm^3/min。

在汽车液压助力转向系统中，转向动力缸就是一个典型的双活塞式液压缸，如图 21-20 所示。活塞将液压腔分为左腔和右腔，通过两个油孔一个进油一个出油，使活塞左右移动，实现车轮左右转向。

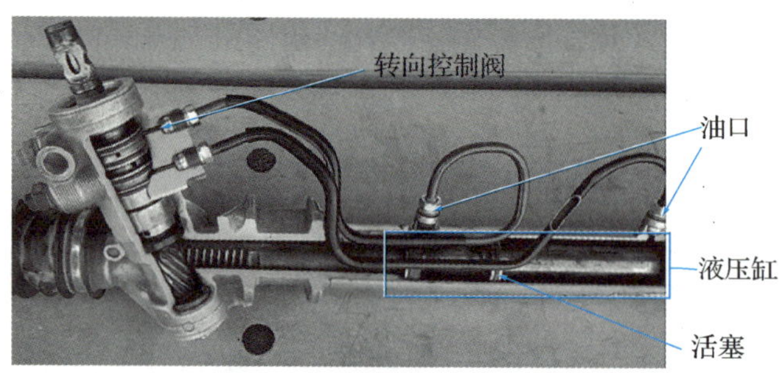

图 21-20　汽车液压助力转向系统

(2) 单活塞杆式液压缸

单活塞杆式液压缸如图 21-21 所示。

动画

单活塞杆式液压缸

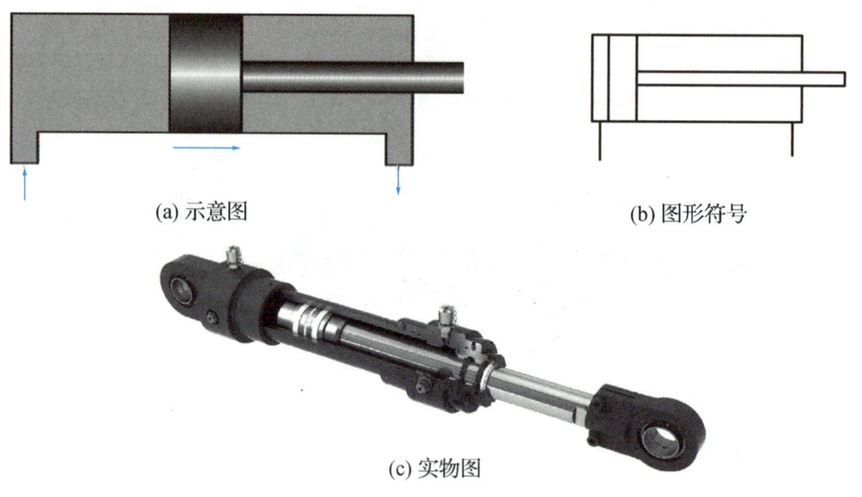

(a) 示意图　(b) 图形符号

(c) 实物图

图 21-21　单活塞杆式液压缸

1) 无杆腔进油。如图 21-22a 所示，当油液从单活塞杆式液压缸的左侧进入无杆腔时，活塞上产生向右推力 $\boldsymbol{F}_1$ 和速度 v_1：

$$\boldsymbol{F}_1=S_1p_1-S_2p_2=\frac{\pi}{4}[(p_1-p_2)D^2+p_2d^2] \tag{21-3}$$

$$v_1 = \frac{q}{S_1} = \frac{4q}{\pi D^2} \quad (21\text{-}4)$$

式中　S_1、S_2——无杆腔和有杆腔活塞的有效工作面积，单位为 mm^2；

D——活塞的直径，单位为 mm；

d——活塞杆的直径，单位为 mm；

q——流量，单位为 mm^3/min。

2）有杆腔进油。如图 21-22b 所示，当油液从单活塞杆式液压缸的右侧进入有杆腔时，活塞上产生向左推力 $\boldsymbol{F}_2$ 和速度 v_2 为

$$\boldsymbol{F}_2 = S_2 p_1 - S_1 p_2 = \frac{\pi}{4}[(p_1 - p_2)D^2 + p_1 d^2] \quad (21\text{-}5)$$

$$v_2 = \frac{q}{S_2} = \frac{4q}{\pi(D^2 - d^2)} \quad (21\text{-}6)$$

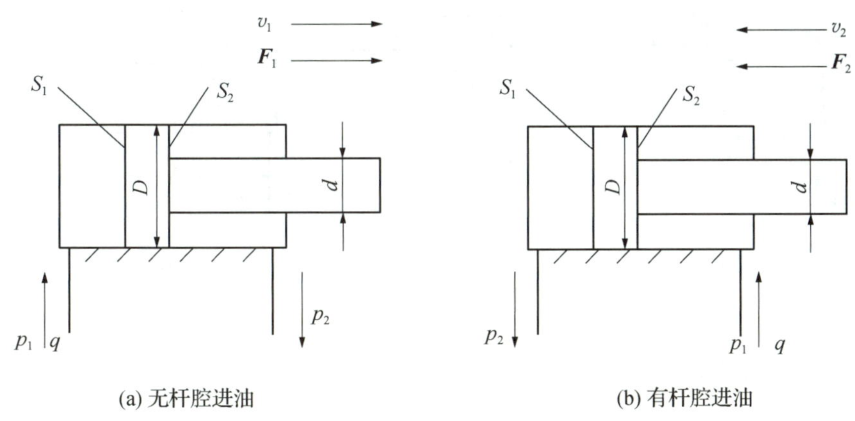

图 21-22　液压缸不同进油方式

比较式(21-3)～式(21-6)可知，$v_1 < v_2$，$\boldsymbol{F}_1 > \boldsymbol{F}_2$。即无杆腔进压力油工作时，推力大，速度低；有杆腔进压力油工作时，推力小，速度高。

单活塞杆式液压缸常用于一个方向有较大负载但运行速度较低，另一个方向为空载快速退回运动的设备，如各种金属切削机床、压力机、注塑机、起重机的液压系统。

单活塞结构在汽车的制动系统中得到了广泛的应用，其外观如图 21-23 所示。汽车上的盘式制动器是由制动油泵、一个与车轮相连的制动圆盘和圆盘上的制动卡钳组成的。制动时，高压制动液推动卡钳内的活塞，将制动蹄片压向刹车盘从而产生制动效果。为了获取更好的制动效能，很多汽车已经在逐步地采用双活塞或多活塞进行制动。

3）当两腔同时通入压力油（差动式连接）。活塞的左、右两腔同时通入压力油，由于无杆腔工作面积比有杆腔工作面积大，活塞向右的推力大于向左的推力，故其向右移动，液压缸的这种连接方式称为差动连接。差动连接回油缸的压力油流回进油腔，增加了进油腔的流量，加快了活塞杆的移动速度，适合于要求推力不大，快进、快退的工作循环。如果活塞杆

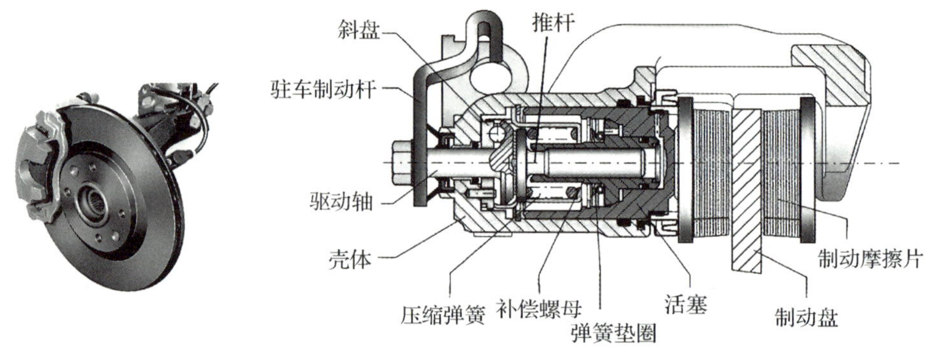

图 21-23　汽车制动系统结构(单活塞杆式液压系统)

的直径是活塞直径的 0.707 倍,则快进与快退的速度相等。差动式单活塞杆式液压缸如图 21-24 所示。

动画

差动式液压缸

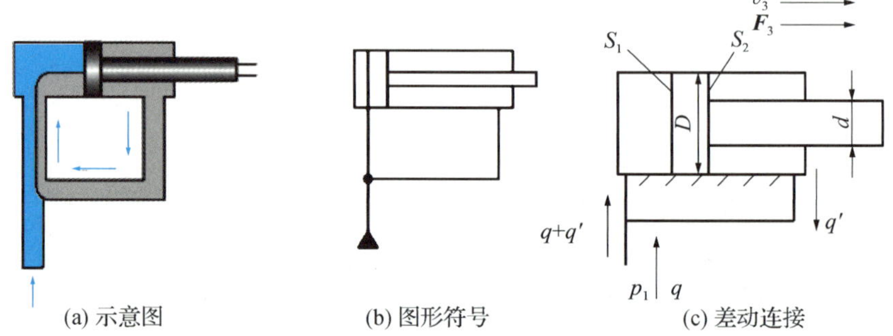

图 21-24　差动式单活塞杆式液压缸

活塞上产生的向右推力 $\boldsymbol{F}_3$ 和速度 v_3 为

$$\boldsymbol{F}_3 = p_1(S_1 - S_2) = \frac{\pi}{4}[D^2 - (D^2 - d^2)]p_1 = \frac{\pi}{4}d^2 p_1 \tag{21-7}$$

$$v_3 = \frac{q}{S_2} = \frac{4q}{\pi d^2} \tag{21-8}$$

比较式(21-7)和式(21-8)可知,$v_3 > v_1$;比较式(21-7)和式(21-3)可知,$\boldsymbol{F}_3 < \boldsymbol{F}_1$。

这说明在输入流量和工作压力相同的情况下,单杆活塞液压缸差动连接时能使其速度提高,同时其推力下降。

2. 柱塞式液压缸

如图 21-25a 所示为柱塞式液压缸的结构简图。当压力油进入缸筒时,推动柱塞并带动运动部件向右运动。若柱塞的直径为 d,输入液压油流量为 q,压力为 p,则柱塞上产生的推力 $\boldsymbol{F}$ 和速度 v 为

$$\boldsymbol{F} = pA = p\,\frac{\pi}{4}d^2 \tag{21-9}$$

$$v=\frac{q}{A}=\frac{4q}{\pi d^2} \tag{21-10}$$

柱塞式液压缸是单作用液压缸，只能做单向运动，其回程必须靠其他外力（如弹簧力）或自重（垂直放置时）驱动。在大行程设备中，为了得到双向运动，柱塞式液压缸常成对使用，如图 21-25b 所示。如图 21-25c 所示为柱塞式液压缸实物图。

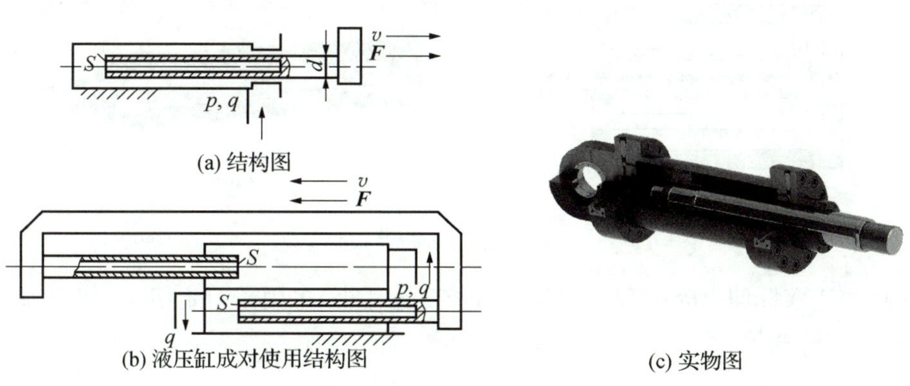

(a) 结构图

(b) 液压缸成对使用结构图

(c) 实物图

图 21-25　柱塞式液压缸

3. 增压缸

在液压系统中，整个系统需要低压，而局部需要高压，为了节省一个高压泵，常用增压缸与低压大流量泵配合，从而提高输出油压的局部压力。这样，只有局部是高压，而整个液压系统调整压力较低，减少了功率损耗。

增压液压缸如图 21-26 所示，它由截面面积不同（S_1 和 S_2）的两个液压缸串联而成，大缸为原动缸，小缸为输出缸。设输入原动缸的压力为 p_1，输出缸的出油压力为 p_2，根据 $\boldsymbol{F}_1=\boldsymbol{F}_2$ 力平衡关系，有如下等式

$$P_1S_1=P_2S_2 \tag{21-11}$$

整理得

$$p_2=\frac{S_1}{S_2}p_1 \tag{21-12}$$

式中，比值 $\frac{S_1}{S_2}$ 称为增压比。

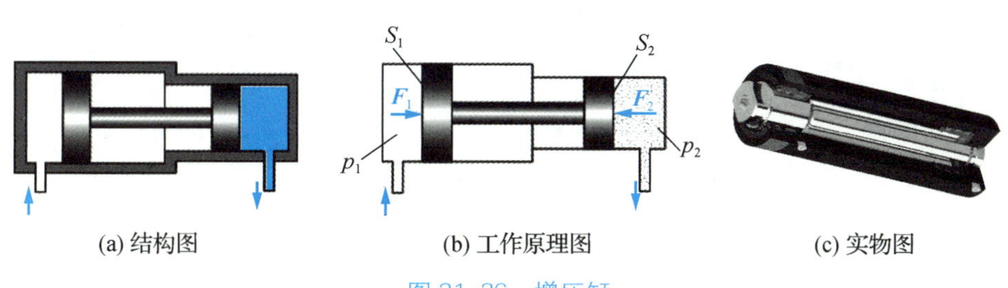

(a) 结构图

(b) 工作原理图

(c) 实物图

图 21-26　增压缸

4. 伸缩缸

伸缩缸由两级或多级活塞缸套装而成，如图 21-27 所示。前一级缸的活塞就是后一级缸的缸筒，活塞伸出的顺序是从大到小，相应推力也是由大变小，而速度则由慢变快。空载缩回的顺序一般是从小到大。

动画

伸缩缸

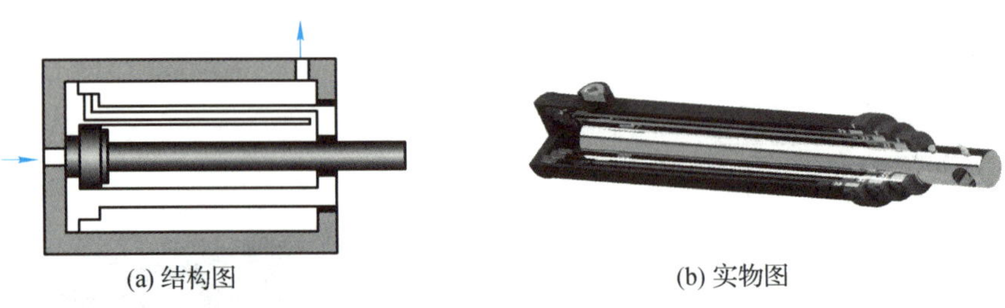

(a) 结构图　(b) 实物图

图 21-27　伸缩缸

伸缩缸的活塞杆伸出时行程大而收缩后长度尺寸小，多用于行走机械，如自卸汽车举升缸、起重机伸缩臂缸等。

二、液压缸的结构

液压缸由缸筒与缸盖、活塞与活塞杆、密封装置、缓冲装置和排气装置五个部分组成。

1. 缸筒与缸盖

缸筒与缸盖的连接要求紧密、不泄漏。常用的缸筒与缸盖的连接形式有以下几种。

（1）法兰式连接

如图 21-28a 所示，法兰式连接的零件易加工、装拆，但外形和质量较大。

（2）螺纹式连接

如图 21-28b 所示，螺纹式连接的外形小，质量轻，但端部结构较复杂，需要专用工具装拆。

（3）拉杆式连接

如图 21-28c 所示，拉杆式连接的通用性好，但外形和质量较大。

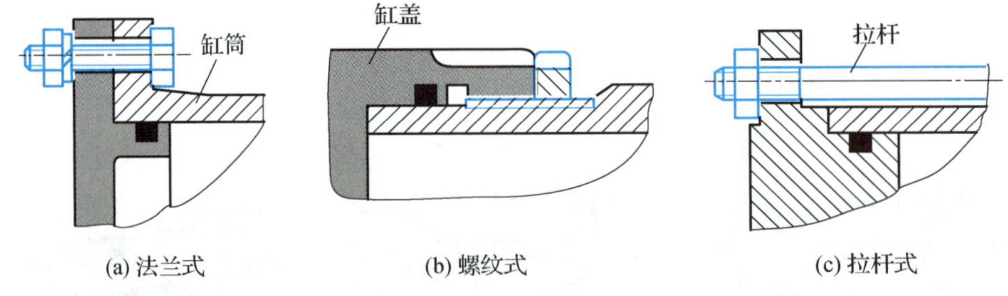

(a) 法兰式　(b) 螺纹式　(c) 拉杆式

图 21-28　缸筒与缸盖的连接形式

2. 活塞与活塞杆

活塞与活塞杆之间常采用锥销连接和螺纹连接。其中，锥销连接常用于双出杆液压缸，如图 21-29a 所示；螺纹连接常用于单出杆液压缸，如图 21-29b 所示。

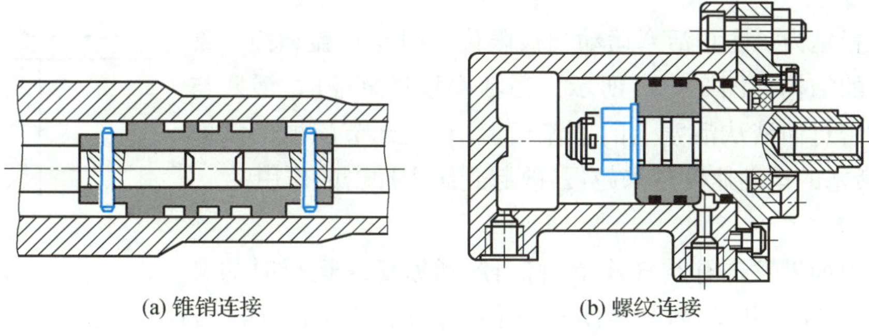

图 21-29 活塞与活塞杆的连接

3. 密封装置

密封装置的作用是避免油液泄漏造成压力降低和流量损失。常用的密封装置有间隙密封和密封圈密封。间隙密封如图 21-30a 所示，其利用活塞表面上的细小密封圆环槽与活塞缸之间形成油液阻力阻止液压油的泄漏，其特点是结构简单，摩擦阻力小，但泄漏大，只能应用在低压高速场合中；密封圈密封如图 21-30b 所示，其利用橡胶或塑料的弹性作用使密封圈贴紧配合表面阻止液压油的泄漏，其特点是密封效果好，但运动阻力大一些。

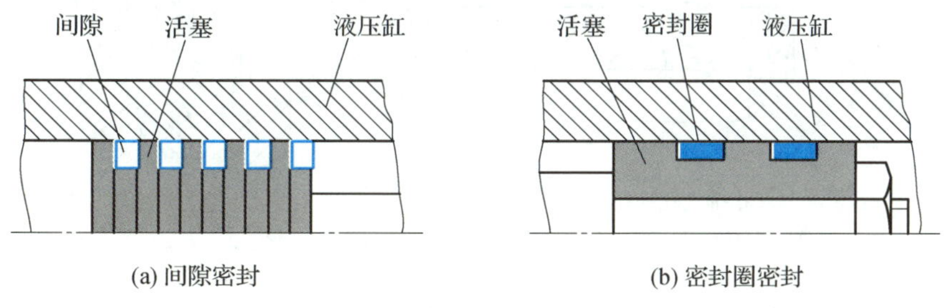

图 21-30 密封装置

在发动机活塞部分结构中，活塞和气缸壁之间采用活塞环进行密封、冷却、润滑等，结构如图 21-31 所示。在活塞的头部加工成三道环槽，活塞环按其功用可分为气环和油环两类。气环又称为压缩环，其功用是密封活塞和气缸之间的间隙，防止漏气和窜油，并将活塞承受的热量传给气缸。油环的功用是刮去气缸壁上多余的润滑油，并在气缸壁上均匀布油。一般发动机上装有两道气环和一道油环。

(a) 活塞环结构

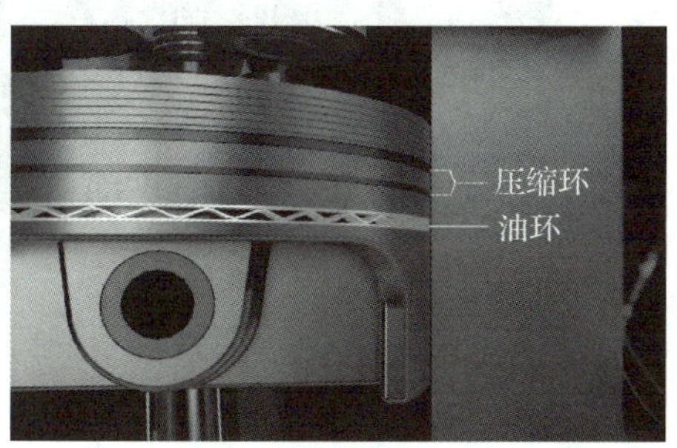

(b) 活塞环放大

图 21-31 汽车发动机活塞部分结构

4. 缓冲装置

缓冲装置是为了防止活塞运动到极限位置时与缸盖相撞。常用缓冲装置的结构如图 21-32 所示。当活塞接近缸盖时，活塞与缸盖之间的密封油液从活塞上的节流槽流出，由于节流槽的截面逐渐变小，活塞的运动速度越来越慢，故起到缓和冲击的作用。

图 21-32　缓冲装置

5. 排气装置

液压缸中如果发现有空气残留，将引起活塞低速运行时的爬行和振动，产生噪声和发热，甚至使整个系统不能正常工作，因此必须设置排气装置。

常用的排气装置有两种形式：一是排气孔和排气阀，二是排气塞。当使用第一种方式排气时，排气装置安装在液压缸的最高部位处，并用长管道通向远处的排气阀排气，如图 21-33a 所示。排气塞排气则是在缸盖的最高部位处直接安装排气塞，如图 21-33b 所示。

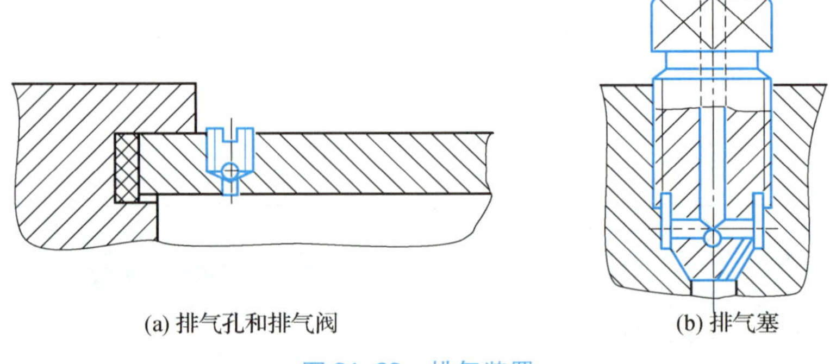

(a) 排气孔和排气阀　　(b) 排气塞

图 21-33　排气装置

汽车制动系统是车辆安全的重要保障，制动管路中如有空气的存在会导致制动响应缓慢和制动效果下降。排气能够去除这些空气，提高制动性能。如图 21-34 所示为制动系统的排气孔。

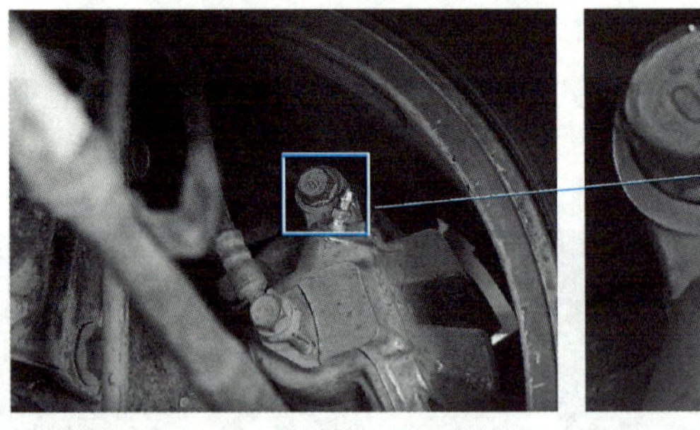

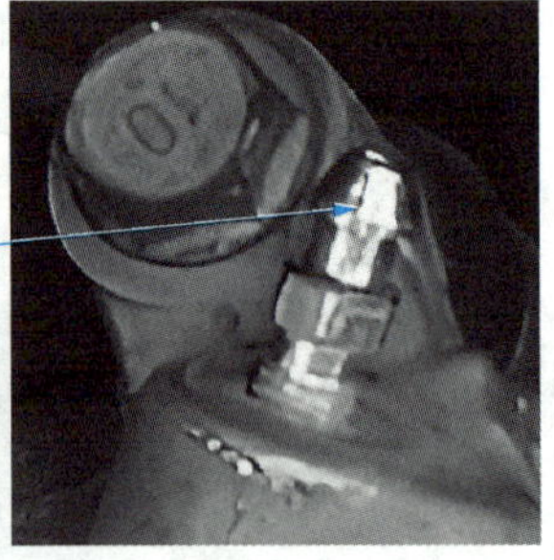

图 21-34　制动系统的排气孔

第三节 液压阀

液压控制阀是液压传动系统的控制元件，它能调整液压系统的压力大小、油液流动速度的快慢、流量的大小和改变油液流动的方向，并控制执行元件输出的动力或力矩、运动的方向、速度大小和动作的顺序，满足工作机械所设定的动作和功能要求。

液压阀按其作用分为方向控制阀、压力控制阀和流量控制阀三大类。

一、方向控制阀

方向控制阀是控制油液流动方向的控制阀，包括单向阀和换向阀两种。

1. 单向阀

单向阀的作用是允许油液只向一个方向流动，不允许油液向相反的方向流动。常用的单向阀分为普通单向阀和液控单向阀，普通单向阀如图 21-35a 所示，液控单向阀如图 21-35b 所示。两种单向阀的内部结构基本相同，主要由阀体、阀芯和弹簧组成。图 21-35 中 P_1 为进油口，P_2 为出油口，油液只能从进油口 P_1 流向出油口 P_2，不能倒流；所不同的是，液控单向阀比普通单向阀多一个远程控制口 K，在远程控制口 K 上的细直杆作用下，直接推开钢珠，使进油口 P_1 与出油口 P_2 相通。

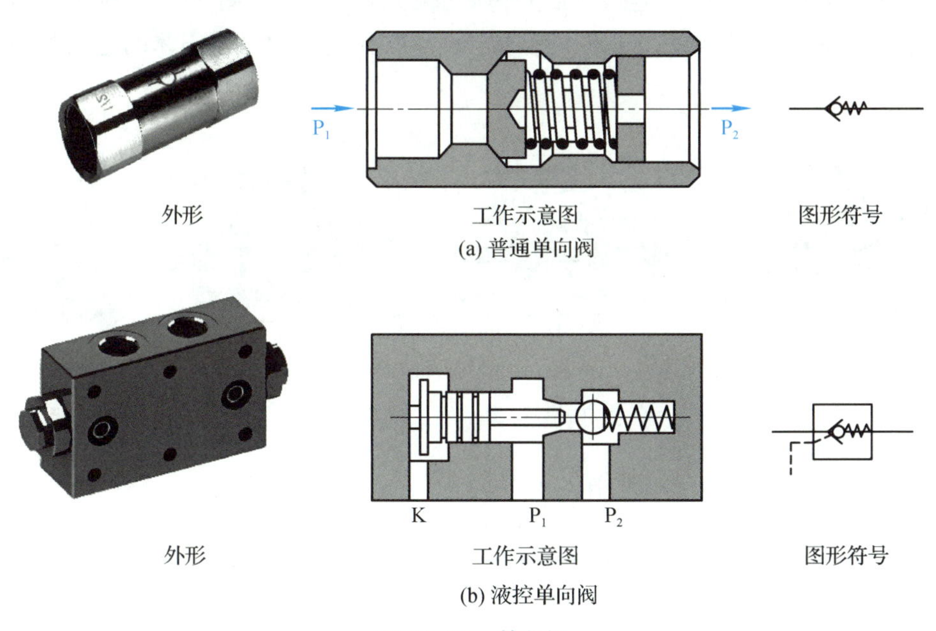

图 21-35 单向阀

如图 21-36 所示为汽车燃油泵的结构图，燃油泵将车内燃油从油箱泵出，单向阀确保燃油只能沿一个方向流动，防止油液反向流动，从而保护燃油泵和系统安全。

2. 换向阀

换向阀的作用是利用阀芯与阀体相对位置的改变控制油路的接通或关闭，达到控制

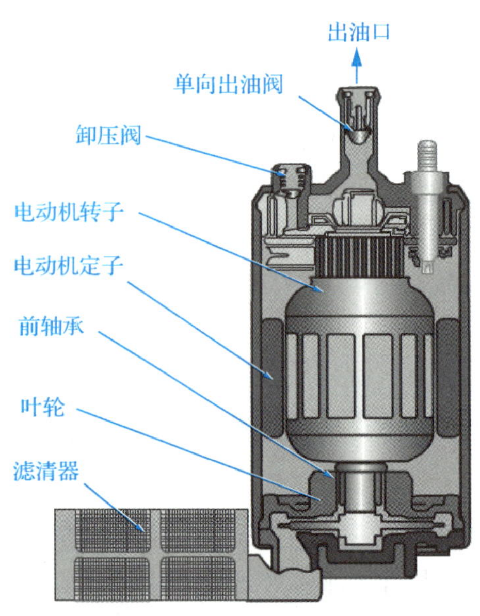

图 21-36　汽车燃油泵的结构图

液压执行元件的起动、停止或变换运动方向的目的。换向阀按阀芯的运动分为滑阀式和转阀式两类。其中，滑阀式换向阀在液压传动系统中使用较多。滑阀式换向阀按阀芯工作位置的数目和油液的进、出通路数目分为“几位几通”阀。如图 21-37 所示为常用的三位四通阀，表示阀芯可变换三个不同的位置，即左位、中位和右位；阀体的进出油口有四个通路。

动画

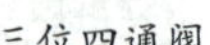
三位四通阀

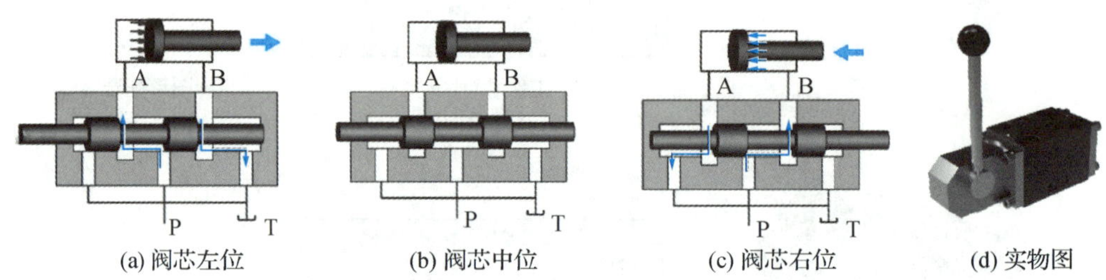

图 21-37　常用的三位四通阀

阀芯在不同位置时，油液流通情况见表 21-1。

表 21-1　油液流通情况

阀心位置	油口	缸运动
中	全封闭	停止
左	P→A，B→T	向右
右	P→B，A→T	向左

换向阀的图形符号用一个方框表示换向阀的一个工作位置，二位用两个方框，三位用三个方框。方框内的箭头表示油路相通路线，⊥表示油路不相通，见表 21-2。

表 21-2　常用换向阀的结构原理和图形符号

位和通	结构原理	图形符号
二位二通	左位 右位 A B	A B
二位三通	左位 右位 A P B	A B P
二位四通	左位 右位 B P A T	A B P T
二位五通	左位 右位 T_1 A P B T_2	A B T_1 P T_2
三位四通	左位 中位 右位 A P B T	A B P T
三位五通	左位 中位 右位 T_1 A P B T_2	A B T_1 P T_2

换挡阀实质上为液动换向阀，在压力油作用下换挡阀进入不同的油路从而得到不同的挡位，如图 21-38 所示。

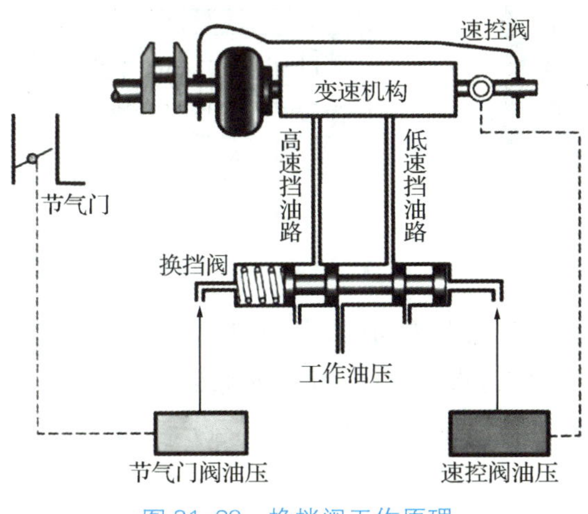

图 21-38　换挡阀工作原理

换向阀的阀芯位置有手动、机动和电磁多种控制方式，如图 21-39 所示。

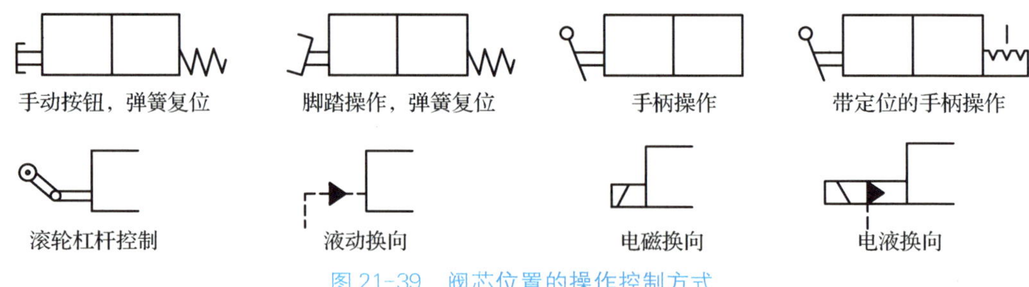

图 21-39　阀芯位置的操作控制方式

二、压力控制阀

压力控制阀是对液压传动系统的整体或局部压力进行调节的控制阀，包括调压、减压、增压、卸荷等控制。常用的压力控制阀有溢流阀、减压阀、顺序阀。

1. 溢流阀

溢流阀的主要作用是调定或限制液压系统的最大工作压力。溢流阀的原理是通过溢流的方法使系统中多余的油液流回油箱，防止系统压力过载。常用的有直动式溢流阀和先导式溢流阀。

(1) 直动式溢流阀

直动式溢流阀如图 21-40 所示，由阀芯、弹簧、调节螺钉和阀体组成。

当液压系统的压力较低时，左侧的阀芯被弹簧力推到左端，堵住进油阀口 P(A)，油液被堵在溢流阀外；当液压系统压力超过预定的弹簧力时，阀芯 P(A) 被油液顶开，部分油液经过溢流阀的回油口 T(B) 溢流回油箱。当阀芯受力平衡处于某个位置不动时，系统压力基本保持不变，溢流阀起到溢流稳压的作用。溢流阀的图形符号如图 21-40c 所示。

动画

直动式
溢流阀

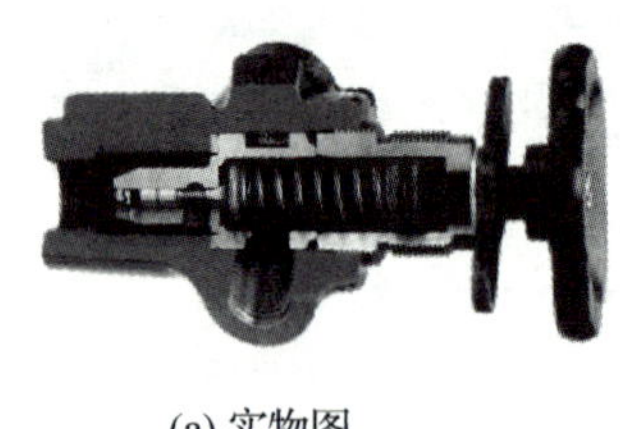

(a) 实物图

阀芯　弹簧　阀体　调节螺钉
P(A)
T(B)

(b) 工作原理

T(B)
P(A)

(c) 图形符号

图 21-40　直动式溢流阀

直动式溢流阀在汽车上常见有单向阀、安全阀。在如图 21-36 所示汽车燃油系统的油泵中安装了泄压阀，也就是直动式溢流阀，其能够保证燃油系统稳定油压，当系统油压较高时，油压强行推开安全阀，进行泄压，以保护油泵不会产生过多的热量，确保油泵的安全。

(2) 先导式溢流阀

先导式溢流阀如图 21-41 所示。如图 21-41b 所示，与直动式溢流阀的结构相比，先导式溢流阀增加了一个先导阀，由先导阀和主阀组成。当远程控制口 K 关闭时，液压油从进油口 P 进入，通过阻尼孔 2 作用在先导阀阀芯 4 上。当液压系统压力较低，作用在阀芯 4 上的油液压力不足以克服先导阀弹簧 5 的作用力，先导阀关闭，溢流阀的进油口 P 与回油口 T 没有形成通路，先导式溢流阀不产生溢流作用；当液压系统压力升高到大于作用在阀芯 4 上的弹簧力时，先导阀阀芯被推开并右移，油液经先导阀流向回油口 T。主阀 1 主要控制溢流量，主阀弹簧 3 不起调压作用，仅用于克服摩擦力使主阀芯及时复位。

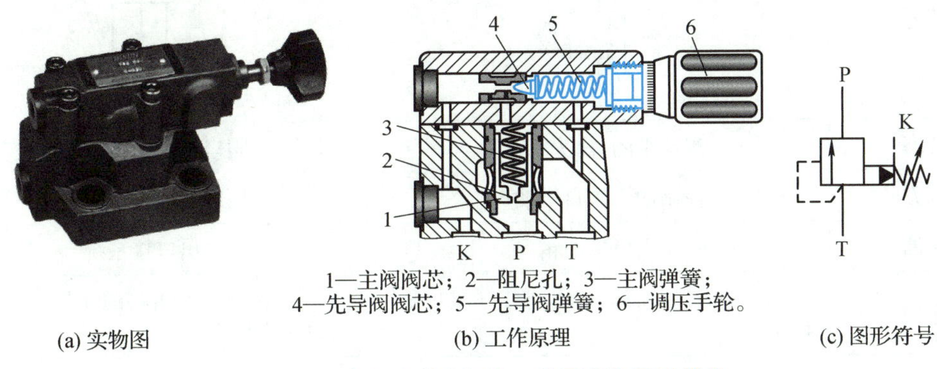

1—主阀阀芯；2—阻尼孔；3—主阀弹簧；
4—先导阀阀芯；5—先导阀弹簧；6—调压手轮。

(a) 实物图　(b) 工作原理　(c) 图形符号

图 21-41　先导式溢流阀的工作原理和图形符号

先导式溢流阀结构比直动式溢流阀结构复杂，但压力波动小，比较稳定，适用于中、高压的液压传动系统。实际应用中，溢流阀常用作稳压阀、安全阀、卸荷和背压阀。

2. 减压阀

减压阀的主要作用是用来降低液压系统中某一处局部油液的压力，使这一处局部的压力低于整个液压系统设定的压力，以满足不同执行元件的工作压力要求。根据控制压力不同，减压阀分为定值减压阀、定差减压阀和定比减压阀。

其中，定值减压阀用于维持出口压力在一个不变的固定值，定差减压阀用于维持进、出口之间的压力差不变，定比减压阀用于维持进、出口之间压力成一定的比例不变。

定值减压阀在液压系统中应用最为广泛，简称减压阀。减压阀分直动式减压阀和先导式减压阀。直动式减压阀如图 21-42 所示，其结构由阀芯、弹簧、调节螺钉和阀体组成，进油口 P 与出油口 A 常通，出油口有一小孔通至阀芯左侧，油液可通过小孔进入阀体左腔。当出油口的压力低于弹簧调定的压力时，阀芯左移，进油口全开，出油口的压力升高到设定的压力值时，阀芯处在平衡位置不动，保持出油口的压力在某个低压值不变，以达到减压的目的。

动画

直动式减压阀

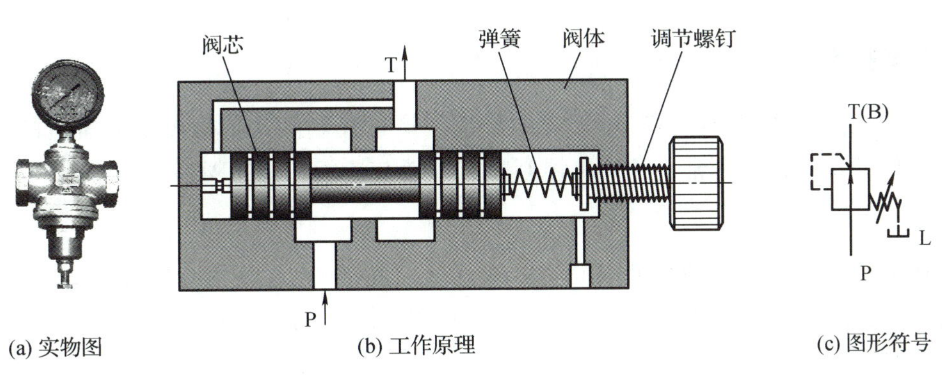

(a) 实物图　(b) 工作原理　(c) 图形符号

图 21-42　直动式减压阀

溢流阀和减压阀的区别见表 21-3。

表 21-3 溢流阀和减压阀的区别

	溢流阀	减压阀
符号	溢流	减压 L
常态	阀口常闭(箭头错开)	阀口常开(箭头连通)
控制方式	控制油压来自进油口	控制油压来自出油口
回油	出口接油箱	出口接系统
作用	调定系统的工作压力,维持进口压力稳定	调定系统各段油路的不同压力,维持出口压力稳定

如图 21-43 所示为自动变速器油泵示意图。油被油泵泵入主油路系统,在发动机运行过程中,油泵的输出流量和压力变化很大。当主油路压力过高时,会引起换挡冲击和增加功率消耗;当主油路压力太低时,会引起离合器制动器的打滑。两者都会影响液压系统工作,因此在主油路系统中必须设置主油路调压阀,将油泵输出压力精确调节到所需的油压后再输入主油路,多余的油返回油底壳,使系统压力稳定在一定范围内。

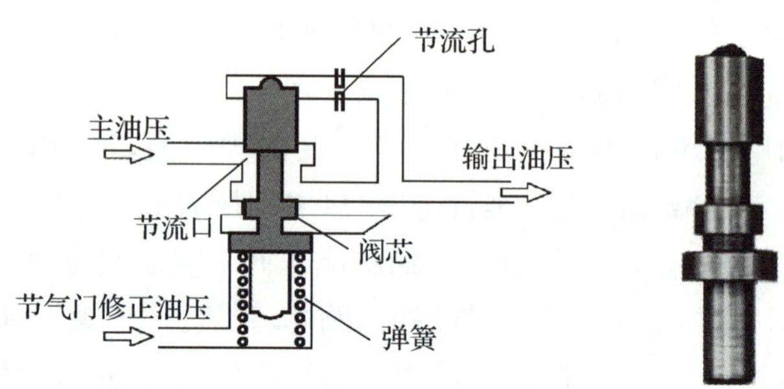

图 21-43 自动变速器油泵示意图

三、流量控制阀

流量控制阀的作用是控制液压系统的流量。流量控制阀是依靠改变节流口的大小,调节执行元件的运动速度。常用的流量控制阀有普通节流阀和调速阀。

1. 普通节流阀

普通节流阀是液压传动系统中最简单的流量控制阀,通过改变阀口过流面积的大小或通道的长短,来控制和改变通过阀口的流量,达到调节执行元件运动速度的目的,如图 21-44 所示。

动画

普通节流阀

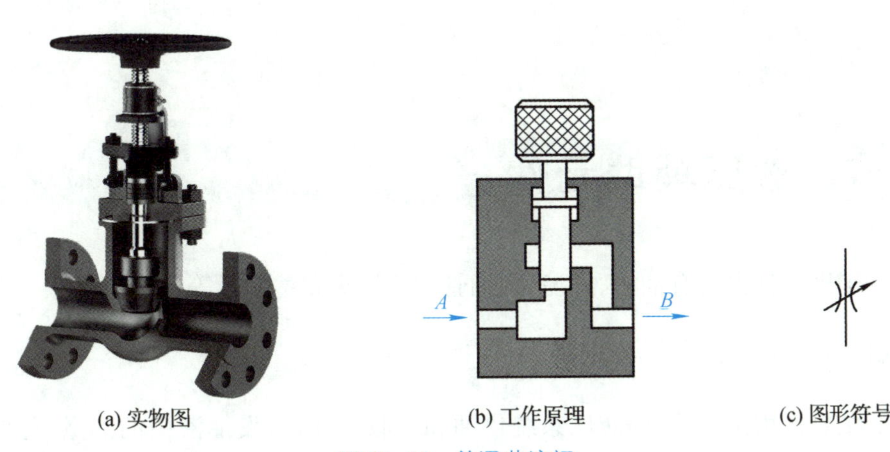

(a) 实物图　(b) 工作原理　(c) 图形符号

图 21-44　普通节流阀

节流口是流量控制阀的重要组成部分，常见的节流口结构如图 21-45 所示。

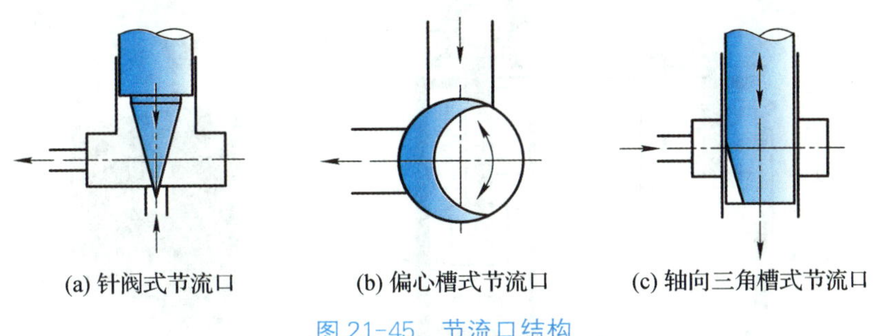

(a) 针阀式节流口　(b) 偏心槽式节流口　(c) 轴向三角槽式节流口

图 21-45　节流口结构

图 21-45 中针阀式节流口和轴向三角槽式节流口是通过调节针阀或轴向三角槽的轴向位移来改变通流面积的，偏心槽式节流口是通过旋转阀芯来改变通流面积的。普通节流阀用于常温和负载不大的场合。

2. 调速阀

调速阀是将节流阀和定差减压阀串接而成。定差减压阀可以维持节流阀前后的压差基本保持不变，克服负载波动对节流阀的影响。所以，调速阀能使执行元件的运动速度不因负载变化而变化。调速阀的工作原理和图形符号如图 21-46 所示。调速阀适用于对运动平稳性要求较高的液压系统。

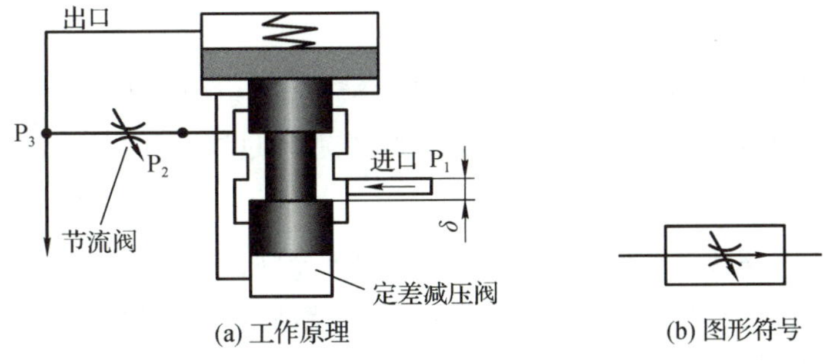

(a) 工作原理　(b) 图形符号

图 21-46　调速阀的工作原理和图形符号

第四节　液压辅助元件

液压的辅助元件主要有油箱、过滤器、油管和管接头和蓄能器等。

一、油箱

油箱的主要作用是储油，向液压系统供油和接收回油，散发油液中的热量，释放混在油液中的气体，沉淀油液中的杂质。独立式油箱的结构如图 21-47 所示。

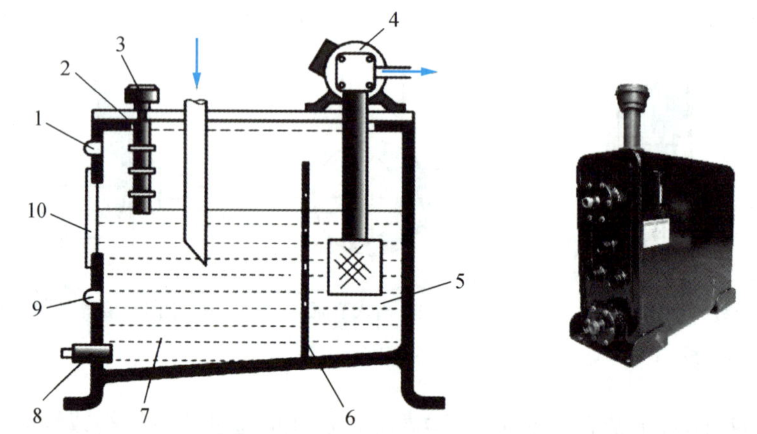

1—最高油位指示窗；2—注油用滤网；3—加油口；4—油泵；5—吸油区；6—隔板；7—回油区；8—放油阀；9—最低油位指示窗；10—压板。

图 21-47　独立式油箱的结构

油箱一般由钢板焊接而成，也可采用铸铁件。为了能更好地散热，油箱的体积取油泵流量的 50 倍以上，保持油面在一定的高度，使混入油液中的空气和杂质分离出来。

另外，也可以利用床身或底座内的空间作为油箱，其结构紧凑，回收漏油方便，但油温变化时容易引起床身热变形，液压泵装置的振动也会影响机械的工作性能。

二、过滤器

过滤器的作用是过滤油液中的杂质，保证油液清洁、系统管路畅通和液压元件工作正常。常用的过滤器有网式过滤器、线隙式过滤器、纸芯式过滤器和烧结式过滤器。

1. 网式过滤器

网式过滤器由金属或塑料圆筒制成，外包一层铜丝网，靠铜丝网阻挡油液中的杂质被吸入油泵。这种过滤器的结构简单，通油能力大，但过滤精度低，一般安装在液压泵的吸油口。网式过滤器的结构如图 21-48a 所示。

2. 线隙式过滤器

线隙式过滤器的滤芯用铜线或铝线绕制在滤架上，靠线与线之间的微小间隙过滤杂质。结构简单，过滤效果好，但不易清洗。一般用于中低压系统，安装在液压泵之后、元件之前。线隙式过滤器的结构如图 21-48b 所示。

3. 纸芯式过滤器

纸芯式过滤器的滤芯用微孔滤纸制成。这种过滤器的过滤精度高，但容易堵塞，无法清洗，需要经常更换纸芯。纸芯式过滤器的结构如图 21-48c 所示。

4. 烧结式过滤器

烧结式过滤器的滤芯用青铜粉末烧结而成，靠颗粒间的间隙滤油。这种过滤器的过滤精度高，滤芯强度大，但通油能力低，用于过滤质量要求较高的液压系统。烧结式过滤器的结构如图 21-48d 所示。

过滤器的图形符号如图 21-48e 所示。

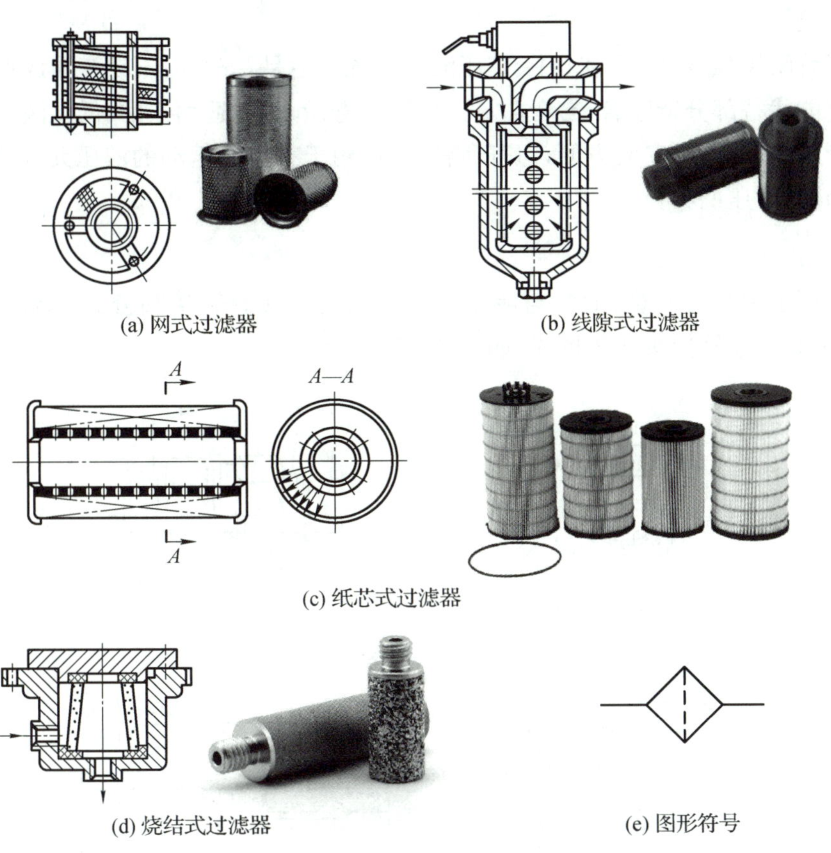

(a) 网式过滤器　(b) 线隙式过滤器

(c) 纸芯式过滤器

(d) 烧结式过滤器　(e) 图形符号

图 21-48　过滤器

汽车中有很多过滤器，如图 21-49a 所示为空气滤芯，如图 21-49b 所示为空调滤芯，两者都用于过滤空气中的杂质；如图 21-49c 所示为机油滤清器，用于过滤油液中的杂质。它们都是纸芯式过滤器，长时间使用易堵塞，因此需要定期更换。

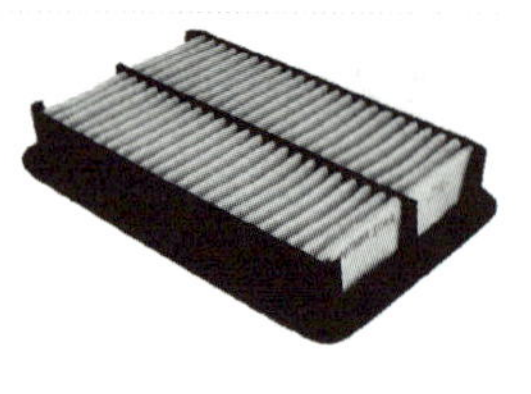
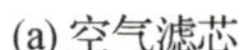
(a) 空气滤芯

(b) 空调滤芯

(c) 机油滤清器

图 21-49　汽车中的过滤器

三、油管和管接头

1. 油管

油管的作用是连接液压元件和输送油液。常用液压油管有紫铜管、无缝钢管、尼龙管、高压橡胶管等。

紫铜管容易弯曲成形，安装方便，管壁光滑，摩擦阻力小，但耐压低，价格高，适用于中、低压液压系统。

无缝钢管耐压强度高，适用于中、高压液压系统。但是，安装时不易弯曲成形。

尼龙管能代替部分紫铜管，易弯曲，价格低，但寿命较短，适用于中、低压液压系统。

橡胶管吸振性能好，安装方便，但寿命较短，适用于有相对运动的液压元件之间的连接。橡胶管分为高、中压两种。

2. 管接头

管接头用于油管与油管、油管与液压元件之间的连接。管接头分为管端扩口式、焊接式、扣压式和高压软管接头式等形式，如图 21-50 所示。

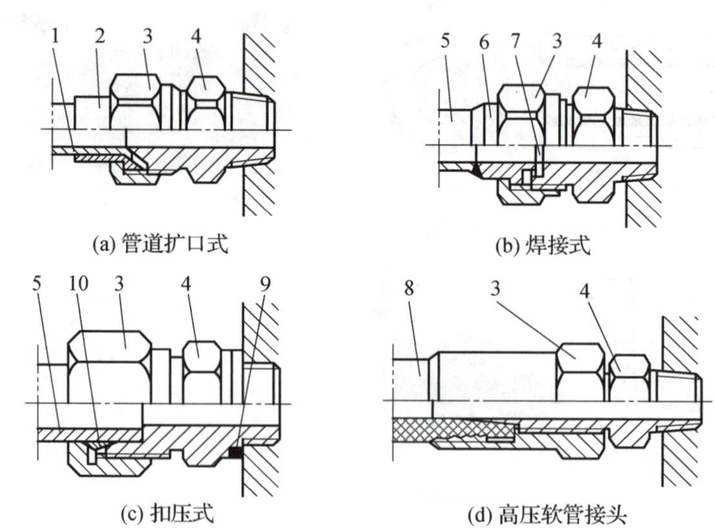

(a) 管道扩口式　(b) 焊接式

(c) 扣压式　(d) 高压软管接头

1—扩口薄管；2—管套；3—螺母；4—接头体；5—钢管；6—接管；7—密封垫；8—橡胶软管；
9—组合密封垫；10—夹套。

图 21-50　管接头的形式

四、蓄能器

蓄能器是液压系统中的储能元件，用以储存多余的压力油液，在需要的时候释放出来供给系统。

蓄能器有重锤式、充气式和弹簧式三类，常用的是充气式蓄能器(图 21-51)。充气式蓄能器利用压缩气体储存能量，使用前先由充气阀向皮囊内注入一定的氮气，将气体封闭在皮囊内。当外部的油液压力高于蓄能器内的气体压力时，油液从蓄能器下部的进油口进入蓄能器，皮囊受压储存液压能；当系统压力低于蓄能器内压力时，蓄能器内的压力油流出蓄能器，与油泵同时向系统供油。它能满足短期大流量的需要，作为辅助的动力源使用蓄能器的作用是提高执行元件的运动速度，作为应急的能源，停泵保压和补充泄漏。

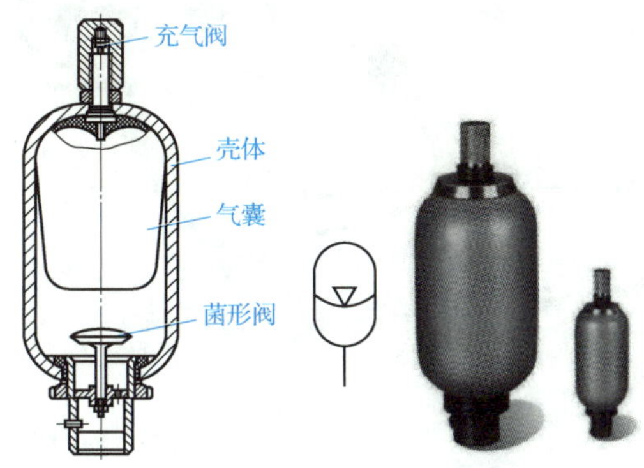

图 21-51　充气式蓄能器

在汽车底盘结构中采用气液式空气悬架作为车辆减振系统，如图 21-52a 所示。采用空气悬架能很好地对车身的振动进行阻尼衰减。在车身受到冲击振动的过程中，由液压的减振器传递给空气囊(图 21-52b)，空气囊起到吸能、抗冲击的效果。在车辆行驶的过程中，由保持一定压力的空气囊作为蓄能器，当压力降低时车载空气泵对系统进行压力补足，很好地提高了人们乘坐的舒适性。

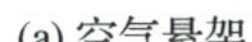

(a) 空气悬架

(b) 空气囊

图 21-52　汽车空气悬架和空气囊

知识拓展　**你知道汽车中有哪些液压元件的应用吗?**

在现代汽车中，液压系统广泛应用于多个关键功能的实现。液压系统通过液体传递力量，具有高效、精确和可靠的特点。下面介绍汽车中常见液压系统，并具体说明各系统中应用的液压元件。

1. 制动系统

参见单元二十。

2. 转向系统

电控液压助力转向系统(EHPS)(图21-53)广泛应用于现代汽车，尤其是对高性能和大型车辆而言，EHPS可以显著减轻驾驶员的操控负担。通过液压系统提供额外的转向力，使驾驶员能够轻松转动方向盘。

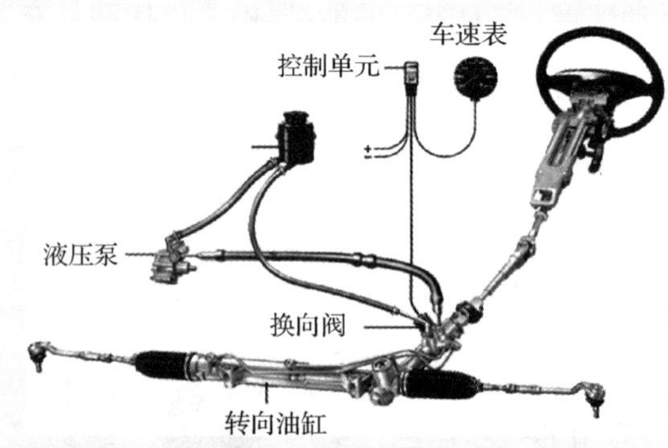

图21-53　电控液压助力转向系统

(1) 液压泵

液压泵为系统提供所需的液压流量，通常由发动机驱动。液压泵的作用是将液体压送到助力转向系统中。

(2) 转向油缸(或助力缸)

液压油缸是液压转向系统中的执行元件，根据驾驶员转动方向盘时的输入，推动转向机构实现车轮转向。

(3) 换向阀

用于控制液压油流动方向，以确保液压助力缸按照正确的方向助力，实现平稳转向。

电控液压助力转向系统可以根据车速自动调节助力，低速时提供更大的助力，高速时减少助力，增加操控的精准度和稳定性。

3. 自动变速器

液控式自动变速器通过液压系统来控制换挡离合器和制动带实现挡位的切换，如图21-54所示。其过程中液压泵、控制阀体与液压缸都起到重要作用。

(1) 液压泵(油泵)

液压泵提供变速器系统所需的液压流量，以驱动离合器、制动器和其他内部元件。

(2) 控制阀体(阀组)

阀体内部有多个阀门，根据输入的信号控制液压流量的分配，确保离合器和制动带的正确工作。

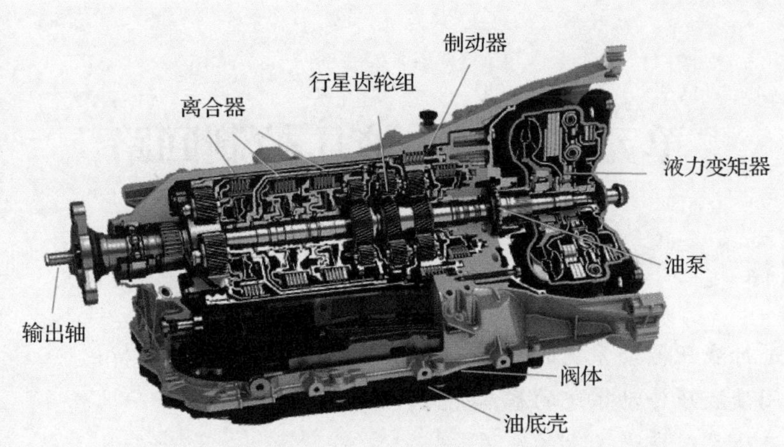

图 21-54 液控式自动变速器

(3) 液压缸

控制液压缸推动离合器的结合和分离，实现不同挡位之间的转换。

液压控制的自动变速器系统通常能够平稳、迅速地进行换挡，提高了驾驶舒适性，并减少了机械磨损。

4. 主动悬架系统

主动液压悬架系统主要应用于高端车辆，它能够根据车况和驾驶需求，调节悬架的硬度和高度，提供更加舒适和平稳的驾驶体验，如图 21-55 所示。其主要由以下几个部件来完成调节工作：

图 21-55 主动液压悬架系统

(1) 液压泵

为悬架系统提供压力，控制悬架的升降和调整硬度。

(2) 液压缸

液压缸用于调整悬架的硬度，当车载负荷变化或道路状况不同，液压缸会通过调节压力，改变悬架的刚度，以适应不同的驾驶条件。

(3) 调节阀

调节阀用来精确控制液压系统中液体的流量和压力，从而实现悬架的自动调节。

主动液压悬架系统的优势在于其可调性和高响应性，能够根据不同的行驶条件实时调整，极大地提升了乘坐舒适性和驾驶操控性。

液压系统在现代汽车中的应用涵盖了从制动、转向到变速、悬架等多个关键系统。每个系统都由液压泵、液压缸、控制阀等元件共同协作，使得汽车各项功能更加高效、精确，并显著提升了驾驶的舒适性和安全性。

单元二十二 液压控制回路

知识目标

(1) 能够进行液压传动系统的分析与液压控制回路的识读与分析；
(2) 具备阅读液压传动系统的基本能力；
(3) 了解液压系统在汽车上的应用。

能力目标

具有识读液压基本回路和系统的能力。

案例引入

现代汽车大多配有防抱死制动(ABS)系统(图 22-1a)和汽车液压助力转向系统(图 22-1b)。ABS系统,既可以提高制动效果,又可以延长汽车轮胎的使用寿命;汽车液压助力转向系统,既可以减轻驾驶员操作转向盘的体力劳动,又可以提高车辆的转向灵活性。那么,它们到底是如何来完成工作的呢?

(a) ABS系统

(b) 液压助力转向装置

图 22-1 ABS系统和助力转向装置

第一节 方向控制回路

在液压传动系统中,工作机械的起动、停止或变换运动,都是利用控制执行元件的液流通断及改变流动方向来实现的。实现这些功能的回路称为方向控制回路。常见的方向控制回路有换向回路和锁紧回路。

一、换向回路

1. 手动阀换向回路

如图 22-2 所示为三位四通手动换向阀的换向回路。当阀芯处于图示位置时，压力油从液压缸左油口流入，从右油口流出，从而带动负载向右运动；当换向阀切换到中位时，液压缸的两个油口均被堵住，液压缸同负载一起停止运动；当换向阀切换到右路时，压力油从液压缸右油口流入，从左油口流出，从而带动负载向左运动。因此，通过采用手动换向阀，即可控制负载的启停和运动方向。

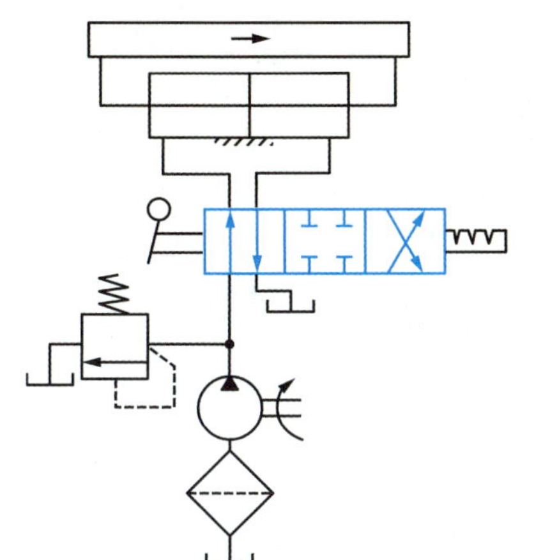

图 22-2　三位四通手动换向阀的换向回路

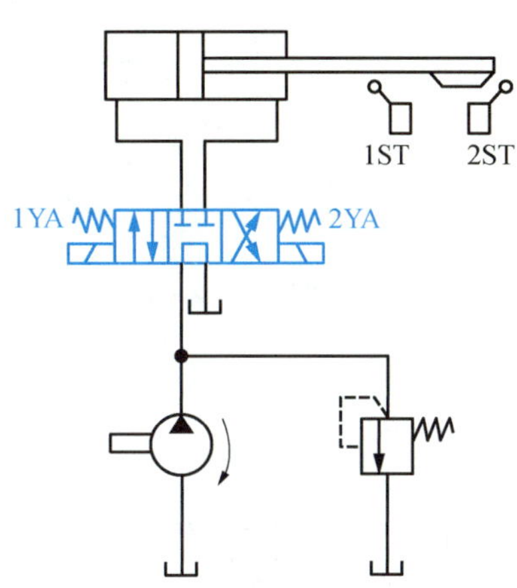

图 22-3　三位四通电磁换向阀的换向回路

2. 电磁换向阀组成的换向回路

行程开关控制三位四通电磁换向阀的换向回路如图 22-3 所示。当 1YA 通电时，电磁换向阀左位工作，液压缸左腔进油，活塞右移；当活塞杆右移碰到行程开关 2ST 时，1YA 断电、2YA 通电，电磁换向阀右位工作，液压缸右腔进油，活塞左移；当活塞杆左移碰到行程开关 1ST 时，1YA 通电、2YA 断电，电磁换向阀又回到左位工作，液压缸左腔进油，活塞右移。往复变换电磁换向阀的工作位置，自动改变活塞的移动方向。如果 1YA 和 2YA 都断电，电磁换向阀中位工作，液压油直接流回油箱。

如图 22-4 所示为 ABS 系统的结构示意图，主要由刹车踏板、真空助力泵、刹车总泵、刹车分泵、ABS 液压泵、两个换向电磁阀及油液管路组成。当正常制动时，驾驶员踩下刹车踏板 3，进油电磁阀 6 打开，泄油电磁阀 7 关闭，刹车总泵 1 推动制动油液产生压力，通过进油电磁阀 6 进入刹车分泵 4 产生刹车力，使车轮减速，该过程为常规制动过程，如图 22-5a 所示。当驾驶员继续踩下刹车踏板，油压继续升高到车轮出现抱死趋势时，进油电磁阀 6 关闭，此时制动油压保持不变，该过程为保压过程，如图 22-5b 所示。当保持制动压力不变，车轮仍有抱死趋势时，泄油电磁阀 7 打开，制动油液通过泄油电磁阀 7 流回蓄能器，该过程为减压过程，如图 22-5c 所示。当减压后车轮恢复转动且转速增加，关闭泄油电磁阀 7，进油电磁阀 6 打开，ABS 液压泵将制动油液再次泵入刹车分泵 4，使车轮减速，该过程为增压过程，如图 22-5d 所示。因此，ABS 系统介入工作时正是通过控制进油和泄油电磁阀来实现制动油液的切断和导通，达到车辆安全制动的目的。

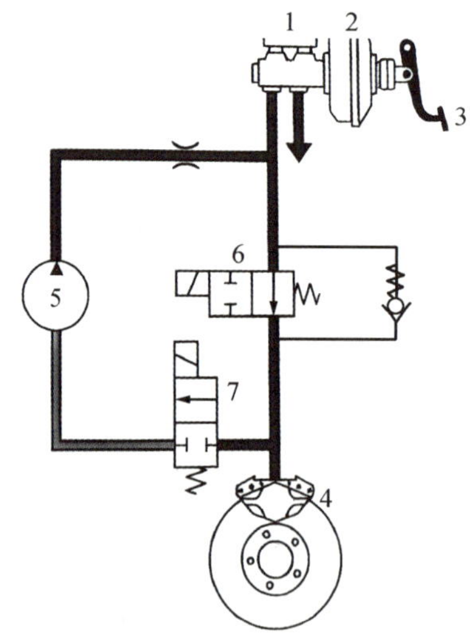

1—刹车总泵；2—真空助力泵；3—刹车踏板；4—刹车分泵；5—ABS 系统液压泵；6—进油电磁阀；7—泄油电磁阀。

图 22-4　ABS 系统的结构示意图

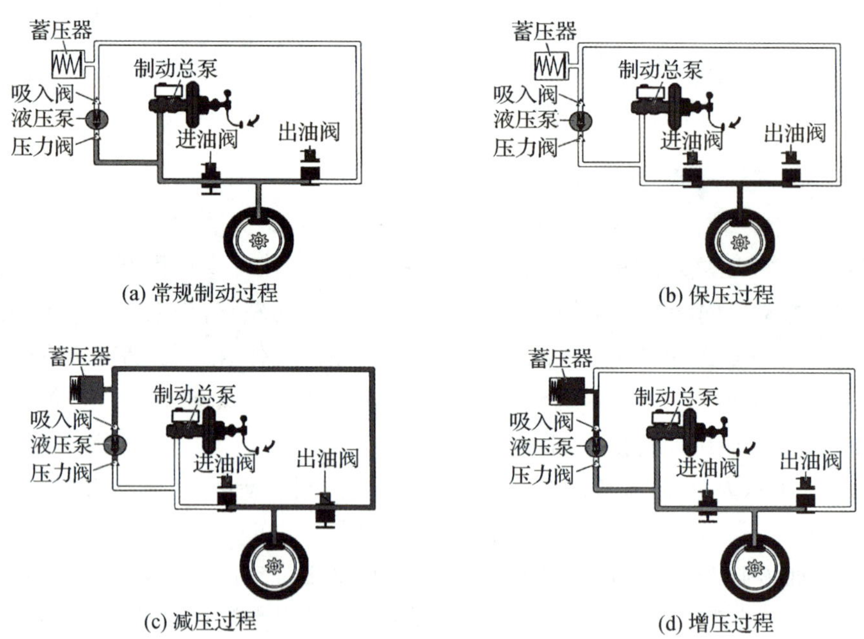

图 22-5　ABS 系统的工作过程

二、锁紧回路

锁紧回路是使液压缸的活塞杆能停留在任意位置，不会在受到外力作用时出现移动的回路。ABS 控制系统中的保压过程就是一个锁紧回路。

第二节　压力控制回路

压力控制回路是利用控制阀对系统整体或系统中某一部分的局部压力进行控制和调节，以满足执行元件对作用力及动作的需要。压力控制回路包括调压、减压、增压等多种回路。

一、调压回路

调压回路的功能是调定或限制液压系统的最高压力。调压回路一般由溢流阀来实现这功能。

1. 单级调压回路

单级调压回路如图 22-6 所示，调节节流阀的开口大小，即可调节进入执行元件的流量，油泵输出多余的流量经过溢流阀流回油箱。当溢流阀的调定压力小于液压系统的压力时，溢流阀的阀芯被油液的压力顶开，保持系统压力的基本恒定。每一个液压传动系统的油泵旁都配有这种单级调压回路，以确保液压系统的压力。

2. 多级调压回路

二级调压回路如图 22-7a 所示，泵出口的压力由溢流阀 1 调定为较高压力；当远程控制二位二通换向阀通电后，调定溢流阀 2 为较低的压力。

三级调压回路如图 22-7b 所示，回路中用三位四通换向阀代替二级调压回路中的二位二通换向阀，当电磁阀左右通电时，分别控制溢流阀 2 和溢流阀 3 的起动，实现系统的三级回路调压。

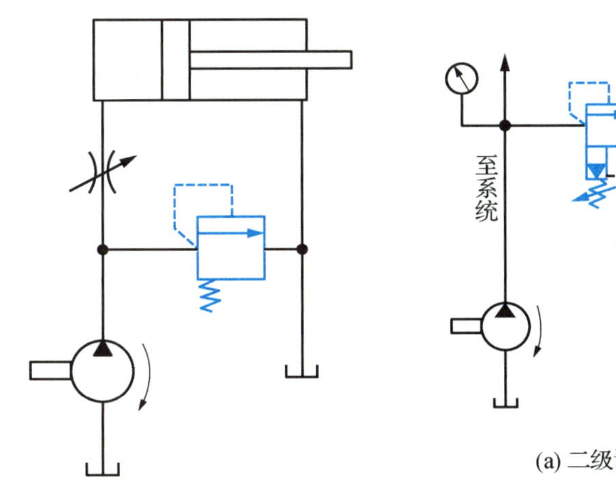

图 22-6　单级调压回路

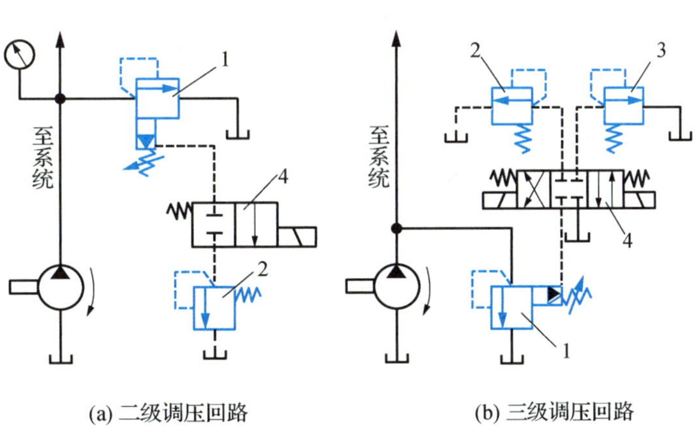

(a) 二级调压回路　(b) 三级调压回路

1—溢流阀；2、3—远程溢流阀；4—换向阀。

图 22-7　多级调压回路

二、减压回路

减压回路是使系统某一支分路的压力低于系统调定的工作压力。最常见的减压回路是在所需要的支路上串接定值减压阀。

单向减压回路如图 22-8 所示，溢流阀 1 调定为系统的较高压力，溢流阀 2 为定值减压阀，减压阀的出口压力由单向阀来调定。当定值减压阀的出口压力大于单向阀的压力时，油液经过单向阀进入液压缸的左腔，活塞右移，实现单方向的减压。在出现意外时，单向阀 3 防止活塞左腔的油液回流，以保持液压缸的压力稳定。

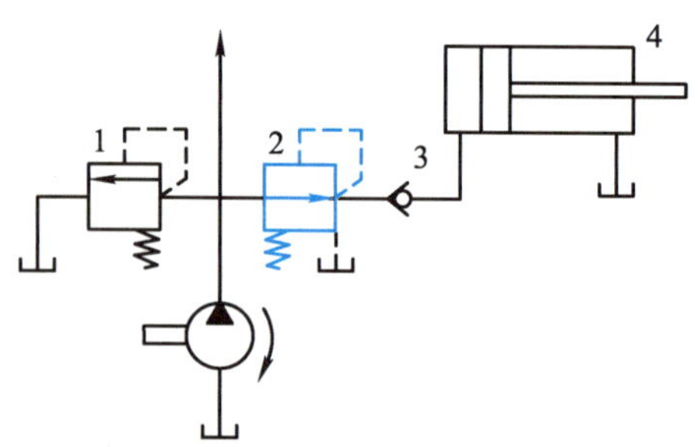

1—溢流阀；2—减压阀；3—单向阀；4—油箱。

图 22-8 单向减压回路

三、增压回路

增压回路如图 22-9 所示，它是采用双作用增压缸的增压回路。当液压缸 4 的活塞杆向左运动遇到较大载荷时，系统压力升高，油液经过顺序阀进入双作用增压缸，增压缸无论向左或向右运动，都能输出高压油。只要换向阀不断往复运动，高压油就能连续经过单向阀 7 或单向阀 8 进入液压缸 4 的右腔。单向阀 5 或单向阀 6 能有效地隔开增压器的高低压油路。

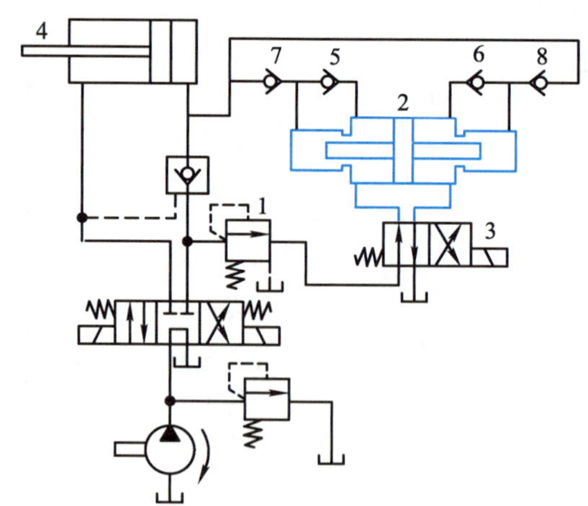

1—减压阀；2—增压缸；3—二位四通电磁阀；4—液压缸；5、6、7、8—单向阀。

图 22-9 增压回路

第三节　速度控制回路

速度控制回路主要通过改变液压系统中油液的流量来控制和调节液压执行元件的运动速度。常见的速度控制回路有节流调速回路、容积调速回路和容积节流调速回路。

一、节流调速回路

节流调速回路主要通过改变节流阀的油液流量，从而调节液压缸的运动速度。根据液压阀的位置可分进油节流调速回路、出油节流调速回路和旁油节流调速回路。

1. 进油节流调速回路

如图 22-10 所示，将节流阀串联在液压缸的进油口前，控制进入液压缸的流量，达到调速目的的回路，称为进油节流调速回路。

进油节流调速回路结构简单，调节活塞的运动速度方便，可获得较大的推力，但运动速度较低。适用于功率较小、载荷变化不大的液压系统。

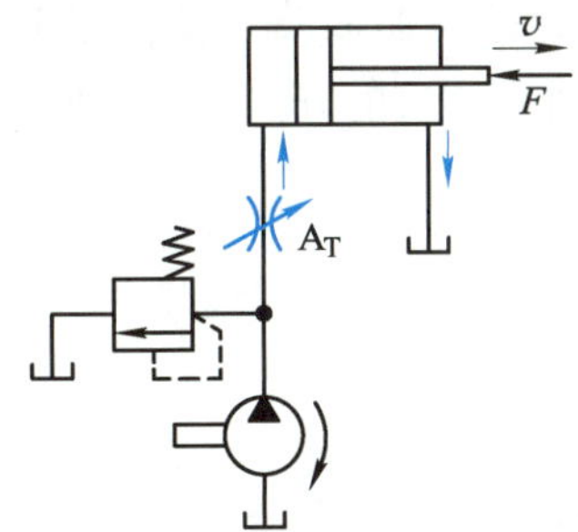

图 22-10　进油节流调速回路

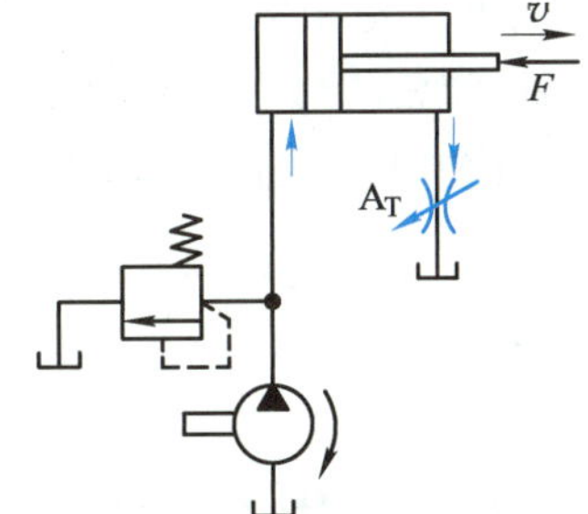

图 22-11　出油节流调速回路

2. 出油节流调速回路

如图 22-11 所示，将节流阀串联在液压缸的出油口前，控制流出液压缸的流量，达到调速目的的回路，称为出油节流调速回路。

出油节流调速回路具有较大的背压，当载荷发生变化时可起缓冲作用，活塞的运动平稳性比进油节流调速回路要好，但回油容易发热。适用于功率不大、载荷变化较大或运动平稳性要求较高的液压系统。

3. 旁油节流调速回路

如图 22-12 所示，将节流阀并联在液压缸的进、出油口，调节液压泵溢回油箱的流量，达到控制进入液压缸的流量的目的，称为旁油节流调速回路。

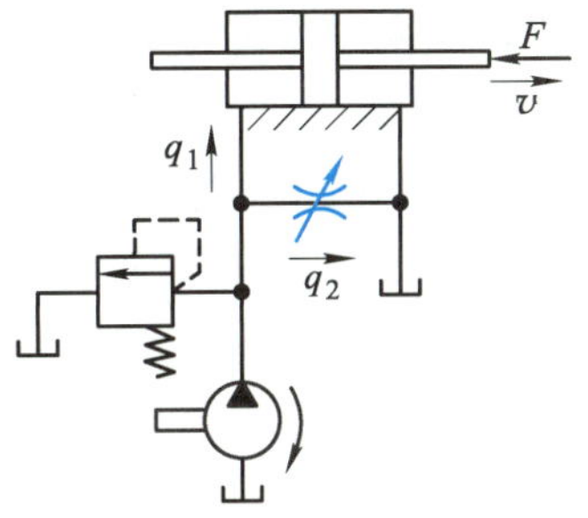

图 22-12　旁油节流调速回路

旁油节流调速回路适用于高速、重载、对速度平稳性要求不高的场合。

二、容积调速回路

容积调速回路是通过改变液压泵或液压发动机的流量，调节执行元件运动速度的回路。其用变量液压泵按液压缸的流量需求直接调节供油量的大小，如图 22-13 所示。

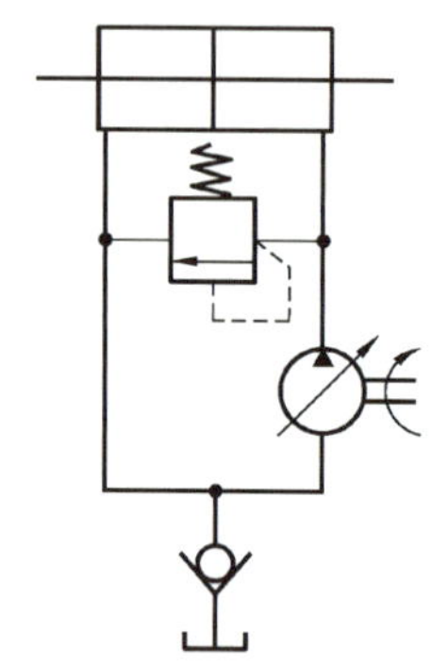

图 22-13　变量液压泵容积调速回路

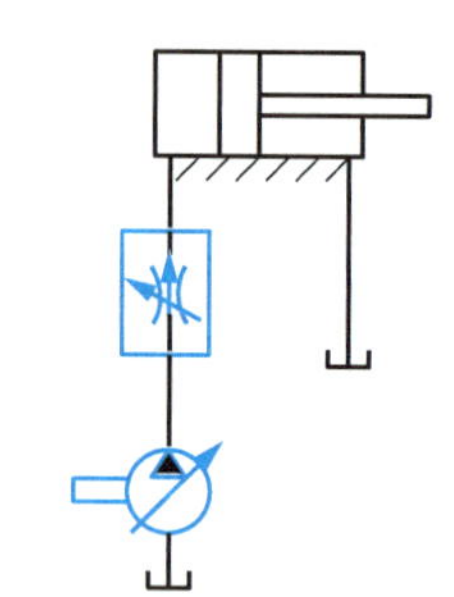

图 22-14　容积节流调速回路

三、容积节流调速回路

容积节流调速回路是用变量液压泵和节流阀配合的调速回路。变量泵和节流阀组成的容积节流调速回路如图 22-14 所示，通过调节调速阀节流口的开口大小，改变进入液压缸的流量，从而改变液压缸活塞的运动速度。

第四节　汽车典型液压传动系统

一、液压双柱举升机

对汽车的底盘进行维护时，液压双柱汽车举升机将乘用车提升到离开地面一人的高度，方便对乘用车进行维修。液压双柱汽车举升机的液压传动系统如图 22-15 所示。

1. 液压双柱汽车举升机的构成

举升机由固定支架和两活动支架组成，两活动支架由活塞杆液压缸通过链条驱动，推动两活动支架升起，并承担乘用车的重量。如图 22-15b 所示，液压传动系统由齿轮泵 3、三相异步电动机 4、溢流阀 5、换向阀 7、液压缸 9 和单向调速节流阀 8 构成。该液压传动系统由换向阀 7 控制的换向回路、单向调速节流阀 8 的节流调速回路、溢流阀 5 的单级调速回路组成。

(a) 外形图

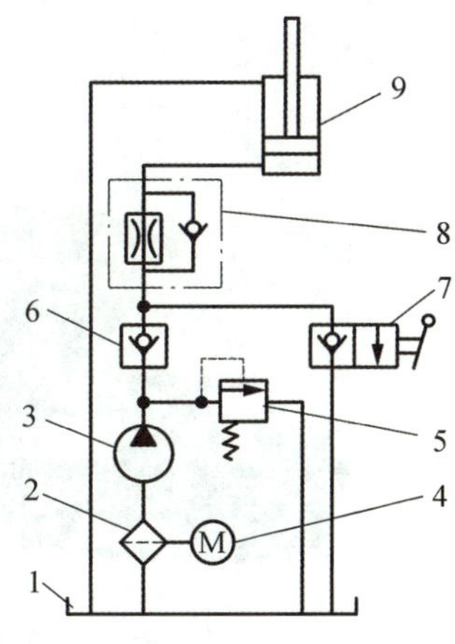

(b) 原理图

1—油箱;2—过滤器;3—齿轮泵;4—异步电动机;5—溢流阀;6—单向阀;7—换向阀;
8—单向调速节流阀;9—液压缸。

图 22-15　液压双柱汽车举升机的液压传动系统

2. 举升机液压传动系统的工作原理

如图 22-15b 所示,下面介绍举开机液压传动系统的工作原理:

(1) 两活动支架提升

手动换向阀 7 置于左位,开启异步电动机 4,齿轮泵 3 输出压力油,靠溢流阀 5 来调定油压,通过单向阀 6、单向调速节流阀 8 进入液压缸 9 的下腔,活塞杆上移,通过链条驱动推举两活动支架上升,液压缸 9 的上腔油液流回油箱。

(2) 两活动支架停止不动

手动换向阀 7 置于左位,电动机 4 停止工作,由于单向阀 6 及换向阀 7 左位封闭了回油,两活动支架停止不动;打开举升机制动器,锁住举升机,使举升机处于安全状态。

(3) 两活动支架下降

松开制动器,将换向阀 7 调成右位,两活动支架靠自身的重力缓慢下降,单向调速节流阀 8 调整下降的速度,油液经过换向阀 7 流回油箱,两活动支架下降到原位。

二、自卸车

1. 自卸车液压传动系统的组成

如图 22-16 所示,该液压传动系统由齿轮泵 1、四位四通手动换向阀 6、溢流阀 5 和两个液压缸组成。系统应用换向阀 6 控制的换向回路和卸荷回路、溢流阀 5 控制的限压回路、两液压缸组成的同步工作回路来完成货箱的空位、举升、中停、下降四个动作。

2. 自卸车液压传动系统的工作原理(图 22-16)

(1) 空位

把手动换向阀 6 置于最右位的中位机能 H 型,齿轮泵产生的油液全部流回油箱。货箱处于未举起的水平空位状态。

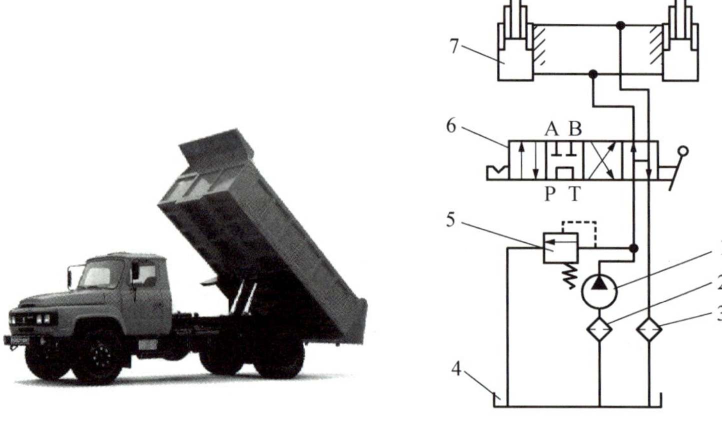

1—齿轮泵；2、3—过滤器；4—油箱；5—溢流阀；6—换向阀；7—液压缸。

图 22-16　自卸车液压传动系统原理图

（2）举升

把手动换向阀 6 置于最左位，进、出油路线如下。

进油路线：过滤器 2→齿轮泵 1→手动换向阀 6 最左位→液压缸 7 下腔。

出油路线：液压缸 7 上腔→手动换向阀 6 最左位→过滤器 2→油箱。

液压缸逐渐升起。

（3）中停

把手动换向阀 6 置于左二位的中位机能 M 型，进油口与出油口相通，齿轮泵处于卸荷状态。液压缸中油液被封闭锁住，货箱停止在任何位置。

（4）下降

把手动换向阀 6 置于左三位。

进油路线：过滤器 2→齿轮泵 1 手动换向阀 6 左三位→液压缸 7 上腔。

出油路线：液压缸 7 下腔→一手动换向阀 6 左三位→过滤器 2→油箱。

液压缸逐渐下降，货箱降到原位，把手动换向阀 6 移至最右位。

知识拓展　**你知道什么是 ESP，它又和 ABS 有什么区别吗?**

ESP 是 Electronic Stability Program 的缩写，即汽车电子稳定程序，简称电子稳定系统。ESP 通过发动机 ECU 的控制，有选择性地控制制动轮缸的制动力，防止车辆滑移，属于汽车主动安全系统，又称为行驶动力控制系统。ESP 主要由制动（液压）系统、传感器（信号输入装置）、执行器、电子控制单元和警示装置（仪表）几大部分组成。其大部分元件与 ABS 和 ASR 共用，传感器在原来 ABS 和 ASR 的基础上增加转向盘转角传感器、横摆角速度传感器、侧向加速度传感器等；ECU 增加 ESP 的控制功能；执行器则在原来 ABS 和 ASR 执行器的基础上改进功能，使 ASR 制动供能装置可以对每一个车轮都能进行单独制动（ASR 只能对驱动车轮进行制动）。

ESP在ABS和ASR系统原有功能的基础上，极大地降低了汽车在过弯以及路面湿滑等汽车失控情况下发生侧滑、甩尾等危险情况的几率；当车辆出现转向过度或不足、侧滑、甩尾、车身摆动而驾驶员无法控制车辆时，将激活汽车电子稳定程序，通过控制四轮的状态，有针对性地单独制动各个车轮，自动修正车辆行驶轨迹，使车辆保持稳定行驶。如后轮驱动汽车转向过度时，ESP便通过控制外侧的前轮制动力来稳定车辆，防止后轮失控而发生甩尾现象。在转向过小时，为了校正行驶方向，ESP则会通过控制内侧的后轮制动力，从而实现纠正行驶方向的目的，如图22-17所示。ESP被视为车辆的重要安全配置之一。

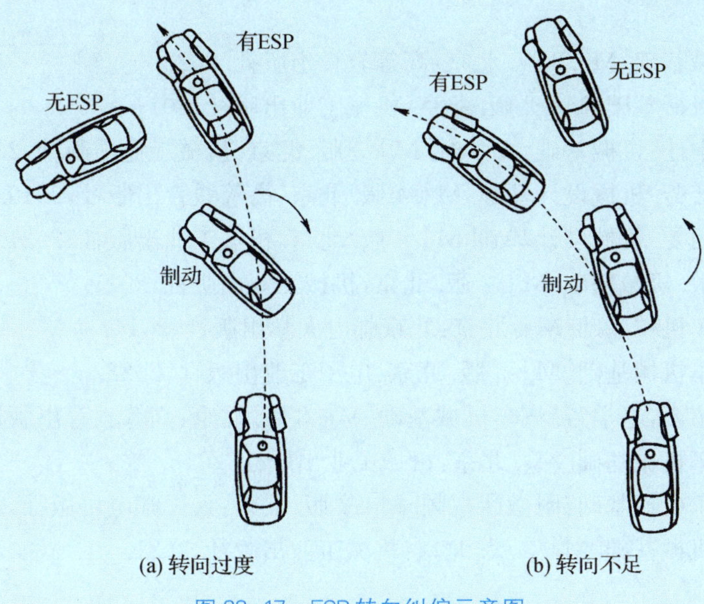

图22-17　ESP转向纠偏示意图

参考文献

[1] 郁志纯.机械基础[M].3版.北京:高等教育出版社.2023.
[2] 孙杰.汽车机械基础[M].2版.北京:机械工业出版社,2017.
[3] 曾德江,朱中仕.机械基础:少学时[M].3版.北京:机械工业出版社,2024.
[4] 栾学钢,韩芸芳.机械设计基础[M].4版.北京:高等教育出版社,2019.
[5] 柴鹏飞,万丽雯.机械设计基础[M].4版.北京,机械工业出版社,2021.
[6] 王英杰,彭敏.机械基础[M].2版.北京:机械工业出版社,2021.
[7] 侯子平.汽车机械基础[M].北京:北京邮电大学出版社,2014.
[8] 朱秀琳.汽车机械基础[M].5版.北京:电子工业出版社,2022.
[9] 吴建蓉,赵宇衡,赵学芳.汽车机械基础[M].3版.北京:高等教育出版社,2025.
[10] 卢晓春,汽车机械基础[M].北京:机械工业出版社,2018.
[11] 徐咏良.汽车机械基础:附微课视频[M].2版.北京:人民邮电出版社,2017.
[12] 王芳.汽车机械基础[M].3版.北京:机械工业出版社,2021.